司法文明协同创新中心：法庭科学文化专题
北京市共建项目专项资助
中国政法大学青年教师学术创新团队

外国法庭科学规范文件汇编

（第三辑）职业教育

WAIGUO FATING KEXUE GUIFAN WENJIAN HUIBIAN

法大鉴定编译组
王晶　赵东　杨天潼　编

中国政法大学出版社
2015·北京

编辑说明

法庭科学不是纯粹地为了探索自然奥秘，而是运用自然科学、社会科学的知识和方法为法律有关的专门性问题提供科学服务。在职业活动中，法庭科学工作者应该做什么、不应该做什么、应该怎么做、不应该怎么做等，是法庭科学工作者在司法鉴定过程中面临的首要和关键问题，遵循规则、追求科学公正也是法庭科学事业发展的必要条件。

指导法庭科学工作者职业行为的准则可分为不同层次：一是本学科的基本理论，法庭科学中各项具体工作离不开相应学科技术规范和技术标准的指导；二是认识论和方法论，这是上升到哲学层面的指导原则；三是遵守相关法律，法庭科学工作与当事人的切身利益和社会的利益密切相关，与法律密切相关，法庭科学工作的开展本身必须具有合法性；四是自觉遵守职业伦理准则，职业道德和伦理准则在司法鉴定这一特殊领域，是具有准强制性的行为规范。法庭科学工作者在职业活动中的违规或失范行为可以导致科学证据被合理排除。以上几方面对于规范和指导法庭科学工作者的职业活动而言是相互补充、缺一不可的。

当前，对于国内法庭科学界来说，司法鉴定行为规范和职业伦理研究相对薄弱，成为影响法庭科学工作发展的制约因素，而一些发达国家在这方面走在了我们前面。鉴于此，我们成立了“法大鉴定编译组”，侧重国外法庭科学相关规范的翻译、整理工作。此次出版的系列规范性文件汇编，主要是选择国外一些著名法庭科学实验室及相关机构的规范性文件，包括国外相关专业学会、协会、实验室等机构的章程、伦理规范等，体现了国际同行的先进经验。对于国内法庭科学界而言，我们所从事的法庭科学工作在工作内容、工作性质上是相同的，因而这些规范性文件应当具有重要的参考价值，同时也是法庭科学文化研究的重要内容。

感谢中国政法大学出版社给予的大力支持。

由于水平有限，错误在所难免，敬请批评指正。

法大鉴定编译组　　胡纪念

2013年1月7日

美国法庭科学职业教育介绍
（代序）

编者按：法庭科学是一门广泛的学科领域，包括利用物理、生物、医学甚至行为科学来分析和评估实物证据或者人与法律事务的关系。从最广泛的意义上说，法庭科学包括法医学、精神病学、心理学、牙科学、人类学、昆虫学、化学、生物学、生物化学、毒物学以及指纹技术、可疑文件检验、枪支和工具痕迹的检查分析等。犯罪侦查学也是法庭科学的一个分支，通常指主要在法庭科学实验室中进行的分析活动。

美国的法庭科学教育体系由非医学类的法庭科学教育和医学类的法医学教育组成。法医学的职业教育模式以医学为基础，自成体系，且在国内已经有较多的报道，本文不再赘述。非医学类的法庭科学教育涵盖了比较广阔的专业领域，如传统的法庭科学、法庭会计学、法庭计算机学、刑事司法学等等。鉴于我国对法庭科学（司法鉴定）的分类和实务，本文仅介绍美国非医学类法庭科学中的传统法庭科学职业教育。

美国的传统法庭科学职业教育由两部分组成，一部分是学历学位教育，另一部分是在职继续教育。学历学位教育一般由全日制的校内学习和校外实习组成，需要在规定的年限内完成毕业和申请学位所需的学分、课题研究以及实习经历等，毕业后可取得本科学历或研究生学历，同时可申请法庭科学方向或自然科学方向的学士、硕士或博士学位。在职继续教育包括岗位培训和职业发展计划，是法庭科学从业者日常工作的一个重要组成部分，继续教育是法庭科学工作者提升技术和更新知识的主要渠道。

一、学历学位教育

“9·11”之后，全世界对法庭科学的兴趣和关注有了显著的增长，有志于从事与法庭科学相关工作的国内和国际学生数量大幅度增加。为了应对这种现象，美国许多高校开始增设法庭科学方向的学历和学位教育课程。据2014年4月的网络查询显示，全美目前共有98所大学和社区学校提供与法庭科学专业相关的课程，并授予学位或证书。

1. 学位设置

美国的法庭科学高等教育是以自然科学为核心的交叉学科教育，主要学科组成是化学和生物学，最终取得的学位多为法庭科学的理学学位，有些学校也会授予科学学位或文学学位。学位的名称一般为“法庭科学”，有时会有一些分支方向，例如法庭科学硕士学位——生物学方向等。

在授予学位的98所大学中，既包括纯“法庭科学”专业，也包括带有分支方向的“法庭科学”专业以及与“法庭科学”紧密相关的专业，例如“法庭科学应用科学”专业、“法庭科学和技术”专业、“法庭科学和调查科学”专业以及“法庭科学实验室”专业等。

1.1 学士学位

全美目前有54所高校（见表1）提供与法庭科学相关的本科教育课程并授予学士学位，其中圣爱德华大学和乔治·华盛顿大学授予的是文学学位；罗素尔塞奇学院、哥伦比亚学院、艾尔弗尼亚学院和希尔伯特学院授予的是科学学士学位；爱荷华大学则既授予科学学位，也授予文学学位；其余的47所高校均授予法庭科学的理学学士学位。在44所授予“法庭科学”学位（Bachelor of Science in Forensic Science）的大学中，有35所大学授予的是纯“法庭科学”学位，9所大学有分支方向，其中绝大多数的分支方向为化学和生物学，也包括证据技术、证据分析、人类学、刑事学等其他方向。

1.2 硕士学位

阿拉巴马伯明翰大学等23所美国高校（见表2）授予“法庭科学”及相关的硕士学位（Master of Science in Forensic Science），均为理科学位。其中，授予纯“法庭科学”学位的有13所大学，带有分支方向的有3所，另有6所大学授予的是与法庭科学紧密相关的硕士学位。例如，俄克拉荷马州立大学授予的是“可疑文件检验的法庭科学管理”硕士；麻省药业及相关卫生科学学院和迪尤肯大学是本硕连读项目，仅授予“法庭科学”方面的硕士学位。

1.3 博士学位

全美有3所大学（见表2）授予与法庭科学相关的博士学位，分别是佛罗里达国际大学、雪城大学和加州州立大学佛雷斯诺分校，但都是非纯“法庭科学”的博士学位。佛罗里达国际大学授予的是以法庭科学为重点的博士学位；雪城大学授予的是法庭科学的法学博士学位，并分为法庭科学实验室方向和一般法庭科学方向；加州州立大学佛雷斯诺分校授予的是法庭科学和行为科学的联合博士学位。

1.4 副学士学位

美国的学位划分与我国略有不同，除博士、硕士、学士之外，副学士也是学位的一种。副学士（Associate's Degree），是一种源自美国和加拿大的学位等级，一般由社区学院或专科学院（又称初级学院）提供，大学和其他有权颁发学历学位证书的院校以及技术与继续教育学院（TAFE）和注册的培训机构（RTO）也都有权利授予这一学位。副学士学制两年，是学位之中等级最低的一种，毕业后可转学衔接四年制学士的大三就读，也可以直接就业。一般而言，攻读副学士的社区大学学费较便宜，课程较职业导向，给高中毕业的学生一个更多的选择。

美国有20所社区学校（见表3）授予法庭科学方向的副学士学位。乔治王子学院等9所学校授予的是纯法庭科学的理科副学士学位，海因斯社区学院等4所学校授予纯法庭科学的文科副学士学位，剩下的7所学校授予的是法庭科学与技术、法庭科学应用科学等方向的副学士学位。

1.5 其他学位

除了以上几种学位设置和分类，一些高校还提供一种单独授予学位的法庭科学课程，名为“法庭科学专业”（Major in Forensic Science），全美有9所高校授予这个专业的独立学位（见表4）。

2. 就业情况

法庭科学专业毕业生的就业范围非常广泛，其中绝大多数就职于联邦、州或地区政府部门的法庭科学实验室或一些私人实验室；警官、教养官、海关督察、移民警官、治安警官等执法部门公务员也是就业选择之一；国土安全部、环境部门、公立或私立的学校、科学产业、保险公司等部门也常常需要这方面的人才。当然，在美国的司法体制下，自己做老板成为法庭的咨询顾问、专家证人也是非常不错的职业。

位于芝加哥的伊利诺伊大学的法庭科学专业，自1998年该项目设立以来毕业了170名学生，毕业率超过90%，其中73%的毕业生受雇于全国各级政府的法庭科学实验室和私人实验室，7%的毕业生考取了法庭科学方向的博士，7%的毕业生从事与法庭科学无关的行业，另有13%无数据可查。

3. 课程设置

3.1 本科课程

美国法庭科学的本科教育旨在给学生提供强调科学方法和解决问题能力的基

础课程，是自然科学主导的跨学科教学，也包括大量的实验室工作。完成本科课程的学习并取得学士学位，已经能够基本满足美国法庭科学实验室招聘要求的教育基础。

法庭科学本科学位是培养学生进入传统法庭科学实验室就业以及研究生水平教育的基础，是一个准备投身法庭科学职业的人员成功的至关重要的条件。

本科学位的课程一般由大学基础课程、自然科学课程、法庭科学专业课程、法庭科学核心课程、法庭科学实验室课程和选修课程组成（见表5）。学生需要达到学校要求的学分方可毕业和申请学位。

大学基础课程主要包括语言、人文、社会科学、数学、技术写作、计算机科学和公众演讲等科目。不同大学实际所需的毕业学分可能会有所不同，但一般都是从36到40学分不等。自然科学核心课程主要以化学、生物学、物理学和数学为基础，这些自然科学课程是所有法庭科学专业学生的必修课，最低的毕业所需学分为34～38分不等。法庭科学专业课程是学生沿着法庭科学专业学习的开始，包括大量的实验室操作，并十分强调高级化学或生物学课程，如法医生物学或法医化学。专业课程则一般选自生物化学、分子生物学、遗传学、人口遗传学、无机化学、分析/定量化学、物理化学、仪器分析、细胞生物学、药理学、微积分学、微生物学等学科。当然，除了坚实的基础自然科学，法庭科学专业人员还需要掌握专业方面完整的概念，如个体识别、重建、关系和监护权的证据链等，因为法庭科学家们的工作成果一般被司法系统使用，因此需要满足法律和科学的双重标准。法庭科学核心课程覆盖了法庭科学的一些指定课程或者结合了一些主题元素，例如：法律概论/司法系统；伦理/专业实践；法庭科学专业概述（调查）；证据识别、收集和处理；质量认可；法庭质证；技术或科学写作等科目。法庭科学实验室课程主要包括法医化学及实验室操作、法医生物学及实验室操作、法庭科学物理方法及实验室操作、实习、独立学习/研究、显微镜操作及实验室工作等。本科学位的教育一般会建议学生选择选修课程（约19个学分），以拓展相对集中的专业课程领域。选修课程也能够满足研究生入学考试的一些必要要求。

本科的大学和一些机构通常有合作，通过这种形式为学生提供一些专门的课程以及一些能够在合理时间内完成或参与的项目。合作还能够为学生提供有意义的实习和就业机会，以及与客座讲师、兼职教师、法庭科学家们直接进行互动和合作研究的机会。

美国法庭科学的本科学位具有的优势包括：第一，为成为职业法庭科学鉴定人做准备；第二，拥有与法庭科学建立联系的机会；第三，拥有直接与法庭科学实验室工作相关的教育背景；第四，了解法庭科学学科的广度；第五，受到法庭科学和司法社团的文化影响；第六，提供专业认证的基础；第七，非常强调课程的广度。当然，完成了在校教育并取得了学士学位的本科毕业生并不能立即投入到实验室的工作之中，在具体工作开始之前，还需要更多的在职培训或相当于研究生水平的学习。

3.2 研究生课程

与本科的教学目的有所不同，美国法庭科学专业的研究生教学不局限于教授理论概念和基础知识，而主要是为学生提供关键的思维能力、解决问题的能力和先进的学科知识。越来越多的法庭科学工作者会追求法庭科学或自然科学的硕士学位。

法庭科学研究生录取要求中最基本的先决条件是拥有一个法庭科学或自然科学的学士学位。除此之外，还需要有大学的平均成绩和研究生的入学考试分数。研究生的学制一般为两年，第一年进行集中的理论学习，第二年做论文研究和项目调研。对于非英语母语的学生还要求托福成绩或雅思成绩，同时需要提供GRE成绩。

法庭科学的研究生教育一般由法庭科学主题研究、专业领域严谨的学术课程、研究组件、实验室组件、与法庭科学实验室和专业社团的实践交流、有经验的合格教师、教师与学生足够的比率和支持人员、足够的学术资源（图书馆、杂志订阅、实验室空间、设备等等）以及学生以助理和/或奖学金形式的支持等要素组成。

研究生课程设置的重点是将学生从理论概念转移到建立学科知识上来，一般多由大量的实验室工作和论文研究组成。同时研究生课程非常重视加强学生书面和口头的沟通能力以及报告的写作能力，为未来的法庭质证做准备。

典型的法庭科学研究生课程一般包括：犯罪现场、物证概念、法律/科学接口、伦理和专业责任、质量认可以及覆盖以下领域的专业课程：分析化学和仪器分析的方法、药物化学/毒理学、显微镜和材料分析、法医生物学、证据模式等。申请学位的学生还需要完成一个研究项目，形成书面报告，并在毕业之前将研究的成果发布在公共论坛上。

例如：俄克拉荷马州立大学健康科学中心法庭科学硕士学位（M. S. F. S.）的取得要求获得39学分（参见表6及表7）、完成一个调研项目、通过综合考试以及参与过研究生研讨会或继续教育，所有这些需要在入学后的7年时间内完成。

一般情况下，俄克拉荷马州立大学健康科学中心法庭科学硕士的全日制学生的毕业时间为2年到3年，非全日制学生的毕业时间为3年半到4年。俄克拉荷马州立大学的硕士学位经过了美国法庭科学协会法庭科学教育认证委员会的认可。

研究生课程需要有较强的实验室经验，包括预测、识别和正确应对化学和生物危害、保持清晰和完整的实验记录、进行定性和定量分析、使用和了解仪器的基本技术、分析数据和评价实验结果、评估结果的可靠性并出具合理结论、通过口头和书面报告进行有效沟通等。

研究生课程也非常强调沟通技巧，因为有效的书面和口头沟通能力是训练有素的法庭科学工作者们必不可少的技能。因此，经常练习写作和口头报告也是研究生课程的一部分。

除了必要的课程学习，研究生们还需要参加一些专业的活动，比如研究生研讨会，会上经常会有定期出席的专家做一些原始研究和其他相关主题的演讲。还可以参加一些学术交流活动，比如实习、兼职教师互动、合作研究、访问科学家项目和研讨会等。还有一些模拟课程，比如案例分析、口语委员会、模拟法庭、数据审核、报告写作等。

4. 师资、配套设施及学费

4.1 学士学位

法庭科学专业本科教学的教师队伍一般由全职教师和兼职教师组成。全职教师需要掌握所教课程的专业知识并具备一定的经验，具有指导责任；兼职教师一般具有所教课程的实践经验。所有校内课程和合作机构的课程标准均由全职教员负责监管。

法庭科学专业是一门应用学科，十分强调实验室和相关设施的配备，充足的设备和支持是确保学生完成学业以及支持教师教学和学术活动的必需品。除了校内设施，大学也会经常利用自然科学部门或附近合作运营机构的实验室。另外，一个能够让教师和学生获得书籍、期刊、电子资源（有足够的数据库支持搜索）的图书馆也是至关重要的。

大多数美国高校法庭科学专业本科学位教育的学费在每年2万美元左右（具体数字见表1），佩斯大学2014年度的学费最高，是38 200美元，东新墨西哥大学2014年度的学费是8 435美元，这在54所授予本科学位的大学中是最低的。

4.2 研究生

法庭科学专业的研究生教学对教师有较高的要求，至少75%的全职教师应该拥有博士学位，并且最好有在法庭科学实验室的工作经验。教师的知识和教育能力应该分布在主要项目领域，一些能力较强的教师，可以教授法庭科学的全领域课程。

大多数学校的研究生项目会与其他机构有合作，例如国家司法研究所、美国司法部、国家科学基金会、美国国立卫生研究院、美国能源部、国家安全局、美国教育部和美国商务部等都是合作伙伴，并为学生的培训和立项提供资金支持。

与本科的要求不同，除了能够在图书馆获得书籍、期刊和电子资源外，研究生们还将学习如何从巨大和迅速扩张的文献中检索特定的信息。

研究生课程所需的费用一般低于本科，俄克拉荷马州立大学的硕士学位所需费用在23所大学中排名第一，为每年36 467美元；史蒂文森大学则仅需每年7 388美元。

二、法庭科学就业与继续教育

1. 就业

大多数的法庭科学家们在取得本专业或自然科学专业的学士或硕士学位后，可以向政府或私人的实验室投出简历。政府实验室的招聘流程一般是按照公务员法规或者政府、国家和当地设定的专门分支部门的集体谈判协议进行的。私人实验室有自己的招聘流程，招聘过程可能包括笔试、实操考试、电话面试、一对一面谈或小组面试等（图1为美国法庭科学工作者的职业之路）。新员工一般是临时雇佣者，或者需要通过试用期。但是无论想要在哪个实验室工作，以下几方面都是对应聘者的最基本要求：

1.1 学术证明

相关专业的学位证书和正式成绩单副本通常是重要的学术资格证明。例如：应聘在实验室从事药物分析、DNA检测、微量物证和毒物证据分析的学生通常需要有化学、生物化学、生物学方面的学位。美国曾经对一些工作模式为识别和比对检验的专业，如可疑文件检验、手印检验、枪械检验等，对获得学位没有明确性的规定，但是现在，为了加强对这些学科的学术要求，也要求至少取得学士学位。

1.2 个人素质

由于法庭科学是刑事司法制度的一个重要组成部分，因此，个人的诚信、正直和科学客观性是至关重要的入职条件。对预期从事法庭科学方面工作人员的背景调查要求与政府在雇佣执法人员时的背景调查要求十分相似，甚至有可能是同一个条件。在被雇佣前可能需要考虑对药物测试、吸毒史、犯罪史、人际关系、测谎仪检测、驾驶记录、过去的工作表现、信用记录、医疗或体检等项目进行评估，而个人诚信度在上述项目中是至关重要的。此外，个人社区服务和课外活动的情况也可能在考察范围之内。

1.3 认证

根据美国劳工统计局（Bureau of Labor Statistics）的要求，作为法庭科学技术人员，找工作时是不需要认证的。但是，如果通过了一个独立的、同行认可的且有资格机构认证的鉴定人会是雇主们非常需要的人才。认证也确实提供了一些优势，包括改善就业前景和可能会获得更好的薪水。因此，资格认证已经成为美国法庭科学家们的重要身份象征。而想要获得认证，除了通过认证考试或其他评审过程之外，还必须拥有相关的学历和多年的实践经验。

1.3.1 获得本领域的相关学位，即法庭科学学位或自然科学的学位。例如，如果你想专注于DNA分析，一般需要一个生物学学位；而如果你想专注于物证分析，则需要一个化学学位。

1.3.2 在所寻求认证的领域获得经验。大多数认证机构将申请人作为法庭科学鉴定人期间的从业或实习经验作为资格条件。例如，美国法庭科学鉴定人学院研究所要求，申请人作为犯罪调查人员在认证考试之前需有两年的从业经验，如果申请人至少有10年的经验，则他们无须考试即可获得认证。

1.3.3 向认证机构提交所需的支持文件。许多认证机构要求申请人提交能够显示他们资历的材料。例如，美国法庭科学鉴定人学院研究所要求，候选人需提交简历和学历的副本、从业证明和认证证书。国际鉴定协会在此基础上还要求提供两封专业的推荐信，其中一封必须来自于在该领域比较积极活跃的专家，而另一封则必须来自申请人的直接主管领导。最后，完成考试。不同认证机构的考试形式是不同的，有些机构既需要培训也需要考试，而有些机构仅需要考试。例如，法庭科学培训机构要求，候选人需在该机构合格的犯罪分析工具项目中完成12个模块的课程，并在每个模块中提交一篇1000字的文章；之后还需参加一个包括100道判断题的考试。而另一方面，美国刑事专家董事会则只需要通过认证领域的一个考试，其中包括药物分析、犯罪现场重建、枪械和工具痕迹、火灾碎片和炸药、摄影、物证分析和安全等内容。

大多数的认证机构要求申请者们定期更新他们的认证，通常需要每年重新认证一次。但是其他一些实体部门可能只需要每隔几年认证一次。申请重新认证时，申请人必须能够证明其持续就业的状态和对本领域的贡献。证明的方式包括：继续教育、参加行业会议、教学或学术论文的作者等。

认证是取得资质的一种方式，而不同专业资质取得的要求和标准是不同的。以文件检验专业为例，美国没有专门的文件检验学历教育，文检鉴定人的培养一般采用的是职业培训的方式。通过培训完成对基础课程的学习和对课题的研究，并掌握出庭质证等能力。美国通过行业协会认证和管理文检鉴定人，美国法庭科学文检鉴定人董事会是唯一全国认可的文检鉴定人认证机构，美国法庭科学学会董事会和美国可疑文件鉴定人协会也都可以认证文检鉴定人。完成培训并通过认证机构的考试即可成为有资质的文检鉴定人。认证一般是一年一次，不同机构组织认证的时间是不一样的。

1.3.4 专业能力。专业能力对法庭科学家们自身的工作潜力具有重要的意义，一般从三个方面体现出来：专业技能、专业参与和专业地位。

专业技能包括关键性思维（定量推理和解决问题）、决策、良好的实验室实践、实验室安全意识、对细节的观察和关注、计算机熟练、人际关系技巧、公众演讲、口头和书面沟通、时间管理以及任务的优先次序等。

专业参与包括研究、教学、出勤、指导、完成特定学科能力测试的初始培训、追求额外的学科凭证等。

专业地位包括学历、专业证书、培训证书和能力测试等。

2. 培训

除了学位教育，培训和继续教育也是法庭科学家们的重要工作内容。法庭科学家们有通过培训和专业继续教育推进本领域向前发展的义务。培训项目一般包括认证的或书面的，如教师资格、学生需求、性能目标、能力验证等，还包含一些行业标准指导的核心内容。通过继续教育和培训能够使法庭科学家们保持当前的技术水平或进一步提升专业技能。

无论是本科或硕士毕业的法庭科学专业的学生都不能直接开始在实验室中的工作，在对鉴定结论负责任之前都需要参加初任培训。初任培训一般根据实习生、所在机构和法庭科学专业的不同，在雇佣日期后的6个月至3年时间内完成。在真正成为法庭科学家之后，还需要定期参与培训和继续教育，以保持和不断提升自身的技术水平、专业水平和责任心。

培训和继续教育的形式包括：导师指导、参加专业会议/研讨会、分散式学习、学徒、住院实习医生、实习、学院和员工的教学和演示、自主学习等。尽管研讨会、讲座、专业会议和在职课程等在组织结构上可能稍逊于学位课程，但还是增加了法庭科学家们的职业发展机会。

培训和继续教育的方法取决于学科的性质。例如可疑文件检验的培训可能需要更多的经验基础技能，而法医生物学可能需要更多的学术知识。

为了更好地指导培训，行业内专门制定了模范标准。这些模范标准可以提供一个跨学科的通用框架，从而确保培训项目的一致性，并能够包含基本要素。培训的模范标准包括准入要求、项目结构、培训内容、评估机制和记录。

准入要求主要包括：与公认的、同行业标准一致的最低学术和经验要求。申请人知晓可能需要进行背景安全调查和药物测试。因为吸毒、信贷、刑事犯罪史以及个人推荐等都可能会影响职业机会。

项目结构主要包括：学习目标、讲师资格、学生需求、详细的教学大纲、性能目标、定期评估以及能力测试等。

培训内容主要包括：特定学科和核心元素。核心元素是培训中必不可少的主题，为进入任何专业领域的职业实践奠定基础。例如行为标准，包括职业道德培训；安全，包括生物、化学和物理危害；政策，包括实验室管理和政策标准，比如操作程序、质量认可、认证和安全性；法律，包括专家质证、证词、证据规则、刑事和民事法律和程序、证据验证；证据处理，包括跨学科问题、识别、收集、保全证据、监管链；沟通，包括书面、口头和非语言的沟通技巧、报告写作、证据展示和审前准备、试验报告。公认的、同行业标准指导的特定学科可以适当地合并，例如历史、相关文学、方法和验证研究、仪器、数据统计、相关领域的知识和证词等。

评估机制可能包括：口语考试、书面考试、实验室实习和实验室练习。模拟试验也是评估机制的一个方式，由合适的高级职员对学员的技术表现进行评估。学员的进步将在适当的时间间隔内进行评估。

培训记录一般包括：已经满足入职需求的文件材料、程序结构内容和评估的详细描述、培训生绩效文档、培训项目成功完成的证书或声明等。任职实验室和培训机构需要永久保持培训记录，并为受训者提供副本保存。

3. 持续专业发展

持续专业发展指法庭科学鉴定人维持能力、提高技能和其他方面的专业活动。持续的职业发展应该是有组织、可衡量的，并应该被记录下来。实验室管理机构和其母公司有责任为持续的职业发展机制提供支持和机会。

持续专业发展的课程一般包括学习目标、讲师资格、描述详细的教学大纲或程序、评估和记录。评估机制包括：口试或报告、笔试或报告、同行评议的出版物、导师或推荐人评估、实验室实习和练习、技术表现的观察等。

记录：机构会永久保存员工持续专业发展活动的官方记录，并鼓励员工保留副本。机构的记录需要包括活动的描述、格式、表现的文件（例如学分、继续教育学分）、证书、议程的摘要等。

在考虑持续专业发展所需的时间时，一些科学工作组推荐最低强制“接触时间”。例如，法医药品分析科学工作小组（SWGDRUG）建议：每年至少20小时的接触时间是每个药物鉴定人持续专业发展所必需的。联邦调查局法医DNA检测实验室的质量保证标准要求每年需要1天的持续专业发展，这已经被采纳为DNA鉴定人遵守实验室标准的基本要求。

培训和持续职业发展的来源可以是内部和/或外部的法庭科学实验室。包括：政府机构、学术机构、培训学院和机构、私营行业和组织、专业团体、导师等。法庭科学是一个劳动密集型的工作，操作人员的素质、经验和技术是至关重要的。忽视持续培训和职业发展会导致机构不能满足利益相关机构的服务目标和质量要求。

三、根据2013年forensics. school. com网站的评选，北美地区“法庭科学”硕士（非医学类的法庭科学专业）项目排名前十的高等院校如下：

1. 马歇尔大学（Marshall University）

马歇尔大学成立于1837年，是以美国高级法庭大法官——约翰·马歇尔命名的，是西弗吉尼亚州历史最悠久的公立大学，以提供高质量、费用合理的高等教育而著名。马歇尔的学生、教师比例约为11：1，共有学生近2000人，男、女生各占约50%。学生来自全美39个州、地区及其他46个国家，其中本州学生占41%，海外留学生占6.4%。该校设有商学院、教育学院、理工学院等8个学院，提供110个学位课程。

马歇尔大学坐落于西弗吉尼亚州的交通大城——亨廷顿的市中心，交通极其便利，距离首府查尔斯顿不到1小时车程，距离华盛顿特区1小时航班，距离肯塔基州的列克星敦2小时车程，距离俄亥俄州的辛辛那提4小时车程。当地人最爱的橄榄球赛场与学校的室内健身中心仅一街之隔，可谓繁华至极。西弗吉尼亚州也是全美“英语非母语”人数最少的州。

马歇尔大学的法庭科学研究生项目已经存在很长时间了，被认为是美国最好的法庭科学研究生项目，也是第一个通过美国法医协会认证的项目。根据美国董事会犯罪侦查学的法庭科学评估测试，在2011年和2012年，马歇尔的法庭科学专业学生在全国均排名第一。

马歇尔的法庭科学研究生项目有三个主要特点：一是小规模课堂授课；二是课程具有一定的广度；三是教学十分接近法庭科学工作者的实际工作。经过多年的努力，马歇尔大学为学生开发出了最全面的课程选择，也一直保持着让学生了解自己喜欢什么、发现自己擅长什么的灵活性。

马歇尔大学的法庭科学研究生项目每年招生15~20名学生。第一学期主要开设调查课程，例如犯罪现场与死亡调查、法庭科学显微镜研究、比较科学（指纹、枪支和可疑文件）和数字证据的基础等。掌握了这些课程，学生对他们即将选择的职业会有一个更清晰的理解。第一年之后，课程会被细化成四个方向：DNA分析、法医化学、计算机取证和犯罪现场调查。

除了标准课程，马歇尔大学还需要学生参加暑期实习，即在实验室现场或其他地方（甚至在国外）做一个你感兴趣领域的项目。同时，还需要参与研究生研讨会，所有的学生都要提交一份适合不同层次观众欣赏的会议展示。马歇尔项目还十分注重对表达能力的培养，在马歇尔大学你会充分地感受到：如果不能有效地将结果传达给同行或陪审团，即使是世界上最好的实验室结果也是毫无意义的。

马歇尔大学的真正优势是：在马歇尔大学，学生可以尽可能多的学习想要的知识。如果无法取舍药物化学和数字证据，你可以双选，这样就业机会也会多一倍。马歇尔大学不会对获取额外学分而加收费用。但马歇尔研究生项目的毕业综合考试非常难，一个小时的考试几乎覆盖了所有人类所知的法庭科学分支科目。

马歇尔研究生课程的开学时间每年有三次，分别在春季、夏季和秋季，申请截止日期分别为3月15日和6月15日，10月15日。学费每年约为15 916美元，生活费每年约为12 768~21 600美元，学校提供奖学金。对于国际生的语言要求为托福网考（IBT）：93；雅思：6.5；密歇根英语考试：82。

2. 密歇根州立大学（Michigan State University）

密歇根州立大学成立于1855年，是美国第一所依据土地拨赠法案而成立的大学，拥有美国第六大的学生人数。2011年秋季的在校生为47 954人，包括36 675名本科学生和11 279名研究生，其中女生占52%，有16.4%的有色人种和12%的国际学生。密歇根州立大学的海外研修课程是全美单一校园大学中规模最大的一个，提供超过60个国家总计200多门课程，遍及包括南极洲在内所有的洲。密歇根州立大学同时也是美国大学协会的成员之一。作为一所顶尖的公立研究型大学，密歇根州立大学以教育、农业和通讯理论闻名，同时也是包装与音乐治疗研究的先锋，被誉为“公立常春藤”大学之一。根据上海交通大学和美国新闻与世界报道统计，密歇根州立大学在世界大学学术排名中排名在前100位，在2012年全美大学排名中排位第71。

密歇根州立大学的校区位于东兰辛市的红衫河旁。校园共占地5 200英亩，其中2 000英亩已经开发。校园里共有556幢建筑，其中100幢为学术用途，131幢为农业用途，166幢为食宿用途，42幢为运动设施。校园的公共场所包含足球场、多功能舞台、滑冰场、音乐厅、旅馆以及高尔夫球场。校园也拥有自己的发电设施、垃圾焚化设施以及美国国家铁路火车站。在交通的往返上，密歇根州立大学提供定时的校园巴士，来回穿梭校园各处，供学生及教职人员使用。学校拥有许多独特的设施，如沃顿表演艺术中心，上演许多歌剧、舞蹈和百老汇音乐剧等；校博物馆，具有地方和国际特色；校图书馆，藏书多达四百多万册。校园内还有许多健康和娱乐设施，包括两座国家一级18洞的高尔夫球场、室内运动场、体操房、游泳池及网球场等。

在法庭科学教育方面，密歇根州立大学提供了一种其他大学研究生课程中难以看到的平衡性，即拥有选择纯粹科学性质的法庭分析化学或微生物学，或者选择人类进化学、骨学和解剖学科学的机会。当然，人类学也需要强大的化学和生物学作为背景，但同时也强调考古学和解剖学（尤其是骨和骨骼残骸）的重要性。

因为密歇根的课程是与学校的刑事司法项目紧密结合的，学生可以减少花在实验室里的时间，而参与更广泛的法律研究、血清学研究和DNA分析，接受全面多样的讲座和主题培训。更重要的是，密歇根的课程不会让学生因为不断地重复实验室工作而筋疲力尽。

毕业的时候，密歇根大学要求完成6学分的论文研究和一个课题项目，项目报告需要提交并做口头答辩。

一般来说，法庭科学人类学家如果获得博士学位将会更容易找到一份工作，而密歇根支持硕士和博士的双学位。硕士学位说明学到了技术科学中的一种实用、实践的知识，博士学位则表明你知道自己在研究什么东西。密歇根的博士学位还可以在很多学校申请到终身教授的职位。

密歇根的研究生课程可随时申请，学费每年约为29 286美元，生活费每年约为12 768～21 600美元，学校提供奖学金。对于国际生的语言要求为传统托福（PBT）：600；托福机考（CBT）：250；托福网考（IBT）：100；雅思：7；GMAT：500。

3. 佛罗里达国际大学（Florida International University）

佛罗里达国际大学建于1972年，位于佛罗里达州的迈阿密市，是佛罗里达州11所公立大学之一，也是南佛罗里达最大的大学。佛罗里达国际大学下设19个学院，涵盖学科200余个，95%的教师拥有博士或博士以上的学位，教学质量优异，本科教育尤为突出。学校在注重教学质量的同时也非常注重研究的发展，在卡内基基金会的博士教育及研究类大学教学进步的评比中取得了优异成绩。

佛罗里达国际大学的法庭科学研究生项目设有三个专业：化学、生物学和分析学。与其他大学不同的是，学校未制定两年的主要必修课程和做很多项目的要求，而是提供了一个不受限制的课程安排，学生只需要在一些工作室和实验室做实验，并在刑事司法、法律心理学、实验室科学、地质学、化学和生物学等学科中完成29个学分即可。

佛罗里达国际大学也提供在线学习并授予学位。具体要求是：首先，申请人必须受雇于某个实验室，原因是当需要完成必要的课题研究时，你至少有一个场所可以进行实验操作；其次，你的上司必须知道并同意监督你完成工作。满足以上的要求之后，申请人还必须在校园待上一小段时间，通常是每学期结束后的一个星期。佛罗里达国际大学在提交最终研究项目时会给学生一个宽松的政策，可以将研究成果提交给教师委员会，但不需要像在课堂上现场演示那么正式。

全美法庭科学专业毕业的学生都愿意去佛罗里达实习，因为那里有先进的实验室和研究机构，比如迈阿密戴德警察局、布罗沃德和戴德县法医局、布劳沃德县警长办公室等。

佛罗里达国际大学研究生项目的开学时间每年有三次，春季、夏季和秋季，申请截止日期分别为8月1日，12月1日和2月15日。学费每年约为22 464美元，生活费每年约为12 768~21 600美元，学校提供奖学金。对于国际生的语言要求为传统托福（PBT）：550；托福网考（IBT）：80；雅思：6.5。

4. 阿卡迪亚大学（Arcadia University）

阿卡迪亚大学成立于1838年，是加拿大最古老、最著名的大学之一。该校被加拿大最具权威的《麦克林》杂志（Maclean's）评为加拿大最好的本科大学，同时也是国际公认的学术先锋，1999年获得“华盛顿史密斯学院教育革新奖”。阿卡迪亚大学拥有3 500多名全日制学生，其中10%是留学生。另外每年还有1 300多名学生接受该校的远程教育。从1996年开始，凡在阿卡迪亚大学注册的学生都将由学校免费为其配备笔记本电脑，学生可以将电脑带到课堂、宿舍，自由地访问图书馆的资料库以及浏览互联网，完成并提交作业。

阿卡迪亚大学位于加拿大东海岸新斯科舍省的沃尔夫维尔小城，距离省会城市哈里法克斯仅1小时车程。校园坐落于安那波利斯山谷的边缘，占地250亩，俯瞰着历史上著名的伊万杰琳乡村牧场和大西洋畔的梅纳斯盆地。

阿卡迪亚大学的法庭科学理学硕士（MSFS）项目比较偏重化学和生物学。本科专业是化学的学生在第一年将会主修分子生物学和生物化学的高级课程；而本科专业是微生物学的学生将主修仪器方法和聚合物两门课程。阿卡迪亚大学一些课程的设置非常标准，例如：法庭科学法律、犯罪现场调查、药理学和毒理学等。

能够在 Rieders 基金会实验室实习是阿卡迪亚大学最酷的一个地方，也是阿卡迪亚大学除了课程之外的一个的巨大优势。法医生物、法医毒物和法医化学的实习周期为 14 周。附近的 NMS 实验室也提供实习机会和兼职工作，帮助学生向实际就业迈出第一步。

对于感兴趣的学生，阿卡迪亚大学还提供了一个明智而有远见的 5 年计划，即仅用 5 年的时间就可以取得学士和硕士两个学位。

阿卡迪亚大学研究生项目的学费每年约为 14 130 加元，生活费每年约为 8000～1000 加元，学校提供奖学金。对于国际生的语言要求为传统托福（PBT）：580；托福机考（CBT）：237；托福网考（IBT）：93；雅思：6.5。

5. 纽约州立大学奥尔巴尼分校（SUNY Albany）

纽约州立大学奥尔巴尼分校（State University of New York at Albany）始建于 1844 年，是纽约州立大学最古老的校园之一。该分校有三个校园，分别是 Uptown Campus，Downtown Campus 和 East Campus。截至 2010 年秋季，奥尔巴尼分校的在校学生已经超过了 17 500 人，其中本科生超过 12 950 人，研究生有 4650 多名。奥尔巴尼分校收取的学费相对低廉，并提供大量奖学金，旨在吸引世界各地的优秀学生前来就读。奥尔巴尼分校有一项冷门学科在美国很有名，便是“足病学”（Podiatry），一些学生考不进医学院，干脆攻读这一科，最终也可以成为专业人士。

纽约州立大学奥尔巴尼分校位于奥尔巴尼市，为纽约州州政府所在地，是所有州级重要行政中心的所在地。开车往东 3 小时可到波士顿，往西 5 小时可到水牛城，往南 3 小时可到纽约市，往北 4 小时就可以抵达加拿大的蒙特利尔市，交通十分方便。

纽约州奥尔巴尼大学的法庭科学专业相当具有竞争力，每 5 名申请人中只有 1 名能够录取，平均成绩要达到 3.3。每年大约有 10 到 15 名学生加入这个项目，所以学生可以和他们的导师有紧密的互动。奥尔巴尼大学只授予法庭科学生物学的硕士学位。

奥尔巴尼的生物学硕士学位需要大量的生物学知识，占了 40 学分中的 29 学分。五门主要课程都集中在生物技术、遗传学和实验室安全上，还有高级 Microsoft Excel 和 Visual Basic。重要的选修课是细胞生物学以及进化论学、神经生物学、生物信息学和光学显微镜学等。所有课程都是第一年在阿卡迪亚校区完成，考试是笔试的形式。

与其他学校一样，奥尔巴尼也需要实验室实习和完成课题项目。不错的是，纽约州警察法医调查中心就在隔壁，与学校保持着密切的工作关系，学生可以在那里做实验和项目。

奥尔巴尼研究生课程的学费每年约为 17 780 美元，生活费每年约为 12 768 ~ 21 600 美元，学校提供奖学金。对于国际生的语言考试要求为托福 79 或雅思 6.5。

6. 亚拉巴马大学伯明翰分校（University of Alabama at Birmingham）

亚拉巴马大学伯明翰校区创建于 1969 年，是一所公立大学。它位于亚拉巴马州的伯明翰地区，是亚拉巴马州教育系统内的三个自治教育机构之一，另外两所为亚拉巴马大学托斯卢萨校区和亚拉巴马大学汉茨威尔校区。从学校教职工的组成和亚拉巴马州的教育预算看，该校是一所最新并且规模最大的大学机构。在亚拉巴马州内，伯明翰分校是入学人数排名第三的大学，目前招收的学生人数大约为 16 200 名。

亚拉巴马大学的法庭科学研究生项目已经存在很长时间了，对法庭科学教育有着充分的认识和了解，许多受人尊敬的法庭科学工作者都把这里当作母校。

在学术方面，亚拉巴马大学的要求很高，法庭科学专业的研究生们想要毕业着实不容易，你可以选择跳过论文研究，但需要在两年时间内完成 48 学时的课程，虽然可以用实习代替其中的 3 ~6 学时，但仍然是很紧张的；而如果选择愿意承担论文写作，则“仅仅”需要 36 学时的课程和 6 个小时的课题研究。

申请该校的研究生项目时，GRE 考试的单词量和口语部分加起来的总分要达到 1100，这是亚拉巴马大学录取的最低分数线。而一般情况下，亚拉巴马最低的录取分数至少要高于其他学校法庭科学专业录取分数 100 分以上。除此之外，亚拉巴马大学会要求本科课程分数至少为 B 或更好，包括几门甚至得 B 都非常不容易的学科，例如有机化学（两个学期）、定量分析等。

亚拉巴马大学研究生项目的开学时间每年有三次，春季、夏季和秋季，申请截止日期分别为 1 月 17 日，5 月 16 日和 9 月 6 日。学费每年约为 25 008 美元，生活费每年约为 12 768 ~21 600 美元，学校提供奖学金。

7. 弗吉尼亚联邦大学（Virginia Commonwealth University）

弗吉尼亚联邦大学始建于1838年，是美国一所大型学术性综合公立大学，主校区位于弗吉尼亚州的首府里士满市，是弗吉尼亚州最大的大学，在全美研究型大学中排名前100位。弗吉尼亚联邦大学目前向30 000多名学生提供62个本科学位课程、69个研究生学位课程、31个博士课程以及43个证书和职业课程。

弗吉尼亚联邦大学最大的优势是地理位置，由于靠近首都，具有接触未来雇主和安排暑期实习的可能性，而这些是那些遥远地区学校学生的最大梦想。华盛顿是几乎所有法庭科学专业毕业生寻求工作和实习的地方，当你想要申请一份在联邦机构的工作时，曾经在那里有过实习经历可能是最好的条件。同时，里士满市还有很多历史性的建筑和公园，以及詹姆士河，并连续多年被评为“美国最适合工作生活的城市”。

当然，除了地理优势，弗吉尼亚联邦大学的课程设置也提供了很多的选择机会，包括法庭科学化学或痕量分析、物理证据、药物化学和毒理学、法医生物学和DNA等。大学的另一个引人注目的地方是，一些实验室课程就在弗吉尼亚州的法医科学实验室进行教授，学生可以近距离地观察到法庭科学工作者的实际工作。

弗吉尼亚联邦大学研究生项目的开学时间每年有两次，春季和秋季，申请截止日期分别为9月1日和1月1日。学费每年约为20 318美元，生活费每年约为12 768～21 600美元，学校提供奖学金。对于国际生的语言要求为传统托福（PBT）：600；托福网考（IBT）：100；雅思：6.5。

8. 萨姆休斯敦州立大学（Sam Houston State University）

萨姆休斯敦州立大学建立于1879年，位于美国德克萨斯州的亨茨维尔，是一所四年制的州立大学，属于德克萨斯州州立大学系统的九个成员大学之一。萨姆休斯敦州立大学的特色专业是刑事司法，被认为是美国最好的课程，得到了德州刑事司法部门长期和忠实的支持。学校经常与中国及其他国家进行政法交流合作。学校邻近体育与娱乐的中心休斯敦市，能够为学生们提供较多的工作机会。

萨姆休斯敦州立大学的法庭科学课程安排得非常紧凑，将高达44学时的课业挤进两年的计划安排和一个10周的暑期实习之中。这比在其他学校获得相同学位的时间多出14学时。法庭科学专业的授课地点在学校中间的新化学和法医科学大楼，设备设施的投资高达1800万美元，里边几乎提供了所有实验室需要的东西。

在萨姆休斯敦，你会一直意识到自己所学的是一门应用科学，仅仅与它能在多大程度上帮助认定犯罪和证明无辜有关系。

萨姆休斯敦州立大学研究生项目的学费每年约为 14 376 美元，生活费每年约为 12 768 ~ 21 600 美元，学校提供奖学金。对于国际生的语言要求为传统托福（PBT）：550；托福网考（IBT）：79；雅思：6.5。

9. 宾夕法尼亚州立大学（The Pennsylvania State University）

宾夕法尼亚州立大学是美国最早建立的大学之一，始建于 1740 年，位于宾州中部，主校区在大学城，另有 21 个分校区散布在州内。宾州丘陵很多，风景宜人，气候四季分明，属干燥型气候。夏季最高温度可达摄氏 30 度，但早晚还是有几许凉意；冬天（12 月至 3 月）会下雪，温度约为 7 ~ 10 摄氏度。

宾夕法尼亚州立大学的独特之处是授予法庭科学的专业研究（MPS）硕士，这与其他学校授予的传统硕士学位略有不同。

宾夕法尼亚州立大学的招生不需要 GRE 分数。能否被录取主要取决于大学的平均成绩（至少要 3.0）和论文，还需要有标准的“个人陈述”以及对“道德”这个词与众不同的理解的单页声明。认真的态度、为方法提出一些好的建议、教师的一次面试等都有可能会获得入学资格。当然，还必须有一个生物学或化学的学士学位，这是最基本的要求。

宾夕法尼亚州立大学有各种各样的选修课，许多课程在其他学校是找不到的，例如，骨骼和分子人类学、昆虫学甚至法医护理学等。

宾夕法尼亚州立大学研究生项目的学费每年约为 21 614 美元，生活费每年约为 12 768 ~ 21 600 美元，学校提供奖学金。对于国际生的语言要求为传统托福（PBT）：550；托福网考（IBT）：80（口语 19）；雅思：6.5。

10. 俄克拉荷马州立大学（Oklahoma State University）

俄克拉荷马州立大学创立于 1890 年，这个时间比俄克拉荷马州正式成立的时间还早 17 年。俄克拉荷马州立大学是一所四年制的公立大学，是美国著名的综合性研究大学，在校学生约为 2.9 万多人，其中研究生约为 4 500 人，研究生中有 16% 为外国学生。大学主要的学术部门设在诺曼校区。

俄克拉荷马州立大学提供了一个专注于科学研究的传统法庭科学理学硕士课程，同时也有法庭科学管理和法庭科学文件检验的课程。如果你倾向于实验室管理或擅长可疑文件检验，可以选择俄克拉荷马州立大学完成自己的专业追求。

在俄克拉荷马州立大学 29 个学时的核心课程中，绝大多数是完全基于互联网的。在第二个学期结束以后，学生也会被要求来到塔尔萨校园学习 2 ~ 3 个学期，用这段时间学习 10 个学时的选修课，完成毕业所需的 39 学时。不仅如此，为了毕业，学生还必须实际做些研究，这是毕业论文的基本组成部分。俄克拉荷马州立大学既需要论文研究，也需要综合考试才能毕业。

参考文献

1. Technical Working Group on Education and Training in Forensic Science, "Education and Training in Forensic Science: A Guide for Forensic Science Laboratories, Educational Institutions, and Students", June, 2004.

2. Forensic Science Education Program Accreditation Commission, " Accreditation Standard", May 16, 2003.

3. R. Almirall and K. G. Furton., "Trends in forensic science education: expansion and increased accountability", *Analytical and Bioanalytical Chemistry*, vol. 376, 2003, p. 1156 ~ 115.

4. 黄文林等："美国文件检验发展研究概况"，载《刑事技术》2009 年第 B12 期。

5. 杜春鹏、李小恺："刍议美国法庭科学教育及对我国的启示"，载《中国法学教育研究》2012 年第 3 期。

表1 美国授予“法庭科学”及相关专业学士学位的院校

<table>
<tr><th>顺序</th><th>所在州</th><th>中文名称</th><th>英文名称</th><th>学位</th><th>名称</th><th>方向</th><th>世界排名[1]</th><th>本国排名[2]</th><th>学费</th><th>Us News 2014</th><th>性质</th></tr>
<tr><td>1</td><td>Alabama</td><td>阿拉巴马伯明翰大学</td><td>University of Alabama at Birmingham</td><td>理科</td><td>法庭科学技术</td><td></td><td>410</td><td>129</td><td></td><td></td><td>公</td></tr>
<tr><td rowspan="2">2</td><td rowspan="2">California</td><td rowspan="2">圣何塞州立大学</td><td rowspan="2">San Jose State University</td><td rowspan="2">理科</td><td rowspan="2">法庭科学</td><td>生物</td><td rowspan="2">527</td><td rowspan="2">151</td><td>1677</td><td rowspan="2"></td><td rowspan="2">公</td></tr>
<tr><td>化学</td><td>6</td></tr>
<tr><td>3</td><td>Connec－ticut</td><td>纽黑文大学</td><td>University of New Haven</td><td>理科</td><td>法庭科学</td><td></td><td>3458</td><td>796</td><td>31 500</td><td></td><td>私</td></tr>
<tr><td rowspan="2">4</td><td rowspan="3">Florida</td><td rowspan="2">佛罗里达中央大学</td><td rowspan="2">University of Central Florida</td><td rowspan="2">理科</td><td rowspan="2">法庭科学</td><td>分析</td><td rowspan="2">321</td><td rowspan="2">111</td><td rowspan="2">21 556</td><td rowspan="2"></td><td rowspan="2">公</td></tr>
<tr><td>生物化学</td></tr>
<tr><td>5</td><td>坦帕大学</td><td>University of Tampa</td><td>理科</td><td>法庭科学</td><td></td><td>3110</td><td></td><td>25 772</td><td></td><td>公</td></tr>
<tr><td>6</td><td>Hawai'i</td><td>檀香山查明纳德大学</td><td>Chaminade University of Honolulu</td><td>理科</td><td>法庭科学</td><td></td><td>5302</td><td>1190</td><td>20 810</td><td></td><td>私</td></tr>
<tr><td>7</td><td rowspan="2">Illinois</td><td>芝加哥洛约拉大学</td><td>Loyola University Chicago</td><td>理科</td><td>法庭科学</td><td></td><td>448</td><td></td><td>25 500</td><td></td><td>私</td></tr>
<tr><td>8</td><td>圣奥古斯丁学院</td><td>Saint Augustine College</td><td>理科</td><td>法庭科学</td><td></td><td></td><td></td><td>17 160</td><td></td><td>私</td></tr>
<tr><td>9</td><td rowspan="2">Illinois</td><td>印第安纳大学与普渡大学印第安纳波里斯联合分校</td><td>Indiana University – Purdue University Indianapolis</td><td>理科</td><td>法庭和调查科学</td><td></td><td>267</td><td>100</td><td>29 883</td><td></td><td>公</td></tr>
<tr><td>10</td><td>怀恩大学（三州大学）</td><td>Trine University</td><td>理科</td><td>法庭科学</td><td></td><td>6016</td><td></td><td>27 660</td><td></td><td>私</td></tr>
</table>

续表

顺序	所在州	中文名称	英文名称	学位	名称	方向	世界排名[1]	本国排名[2]	学费	Us News 2014	性质
11	Iowa	爱荷华大学	Uuniversity of Iowa	文科 科学	法庭科学		59	45	24 400	73	公
12	Kansas	威奇塔州立大学	Wichita State University	理科	法庭科学		782	208	14 223		公
13	Maine	哈森大学	Husson University	理科	法庭科学		5883		15 717		私
14	Maryland	马里兰大学分院	University of Maryland University College	理科	法庭调查科学		1728	409	12 426		公
15	Massac－husetts	培帕斯学院	Bay Path College	理科	法庭科学		5730	1295	28 532		私
16		蒙特爱达学院	Mount Ida College	理科	法庭应用科学		7892	1867	28 162		私
17		马里格鲁夫学院	Marygrove College	理科	法庭科学专业		7246	1696	18 020		
18		圣母大学	Madonna University	理科	法庭科学		6635	1532	7590（15学时）	分	私
19		南密西西比大学	University of Southern Mississippi	理科	法庭科学	生物学 化学和生物学	649	186	15 024		公
20	Montana	大瀑布大学	University of Great Falls	理科	法庭科学	犯罪现场调查	6772	1569	12 960		私
21	New Mexico	东新墨西哥大学	Eastern New Mexico University	理科	法庭科学	人类学 生物学	3512	807	8435		公
22	Massac－husetts	佩斯大学	Pace University	理科	法庭科学		965	244	38 200		私
23		奥尔巴尼州立大学	Albany State University	理科	法庭科学		5216	1172	17 416		公
24		罗素尔塞奇学院	Russell Sage College	科学	法庭科学				27 000		私
25		纽约市州立大学约翰杰伊司法学院	John Jay College of Criminal Justice of The City University of New York	理科	法庭科学	刑事 毒理	1961		15 629		公

续表

顺序	所在州	中文名称	英文名称	学位	名称	方向	世界排名[1]	本国排名[2]	学费	Us News 2014	性质
26	Missouri	哥伦比亚学院	Columbia College	科学	法庭科学	化学 生物学	8654	2052	17 950		私
27		罗伯茨卫斯理学院	Roberts Wesleyan College	理科	法庭科学		6516	1502	25 350		私
28		圣托马斯阿奎奈学院	St. Thomas Aquinas College	理科	法庭科学		8073	1906	24 610		私
28		希尔伯特学院	Hilbert College	科学	法庭科学		5846	1333	18 900		私
30		霍夫斯特拉大学	Hofstra University	理科	法庭科学		990	246	37 400		私
31		纽约长岛大学波斯特分校	Long Island University CW Post Campus	理科	法庭科学				34 070		私
32	North Carolina	费耶特维尔州立大学	Fayetteville State University	理科	法庭科学	生物 化学	2655	606	15 071		公
33		西卡罗来纳大学	Western Carolina University	理科	法庭科学	生物 化学	1462	350	17 494		公
34	North Dakota	北达科他大学	University of North Dakota	理科	法庭科学	证据技术 证据分析					公
35	Ohio	扬斯敦州立大学	Youngstown State University	理科	法庭应用科学		1585	377	14 087		公
36		迪法恩斯学院	Defiance College	理科	法庭科学		5083	1142	25 300		私
37		塞达维尔大学	CedarvilleUniversity	理科	法庭科学		2298	525	25 496		私
38		中央俄克拉荷马大学	University of Central Oklahoma	理科	法庭科学		1797	426	13 224		公

续表

顺序	所在州	中文名称	英文名称	学位	名称	方向	世界排名[1]	本国排名[2]	学费	Us News 2014	性质
39	Penns－ylvania	宾州州立大学帕克校区	Penn state university park	理科	法庭科学				28 664	37	公
40		艾尔弗尼亚学院	Alvernia University	科学	法庭科学		6607		26 100		私
41		斯腾山大学	Seton Hill University	理科	法庭科学		2861	666	28 354		私
42		波音特帕克大学	Point Park University	理科	法庭科学		6335	1452	24 980		私
43	South Carolina	南方卫斯理大学	Southern Wesleyan University	理科	法庭科学		8752	2085	20 850		基督教学校
44	South Dakota	玛提山学院	Mount Marty College	理科	法庭科学		7892	1868	21 062		私
45		圣爱德华大学	St. Edward's University	文科	主修法庭科学		5158	1156	15 355		私
46	Tennessee	国王学院	King University	理科	法庭科学		7027		23 608		私
47	Texas	德州农工大学	Texas A&M University	理科	法庭科学和调查科学				25 626		公
48	Utah	犹他河谷大学	Utah Valley University	理科	法庭科学		2050		522/学分		公
49	Virginia	弗吉尼亚联邦大学	Virginia Commonwealth University	理科	法庭科学	生物 化学	279	104	29 473		公
50		蓝田学院（布鲁菲尔德）	Bluefield College	理科	法庭科学		8923	2114	21 060		私
51	West Virginia	西弗吉尼亚大学	west Virginia university	理科	法庭科学和调查	生物学	273	101	18 408		公
52		费尔蒙特州立大学	Fairmont State University	理科	法庭科学		5204	1171	10 904		公

续表

顺序	所在州	中文名称	英文名称	学位	名称	方向	世界排名[1]	本国排名[2]	学费	Us News 2014	性质
53	Washi－ngton	西雅图大学	Seattle University	理科	法庭科学和技术		1120	271	37 485		私
54		乔治·华盛顿大学	The George Washington University	文科	法庭科学		226	93		52	私

表2　美国授予“法庭科学”及相关专业硕士和博士学位的院校

顺序	所在州	中文名称	英文名称	学位	名称	方向	世界排名[1]	本国排名[2]	学费	Us News 2014	性质
1	Alabama	阿拉巴马伯明翰大学	University of Alabama at Birmingham	硕士	法庭科学		410	129			公
2	California	加州州立大学佛雷斯诺分校	California State University, Fresno	联合博士	法庭科学和行为科学				6696		公
3		国家大学	National University	硕士	法庭科学		3277	762	13 446		私
4	Connec－ticut	纽黑文大学	University of New Haven	硕士	法庭科学	专注于高级调查	3458	796	20 925		私
5	Florida	佛罗里达国际大学	Florida International University	硕士	法庭科学		288	107	224		公
				博士	法庭科学重点	生物化学方向					
6	Indiana－IN	印第安纳大学与普渡大学印第安纳波里斯联合分校	Indiana University－Purdue University Indianapolis	硕士	法庭和调查科学	生物	267	100	19 243		不详
						化学					

续表

顺序	所在州	中文名称	英文名称	学位	名称	方向	世界排名[1]	本国排名[2]	学费	Us News 2014	性质
7	Maryland	陶森大学	Towson University	硕士	法庭科学		1045	259	15 100		公
8	Maryland	史蒂文森大学	Stevenson University	硕士	法庭科学		4482	1014	7388		私
9	Massa－Chusetts	培帕斯学院	Bay Path College	硕士	法庭科学		5730	1295	23 940		私
10	Massa－Chusetts	麻省药业及相关卫生科学学院	MCPHS University	硕士（本硕连读）	法庭科学	专业途径			27 600		
11	Michigan	密歇根州立大学	Michigan State University	硕士	法庭科学		26	22		73	公
12	New York	雪城大学	Syracuse University	硕士	法庭科学	法庭科学实验室方向	259	98	22 482	62	私
				硕士	法庭科学	一般法庭科学方向					
				法学博士	法庭科学	法庭科学实验室方向					
				法学博士	法庭科学	一般法庭科学方向					
13	Oklahoma	俄克拉荷马州立大学	Oklahoma State University	法庭科学管理硕士	可疑文件检验				36 467		公
14	Oklahoma	中央俄克拉荷马大学	University of Central Oklahoma	硕士	法庭科学		1797	426	9062		公

续表

顺序	所在州	中文名称	英文名称	学位	名称	方向	世界排名[1]	本国排名[2]	学费	Us News 2014	性质
15		阿卡迪亚大学	Arcadia University	硕士	法庭科学	刑事学 生物学	1143	37	28 900		私
16		迪尤肯大学	Duquesne university	硕士（本硕连读）	法庭科学和法律		1158	279	29 276		私
17	Pennsy-lvania	宾州州立大学帕克校区	Penn state university park	硕士	法庭科学专业学习				32 416	37	公
18		西达克瑞斯特学院	Cedar Crest College	硕士	法庭科学		3887	893	10 626		私
19		德雷克赛尔大学	Drexel University	硕士	法庭科学		224	92	17 546	97	私
20	Texas	德克萨斯州立大学圣马科斯分校	Texas State University - San Marcos	硕士	法庭科学		754	202	14 320		公
21	Utah	南犹他大学	Southern Utah University	硕士	法庭科学		2317	528	19 328		公
22	West Virginia	西弗吉尼亚大学	west Virginia university	硕士	法庭科学和调查		273	101			公
23	Washin-gton	乔治·华盛顿大学	The George Washington University	硕士	法庭科学		226	93	1440/学分	52	私

注：

1. 2013年1月韦伯麦特里克斯网公布数据。

韦伯麦特里克斯网（Webometrics）是一个网络计量性网站，基于各个大学网站的表现（包含网页数量和链接数量等）指标。简单地理解，就是主要以世界各国的大学自身官方网站公开信息为评价依据，进行特殊量化计算而得出排名，非实力排名。从2004年开始对全球6000多所大学进行排名，并分别于每年1月和7月更新一次。目前韦伯麦特里克斯网的排名覆盖了全球17 000多所大学，同时该网站还对科研机构、医院、商学院和数据库等进行排名。该排名网不仅以自己的方式归纳了各个大学在全球的表现，还为申请这些学校的学生提供参考信息。

2. 2014年5月网络查询结果。

表3　美国授予法庭科学及相关专业副学士学位的院校

	所在州	中文名	英文名	学位	学位名称	世界排名	本国排名	学费
1	American Samoa	美属萨摩亚社区学院	American Samoa Community College (Pago Pago)	理科	法庭科学	10 920	2466	3220
2	Arizona	凤凰学院	Phoenix College	理科	法庭科学应用科学	9849		7638
3		斯科茨代尔社区学院	scottsdale community college	理科	法庭科学技术	5595	1263	
4	Georgia	达顿学院	Darton College	理科	法庭科学	7491	1771	8542
5	Illinois	伊利诺伊中央学院	Illinois Central College	理科	法庭科学			6750
6	Indiana	圣约瑟夫卡罗美学院	Calumet College of St. Joseph	理科	法庭科学	8791	2089	
7	Kansas	考利学院	Cowley College	理科	法庭科学			4864
8	Maryland	乔治王子社区学院	Prince George's Community College	理科	法庭科学			
9		卡洛尔社区学院	Carroll Community College	理科	法庭科学学习	9307	2206	6010
10	Mississippi	海因斯社区学院	Hinds Community College	文科	法庭科学	8173	1932	4660
11	Missouri	矿区学院	Mineral Area College	理科	法庭科学应用科学	9771	2286	3460
12	New York	布朗克斯社区学院	Bronx Community College	理科	法庭科学			6114
13	North Carolina	德汉姆技术社区学院	Durham Technical Community College	文科	法庭科学	6837	1584	4176
14	Texas	格雷森县学院	Grayson County College	理科	法庭科学	6509	1498	121/学时
15		威德福学院	Weatherford College	文科	法庭科学	8275	1957	4050
16		雪松谷学院	Cedar Valley College	文科	法庭科学重点	8654	2051	3960

续表

	所在州	中文名	英文名	学位	学位名称	世界排名	本国排名	学费
17	Virginia	新河社区学院	New River Community College	理科	法庭科学专业应用科学	8499	2013	9795
18	Washi－ngton	绿河社区学院	Green River Community College	理科	法庭科学技术应用科学	5158	1158	9300
19		哥伦比亚盆地学院	Columbia Basin College	理科	法庭科学应用科学	6358	1468	5987
20	Wyoming	卡斯帕学院	Casper College	理科	法庭科学	5703	1287	5544

表4 美国授予“法庭科学”独立学位的院

顺序	所在州	中文名称	英文名称	方向	世界排名	本国排名	学费	性质
1	Iowa	辛普森学院	Simpson College		5345	1203	29 529	私
2	Kansas	威奇塔州立大学	Wichita State University		782	208	11 386	公
3	Michigan	阿尔玛学院	Alma College		4360	993	30 700	私
4	Nebraska	内布拉斯加大学林肯分校	University of Nebraska－Lincoln	生物学 犯罪现场调查	126	71	21 388	公
5	New York	圣罗斯学院	College of Saint Rose		3484		24 614	私
6	Pennsyl－vania	韦恩斯堡学院	Waynesburg College				19 450	私
7		西达克瑞斯特学院	Cedar Crest College		3887	893	29 710	私
8		切斯努特山学院	Chestnut Hill College		5158	1156	29 100	私
9		查塔姆大学	Chatham University		2334		30 312	私

表5 法庭科学本科学位标准课程（2003年）

	生物学	化学/微量/管控物质	毒物学	枪械/痕迹物证/可疑文件/印刷品
大学基础教育 (36~40学时)	要求的课程可能包括语言、人文、社会科学、技术教育写作、数学、计算机科学和公众演讲。各个大学的学分要求可能会有所不同。一些法庭科学的学位课程能算满足这些需求			
自然科学核心 (34~38学时)	生物学Ⅰ Ⅱ 微积分 普通化学Ⅰ Ⅱ 有机化学Ⅰ Ⅱ 物理学Ⅰ Ⅱ 数据统计	生物学Ⅰ 微积分 普通化学Ⅰ Ⅱ 有机化学Ⅰ Ⅱ 物理学Ⅰ Ⅱ 数据统计	生物学Ⅰ 微积分 普通化学Ⅰ Ⅱ 有机化学Ⅰ Ⅱ 物理学Ⅰ Ⅱ 数据统计	生物学Ⅰ 微积分 普通化学Ⅰ Ⅱ 有机化学Ⅰ Ⅱ 物理学Ⅰ Ⅱ 数据统计
专业课核心 (12学时)	生物化学 遗传学 仪器分析 分子生物	分析化学 定量分析 无机化学 仪器分析 物理化学	分析化学 定量分析 生物化学 仪器分析 物理化学	无机化学 仪器分析 光学/激光学 物理化学
法庭科学核心 (6学时)	法庭科学调查 法庭科学专业实践	法庭科学调查 法庭科学专业实践	法庭科学调查 法庭科学专业实践	法庭科学调查 法庭科学专业实践
法庭科学实验室核心 (9学时)	法医生物学 实习 显微镜 物理方法	法医化学 实习 显微镜 物理方法	法医化学 实习 显微镜 物理方法	实习 显微镜 物理方法
其他核心 (19学时)	细胞生物学 刑事司法介绍 法律证据学 微生物学 人口遗传学 免疫学 公众演讲	高级仪器分析 药物学 刑事司法介绍 法律证据学 毒物分析 材料科学 药理学 公众演讲	高级仪器分析 药物学 刑事司法介绍 法律证据学 毒物分析 药理学 公众演讲	材料科学

表6 俄克拉荷马州立大学健康科学中心法庭科学硕士学位（M. S. F. S.）课程

（2012年6月11日修订）

普通需求	上课场所	学分	法医生物学/DNA	法医病理学；微生物学	法医病理学；死亡现场调查	法医毒物学/微量物证	法医精神病学	法庭科学管理	法庭科学文件检验
FRNS 5013 法庭科学调查	网络	3	■	■		■	■	■	■
FRNS 5063 伦理研究和科学写作	网络	3	■	■	■	■	■	■	■
FRNS 5073 法庭科学质量认可	网络	3	■	■	■	■	■4	■	■
FRNS 5613 刑事犯罪和证据分析	网络	3	■	■	■	■	■	■	■
FRNS 5653 法律和专家证据	网络	3	■	■	■	■	■	■	■
FRNS 5000 调研和论文（1~3小时/学期）	校园	6	■	■	■	■	■		
FRNS 5980 非论文创作成分		1~3						■	■
BIOM 5013 医学生物统计或STAT 5013 实验数据统计	网络 校园	3	■	■	■	■	■		
需要跟踪或选择5									
FRNS 5023 可疑文件检验	网络	3							■
FRNS 5033 手写字迹检验	网络	3							■
FRNS 5043 文件检验的技术方面	网络	3							■
FRNS 5053 文件检验的历史方面	网络	3							■
FRNS 5083 法庭科学领导者的伦理	网络	3						■	
FRNS 5090 法庭科学实习	校园	1~3			■				
FRNS 5213 分子生物学	网络	3	■	■6				■6	
FRNS 5242 人口遗传学	校园	2	■						

续表

普通需求	上课场所	学分	法医生物学/DNA	法医病理学；微生物学	法医病理学；死亡现场调查	法医毒物学/微量物证	法医精神病学	法庭科学管理	法庭科学文件检验
FRNS 5282 法庭科学方法研究	校园	2	■	■		■		F	
RNS 5323 法医微生物学	网络	3		■					
FRNS 5413 法医病理学和医学	网络	3		■	■	■		■	
FRNS 5513 法医生物科学	网络	3	■		■				
FRNS 5523 法医毒物学	网络	3			■	■			
FRNS 5543 高级法医毒物学	网络	3				■			
FRNS 5622 高级刑事学	校园	2	■	■	■	■	■		
FRNS 5713 法医精神病学	网络	3					■		
FRNS 5913 法庭科学会计和欺诈投资	网络	3							■
FRNS 5943 法庭科学管理、组织和发展	网络	3						■	
FRNS 5990 特别主题：人类学/骨学	混合	2			■				
FRNS 5990 特别主题：受害者研究	网络	3			■				
HCA 5023 人力资源和公共管理	网络	3						■	

表7 俄克拉荷马州立大学健康科学中心法庭科学硕士学位（M. S. F. S.）选修课

（2012年6月11日修订）

FRNS 5023	法庭科学可疑文件检验
FRNS 5053	法庭科学文件检验的历史方面
FRNS 5083	法庭科学领导者的伦理
FRNS 5090	法庭科学实习

续表

FRNS 5213	分子生物学
FRNS 5242	人口遗传学
FRNS 5282	法庭科学方法研究
FRNS 5323	法医微生物学
FRNS 5413	法医病理学和医学
FRNS 5513	法医生物科学
FRNS 5523	法医毒物学
FRNS 5533	毒品毒物
FRNS 5543	高级法医毒物学
FRNS 5622	高级刑事学
FRNS 5713	法医心理学
FRNS 5723	高级法医心理学
FRNS 5913	法庭科学会计和欺诈投资
FRNS 5943	法庭科学管理、组织和发展
FRNS 5970	法庭科学指导毒物
FRNS 5990	特别主题，包括证据收集分析、受害人研究、犯罪分析等
BIOM 5013	医学生物统计
BIOM 6543	神经毒理学
GRAD 5990 - 353	研究生教育的特殊问题，筹备资助金
GRAD 5992 - 802	成功的教授职位
HCA 5023	人力资源和公共管理
PLP 5343	植物病理学原理
STAT 5013	实验的数据统计

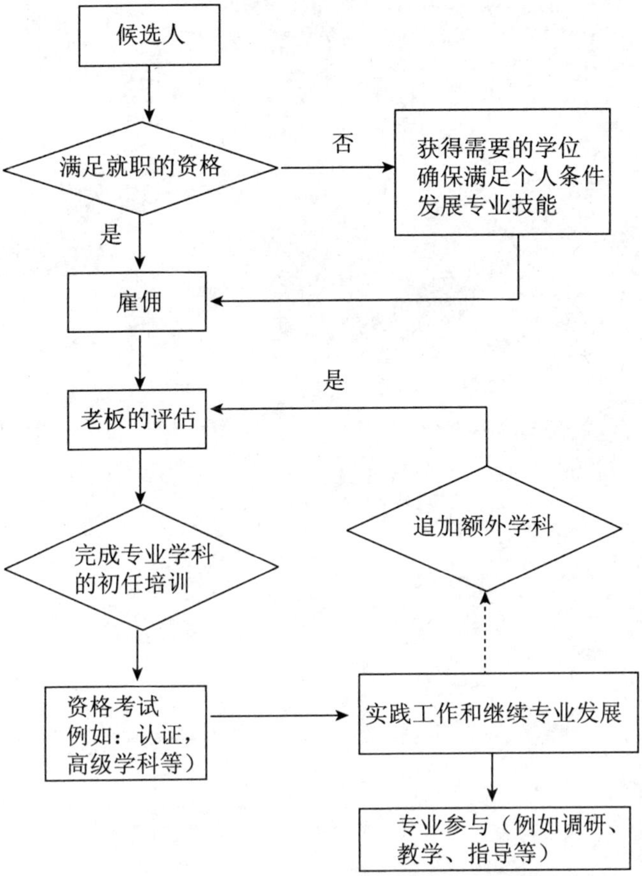

图1　法庭科学人员的从业之路

目录

法庭科学文件检验科学工作小组（SWGDOC）关于文件检验的标准

一、法庭科学文检鉴定人的工作范围标准

1. 工作范围

1.1 一般而言，本标准描述的职责所指为法庭科学文检鉴定人，也称为可疑文件检验员，检验可疑文件的人员，文件检验员或文件分析师。

1.2 本标准能够给所有遇到与法庭科学文件检验相关问题的人员提供指导。

2. 参考文件

2.1 标准：SWGDOC 法庭科学文检鉴定人的最低培训需求标准。

3. 工作描述

3.1 法庭科学文检鉴定人对文件进行科学的检验、比对和分析是为了：①确定真实或假冒，揭露伪造，或者披露变造、添加或消退；②认定或否定笔迹的书写人；③认定或否定打字机或者其他印文、痕迹或者相关证据的来源；④在需要的时候撰写报告或提供证据，以帮助用户理解检验所见。

4. 一般职责

4.1 该领域内的鉴定人有时被认为是“笔迹专家”。法庭科学文件检验包括笔迹识别技术。笔迹则包括草书、手写体字迹、手写打印体字迹、签名、数字以及其他书写标志或符号。法庭科学文件检验不包括掌握书法艺术字或绘制大型花饰字的技能，同样不包括通过研究个体的笔迹进行人物画像或者分析、判断书写人的性格或个性。

4.2 在商务、金融、民事和刑事审判中，或在任何影响书面沟通和记录完整性的事件中产生的关于文件的问题。

4.2.1 该领域存在的典型问题：

4.2.1.1 对书写笔迹和打印字迹的鉴定。

4.2.1.2 认定或否定包括打印机、复印机、传真机等在内的机械或电子图像设备的来源和输出。

4.2.1.3 认定或否定墨水、纸张和书写工具。

4.2.1.4 确定文件的日期、来源、历史、排列顺序、变造或添加以及文件之间的关系。

4.2.2 其他问题还包括对掩盖、消退或部分损坏文件的解读、恢复，或者两者均有。

4.2.3 还经常包括发现一份文件中关于伪造证据的信息、人像鉴定，或者显示重要的关联。

4.2.4 文件检验还包括对可能出现在文件上的其他相关物证的识别和保存。

4.3 法庭科学文件检验应用的仪器设备包括：显微镜以及其他光学放大镜，摄影以及其他图像设备，能够适应各种光学方法的各种成像材料，包含有辐射能量的紫外光、可见光、红外光和其他波段的电磁波谱，还包括用于发现、显示，或两者皆有，纸张内部或者纸张表面或者类似载体上的压痕和其他特征的静电或其他设备。适当的时候可能还会用到其他的分析仪器。

4.4 文件中问题的解决是通过对专门针对法庭科学文件检验和其他一些比如物理科学、数学、语言学等领域的知识、技能、经验、培训（SWGDOC 法庭科学文检鉴定人的最低培训需求标准）或者教育的运用实现的。相关的领域包括制造工艺和用于生产文件的材料科学，以及文件被形成或聚集的方法、设备、工具以及人员机构。

4.5 检验的结果报告供法官、政府部门、执行长官、执法部门、董事会、委员会、律师和个人使用。结论经常以专家证言、基础解释和结论分析的形式呈现出来，并且可能会在示范证据的过程中举例使用。

二、法庭科学书写墨水的比较检验方法标准

介绍：本标准旨在为有经验的文检鉴定人（SWGDOC 法庭科学文检鉴定人的工作范围标准）和法庭科学墨水比对专家提供墨水的通用检验标准。目的是在对文件破坏最小的基础上提供涵盖关于墨水最多信息的技术。因此，本标准是指文检鉴定人在一般实践和专业法庭科学墨水比较设备上正在使用的技术，是经过良好报道和彻底验证过的技术。通过下列所概述的规程，鉴定人能够准确地辨别墨

水配方并缩小不同来源墨水样品错误匹配或同源墨水样品不正确分化的可能性。

1. 范围

1.1 本标准旨在帮助法庭科学鉴定人比较书写或标记墨水，包括在本分析方案中得出两种墨水样品是具有同源性或是不同来源的结论所需的必要工具和技术。

1.2 识别墨水配方、制造商或生产时间，以及进行墨水形成时间的检验不属于本标准的范围。

1.3 本标准并不旨在强调所有的安全问题，如果有，仅与其使用相关。本标准使用者有责任在使用前确定监管限制的适用性，并建立适当的安全与健康行为。

2. 参考文件

标准：ASTM D1535 蒙赛尔系统检验特定颜色实践；ASTM E131 与分子光谱相关的术语；ASTM E284 外观的术语；SWGDOC 法庭科学文检鉴定人工作范围标准；NIST/国家统计局标准样品编号 2106 ISCC－NBS 质心色图；NIST/国家统计局特别发布 440 颜色：名称的通用语言和字典。

3. 术语

3.1 定义：

3.1.1 批次间差异——墨水配方中，由于在生产过程中，在制造商可接受范围内的偏差造成的一种成分的浓度存在的差异。

3.1.2 色谱分离——一种分离物质的方法，被广泛应用于分析和制备化学物质。它包括液体或气体移动相在固体或液体固定相上的流动。当流动相流过固定相时，溶质将经受反复的吸附和解吸，移动的速度，除其他因素外，取决于分配在两相之间的比值。如果分配的比值差异足够大，混合物的成分将会以不同的速度迁移并产生一种特征模式（色谱）。

3.1.3 荧光——一些波长的辐射量被吸收后以其他波长，通常是更长的波长，非热地辐射出来。

3.1.4 红外光——指具有波长大于光波长的辐射通量，通常波长为约 760 纳米至约 3 微米。

3.1.5 可见光——由正常的人类观察者目视可检测到的电磁辐射能量，具有约 380 纳米至约 780 纳米波长的辐射能量。

3.1.6 发光——辐射能量从一个原子、分子或离子的电子激发态到较低的电子状态的转变过程中的释放。

3.1.7 位变异构体——当一名观测者观察时，光谱反射率不同的样品在一个光谱成分的光源下颜色相匹配，但在其他光谱成分的光源下或由另一名观测者观察时可能不相匹配。

3.1.8 光谱——从最通常的意义上讲，光谱是通过化学样品对电磁能量吸收或发射的研究，具有在样品上能量入射的功能。

3.1.9 光源——产生光或其他辐射通量的物体。

3.1.10 紫外——指辐射通量具有的波长比光的波长更短，通常波长为约10纳米至380纳米。

讨论 长波紫外通常指光谱范围为UV－A，波长约从315纳米至380纳米。短波紫外通常指光谱范围为UV－C，波长约从100纳米至280纳米。

3.2 仅针对本标准的定义：

3.2.1 圆珠笔油墨——圆珠笔中用于书写或标记的介质。通常是一种含有油、乙二醇或橡胶基的高黏度的油墨。

3.2.2 二向色滤光片——带有两个传输频带的滤波器。这些频带通常被广泛地分离，并且尺寸可能差异很大。

3.2.3 中性笔墨水——“凝胶式”滚珠笔中用于书写或标记的介质。中性笔墨水构成了非圆珠笔油墨的独特的类别。通常情况下，中性笔墨水是高黏度的水性墨水，即使经过很长时间或在剪切力下显示了高流动性，依然能够保持着色材料稳定的扩散或溶解状态。墨水中含有一种着色材料（颜料或染料），酸改性的杂多糖以及水性介质（水和水溶性有机溶剂），其中水的重量至少占50%。由于颜料掺入到配方中，本标准中所列薄层色谱法的评估规程将具有有限的价值。

3.2.4 红外发光（IRL）——辐射能在从一个原子、分子或离子的电子激发态到较低的电子态（荧光或磷光，或两者兼有）转移过程中的释放，其中激发源的光谱是在电子光谱的紫外或可见光区域，或两者均包括；而发射能量的光谱是在电磁光谱的远红或红外区域。

3.2.5 墨水配方——制造商专门为最终油墨产品确定的精确的配方或成分组成以及它们的量。这些成分是着色剂（染料和颜料）和载色剂成分（挥发性溶剂、树脂等）。

3.2.6 墨水样品之间的匹配——在给定的分析阶段无法区分墨水样品。

3.2.7 非圆珠笔油墨——非圆珠笔的书写或标记工具中用于书写或标记的介质，包括沾水笔或钢笔、多孔圆珠笔、宝珠笔、标记工具等。通常情况下是含水或溶剂基的低黏度油墨。

4. 意义和应用

4.1 墨水比对检验通常用来回答四个基本类别的问题：

（1）一种墨水是否与同一份文件其他部位或其他文件上的墨水相同（在配方上）；

（2）相似的两种书写墨水是否具有同源性，也就是说，是否源自同一个书写工具或同一种墨水；

（3）一段时间之后，墨水的书写时间是否与当时的时间一致或显示出在同一时间准备的；

（4）墨水是否存在人为老化。

4.2 本标准中的规程仅能给四个问题中的第一个问题以直接全面的回答。

4.3 关于第二个问题，配方（可疑样品）的差异可以表示否定的结论，与章节3 中所列任何其他方法的差异一样。然而，在处理现代的墨水时，墨水样品的匹配包括本标准考虑到的所有技术所观察到的所有方面的一致；而与相同的来源相一致，则不足以支持同源性的明确意见。现代的墨水很少有足够的个体特征能够支持确定低于生产批次水平的同源性。

注1 现代大规模生产的墨水通常作为一种组分分布在一个完整的书写工具或笔芯中。有了这样的包装，墨水不会成为墨水和暴露于环境中污染物的混合体，这样可以在特定的时间点依靠已知的墨水识别墨水个体（1，3）。这种分析，在检验陈旧文件或者在特定环境下准备的文件时有潜在的作用，但超出了本标准的范围，因为这种分析是通过检验墨水线条，根据其产生的性能特点来区分书写工具的。

4.4 关于第三和第四个涉及墨水时间的问题，时间技术只能确定墨水样品的相对形成时间（来自相同或不同的文件）或绝对时间量，墨水线条的书写时间也超出了本标准的范围。

4.5 然而关于第三个问题，在法庭科学领域中，涉及一段时间后的书写时间问题可能是非常重要的，可以确定存在一种或多种墨水配方，使用的多种墨水配方符合一种模式，或者一种特别的墨水配方与已知时间的样品配方相匹配。

4.6 至于最后一个问题，可以通过确定墨水配方第一批生产日期的方式缩小墨水可能的形成年限。虽然超出了本标准的范围，确定墨水配方以及制造商或生产日期还是应用到了这里描述的许多分析规程。鉴定人的专业知识和经验，以及获得墨水参考样品的集合或库也是必需的。

墨水库包括已知来源的墨水配方样品，通常来自制造商的墨水、书写或标记工具，或两者的结合。墨水参考样品通常需要根据在文献中描述的方法进行编目、分析和存储。即使能够收集得很全面，将一种未知的墨水样品配方与一种已知的配方关联起来也不总是可能的。这是因为一些墨水的配方是没有区别的，但在大多数情况下，这里所述的分析规程在区分可区别配方时是足够的。

4.7 鉴定人在无墨水库的情况下比对墨水样品也可以提供有价值的信息。如果该墨水配方相对稀少或其共性是已知的，匹配则更有意义。熟悉或获得一个综合的参考墨水库对这个目的很有帮助。

4.8 在表述结论时应该记住，匹配表示墨水样品是具有同种配方或具有相同非挥发性成分的两个相似配方。还应该考虑到其他的分析技术有可能具有区分它们的可能性。

因此，这种情况下的结论不应该陈述为两种墨水样品是“同一的”或“同种墨水”，而必须有限地陈述说明“在此分析阶段无法区分墨水样品”，或“全面的化学和物理检验未能检测到墨水样品之间的任何差异”。

5. 干扰因素

5.1 墨水检验的大多数干扰因素来自与墨水相互作用的变量。可能是书写过程中的一部分，例如湿墨水印迹、纸张的差异、文件上不同形式的污染物或几种变量的组合形式。简单的预防通常能够避免问题的出现。

5.2 注意并记录衬底的差异，如不同文件使用的不同纸张或多页文件的不同页面。也要注意并记录文件的差异，例如写在身份证明文件照片上的签名、不同染料或颜色基底印刷的五彩纸、与印刷或打印材料相交叉等。

5.3 前期处理或检验的结果也应该被注意和记录下来。这些影响可能包括变色或老化褪色，暴露于光或热中，食品或饮品的污染，灰尘或油脂，玻璃纸或其他胶带，黏合剂，汗水或手指污迹，水或化学品的污渍，包括用于显现潜在指纹的茚三酮或其他试剂等。

5.4 光学检验应谨慎考虑这些变量的潜在影响。化学分析纸空白处时应对这些变量进行控制。

6. 试剂和设备

注2 所有试剂均未受过污染是非常重要的。

6.1 试剂的纯度——试剂级别。

6.2 水的纯度——蒸馏水或等效的水。

6.3 点样检验、溶解度检测以及薄层色谱提取剂所用的试剂：

6.3.1 吡啶。

6.3.2 乙醇。

6.3.3 水。

6.3.4 参考文献 1、3、23 中需要的其他试剂。

6.4 薄层色谱展开溶剂所需的试剂：

6.4.1 溶剂系统 I——醋酸乙酯，乙醇，水（70+35+30）。

6.4.2 溶剂系统 Ⅱ——N-丁醇，乙醇，水（50+10+15）。

6.5 根据参考文献 5、6、10 的其他墨水提取溶剂和展开溶剂。

6.6 光学检验的设备：

6.6.1 体视显微镜。

注 3　5~100 倍的放大范围是比较有用的。

6.6.2 配有长波紫外和短波紫外光源的紫外灯或视框。

6.6.3 在观察和拍摄墨水差异时需要的彩色滤光片（明胶、彩色玻璃、干涉滤光器）。

6.6.4 二向色滤光片，见参考文献 11。

6.6.5 配有能够区分墨水样品差异的底片或其他传感器、照明和滤光片的照相或其他成像设备。

6.6.6 配有能够记录反射红外和红外发光的合适底片或其他传感器、照明和滤光片的照相或其他成像设备。

6.6.7 配有在反射红外和红外发光模式下能够使用的合适光源和滤光片的红外图像转换装置或系统，以及合适的照相或其他成像设备，进行图像采集或处理的计算机硬件和软件，或两者兼有。

6.6.8 用于反射红外和红外发光的屏障过滤器——长通滤波片，最好是大幅削减的，阻止可见光通量。合适的明胶、彩色玻璃和干涉滤光器是市售的。

注 4　因为墨水的反应可能不同，因此建议使用一系列的滤光片，底片或探测器的削减波长范围可从红光到红外。

6.6.9 红外发光的激发源——包括：一个连续光谱的灯，带有消除红外和远红外光谱区域通量的滤波器，例如，光路为 1 厘米至 3 厘米、内含浓度为 10% 至

15%的硫酸铜溶液的电池；合适的彩色玻璃或干涉滤光片；激光或其他单色光源。

注5 各种不同光谱分布的光源或连续光谱光源的不同滤光片可能有助于鉴别墨水样品。当使用滤光光源时，最好是使用光源和滤光片之间的热吸收滤光片。这样既保护了滤光片，又大大消除了不想保留的红外光。

6.6.10 记录观察所见需要的拍照和其他成像设备。

6.7 点样实验、溶解度检测和薄层色谱分析所用的设备——所有设备均未受到污染非常关键（见注2）。

6.7.1 体式显微镜。

6.7.2 配有约20计空心钻孔点或钝点的注射针头、手术刀或类似的采样装置。

6.7.3 一次性小瓶或透明样品容器——建议1微量或更小。

6.7.4 一次性微量移液器——建议10微升或更小。

6.7.5 预涂塑料或玻璃的硅胶片/板，无荧光指示剂（孔尺寸为60埃）。

注6 建议将薄层色谱片/板保存在干燥器中。

6.7.6 带有不透气封盖的玻璃显影水槽——水槽的尺寸应该适合片/板的展开。

6.7.7 配有长波紫外和短波紫外光源的紫外灯或视框。

6.8 章节8中所列其他方法所需的合适的设备。

6.9 所有仪器和设备应该妥善维护和校准。

7. 规程

无损光学检验

7.1 可见光检验：

7.1.1 确定墨水的类别——环境照明条件下（自然光或人工光源），根据需要放大或不放大，确定墨水属于圆珠笔类或非圆珠笔类墨水。观察字迹的整体外观。注意和记录任何可能提供关于所用书写或标记工具类型的信息。例如，如果笔画中间有一条压痕，则书写工具可能是圆珠笔或滚珠笔。有两条压痕则可能是笔尖分叉的蘸水笔或钢笔。这一步的实施可能需要使用不同类书写工具在不同衬垫物上书写的参考标准。

7.1.2 确定墨水的条件和整体字迹外观——注意和记录章节2中描述的可能

引起墨水变化的任何情况。例如污渍、烧伤、老化、印迹、褪色、尝试机械擦除或化学根除、变色等。

7.1.3 确定墨水的颜色——使用不同色温或光谱特征的照明以及窄带或激光照明时，墨水的位变异构体有时会分化。各种滤光片也可以用于直接观察、拍照或电子浏览。滤光片包括宽、窄频带，短、长通，和双向滤光片等。

注7 使用标准的颜色符号可能有助于记录这些观察所见（NIST国家统计局标准样品，2106号；NIST国家统计局特殊发布，440号）。

7.1.4 显微分光光度测定法可通过测量最大透射或反射光谱的波长，或者两者皆有，来区分墨水。

7.2 紫外光检验：

7.2.1 在长波紫外和短波紫外光源下观察墨水样品。注意和记录墨水的荧光特征和任何的荧光发射现象。(参见注7)

注8 除了一些红色墨水的配方，很少有墨水在纸张上的干燥状态下会发出荧光。偶尔会在墨水线条周围发现荧光环，原因是载色剂成分在表面张力的作用下迁移到了衬底上。

7.2.2 注意并记录衬底的所有反应。纸张的强荧光可能会影响观察者对墨水的敏感度。

7.2.3 紫外检测可能会揭示文件已经被章节5中讨论过的可能会影响墨水比对检验的化学或其他材料污染了。包括发现使用化学墨水消退剂，液体或固体不透明材料，玻璃纸或其他胶带、胶粘剂等。虽然这些可能超出了墨水比对的意义，但应该被注意和记录下来。

7.3 红外检验：

7.3.1 确定墨水的反射红外和红外发光特征：因为这些反应是在人的视力观察范围之外的，因此需要基于人眼进行一些技术扩展。

这些特征可以用红外感光胶卷拍摄或直接用红外图像转换装置观察。无论哪种情形，镜头前都需要一个合适的吸收滤光片以阻止可见光通量（见6.6.8和注4)。红外发光还将需要一个合适的激发光源（见6.6.9和注5)。

注9 拍照和电子成像系统的效果都很好，有其各自的优点和缺点。拍照提供了一个永久性的、高分辨率的记录结果，长时间曝光可以捕获到微弱的发光。

然而，虽然曝光时间可以延长（微弱发光最多20分钟），但在前期耗时使用不同的滤光片通过一系列曝光排除配方是需要相当的经验的。处理和打印所需的时间可能也是一个问题。电子成像系统，包括图像转换管组件和闭路电视系统，具有实时显示结果的优势，促进了滤光片的组合、聚焦、曝光的优化等等。电子成像系统非常适用于批量检查证件（如护照）的变造。但是由于分辨率有限，一些微弱的发光可能不容易被检测到。独立的拍照或电子成像设备都需要记录结果。现代集成红外摄像机能够检测到其他方法无法看到的微弱的红外光谱信息。

7.3.2 反射红外（RIR）：

记录不透明或透明时的特征，显示不透明的程度。越不透明的墨水（吸收越多），越呈现黑色；而不透明的程度越轻，亮度则越强，直到似乎完全透明或脱离。-3 到 0 之间任意四个点（不透明到透明）可能有助于记录这些观察所见。

7.3.3 红外发光（IRL）：

7.3.3.1 记录墨水相对于深色、相似色或浅色衬底的红外发光特征，并在适当时表示出程度。如果墨水比衬底发出更明亮的光，表现出来就是墨水比衬底更亮；发强光的墨水可能会显示发出明亮的光。如果墨水不发光或发出的光不如衬底明亮，墨水的颜色就会比衬底更暗淡（这有时被称为黑色发光或消极发光）。墨水发光的强度与衬底相似时，一般无法看到，或者称为脱离。-3 到 0 到 +3 之间任意七个点（黑色到无法区分到非常明亮）可能有助于记录这些观察所见。

注 10 根据衬底的特征以及光源或滤光片的组合，或两者兼有，相同配方墨水样品的外观可以从不发光到强烈发光非常的不同。墨水发光的外观可能会受到墨水和衬底用量的影响。

7.3.3.2 墨水线条周围偶然会观察到发光环，原因是载色剂成分在表面张力的作用下迁移到了衬底上。

7.3.3.3 当墨水发光的强度相似但不同一时，有时可以通过在衬底后面放置一个不发光或明亮发光的物体加以区分。

7.4 在记录墨水样品的紫外荧光、红外吸收和红外发光特征时，注意和记录衬底产生的任何影响是非常重要的。了解可能影响这部分检验结果的因素（例如章节 2 中讨论过的）也是非常重要的。

7.5 不同波长墨水样品的反应可以非常不同。因此，在区分墨水样品时，使用一系列不同的光源、滤光片、滤光片组合等是非常有用的（见注 4 和注 5）。在注意和记录墨水样品的反应时，也要记录光源和滤光片等信息。

化学检验

7.6 点样检验和溶解度检测：

7.6.1 墨水样品的点样检验可以直接在衬底上操作。如果溶剂应用在非常少量的墨水线条上，并且通过放大可以观察到结果变化，则对文件的破坏是最小的。如果在原位的检测没有效果，墨水样品的点样检验可以在取下的样品上进行。这些检验可以根据溶剂对载色剂的溶解情况来区分圆珠笔墨水和非圆珠笔墨水，为后续的分析确定合适的提取溶剂，或提供墨水配方中使用的着色剂的假定信息。

注 11 相对于提供的信息量，这些检验可能会损耗大量的材料。

7.6.2 点样检验以确定墨水样品对各种试剂的溶解度或颜色反应，这些试剂曾经广泛用于区分墨水配方和推断识别墨水配方的成分。关于旧墨水配方的信息可以在参考文献 1 和参考文献 3 中查找。更现代的是开展了对蓝色圆珠笔墨水的研究，分析方案也已经发表在了参考文献 23 中。

7.6.3 当前的点样检验，大多数是根据溶剂对载色剂的溶解程度来区分圆珠笔墨水和非圆珠笔墨水的。圆珠笔墨水或者是油基或者是乙二醇基。油基的圆珠笔墨水是较早期使用的圆珠笔。通常乙二醇基的圆珠笔墨水（从大约 1950 年开始广泛应用）非常易溶于吡啶。钢笔、多孔点笔和滚珠笔墨水的配方一般是水或酒精成分，很容易溶于乙醇和水（1 + 1）。擦不掉的标记是溶剂根，通常溶于吡啶。注意和记录结果。如果计划做薄层色谱检验，这些结果可以用来选择合适的提取溶剂。

7.6.4 用各种溶剂在原位或提取下来的样品上进行的这些检验足以确定两个或两个以上的样品不具有相同的墨水配方。在很多情况下，一旦确定下来，就不需要进一步的检验了。

7.7 色谱分析法——薄层色谱法——多种色谱法已成功用于区分书写墨水，包括纸张色谱法、高压液相色谱法（HPLC）、气相色谱法（GC）和薄层色谱法（TLC）。除非衬底为特定的物质，纸张色谱法的规程类似于薄层色谱法。

7.7.1 薄层色谱片/板的激活——点样之前，在一个预先加热的烤箱中（大约 100°C，10 到 15 分钟）激活一块薄层色谱片/板。

注 12 加热片/板的目的仅仅是为了除去其中的水分。如果片/板存储在理想干燥的条件下，理论上说激活是不必要的，但是作为预防措施，加热片/板仍然是明智的做法。

7.7.2 为薄层色谱采样：

7.7.2.1 用一个有钝点或空心钻孔的注射针，或者相似的设备，取下足够数量的小块（通常从墨水线条上取下 7～10 小块就足够了）。如果使用手术刀，取下约一厘米的线条。所需小块（或线条长度）的数量根据墨水的浓度和溶解性确定。

7.7.2.2 文件上的取样区域应避免可能被背面书写的字迹污染，或被另一面上的其他污渍污染（见章节 2）。

7.7.2.3 把墨水小块装进小瓶。

7.7.2.4 将从衬底对应区域取得的一样数量的纸张小块（或同样大小的纸张）装进另一个小瓶。

7.7.2.5 如果字迹有限，仅使用一个小块的微量采样技术是非常必要的。

7.7.3 提取墨水：

7.7.3.1 向小瓶中添加大约 3 到 5 毫升的溶剂［圆珠笔墨水用吡啶；非圆珠笔墨水用乙醇和水（1 ＋1）］。（基于提取的容易度，其他溶剂也可以使用。比对标准墨水时，必须使用相同的溶剂进行提取）。数量可能取决于衬底的吸收率以及墨水线条的类型和形成时间。根据需要调整提取溶剂的量。如果被分析的圆珠笔墨水和非圆珠笔墨水来自同一张纸（或其他衬底），两个纸对应样品将是非常必要的，因为墨水的提取需要两种溶剂，而每种溶剂可能从衬底上提取出不同的成分。

7.7.3.2 轻轻搅拌小块和溶剂大约 1 分钟或直到出现足够的提取量。

注意和记录小瓶中提取物的颜色。使用标准的颜色符号可能有助于记录这些观察所见（检验方法 D1535；NIST/国家统计局标准样品编号 2106；NIST/国家统计局特别发布 440）。

7.7.4 墨水的点样：

7.7.4.1 在激活的薄层色谱片或板上，距离底部大约 15 毫米点上提取物。点样的强度和大小保持一致是非常重要的（斑点大小约为 2～3 毫米效果较好）。每个斑点距离左侧或右侧斑点的距离应该不少于 1 厘米，并且应该足够分离，这样它们在样品成分迁移过程中才不会互相干扰。每个点样区域的边界（左侧和右侧）可以用定位笔或铅笔画线。这些边界符号距离点样区域不低于 1 到 2 毫米。这样当溶剂在板上展开时就不会有干扰因素了。如果使用铅笔，不要直接在铅笔标记的地方或同一列点样，因为很多墨水含有碳或石墨，铅笔也含有这两种成分。

7.7.4.2 数量较多的墨水样品可以同时进行分析，将每一个墨水样品和纸张空白处在同一色谱片/板上进行点样，保持足够的分离，以避免干扰或交叉污染，或两者都有。这些斑点的强度和大小应该保持一样。这可以通过操控墨水小块的数量（或墨水线条的长度）和提取溶剂的量来实现。如果在一块片/板上比对较多数量的样品，点样时与两边的距离不应小于1厘米。点样斑点的放置如果过于接近边缘可能会导致歪斜的分离，影响色谱的比较值。

7.7.4.3 允许通过空气干燥的方式除去片/板上的任何残留溶剂。所用的时间将取决于实验室的条件和所用的溶剂。点样过程中不要将片/板暴露在极热或光亮的地方。这样做已经被证明能够引起一些墨水配方的色谱图发生变化。

7.7.4.4 如果斑点的强度较弱，可能需要重新点样。小心地将提取物直接点在原来的斑点之上，并重新在空气中干燥。

注 13 这项技术需要经验。重新点样时保持斑点的尺寸一致是非常重要的（例如，不能在已经存在的2毫米的斑点上点1毫米的斑点）。否则就会形成环状，在产生分离时造成歪曲的现象。重新点样可以通过小心地调整点样物质的量来完成。

7.7.4.5 建议使用一个合适的校准标准，以同样的方式在板上点样。

7.7.5 薄层色谱片/板的展开：

7.7.5.1 将片/板放入展开池中，预先用试剂系统I进行大约15分钟的平衡。池中溶剂的高度应该在5至10毫米之间，并且在初始浸没时不能接触到墨水提取物的斑点。让色谱展开直到成分展示出足够的分离能够进行比对或大约15分钟左右。

7.7.6 评估：

7.7.6.1 从展开池中取出色谱板，并立刻用长波紫外和短波紫外光源评估荧光特征。注意和记录颜色、荧光特征、阻滞因素以及每个墨水样品出现的所有荧光条带的相对浓度。

7.7.6.2 对相应的纸张（或其他衬底）对应处（空白）运用相同的规程进行操作，以确定是否有些荧光成分来自衬底，例如来自着色材料或光学增白剂。

7.7.6.3 允许片/板在空气中晾干，并遵循同样的规程再次及时进行评估。注意和记录任何的变化。

注 14　一些荧光成分的外观在两次观察期间可能会发生变化。

7.7.6.4 在环境光下注意并记录每个墨水样品和对应纸张的所有条带上所显示出来的颜色、红外值以及相对浓度。

7.7.6.5 完成板应避光、热和空气保存，因为在成分分离的形式下，墨水染料是非常容易褪色或改变颜色的。结果可以用彩色拍照的形式加以保存。

7.7.7 解释：

用于墨水样品定性的不同着色剂成分通过比对 7.7.6 中观察到的特征是很容易区分开来的。

8. 其他方法

8.1 如果需要更多的信息来区分相似的墨水，下面的一些技术可以尝试一下。

8.1.1 其他的薄层色谱技术：

8.1.2 溶剂系统Ⅱ允许在不同极性的溶剂系统中展开，可能会产生成分的不同分离。

8.1.3 根据不同的溶剂系统使用不同的薄层色谱片/板是明智的。这可能会产生不同的分离，可以使用另一种比对方法进行检验。

8.1.4 色谱图可以借助激光或其他单色照明、红外反射、红外发光或 7.1.3 中描述的其他技术进行评估。

8.1.5 色谱图可以拍照，也可以使用适当的工具评估密度。这能给成分的相对浓度一个精确的定量比较。

8.2 其他分析技术：

8.2.1 这些技术可能提供一些关于墨水中所发现成分的有价值的信息，包括溶剂、表面活性剂、保湿剂和树脂。他们可能在某些情况下使用，但一般不需要进行常规的墨水比对。

墨水配方批次间的差异可以通过运用一些分析方法检测到，例如色谱法、电泳法、光谱法、分光光度法或几种方法的组合。

8.2.2 如果墨水的有机成分是必须了解的详细信息，傅里叶变换红外光谱法是非常有用的。

8.2.3 气相色谱（GC）、气相色谱/质谱（GC / MS）可以提供有机成分的相关信息，在选择离子监测模式下操作气相色谱/质谱时，能够进行可靠的检测和认定墨水的主要载色剂溶剂。

8.2.4 高压液相色谱法（HPLC）被用来收集批次间差异的信息，或是在墨水的有机成分是必须了解的详细信息时使用。

8.2.5 显微分光光度测定法可以用来获得墨水的光谱透射率曲线或反射率曲线，或两者兼而有之。

8.2.6 如果需要发射光谱，可以使用荧光光谱测定法。

8.2.7x 射线荧光光谱法（XRF）可以提供墨水无机成分的详细信息。

8.2.8 毛细管电泳法用于提供两种或两种以上墨水有机成分比对的详细信息。

9. 报告结论

9.1 一旦实施了足够的检验，由两种墨水样品比对产生的结论是可以达成的。在报告结论时，应列出所进行的检验。必要的检验数量取决于所需鉴定的墨水。

9.2 差异：

9.2.1 如果在光学检验或化学分析的任一步骤中发现墨水样品之间有显著的、可重复的、无法解释的差异时，可以做出这样的结论：墨水不具有同源性。

9.2.2 但是，当墨水出现不同的检验结果时，必须考虑墨水配方存在批次间差异的可能性：这种差异可以通过一些分析方法检测到，如色谱法、电泳法、光谱法、分光光度法或几种方法的组合。还必须考虑到干扰因素的潜在影响可能会改变墨水样品的成分（见章节5）。

9.3 匹配：

9.3.1 在光学检验或化学分析，或者两者皆有的检验中，发现比对两种或多种墨水样品时，没有显著的、可重复的、无法解释的差异，并且在所有可观察到的结果方面都有明显的一致性时，可以得出这样的结论：在此分析阶段，墨水样品相匹配，检验的结果显示墨水样品具有相同的配方或墨水样品是具有相同非挥发性成分的两种相似配方。应该考虑到其他分析技术也许能够区分样品的可能性。

9.3.2 这个结论没有排除比对的墨水样品来自不同的生产批次、不同的书写或标记工具的可能性。

9.3.3 结论报告永远不要这样表述：两种墨水样品同一或两种墨水样品是相同的墨水。表述必须在9.3.1的限制之内。

10. 关键词

法庭科学；墨水比对；可疑文件。

参考文献

1. Osborn, A. S., *Questioned Documents*, 2nd ed., Albany, NY: Boyd Printing

Co., 1929.

2. Crown, D. A., Brunelle, R. L. and Cantu, A. A., "Parameters of Ballpoint Ink Examination", *Journal of Forensic Sciences*, vol. 21, 1976, pp. 917 ~ 922.

3. Mitchell, C. A., *Inks: Their Composition and Manufacture, Including Methods of Examination and a Full List of British Patents*, 4th ed., London: Charles Griffin & Co., Ltd., 1937.

4. Brunelle, R. L. and Pro, M. J., "A Systematic Approach to Ink Identification", *Journal of Official Analytical Chemistry*, vol. 55, 1972, pp. 823 ~ 826.

5. Brunelle, L. R. and Reed, R. W., *Forensic Examination of Ink and Paper*, Springfield, IL: Charles C Thomas, 1984.

6. Kelly, J. D. and Cantu, A. A., "Proposed Standard Methods for Ink Identifications", *Journal of Official Analytical Chemistry*, vol. 58, 1975, pp. 122 ~ 125.

7. Ordidge, M. and Totty, R. N., "The Examination of Ink Writing on Photographic Paper", *Journal of the Forensic Science Society*, vol. 24, 1984, pp. 43 ~ 47.

8. Sensi, C. A. and Cantu, A. A., "Infrared Luminescence: Is It a Valid Method to Differentiate Among Inks?", *Journal of Forensic Sciences*, vol. 27, 1982, pp. 196 ~ 199.

9. Stewart, L. F., "Artificial Aging of Documents", *Journal of Forensic Sciences*, vol. 27, 1982, pp. 450 ~ 453.

10. Hamilton, R. J. and Hamilton, S., *Thin Layer Chromatography*, Chichester, UK: John Wiley & Sons, Inc., 1987.

11. Godown, L., "New Nondestructive Document Testing Methods", *Journal of Criminal Law, Criminology, and Police Science*, vol. 55, 1964, pp. 280 ~ 286.

12. Eastman Kodak, *Kodak Filters for Scientific and Technical Uses*, Rochester, NY: Eastman Kodak Co., 1970.

13. Kopp, Color Filter Glasses, Kopp Glass, Pittsburgh, PA, 1986.

14. Schott, Optical Glass Filters, Schott Glass Technologies, Durea, PA.

15. Hoover, H. L. and MacDonell, H. L., "Infrared Luminescence Using Glass Filters", *Journal of Forensic Sciences*, vol. 9, 1964, pp. 89 ~ 99.

16. Veillon, P., Rothenbuehler, O. and Mathyer, J., "Some Remarks on the Optical Examination of Inks", *International Criminal Police Review*, vol. 27, 11 (1972), pp. 238 ~ 255.

17. Zeichner, A. , et al. , "Transmission and Reflectance Microspectrophotometry of Inksv ", *Journal of Forensic Sciences*, vol. 33, 1988, pp. 1171 ~ 1184.

18. Eastman Kodak, *Ultraviolet and Fluorescence Photography*, Rochester, NY: Eastman Kodak Co. , 1987.

19. Costain, J. E. and Lewis, G. W. , "A Practical Standard to Infrared Luminescence Applied to Questioned Document Problems", *Journal of Police Science and Administration*, vol. 1, 1973, pp. 209 ~ 218.

20. Eastman Kodak, *Applied Infrared Photography*, *Rochester*, NY: Eastman Kodak Co. , 1972.

21. Richards, G. B. , "The Application of Electronic Video Techniques to Infrared and Ultraviolet Examinations", *Journal of Forensic Sciences*, vol. 23, 1977, pp. 53 ~ 60.

22. Radley, R. W. "Examination of Infrared Luminescence Responses of Ballpoint Inks Using Luminescent Backgrounds", *International Journal of Forensic Document Examiners*, vol. 2, 2 (1996), pp. 151 ~ 152.

23. Crown, D. A. , Conway, J. A. and Kirk, P. L. , "Differentiation of Blue Ballpoint Pen Inks", *Journal of Criminal Law*, *Criminology*, *and Police Science*, vol. 52, 1961, pp. 338 ~ 343.

24. Kuranz, R. L. , "Technique for Transferring Ink from a Written Line to a Thin – Layer Chromatographic Sheet", *Journal of Forensic Sciences*, vol. 31, 1986, pp. 655 ~ 657.

25. Humecki, H. , "Experiments in Ballpoint Ink Aging Using Infrared Spectroscopy", in *Proceedings of International Symposium on Non – Handwriting Aspects of Questioned Document Examination*, Washington, DC: U. S. Government Printing Office, 1985, pp. 131 ~ 135.

26. Lyter, A. H. , "Examination of Ballpen Ink by High Pressure Liquid Chromatography", *Journal of Forensic Sciences*, vol. 27, 1982, pp. 154 ~ 160.

27. Kelly, J. H. , "Spectrofluorometric Analyses of Ball Point Ink", *Journal of Police Science and Administration*, vol. 1, 1973, pp. 175 ~ 181.

28. Aginsky, V. N. , "Dating and Characterizing Writing, Stamp Pad and Jet Printer Inks by Gas Chromatography/Mass Spectrometry", *International Journal of Forensic Document Examiners*, vol. 2, (1996), pp. 103 ~ 115.

29. Fanali, S. and Schudel, M. , "Some Separations of Black and Red Water – Soluble Fiber – Tip Pen Inks by Capillary Zone Electrophoresis and Thin Layer Chromatogra-

phy", *Journal of Forensic Sciences*, vol. 36, 1991, pp. 1192～1197.

三、法庭科学文检鉴定人的结论表述术语

1. 范围

1.1 本标准术语用于帮助法庭科学文检鉴定人表述基于检验鉴定的结论或观点。

1.2 本标准中的术语是基于美国法庭科学学会可疑文件检验分部中一个委员会的报告形成的，并且已经被美国法庭科学学会可疑文件检验分部和美国法庭科学文件检验委员会采纳作为在鉴定报告和证据中推荐使用的标准术语。

2. 参考文件

SWGDOC 法庭科学文检鉴定人的工作范围标准。

3. 意义和应用

3.1 文检鉴定人以中立的身份进行检验和鉴定。从认定结论到否定结论之间有无限多层的观点表述空间。在一些不能出具明确性鉴定意见的案件中，要更加关注语言的选择，以传达证据的分量。

3.2 常识告诉我们，在表达对证据的自信程度时必须控制专业术语的使用，应该使用一些我们的用户（包括调查人员、律师、法官和陪审团）和其他文检鉴定人容易理解的措辞。用于区分观点等级的表述不应该被严格地界定"范围"。观点表述应该有标准的基准线但不应该有明确的界限。

3.3 当一名法庭科学文检鉴定人选择使用下面定义的术语时，聆听者或读者只能推断鉴定人想要表达的意思。在专业人员不打算解释这个术语的情况下，为了避免对术语的误解，可以适当地在报告中引用或附加相关的定义。

3.4 术语以第一人称和第三人称分别举例，因为文检鉴定人在报告时两种形式都使用，并且都能满足本标准的主要目标，即术语要通俗易懂。但这些术语不应该被认为是可能运用在报告和出庭作证中的唯一表述。在以下任何的标准线中，文检鉴定人应该永远记住，检验或鉴定有时可能会走上不可预期的道路，因此没有标准线是能够完全覆盖的。

3.5 虽然下面的术语是关于笔迹的，但法庭科学文检鉴定人也可以将这些术语运用在工作范围内的其他鉴定活动中，正如美国法庭科学可疑文件检验工作小组关于法庭科学文检鉴定人的工作范围中所述，也可以由法庭科学鉴定人适当的使用在其他领域。

3.6 本标准并不旨在解决所有的安全问题，如果有，仅与其使用相关。本标准使用者有责任在使用前确定监管限制的适用性并建立适当的安全与健康行为。

4. 术语

4.1 推荐术语：

认定（一致性的确定结论）——这是文检鉴定人在比对检验之后的最高等级自信的表述。鉴定人没有任何的保留，虽然禁止使用“事实”这个词，但基于笔迹中所含的证据，确定是已知材料的书写人写下了可疑文件。举例——结论是John Doe书写了可疑材料，或者我的意见（或结论）是已知材料的书写者John Doe书写了可疑材料。

极有可能是（高度可能，非常有可能）——证据非常有说服力，但缺失一些关键特性或质量，因此不能得出认定结论，鉴定人基本确定可疑文件和已知文件是同一人书写的。举例——已知材料的书写者John Doe极有可能书写了可疑材料；或者我的意见（或结论）是已知材料的书写者John Doe极有可能书写了可疑材料。

讨论 一些鉴定人质疑区分极有可能和可能的必要性，当然他们可能会忽略这一术语。但那些试图涵盖整个“灰色范围”信心程度的鉴定人可能希望使用这种或类似的术语。

可能是——笔迹中所含的证据强烈指向可疑文件和已知文件是同一人书写，但还是缺乏“基本确定”程度的信心。举例——结论是已知材料的书写者John Doe可能书写了可疑材料；或者我的意见（或结论）是已知材料的书写者John Doe可能书写了可疑材料。

有迹象表明是（建议使用的证据）——笔迹自身只有少量的特征对比对检验有重要的作用，但却与另一人的笔迹自身特征相一致。举例——有证据表明（或建议）已知材料的书写者John Doe可能书写了可疑材料，但这些证据远不足以支持得出明确性结论的必要条件。

讨论 这是一个非常无力的观点，如果结论报告简单地陈述为：“证据表明已知材料的书写者John Doe书写了可疑材料。”这份报告可能会被错误地解读为是一个认定结论。当表述一个观点时，总有额外被限制使用的词或短语（比如“可能”或“但证据远不是确定性的”）来确保读者明白这个观点是无力的。一些鉴定人质疑模糊表述鉴定意见的需求，当然如果他们忽略这个术语也就无法批判它。但那些试图涵盖整个“灰色范围”信心程度的鉴定人可能希望使用这种或类似的术语。

无结论（完全不确定的，不能决定的）——这是鉴定人信心尺度为零时的表述。在明显的限制因素条件下，比如可疑文件和/或已知样本有伪装或者缺乏可供比对的笔迹等，并且鉴定人没有丝毫的倾向性意见时使用该结论术语。举例——关于已知材料的书写者 John Doe 是否书写了可疑材料没有能够达成结论；或者我不能判断已知材料的书写者 John Doe 是否书写了可疑材料。

有迹象表明不是——该术语与术语“有迹象表明是”的比重相当，也是一个非常无力的观点。举例——只有极少量的重要证据出现在可疑和已知笔迹的可供比对的特征中，但这些证据表明，已知材料的书写者 John Doe 没有书写可疑材料；或者我发现迹象表明已知材料的书写者 John Doe 没有书写可疑材料，但却远非明确性结论的证据。

可能不是——笔迹中所含的证据强烈指向可疑文件和已知文件不是同一人书写，但正如上面指出的可能性范围，这些证据不完全符合“基本肯定”的范畴。举例——结论是已知材料的书写者 John Doe 可能没有书写可疑材料；或者我的意见（或结论或判断）是已知材料的书写者 John Doe 可能没有书写可疑材料。

讨论 一些鉴定人倾向于这样陈述鉴定意见：“已知材料的书写者 John Doe 不太可能书写了可疑材料。”对这种表述并没有强烈的反对，只是“不可能”这个词仅仅是相当于盎格鲁-撒克逊人的“不可思议”。

极有可能不是——该术语与术语“极有可能是”在认定尺度方面的比重相当，也就是说，鉴定人基本确定可疑文件和已知文件不是同一人书写的。举例——已知材料的书写者 John Doe 极有可能没有书写可疑材料；或者我的意见（或结论或判断）是已知材料的书写者 John Doe 极有可能没有书写可疑材料。

讨论 当然那些选择用“不可能”代替“可能不是”的鉴定人在这里会希望使用“极不可能”。

否定——与明确性的认定结论相似，该术语也是文检鉴定人在比对检验后最高等级自信的表述。通过使用该术语，鉴定人在鉴定意见中毫无疑问地表示可疑材料和已知材料不是同一人书写。举例——结论是已知材料的书写者 John Doe 没有书写可疑材料，或者我的意见（或结论或判断）是已知材料的书写者John Doe没有书写可疑材料。

讨论 在笔迹鉴定中，这通常是一个非常难得出的结论，尤其是当仅能利用需要的样本时，因此在得出否定结论之前应该非常谨慎。

在不能得出明确性鉴定意见的时候，一般需要附加额外的说明，包括：由于材料的质量原因（如果可用的证据能够决定的话），建议的补救措施（如果有的话），以及其他任何能够让报告被更清楚地了解的评论。如果没有必要的额外解释，报告就会显得很孤立单薄。

4.2 弃用或不鼓励使用的表述：

有一些表述如果被文检鉴定人偶尔使用的话是很麻烦的，原因是这些表述可能会被误解为隐含偏见，缺乏透明度，或者谬误等，因此被放弃使用。一些措辞（比如“做/不做”）是非常明显的空洞用词，也是不会被讨论的。其他一些不被鼓励使用的措辞是因为其不完整或被滥用。这样的表述包括：

可能/可以——这些词语不能出现在笔迹鉴定的报告中，因为鉴定人的任务是决定能够得出一份笔迹材料是由一个特定人书写的这样明确性结论的程度。如果证据有限或不清楚以至于不能确定或要表达保留性意见时，合适的回答应该是无结论。说嫌疑人“可以书写可疑材料”，对结论程度的判断没有任何的帮助，这些措辞对客户和法庭都没有任何意义。鉴定人应该清楚地区分“可能”和“可以”的意思，虽然在日常对话中两者经常交替使用。

符合——有些时候这样的表述是完全适当的，比如“证据符合存在伪装”或者“证据符合存在模仿或描摹”，但是“已知笔迹符合可疑笔迹”这样的表述则无法被理解。

不能认定/无法认定——这些措辞存在的异议不仅是因为他们是模糊的，而且还带有偏见。意味着鉴定人的任务只是确定嫌疑人，而不是决定是否为嫌疑人书写。如果使用这些术语中的任何一个，紧随其后的应该是“或否定”。

指出符合点/差异点和符合点——如果没有对已知材料和可疑材料之间存在的符合点和差异点的程度和意义的解释说明，这种表述没有任何意义。这些措辞永远不能替代鉴定意见层次的表达。

不能关联/不能联系——这些措辞太含糊不清，可能会被视为反映了偏见，因为没有与否定书写人相匹配的建议。

无法认定——这个表述可以被理解为从极有可能是嫌疑人书写了可疑文件到

完全否定之间的任何意思。这个词组不仅让人迷惑而且在非正式的句子中使用时，比如“我无法认定书写人”或者“对于此案我无法认定”，语法也是不正确的。

不确定——通常在鉴定人处在信心尺度的零点时使用该词，与无结论是同义词。但有一个潜在的问题，一些人理解这个词的意思是缺乏明确性（或确定性），也就是任何可能的程度都包括在内，但鉴定人应该意识到这种模棱两可性。

确定的认定——这个词组不适合，原因是它看起来像是在建议一些认定结论比其他表述更为确定的意思。

［非常］有理由相信——有太多的确信和相信而缺乏准确的定义。更适合证明我们的结论（或者判断或者专家意见）而不是我们的相信，因此为什么要在报告中应用这样的词组呢？

有限制的认定——认定结论是没有限制的。但鉴定意见在证据不足以认定或否定的情况下是可以有限制的。

参考文献

McAlexander T. V. , Beck, J. , and Dick, R. , “The Standardization of Handwriting Opinion Terminology”, *Journal of Forensic Science*, vol. 36, 2 (1991), pp. 311 ~ 319.

四、书写墨水的鉴定标准

介绍：本标准旨在作为法庭科学墨水检验的大纲概要，达到识别墨水的配方或类型的目的。本标准既适用于经验丰富的文检鉴定人（SWGDOC 关于法庭科学文检鉴定人的工作范围标准），亦适用于不熟悉之前曾报道过的程序的人。本标准旨在介绍那些能够提供与墨水最相关信息并且对文件破损最小的技术。本标准提到的技术是指当前法庭科学文检鉴定人、化学家和其他领域科学家们正在使用的，广为报道的并且经过反复验证的技术。沿着本标准概述的程序，鉴定人不仅能够准确区分出墨水的配方，还能够显著降低错误匹配不同来源墨水样本或错误区分同一来源墨水样本的可能性。对墨水配方的鉴定可能需要通过使用一个充足的标准库来实现。因此，一个比对数据库的必要性和完整性以及对所得结论的限制将会在本标准中加以强调。

1. 范围

1.1 本标准涵盖对法庭科学鉴定人在识别书写墨水方面的协助。本分析方案包括已经成功运用在区分两种相同或不同来源墨水样品的检验中能够得出结论的必要工具和技术。

1.2 本标准并不旨在强调所有的安全问题，如果有，仅与其使用相关。本标准使用者有责任在使用前确定监管限制的适用性并建立适当的安全与健康行为。

2. 参考文件

标准：SWGDOC 法庭科学文检鉴定人的工作范围标准；SWGDOC 法庭科学书写墨水的比较检验方法标准；NIST/国家统计局标准样品编号 2106 ISCC－NBS 质心色图；NIST/国家统计局特别发布 440 颜色：名称的通用语言和字典。

3. 术语

3.1 定义：

3.1.1 SWGDOC 法庭科学书写墨水比较检验方法标准已经定义了部分术语，以下为补充术语：

3.1.2 墨水库——对供检验参考的墨水样品和相关材料的有组织搜集。

讨论 为了最为有效的识别可疑墨水，墨水库至少应该包含以下要素：未使用形式的参考墨水样品，既包括从生产商那里取得的散装样品，也包括分装在瓶、笔或墨盒里的墨水；纸张（草稿纸）上已经干了的墨水样品；每种参考墨水样品的分析结果，例如，薄层色谱片/板；含有每种参考墨水样品可得到的相关数据的墨水信息文件。虽然墨水数据库之间是不同的，但所有元素的搜集都应该是完整和全面的，并尽可能地更新到最新版本。

4. 意义和应用

4.1 识别书写墨水的原因是为了获得这些信息：墨水的来源、相对的可用性、分布范围、第一批和最后一批（如果能得到）的生产日期。正是这些从生产商处或对标准库的搜集使用过程中获得的有价值信息将本标准和 SWGDOC 法庭科学书写墨水比较检验方法标准区分开来。

4.1.1 本标准中的规程适用于确定通过 SWGDOC 法庭科学书写墨水的比较检验方法标准中所陈述的检验所获得的匹配的意义（通过展示墨水配方可能是多么的罕见或常见），或确定墨水的来源。识别出特定的墨水配方可以方便地确定该墨水的生产日期和废止日期。

4.1.2 除了精通必要的分析方法外，专业知识和经验也是鉴定人所必需的。同时还需要一个全面的墨水参考样本和相关材料的集合（墨水库）。墨水参考标准应该根据章节7的描述被编成目录、分析和保存。

4.2 即使有一个全面的墨水库，也不是总能识别出一份可疑墨水的样本。这是因为一些墨水的配方非常相似，通常只是对染料和颜料等非挥发性材料进行比对。因此无论墨水库有多全面，收集工作永远不会停止。

4.2.1 一些墨水的配方无法被区分开，是因为他们的配方十分相似，且具有相同的非挥发性成分，所以在不同的检验中表现一致。因此，并不总是能够在墨水库中找到一个与可疑墨水相匹配的参考墨水样品，即使找到一个，也可能无法认定，除非由于含有一种极其特殊的成分，墨水配方显示出是非常独特的。因此，并不能识别每一种可疑墨水，也并不是每个问题都有答案。

4.2.2 还应该明白的是，创建一个无所不含的墨水库是不可能的，就像不可能获得每一枚指纹，每一种油漆、土壤或玻璃样品一样。认定一种墨水的结论取决于所使用墨水库的完整性。因此，一种或多种墨水不在墨水库中也可能无法识别可疑墨水。

4.3 尽管有这些限制，运用本标准中的系统方法，将可疑墨水与参考墨水样品关联起来还是具有高度可靠性的。这里给出的分析方法，如薄层色谱法和薄层色谱测密度术，足以区分多数墨水，能够将大多数可疑墨水与墨水库中的一种参考墨水样品或相对有限的一些参考样品进行比对。

4.3.1 正如其他法庭科学工具，例如红外光谱、色谱、高效液相色谱等等一样，与参考样本的谱图相匹配通常足以做出认定结论。通过一个内部的标准方法也许能够确定个别的成分，但通常并不是必要的。

5. 干扰因素

5.1 墨水检验和识别的大部分干扰因素是变量与墨水之间相互作用的结果。这些变量通常可以归因于写作过程或保存条件，或两者兼有，这在SWGDOC法庭科学书写墨水比较检验方法标准中已经讨论过了。评估这些变量能够避免检验中的问题。

5.2 以下原因可能引起其他的干扰因素：荧光成分在薄层色谱中扩散的改变、纸张控制的差异、由于墨水或薄层色谱片/板上组件的褪色造成的颜色差异、溶剂损耗，或者以上这些兼而有之。评估这些变量，使用纸张的空白处，合适的保存，维护墨水库中的参考样品和相关材料，可以避免检验时出现问题。

5.3 制造过程中产生的大量批次间的差异也会在评估匹配时产生问题。

6. 试剂和仪器

6.1 技术所需的试剂和仪器已经在SWGDOC法庭科学书写墨水的比较检验方法标准中罗列出来了，以下为额外补充：

6.1.1 预涂塑料或玻璃的低溶解度硅胶片/板，没有荧光指标（孔尺寸为60埃）。

注1 低溶解度的硅胶片/板一般对外部效应不敏感，例如温度、湿度、展开条件等。他们的质量表现出良好的重复性，因此薄层色谱板是墨水库保存介质的不二选择。

6.1.2 预涂塑料或玻璃的高溶解度硅胶片/板，没有荧光指标（孔尺寸为60埃）。

注2 建议将薄层色谱片/板保存在干燥器中。

7. 规程

7.1 为墨水库收集、准备和分析参考材料：

7.1.1 参考墨水样品：

7.1.1.1 墨水库的核心由参考样品的墨水配方组成，通常来自墨水制造商。此外，应该定期从零售商处购买墨水和笔（至少每年一次），因为不可能从所有墨水制造商处都能直接获得样品。由于国际贸易和旅游的盛行，还应该从全球收集参考墨水样品。

7.1.1.2 每个参考墨水样品的登记信息应该被记录下来，比如收购日期、来源等等。墨水参考样品的集合应该是一个聚集，而不是积累，必须对它进行整理和编目。如果使用计算机数据库，能够以任何条目进行检索；如果不是，与SWGDOC法庭科学书写墨水比较检验方法标准表现一致的光源检验特性应该可以用来组织收集。

7.1.1.3 参考墨水样品应该被存储在最佳的实验室条件下（密封容器、黑暗、温度和湿度控制），以延缓干燥、氧化和其他与老化有关的变化。

7.1.2 干燥的墨水样品：

7.1.2.1 通过在一张纸上画线或符号的形式准备一个样品，记录准备的日期。在储存之前让墨水在环境条件下晾干最多1小时。

注 3　干墨水标本可以有效地存储在不含荧光增白添加剂的渗透型纸张上。对于墨水库中任何纸张上的样品，其保存介质都应该按照本标准中的实验室规程进行分析。这将确定纸张是否会干扰检验过程。

7.1.2.2 干墨水样品应该存储在最佳的实验室条件下（黑暗、温度和湿度控制），以延缓消退和其他变化。

7.1.3 参考样品的分析结果——根据 SWGDOC 法庭科学书写墨水的比较检验方法标准，由于可疑墨水样品会与墨水库进行比对分析（见 7.2），因此，为方便今后的检索，库中的参考样品应该进行相同的分析并保存结果。

7.1.3.1 按照 SWGDOC 法庭科学书写墨水的比较检验方法标准进行可见光、紫外（UV）和红外（IR）光检验。

7.1.3.2 按照 SWGDOC 法庭科学书写墨水的比较检验方法标准进行实验室检测和溶解度检测。

7.1.3.3 按照 SWGDOC 法庭科学书写墨水的比较检验方法标准进行薄层色谱的色谱检验。

（1）注意并记录使用的萃取溶剂。在适当的情况下，使用可能用于从不同衬底上萃取的各种溶剂准备备用的萃取剂。每次萃取都进行一次薄层色谱分析，记录所使用的溶剂。合适的薄层色谱片/板将被用于与疑样品进行比较。

（2）薄层色谱分析应在低溶解度类型的片/板上进行。低溶解度的片/板一般对外部影响不敏感，例如温度、湿度或展开条件。它们具有良好的重复性，因此薄层色谱片/板是墨水库保存介质的一个合适选择。

（a）涂有 60 埃大小、没有荧光指示的硅胶片/板被发现是令人满意的。

（3）墨水库的薄层色谱片/板应该在最佳实验条件下（黑暗、温度和湿度控制）保存以延长使用寿命。薄层色谱片/板的使用寿命有限：10 到 20 年之后自身会降解，颜色条和荧光特性可能会很快褪色或发生其他变化。变质的薄层色谱片/板应根据需要更换。

7.1.4 墨水信息文件：

7.1.4.1 每个参考墨水样品的所有相关可用数据都应该被收集和维护。包括制造商的信息、墨水配方、制造商的名称和市场名称、其他用户（例如钢笔制造商）和它们的名称和市场名称、墨水生产的规模、区域的分布、第一批生产日期、上市日期、最后一批生产日期等。

注 4　一些信息可能是墨水制造商或其他来源所专有的，这些信息应该适当的保密。

7.1.4.2 从7.1.3中得出的分析结果和其他数据应该被保存起来。有效地组织这些信息可以方便搜索库中的墨水。

7.2 墨水鉴定：

墨水鉴定是一个两步的过程：第一步涉及SWGDOC法庭科学书写墨水的比较检验方法标准中所述的比对分析技术；第二步包括将任何初步分析得出的薄层色谱板结果与墨水库进行比对。

7.2.1 根据SWGDOC法庭科学书写墨水的比较检验方法标准进行可见光、紫外和红外光的检验并记录结果。

7.2.2 根据SWGDOC法庭科学书写墨水的比较检验方法标准进行实验室检测和溶解度检验，并记录结果。

7.2.3 根据SWGDOC法庭科学书写墨水的比较检验方法标准进行薄层色谱检验。

墨水库中用于比对的参考样品必须使用同样的溶剂进行提取。如果墨水库中没有能够满足要求的薄层板，检验之前，根据SWGDOC法庭科学书写墨水的比较检验方法标准用合适的溶剂准备一块。

7.2.4 第一轮薄层色谱法解释：

含有大量不同着色剂成分的墨水样品通过比对SWGDOC法庭科学书写墨水的比较检验方法标准中描述的特征能够很容易地被区分开来。

7.2.5 与标准库的比对：

7.2.5.1 当需要与标准库进行比对检验时，最初的薄层色谱分析应该在低溶解度的薄层片/板上进行，并且薄层片/板的类型要与准备墨水库时所用的片/板相同。

7.2.5.2 用可见光、紫外光和红外光检验的结果在墨水库中查找产生同样结果的已知样品。在原来的位置物理比对可疑墨水样品与墨水库中干燥的墨水样品。注意并记录墨水库中所有现阶段与可疑墨水相符合的参考样品。

7.2.5.3 物理比对可疑墨水的色谱与墨水库中在7.2.5.2中没有被淘汰的所有参考样品的色谱图。观察色带颜色、射频分离和荧光特征。注意并记录墨水库中所有现阶段与可疑墨水相符合的参考样品。

7.2.5.4 将在每一步检验中都相匹配的参考样品选取出来，它们可能在第二轮薄层色谱比对检验的准备中也相匹配。

参考样品的差异如果能够被解释，也应该作为可能匹配的样品而提取出来。

要考虑到这种对标准墨水的过度选择能够减少真正的匹配被淘汰掉的可能性。可解释的差异包括荧光成分的扩散产生的特征、纸张控制的差异、由于墨水或薄层片/板褪色引起的颜色差异、溶剂的损耗或者以上以及其他因素的结合。

7.2.6 第二轮薄层色谱法分析：

7.2.6.1 在可疑墨水和墨水库中潜在的匹配样品之间开展第二轮薄层色谱比对检验。这次检验可能会进一步缩小标准墨水库中与可疑墨水相匹配的样品数量。

注5 本阶段使用的薄层片/板应该具有较高的溶解度。高溶解度的薄层片/板一般对周围环境和展开条件非常敏感。同一块板上的重复性非常好，但是由于存在潜在的变化，板之间不应用于内部比对。

7.2.6.2 从墨水库中与可疑墨水的物理和化学薄层色谱检验结果一致的参考墨水样品中提取出适量的样品。在本阶段的检验中可能有很多潜在的匹配样品。每一个潜在的匹配样品都应取样。

7.2.6.3 按照SWGDOC法庭科学书写墨水的比较检验方法标准开展薄层色谱分析。

注6 支持60埃大小硅胶、没有荧光指示的玻璃板能够满足需求。已经注意到同类型和同制造商的板之间存在的差异。

注7 在同一块板上点所有的墨水样品和纸控制样品（空格处）。基于高溶解性薄层色谱板的敏感性，这是十分必要的。如果需要多个板（一个20cm×20cm的板可以接受大约18个2mm～3mm宽的点），在每个额外的板上都需要重复点可疑墨水样品和纸控制样品。

7.2.7 第二轮薄层色谱法解释：

7.2.7.1 物理比对可疑墨水和选出的标准墨水之间的薄层色谱图。注意和记录色带颜色的一致性、Rf值、任何荧光特性。还要注意和记录不一致的地方。

7.2.7.2 可疑墨水和标准墨水之间的这些比对检验为淘汰墨水库中不相匹配的墨水和确定一个或多个匹配的参考墨水样品提供了必要的信息（如果存在匹配事实）。

8. 其他分析

到目前为止，大多数法庭科学对书写墨水的分析都包括薄层色谱法。薄层色谱法提供了一种可重复的检验方法，允许存储和以后未知样品进行比对的标准样品。但有的时候，光学技术和薄层色谱法也不足以将墨水库中可能匹配的样品范围缩小到一种。

前面描述的分析方法绝不是唯一可以使用的技术，也不代表所有可行方法中最好的一种。每一次的检验都应该是一个涉及决策最佳方法的个别问题。鉴定人必须使用最好的分析技术，了解每种方法的优缺点，并确定尽可能多的识别标准。如果需要更多关于一种特定墨水的信息，可以尝试 SWGDOC 法庭科学书写墨水的比较检验方法标准中列出的其他技术方法。

9. 报告结论

9.1 在报告与墨水库比对检验的结论时，应该包括三个必要元素：

（1）所进行的检验的列表；

（2）匹配发现；

（3）结论。

9.2 所进行的检验——报告中应包括一个所进行的实验室检验的列表。这部分应该讨论第 7 和第 8 部分的技术发现，但也不需要局限于此。

举例——对展示的（给出展示名称）可疑墨水进行光学（物理）和化学检验，将结果与墨水库中的墨水结果进行比对。

注 8 如果展示中包括多种可疑墨水，报告中应该陈述它们在文件上的位置，以及每种墨水与其他墨水之间互相比对的检验结果。报告应该确定可疑墨水之间是不同的，方法是根据它们互相匹配的情况将可疑墨水分成不同的小组。

9.3 匹配标准墨水——比对检验的累积集合（见章节 7 和 8）将决定与可疑墨水相匹配的参考样品（如果有的话）的数量。根据分析的等级，可疑墨水可以表示为与墨水库中的一种或多种墨水参考样品相匹配。

9.3.1 差异

9.3.1.1 如果在物理分析或化学分析的任何一步，发现可疑样品和一种参考样品之间存在明显的、可重复出现的且无法解释的差异时，可以得出这样的结论：两种墨水不具有同源性。

9.3.1.2 但是，当墨水得出不同的检验结果时，必须考虑墨水配方批次间存在差异的可能性，这种微小的差异可能会通过先进的仪器检测到，一般限于红外光谱、气相色谱－质谱联用仪、高效液相色谱和/或光谱仪。干扰因素的潜在影响可以改变墨水样品的成分也应该被考虑进来（见章节 5）。

9.3.2 匹配——当用光学和化学分析方法比对可疑墨水样品和参考样品时，未发现明显的、可重复出现的、无法解释的差异，并且在所有观察的结果方面均有明显的一致性时，可以得出这样的结论：墨水样品在上述分析中相匹配，并且检验的结果显示墨水样品具有相同的配方或者是具有相同成分的两种相似配方。应该考虑到其他的分析技术可能能够区分样品。

注9 每种比对检验的方法都有自己确定匹配是否存在的标准。这些都是由鉴定人根据培训和经验决定的。匹配标准中无法解释的差异不应该太模糊（因为这可能会不必要的增加可能匹配的数量）或太具体（因为这可能会淘汰实际的匹配）。

注10 当比对检验没有产生无法解释的差异时，比对的项目可以认为在以上分析中是匹配的或无法区别的。这些术语与相似术语并不是同义词，一个术语有时用来形容结果相近，接近匹配，但并不满足所有的必要条件。

9.3.3 当得出墨水匹配结论时，需要考虑一件重要的事情，即匹配的墨水是否与所有其他排除的墨水一样。鉴定人通过评估可疑墨水的特征、所进行的检验、墨水库的综合性以及从墨水制造商处取得的信息等情况，根据经验评估可疑墨水与墨水库之外的墨水配方相匹配的可能性。基于上述提到的因素，这种可能性的范围可以从高度可能到非常不可能。

9.4 单一匹配——可疑墨水仅与墨水库中的一种墨水样品相匹配，而排除所有其他的参考样品。

9.4.1 在每次与可疑墨水样品进行比对检验时，匹配的参考墨水样品必须是墨水库中唯一相匹配的（见9.3.2）。

9.4.2 此外，至少有一种比对检验必须能够区分（见9.3.1）可疑墨水样品与墨水库中其他的（未匹配的）参考样品，以排除墨水库中其他参考样品与可疑墨水之间匹配的可能性。

9.4.3 当墨水配方中缺少一种独特的成分或一些其他原因忽视了可疑墨水有可能与墨水库之外的一种或多种墨水匹配的可能性时，报告结论时不要使用绝对的用词，比如认定。即使以标准墨水库的综合性、所进行的检验的程度、确定的特征等为依据，这种可能性也是存在的。

举例——“结果表明，可疑墨水仅与墨水库中的一种标准参考墨水相匹配”，或者，“结果表明，相匹配的标准墨水是唯一一个不能被可疑墨水排除的墨水”。

相似的表述可以代替。

9.4.4 如果确定与可疑墨水样品相匹配的参考样品是独一无二的，检验报告和结论应该反映出来。

举例——“可疑墨水仅与一种参考墨水样品相匹配。”结论也可以这样陈述：“可疑墨水（认定）是匹配的标准墨水”。

9.4.5 根据提交者的要求，报告可能包括墨水制造商的名称、制造商配方的设计、第一批生产日期和最后一批生产日期、分销的面积、用此配方的笔的品牌和类型等信息。如果需要可疑墨水的第一批商业生产日期，报告为：可疑墨水与墨水库中第一批生产日期为（陈述匹配参考墨水样品的第一批生产日期）的参考样品相匹配。应该避免认定特定的染料、成分和比率，这些信息可能是制造商专有的。

9.5 多种匹配——可疑墨水与墨水库中的两种或多种参考墨水样品相匹配，而排除其他的参考墨水样品。

9.5.1 在每次与可疑墨水样品进行比对检验时，匹配的参考墨水样品必须是墨水库中唯一相匹配的（见9.3.2）。

9.5.2 此外，至少有一种比对检验必须能够区分（见9.3.1）可疑墨水样品与墨水库中其他的（未匹配的）参考样品，以排除墨水库中其他参考样品与可疑墨水之间匹配的可能性。

9.5.3 结论报告的方式与单一匹配相似（见9.5.3），但要反映出多种匹配的结果。

举例——“结果显示可疑墨水是这些匹配的标准墨水之一或者是具有相同确定性特征的另一种墨水。”

9.5.4 报告结果时可能还需要包括与墨水相关的一些信息（见9.5.3）。如果需要可疑墨水的第一批商业生产日期，则有必要报告相匹配参考样品的最早一批生产日期。如上所述，不得报告被视为制造商专有的信息。

9.6 不匹配——可疑墨水与墨水库中的任何参考墨水样品都不匹配。

9.6.1 无法在墨水库中找到一个相匹配的参考样品可能是由于几个原因中的一个或多个：可疑墨水的配方不在墨水库之中；那种墨水配方的参考样品不在墨水库中；那种墨水配方的参考样品在墨水库中，但与可疑墨水样品不匹配，因为在生产过程中存在明显的批次间的差异；可疑墨水样品已经发生了变化，不会再与墨水库中相同配方的参考样品相匹配了。

9.6.2 报告可以罗列形成这些结果的可能的原因。

举例——没有在墨水库中发现任何与可疑墨水相匹配的参考样品，可疑墨水的外观和特征可能由于储存条件、污染等发生了改变（已修改了）。另一种可能性是，可疑墨水可能不在墨水库中。

10. 关键词

法庭科学；墨水识别；可疑文件。

参考文献

1.4 Brunelle, R. L., and Pro, M. J., "A Systematic Approach to Ink Identification", *Journal of Official Analytical Chemistry*, vol. 55, 1972, pp. 823 ~ 826.

2. Brunelle, R. L., and Cantu, A. A., "Training Requirements and Ethical Responsibilities of Forensic Scientists Performing Ink Dating Examinations", Letter to the Editor, *Journal of Forensic Sciences*, November, 1987.

3. Crown, D. A., Brunelle, R. L., and Cantu, A. A., "Parameters of Ballpoint Ink Examination", *Journal of Forensic Sciences*, vol. 21, 1976, pp. 917 ~ 922.

五、与可疑文件检验相关的术语

1. 范围

本术语标准包括与法庭科学文检鉴定人开展的检验鉴定相关的词组。

注 1 术语部分提到的词组均指典型的书写风格的笔迹，不包含特殊例外的形式。

2. 参考文件

SWGDOC 法庭科学文检鉴定人的工作范围标准。

3. 术语

顶点，名词——字母的最高点。

升部，名词——在所形成字母主体高度之上的笔画。

辅助手写签名，名词——书写者的手、胳膊或书写工具被另一只手、胳膊或书写工具固定或稳定下书写的签名。

不合适的手，名词——详见非习惯用手。

基线，名词——书写或者打字过程中出现的表示停顿的横隔线或假想出来的线。

字符，名词——任何的语言符号（比如字母、数字、标点符号或者其他标志），其他符号或修饰。

连接笔画，名词——一条连接两个相邻字符的线条。

交叉笔画，名词——与字符其他部位相交叉并且不附加在两端的笔画（例如，字母“T”的水平笔画）。

横画，名词——与字符其他部分两端相交叉的笔画。

草书，名词——一种书写风格，字母之间有交叉并且在大多数笔画书写之后不抬起书写工具。

降部，名词——延伸到所形成字母主体基准线以下的笔画。

拖拽笔画，名词——由于不完全抬笔形成的笔画。

标准签名，名词——书写者的手、胳膊或书写工具被另一只手、胳膊或书写工具影响或控制时书写的签名。

手写印刷体，名词——一种书写风格，字母之间没有笔画交叉且在大多数笔画书写之后会抬起书写工具。

顿笔，名词——书写过程中，在书写工具没有被抬起来情况下的停顿。

个体特征，名词——属于个人书写的标志或属性。

压痕，名词——纸张或其他介质上存在的潜在的或可见的痕迹。

线条质量，名词——书写活动属性的总和（例如速度、压力和技巧）

环，名词——曲线并自身交叉的构成。

手写稿，名词——详见手写印刷体。

签名模板，名词——通过手动电子设备或其他方式制作的用于模仿或拷贝的签名范本。

修补，名词——修整已有笔画的一部分。

断笔，名词——从书写表面移动书写文件造成的笔画中断现象。

落笔位置，名词——书写工具和字迹表面的关系。

笔压，名词——书写工具接触在纸张上的力量。

重描，名词——重复书写在已有笔画之上的笔画。

非习惯用手，名词——相对于经常用于写作的手而言的另外一只手（或其他身体部位）。

六、机械支票打印机痕迹检验标准

1. 范围

1.1 本标准为法庭科学文检鉴定人（SWGDOC 法庭科学文检鉴定人的工作范围标准）的检验鉴定工作提供规程，包括对机械支票打印机及其痕迹特征的检验和比对工作（不包括橡胶印章支票打印痕迹或者电脑生成的支票打印痕迹）。

1.2 本标准中的规程适用于可疑样品和已知样品之间的检验和比对，也适用于仅对可疑样品的检验。

1.3 本标准中的规程包括评估可供检验的材料是否充足。

1.4 在具体的案件中采用的特定方法将取决于可供检验材料的性质和充分性。

1.5 本标准并不涵盖特别罕见或非常规检验方法的所有方面。

1.6 本标准并不旨在强调所有的安全问题，如果有，仅与其使用相关。本标准使用者有责任在使用前确定监管限制的适用性并建立适当的安全与健康行为。

2. 参考文件

标准：ASTM E1732 与法庭科学有关的术语；SWGDOC 法庭科学文检鉴定人工作范围标准；SWGDOC 与可疑文件检验有关的术语标准。

3. 术语

3.1 定义——本标准中的术语定义，参考 E1732 与法庭科学有关的术语和 SWGDOC 与可疑文件检验相关的术语。

3.2 仅针对本标准的术语定义：

3.2.1 瑕疵，名词——在支票机痕迹的油墨区域附近，反映了使用色带作为油墨来源的机器特征的一个外来小点。

3.2.2 支票打印机，名词——一个手动或电动或计算机控制的设备，用于在文件上形成油墨、浮雕、印刷、穿孔或分解货币价值以及其他外围信息。

3.2.3 痕迹，名词——由于压力在文件上形成的图像。

3.2.4 痕迹格式，名词——纸张被浮雕或撕碎的一种方式。

3.2.5 个体前缀，名词——专门为一个特别客户设计的前缀。

3.2.6 收款人射孔器，名词——在支票打印机的数字痕迹区域上的一个光学设备，能够穿孔或碎片出一种样式，以保护收款人的变更登记。

3.2.7 穿孔，名词——穿透文件。

3.2.8 压纸滚筒，名词——一种棒形的物体，将纸浆推到字的模型上并施加能够获得痕迹的必要的压力。

3.2.9 前缀，名词——支票打印机痕迹的一个部分，位于数值左边。

3.2.10 打印元素，名词——指支票打印机的整个痕迹而不只是前缀，包括货币类型、小数点和逗号。

3.2.11 色带转移，动词——指多色油墨带的移动，以将颜色在一个印压的字符上显示出来。

3.2.12 片段，名词——一个独立的设备，上面有锻造或附加的一系列数字或符号，可由操作者在建立痕迹值时进行设置。

3.2.13 变异，名词——同一台设备上多个痕迹的不精确复制品。

4. 意义和应用

4.1 本标准中所列的规程是建立在法庭科学文件检验领域普遍能够接受的知识和经验之上的。按照规程操作，法庭科学文检鉴定人能够对以下问题得出可靠的意见：两种或多种痕迹是否出自同一台支票打印机；一台独特的支票打印机是否能制造特定的痕迹；或者通过痕迹判断一台支票打印机的制造商和类型。

5. 干扰因素

5.1 送检的样品自身可能会含有干扰本规程的局限因素。这些局限因素应该被关注并记录下来。

5.2 局限因素可以是提交了没有来源的文件，样品的数量有限或可比性较少，可供检验样品的自身条件（比如，油墨过量或不足的支票打印机形成的痕迹，局部压印的痕迹，或者表面纹理有多样性等）。这些因素在本标准中也是有所考虑的。

5.3 前期保存、处理、检测或化学处理（比如指纹）的结果会干扰到检验的某些特征。产生的影响包括但不局限于，浮雕或痕迹被压平，部分纸张被破损，污渍以及墨水变质。只要有可能，任何的化学检验都要在文件检验之后。样品应妥善处理，以免影响后续的检验。

6. 仪器和要求

6.1 有足够强度的合适光源能够发现一些较好的细节特征。

注1 自然光、白炽灯、荧光灯或光纤照明系统都经常被使用。透射光、侧光和垂直入射光也已经被证明是有用的。

6.2 足够倍数的放大设备能够使细节特征更为明显。

6.3 其他合适的设备。

6.4 根据需要记录观察结果的成像或其他设备。

6.5 在判断制造商时，支票打印机分类参考资料能够提供帮助。

6.6 完成所有适用规程所需的充足时间和设备。

7. 规程

7.1 所有的规程都应该被合适地操作并在适当的时候记录下来。本规程不必按照给定的顺序操作。

7.2 检验的实施、相关的观察和结果应该被记录下来。

7.3 在规程进行到任何一步时，如果判断出缺乏一个特定的特征或者样品的质量或可比性较差，鉴定人可以中止检验或限制性地使用规程。在某一步中止检验并做出相关的报告或尽可能使用合适的规程继续检验是鉴定人的自主权力。但是决定的原因应该记录在案。

7.4 确定提交检验的可疑痕迹是否出自支票打印机。如果不是（原件或复印件），中止检验并做出相应的报告。

7.5 确定检验是否为可疑痕迹之间，可疑痕迹与已知痕迹之间，或者可疑痕迹与支票打印机之间的比对。

7.6 确定提交检验的可疑痕迹是否适用于比对。如果不适用，中止检验并做出相应的报告。适用性的影响因素包括清晰度、细节特征、油墨浓度或文件的条件。

注2 对原件进行检验是更为可取的，因此如果没有提交原件，应该考虑获得原件。

注3 已知样本有限的充分性和可比性可能会成为检验和做结论时的一个限制性因素，但却不一定需要中止检验。

7.7 如果没有提交已知的样本痕迹或支票打印机，转到7.13。

7.8 如果提交了已知文件，确定已知文件是否适用于检验和/或比对。如果不适用，中止检验并做出相应的报告。适用性的影响因素包括清晰度、细节特征或文件的条件。

7.9 如果没有提交原件，评估可得到条件最好的复印件的质量，确定重要的细节特征已经被足够清晰地复印下来，以供比对和进一步的检验。如果复印件不够清晰无法比对，中止检验并做出相应的报告。

7.10 如果提交了支票打印机，应该注意机器的条件。

7.11 确定是否每个已知的样本痕迹都适用于比对检验。

7.12 如果已知样本痕迹都不适用于比对检验，且无法取得其他样本，中止检验并做出相关的报告。

7.13 可疑痕迹之间，或者可疑痕迹和已知痕迹和/或支票打印机之间进行逐项的比对检验。

7.13.1 比较种类特征（例如，格式、字体的设计和尺寸、印刷元素、字符、前缀、收款人射孔器、压纸滚筒痕迹和上墨系统）。如果不同，中止检验并做出相应的报告。

注 4 一些设备的前缀可以被移除或替换，收款人射孔器可能没有被激活，在评估特征时，这些因素都应该被考虑到。每台机器的个人前缀可能是唯一的，制造商也可能会记录原始购买者的个人前缀。

7.13.2 比较共有的个体特征，比如磨损和损伤缺陷、穿孔模式、错位、能复制的瑕疵、色带变换、孔洞、不合适的油墨、附加油墨以及个人前缀特征。

7.14 评断符合点、差异点和局限性，分别明确它们的重要性并相结合。

7.15 得出结论并做出相应的报告。

8. 报告

8.1 一旦实施了足够的检验，都能从本标准的规程中得出结论、意见或检验所见。必要的检验数量和性质取决于手头上的问题。

8.2 得出结论、意见或检验所见的根据和原因都应该包含在鉴定人的检验记录和报告中。

8.3 认定——当检验发现两份或多份样品之间没有显著的无法解释的差异，且所有的个体特征都表现出明显的一致性时，可以出具认定结论（也就是说，通过比对检验，发现痕迹之间或痕迹和支票打印机之间包含有大量明显相似的特征，而没有显著的无法解释的差异，并且没有关于缺失特征的局限性因素）。

8.4 否定——在任何的分析阶段，当发现两份或多份样品之间有显著的无法解释的差异时，可以出具否定结论（也就是说，痕迹中包含大量的显著差异，并且可能存在与缺失特征或个体特征有关的局限性，也可能会有相似之处）。

8.5 保留性意见——当存在局限性因素，并且两份或多份检材之间检验所见的符合点或差异点不十分明显时，可以出具保留性意见（也就是说，痕迹或者观察到的特征中含有有限的符合点或差异之处，或者出现了与缺失特征，个体特征或者扭曲痕迹有关的局限因素，或者这些现象都有）。保留意见需要对局限性因素做出解释。

8.6 无结论——当存在比较明显的局限性因素时，可以适当做出无结论的报告。无结论时需要对局限性因素加以解释。

9. 关键词

支票打印机痕迹；支票打印机；法庭科学；可疑文件。

七、干气密封痕迹检验标准

1. 范围

1.1 本标准为法庭科学文检鉴定人（SWGDOC 法庭科学文检鉴定人的工作范围标准）的检验和比对工作提供规程，包括干气密封设备和痕迹。

1.2 本标准中的规程适用于可疑样品和已知样品之间的检验和比对，也适用于仅对可疑样品的检验。

1.3 本标准中的规程包括评估用于检验的材料是否充足。

1.4 在具体的情况下采用的特定方法将取决于可供检验材料的性质和充分性。

1.5 本标准并不涵盖特别罕见或非常规检验方法的所有方面。

1.6 本标准并不旨在强调所有的安全问题，如果有，仅与其使用相关。本标准使用者有责任在使用前确定监管限制的适用性并建立适当的安全与健康行为。

2. 参考文件

2.1 标准：ASTM E1732 与法庭科学有关的术语；SWGDOC 法庭科学文检鉴定人的工作范围标准；SWGDOC 法庭科学文检鉴定人的结论表述术语；SWGDOC 与可疑文件检验有关的术语标准。

3. 术语

3.1 定义：本标准中的术语定义参考 SWGDOC 法庭科学文检鉴定人的结论表述术语，E1732 与法庭科学有关的术语和 SWGDOC 与可疑文件检验相关的术语。

3.2 仅针对本标准的术语定义：

3.2.1 干气密封，名词——一种不含油墨的机械设备，能够在纸张上浮雕出图案。

3.2.2 凸起变异，名词——在纸张原料上出现的不均匀的干气密封痕迹。产生的原因可能是操作的方式或干气密封机自身的缺陷。

3.2.3 痕迹，名词——由于压力产生的图像。

4. 意义和应用

本标准中所列的规程是建立在法庭科学文件检验领域普遍能够接受的知识和经验之上的。按照规程操作，法庭科学文检鉴定人能够对以下问题得出可靠的意见：两种或多种干气密封痕迹是否具有同源性；或者某一个干气密封痕迹是否由一台特定的干气密封机形成。

5. 干扰因素

5.1 送检的样品自身可能会含有干扰本标准规程的局限因素。这些局限因素应该被关注并记录下来。

5.2 局限因素可以是提交了没有来源的文件，样品的数量有限或可比性较少，可供检验样品的自身条件（比如扭曲的痕迹，局部压印的痕迹，或者表面纹理有多样性等)。这些因素在本标准中也是有所考虑的。

5.3 前期保存、处理、检测或化学处理（比如指纹）的结果会干扰到检验的某些特征。产生的影响包括但不局限于，浮雕或痕迹被压平，部分纸张被破损，形成污渍。只要有可能，任何的化学检验都要在文件检验之后。样品应妥善处理，以免影响后续的检验。

5.4 应该考虑到这样的可能性，即能够制造出一台复制另一种干气密封痕迹的干气密封机。

6. 仪器和要求

6.1 有足够强度的合适光源能够发现一些较好的细节特征。

注1 自然光、白炽灯、荧光灯或光纤照明系统都经常被使用。透射光、侧光和垂直入射光也已经被证明是有用的。

6.2 足够倍数的放大设备能够使细节特征更为明显。

6.3 其他合适的设备。

6.4 根据需要记录观察结果的成像或其他设备。

6.5 完成所有适用规程所需的充足的时间和设备。

7. 规程

7.1 所有的规程都应该被合适地操作并在适当的时候记录下来。本规程不必按照给定的顺序操作。

7.2 检验的实施、相关的观察和结果应该被记录下来。

7.3 在规程进行到任何一步时，如果判断出缺少一个特定的特征或者样品的质量或可比性较差，鉴定人可以中止检验或限制性地使用规程。在某一步中止检验并做出相关的报告或尽可能使用合适的规程继续检验是鉴定人的自主权力。但是决定的原因应该记录在案。

7.4 确定提交检验的可疑痕迹是否出自干气密封设备。如果不是，中止检验并做出相应的报告。

7.5 确定检验是否为可疑痕迹之间，可疑痕迹与已知痕迹之间，或者可疑痕迹与干气密封设备之间的比对。

7.6 确定提交检验的可疑痕迹是否适用于比对。如果不适用，中止检验并做出相应的报告。适用性的影响因素包括清晰度、细节特征、浮雕程度或文件的条件。

注2 通常需要使用原件检验个体特征。

注3 痕迹有限的充分性和可比性可能会成为检验和做结论时的一个限制性因素，但却不一定需要中止检验。

7.7 如果没有提交已知的样本痕迹或干气密封设备，转到7.13。

7.8 如果提交了已知文件，确定已知文件是否适用于检验和/或比对。如果不适用，中止检验并做出相应的报告。适用性的影响因素包括清晰度、细节特征或文件的条件。

7.9 如果没有提交原件，评估可得到条件最好的复印件的质量，确定重要的细节特征已经被足够清晰地复印下来，以供比对和进一步的检验。如果复印件不够清晰，无法比对，中止检验并做出相应的报告。

7.10 如果提交了干气密封设备，应该注意设备的条件（例如干净、脏、磨损、损坏程度等）。

7.10.1 注意，在适当的时候对特征进行分类（例如，字体设计和尺寸）。

7.10.2 注意痕迹上可见的任何可重复出现的特征。

7.10.3 如需要，准备合适的样品。

7.11 确定是否每个已知的样本痕迹都适用于比对检验。

7.12 如果已知的样本痕迹都不适用于比对检验，且无法取得其他样本时，中止检验并做出相应的报告。

7.13 可疑痕迹之间，可疑痕迹和已知痕迹和/或干气密封设备之间进行逐项的比对检验。

7.13.1 比较种类特征（例如，痕迹格式、字体、出现的其他设计和相关的尺寸）。如果不同，中止检验并做出相应的报告。

7.13.2 比较共有的个体特征，例如磨损和损坏缺陷、浮雕变异模式等。

7.14 评断符合点、差异点和局限性，分别明确它们的重要性并相结合。

7.15 得出结论并做出相应的报告。

8. 报告

8.1 一旦实施了足够的检验，都能从本标准的规程中得出结论、意见或检验所见。必要的检验数量和性质取决于手头上的问题。

8.2 得出结论、意见或检验所见的根据和原因都应该包含在鉴定人的检验记录和报告中。

8.3 认定——当检验发现两份或多份样品之间没有显著的无法解释的差异，且所有的个体特征都表现出明显的一致性时，可以出具认定结论（也就是说，比对的痕迹之间或痕迹与干气密封设备之间包含有大量明显相似的特征，而没有显著的无法解释的差异，没有关于缺失特征的局限性因素，以及能够排除任何复制干气密封的可能性）。

8.4 否定——在任何的分析阶段，当发现两份或多份样品之间有显著的无法解释的差异时，可以出具否定结论（也就是说，痕迹中包含大量的显著差异）。可能也会有相似之处。

8.5 保留性意见——当存在局限性因素，并且两份或多份样品之间检验所见的符合点或差异点不十分明显时，可以出具保留性意见（也就是说，痕迹或者观察到的特征中含有有限的符合点或差异之处，或者出现与缺失特征、个体特征或扭曲痕迹有关的局限性因素，或者这些现象都有）。保留意见需要对局限性因素做出解释。

8.6 无结论——当存在比较明显的局限性因素，并且检验所见没有显著的符合点或差异点时，可以适当做出无结论的报告（也就是说，痕迹或观察到的特征中含有非常少的符合点或差异点）。无结论时需要对局限性因素加以解释。

9. 关键词

干气密封；干气密封痕迹；法庭科学；可疑文件。

八、单击打色带和打印文本的断裂模式及纸纤维痕迹检验标准

1. 范围

1.1 本标准为法庭科学文检鉴定人（SWGDOC 法庭科学文检鉴定人的工作范围标准）的检验和比对工作提供规程，包括单击打色带的打印文字及相关程序。

1.2 本标准中的规程适用于可疑样品和已知样品之间的检验和比对，也适用于仅对可疑样品的检验。

1.3 本标准中的规程包括评估用于检验的材料是否充足。

1.4 本标准中的规程通常也适用于检验剥离修正和掩盖修正的胶带和纸张。

1.5 本标准中的规程还适用于（整体或部分）检验复写纸和复印件或一些非击打式打印设备（例如，使用热成像传输带的打印设备）制作的文件。

1.6 在具体情况下采用的特定方法将取决于可供检验材料的性质。

1.7 本标准可能不涵盖非常见或非常规检验方法的所有方面。

1.8 本标准并不旨在强调所有的安全问题，如果有，仅与其使用相关。本标准使用者有责任在使用前确定监管限制的适用性并建立适当的安全与健康行为。

2. 参考文件

标准：ASTM E1732 与法庭科学相关的术语；ASTM F221 与复写纸、色带产品和由此形成的图像相关的术语；ASTM F909 与打印相关的术语；ASTM F1623 与热成像产品相关的术语；SWGDOC 法庭科学文检鉴定人工作范围标准；SWGDOC 与可疑文件检验相关的术语。

3. 术语

3.1 定义——本标准中的术语定义，参考 E1732 与法庭科学相关的术语和 SWGDOC 与可疑文件检验相关的术语。

3.2 仅针对本标准的术语定义：

3.2.1 掩盖修正，名词——参见套印修正。

3.2.2 断裂模式，名词——当一个物体被分裂成两个或多个碎片时形成的对每个补充边缘的空间配位。

3.2.3 击打式打印机，名词——一种通过机械撞击实现印字的打印机。

3.2.4 痕迹，名词——由于压力产生的图像。

3.2.5 剥离修正，名词——去掉一个打印的字符，覆盖黏合涂料的胶带或纸条，重新打上相同的字符，因此造成压印的字符黏附到涂料上，并从记录介质上被剥离。

3.2.6 多击打膜色带，名词——一种色带，其衬底膜，如聚酯，被涂盖或浸渍了一种墨水，使得在色带的同一位置上能够通过多次重复击打制造出许多不同的印记，而且还能打印出完整的字符。

3.2.7 原始输入文本，名词——直接敲击模型或通过色带的作用压印到衬底表面上的打印文本。

3.2.8 套印校正，名词——以重复打印同样字符的方式去除一个文本中已经输入的字符，重复打印之前放置一层涂有不透明材料物质的胶带或纸张，导致已有字符被涂料覆盖。

3.2.9 纸纤维痕迹，名词——纸张纤维在色带底片上的印记。

3.2.10 衬底，名词——一页材料，通常是纸张，上面用于记录图像。

3.2.11 单击打膜色带，名词——一种色带，其衬底由聚乙烯等塑料薄膜材料制成，色带上的每个区域仅能制造一个图像。

3.2.12 热成像转移色带，名词——塑料或其他材质的胶片，上面覆盖有染料或着色涂料。当热敏打印头将涂层转移到合适的底片或受体媒介物上时就形成了图像。

4. 意义和应用

本标准中所列规程是建立在法庭科学文件检验领域普遍能够接受的知识和经验之上的。按照规程操作，法庭科学文检鉴定人能够对以下问题得出可靠的意见：一份特定的打印文本是否使用了特别的单击打色带或剥离修正带。

5. 干扰因素

5.1 一些送检的样品自身可能会含有干扰本标准规程的局限因素。这些局限因素应该被关注并记录下来。

5.2 局限因素可以是提交了没有来源的文件，样品的数量有限或可比性较少，可供检验样品的自身条件（比如，色带的条件、纸张的条件，或两者都有）。纸张的性质能够影响纤维痕迹的质量和数量以及油墨的转移和保留。这些因素在本标准中也是有所考虑的。

5.3 前期保存、处理、检测或化学处理（比如手印）的结果会干扰到检验的某些特征。

6. 仪器和要求

6.1 有足够强度的合适光源能够发现一些较好的细节特征。

注1 自然光、白炽灯、荧光灯或光纤照明系统都经常被使用。透射光、侧光和垂直入射光也已经被证明是有用的。

6.2 足够倍数的放大设备能够使细节特征更为明显。

6.3 其他合适的设备。

注2 比较显微镜或光学比对仪（或等效电子成像设备）的使用能够对检验有所促进。偏振过滤器（高偏振星）也是非常有用的。

6.4 根据需要记录观察结果的成像或其他设备。

6.5 完成所有适用规程所需的充足时间和设备。

7. 规程

7.1 所有的规程都应该在合适条件下被操作，并需要按照给定的顺序操作。

7.2 检验的实施、相关的观察和结果都应该被记录下来。

7.3 在规程进行到任何一步时，如果判断出缺少一个特定的特征或者样品的质量或可比性较差，鉴定人可以中止检验或限制性地使用规程。在某一步中止检验并做出相关的报告或尽可能使用合适的规程继续检验是鉴定人的自主权力。但是决定的原因应该记录在案。

7.4 确定是否存在原始的输入文本。

如果原始输入文本不存在，则无法检验纸张纤维。当非原始输入文本的质量足够时，有限地比对断裂模式的总量特征是可行的。

7.5 确定用于准备文件上输入文本的色带类型。

如果是纺织物或多击打色带，中止检验并做出相应的报告。

7.6 如果可能，确定色带类型是否符合原始的输入文本（例如，剥离兼容或永久保留的）。

7.7 确定文件上的字样是否出现在色带上。

注3 种色带上含有多种字样。

7.8 确定文件上的文本是否出现在色带上。可以通过目测或使用色带读取设备或系统来确定。

7.9 确定色带上的文本与文件上的文本是否在所有的特征上都相吻合，包括错误和改正的地方。

注4 当胶片底膜缺少非转移性油墨时，读取文本是非常困难的，观察两极之间的色带能够帮助识别胶片底膜上的输入文本。

7.10 确定色带上字符的断裂模式是否与文件上相应字符的断裂模式一致。

7.11 确定出现在色带上字符空白区域内的非转移性油墨痕迹与文件上相应字符轮廓内的空白相匹配。

7.12 确定色带上字符空白区域里的纸纤维痕迹是否与文件上相应字符油墨区域内的纸纤维相吻合。

注5 观察偏振过滤器之间的色带能够帮助识别胶片底膜上的纸纤维痕迹。

7.13 评断断裂模式和纸纤维的匹配点和差异点以及所有的局限性，分别明确它们的重要性并相结合。

8. 报告

8.1 一旦实施了足够的检验，都能从本标准的规程中得出结论、意见或检验所见。必要的检验数量和性质取决于手头上的问题。

8.2 得出结论、意见或检验所见的根据和原因都应该包含在鉴定人的检验记录和报告中。

8.3 认定——当检验发现色带和输入的文本之间没有显著的无法解释的差异，且所有的个体特征都表现出明显的一致性时，可以出具认定结论

8.4 否定——在任何的分析阶段，当发现色带和输入的文本之间有显著的无法解释的差异时，可以出具否定结论。

8.5 保留性意见——当存在局限性因素，并且色带和输入的文本之间检验所见的符合点或差异点不十分显著时，可以出具保留性意见。

8.6 无结论——当存在比较明显的局限性因素时，可以出具无结论的报告。无结论时需要对局限性因素加以解释。

8.7 字体和/或相关文本的一致也应出具报告。

9. 关键词

法庭科学；断裂模式；纸纤维痕迹；可疑文件；单击打色带。

九、法庭科学文件检验中纸张裁切、撕扯和穿孔的物理匹配标准

1. 范围

1.1 本标准为法庭科学文检鉴定人（SWGDOC 法庭科学文检鉴定人的工作范围标准）确定两张或多张纸碎片是否为一次结合形成单独的一张纸的检验和比对工作提供规程。

1.2 本标准中的规程适用于可疑样品和已知样品之间的检验和比对，也适用于仅对可疑样品的检验。

1.3 本标准中的规程包括评估用于检验的材料是否充足。

1.4 在具体情况下采用的特定方法将取决于可供检验材料性质的充分性。

1.5 本标准可能不涵盖非常见或非常规检验方法的所有方面。

1.6 本标准并不旨在强调所有的安全问题，如果有，仅与其使用相关。本标准使用者有责任在使用前确定监管限制的适用性并建立适当的安全与健康行为。

2. 参考文件

标准：ASTM E1732 与法庭科学相关的术语；SWGDOC 法庭科学文检鉴定人工作范围标准；SWGDOC 与可疑文件检验相关的术语。

3. 术语

定义——本标准中的定义参考 E1732 与法庭科学相关的术语和 SWGDOC 与可疑文件检验相关的术语。

4. 意义和应用

4.1 本标准旨在但不局限于，对纸张样品进行物理匹配检验。对证据样品的物理匹配或重新组合可能表现在两个或三个方面。

4.2 本标准中所列规程是建立在法庭科学文件检验领域普遍能够接受的知识和经验之上的。按照规程操作，法庭科学文检鉴定人能够对以下问题得出可靠的意见：两张或多张纸碎片是否为一页纸张上同时形成的几个部分。

5. 干扰因素

5.1 送检的样品自身可能会含有干扰本规程的局限因素。这些局限因素应该被关注并记录下来。

5.2 局限因素可以是样品的数量有限或可比性较少，可供检验样品的自身条件。纸张的条件也可能会影响到某些检验的进行（比如，被液体浸泡过的、污染的、脏的、烧毁的或者被细微粉碎过的纸张上的样品）。这些因素在本标准中也是有所考虑的。

5.3 前期保存、处理、检测或化学处理（比如指纹）的结果会干扰到检验的某些特征。只要有可能，任何的化学检验都要在文件检验之后。样品应妥善处理，以免影响后续的检验。

5.4 缺少个体特征的情况下，只能通过类别特征的共性显示两份或多份样品之间的关系。

6. 仪器和要求

6.1 有足够强度的合适光源能够发现一些较好的细节特征。

注 1 自然光、白炽灯、荧光灯或光纤照明系统都经常被使用。透射光、侧光和垂直入射光也已经被证明是有用的。

6.2 足够倍数的放大设备能够使细节特征更为明显。

6.3 其他合适的设备。对检验过程有帮助的设备包括夹子、回形针、临时黏合剂和其他不会对样本有不利影响的材料。

6.4 根据需要记录观察结果的成像或其他设备。

6.5 完成适用规程所需的充足时间设备。

7. 规程

7.1 所有的规程都应该被合适地操作并在适当的时候记录下来。本规程不必按照给定的顺序操作。

7.2 检验的实施，相关的观察和结果应该被记录下来。

7.3 在规程进行到任何一步时，如果判断出缺乏一个特定的特征或者样品的质量或可比性较差，鉴定人可以中止检验或限制性地使用规程。在某一步中止检验并做出相关的报告或尽可能使用合适的规程继续检验是鉴定人的自主权力。但是决定的原因应该记录在案。

7.4 确定样品是否损坏或分离。

7.5 确定样品是否适合物理性的重新组合。

7.6 评估样品的个体特征。

7.7 按照如下步骤对样品进行逐项的比对检验：

7.7.1 外观检验。

7.7.2 手动对齐。

7.7.3 边缘调整。

7.7.4 表面瑕疵。

7.7.5 测量和计算模式。

注 2 要注意考虑对样品重新包装的方式，以保护脆弱的匹配区域，使其容易被恢复，并且能够展示出来。

7.8 评断符合点、差异点和局限性，分别明确它们的重要性并相结合。

7.9 得出结论并做出相应的报告。

8. 报告

8.1 一旦实施了足够的检验，都能从本标准的规程中得出结论、意见或检验所见。

8.2 得出结论、意见或检验所见的根据和原因都应该包含在鉴定人的检验记录和报告中。

8.3 一旦完成了检验和比对，报告应该包括，但不局限于如下类型的结论或其他发现。

8.3.1 纸张碎片是一次性合成形成的一页纸。

8.3.2 虽然观察到类别特征的相似性，但个体特征不足以确定纸张碎片是否是一次性合成形成的一页纸。

8.3.3 纸张样品不是来源于同一张纸。

注3 针对纸张碎片重建的结果，额外的检验（例如，潜在的打印或压痕）可能是合适的。报告可能还包括如重建后观察到的可见文本、压痕、污染物等信息。

9. 关键词

裁切纸张；法庭科学；断裂吻合；断裂匹配；纸张碎片；穿孔；物理匹配；可疑文件；撕扯纸张。

十、橡胶印章印文的检验标准

1. 范围

1.1 本标准为法庭科学文检鉴定人（SWGDOC 法庭科学文检鉴定人的工作范围标准）检验和比对橡胶印章和印文提供规程。

1.2 本标准中的规程适用于可疑样品和已知样品之间的检验和比对，也适用于仅对可疑样品的检验。

1.3 本标准中的规程包括评估可供检验的材料是否充足。

1.4 在具体情况下采用的特定方法将取决于可供检验材料的性质和充分性。

1.5 本标准并不涵盖特别罕见或非常规检验方法的所有方面。

1.6 本标准并不旨在强调所有的安全问题，如果有，仅与其使用相关。本标准使用者有责任在使用前确定监管限制的适用性并建立适当的安全与健康行为。

2. 参考文件

标准：ASTM E1732 与法庭科学有关的术语；SWGDOC 法庭科学文检鉴定人工作范围标准；SWGDOC 与可疑文件检验有关的术语。

3. 术语

3.1 定义——本标准中的术语定义参考 E1732 与法庭科学有关的术语和 SWGDOC 与可疑文件检验相关的术语。

3.2 仅针对本标准的术语定义：

3.2.1 偶然的外围印迹，名词——由非有意盖印范围内的印文形成的印迹，通常在印章的边缘。原因可能跟制造过程或盖印技巧有关。

3.2.2 橡胶印章，名词——由多种材料制成的各种手工印刷设备，不一定是橡胶做的，也称为手工印章、印章。

4. 意义和应用

本标准中所列的规程是建立在法庭科学文件检验领域普遍能够接受的知识和经验之上的。按照规程操作，法庭科学文检鉴定人能够对以下问题得出可靠的意见：两枚或多枚印文的来源是否相同或者一枚印文是否由特定的橡胶印章盖印形成。

5. 干扰因素

5.1 送检的样品自身可能会含有干扰本规程的局限因素。这些局限因素应该被关注并记录下来。

5.2 局限因素可以是提交了没有来源的文件，样品的数量有限或可比性较少，可供检验样品的自身条件（比如，由印油过量或不足的印章形成的痕迹，局部盖印的痕迹或者表面纹理的多样性等）。这些因素在本标准中也是有所考虑的。

5.3 前期保存、处理、检测或化学处理（比如指纹）的结果会干扰到检验的某些特征。只要有可能，任何的化学检验都要在文件检验之后。样品应妥善处理，以免影响后续的检验。

5.4 应该考虑到这样的可能性，即能够制造一台复制另一枚印章印文的橡胶印章。通过计算机或其他手段可以多种形式地模拟，模仿或复制橡胶印章或其印文。

6. 仪器和要求

6.1 有足够强度的合适光源能够发现一些较好的细节特征。

注1 自然光、白炽灯、荧光灯或光纤照明系统都经常被使用。透射光、侧光和垂直入射光也已经被证明是有用的。

6.2 足够倍数的放大设备能够使细节特征更为明显。

6.3 一个印台，供印台使用的印油和足够光滑（黏合）的纸或其他合适的衬垫物，用来收集橡胶印章的盖印样本。

6.4 其他合适的设备。

6.5 根据需要记录观察结果的成像或其他设备。

6.6 完成所有适用规程所需的充足时间和设备。

7. 规程

7.1 所有的规程都应该被合适地操作并在适当的时候记录下来。本规程不必按照给定的顺序操作。

7.2 检验的实施、相关的观察和结果应该被记录下来。

7.3 在规程进行到任何一步时，如果判断出缺乏一个特定的特征或者样品的质量或可比性较差，鉴定人可以中止检验或限制性地使用规程。在某一步中止检验并做出相应的报告或尽可能使用合适的规程继续检验是鉴定人的自主权力。但是决定的原因应该记录在案。

7.4 确定提交检验的可疑印文是否出自橡胶印章。如果不是（原件或复印件），停止检验并做出相应的报告。

7.5 确定检验是否为可疑印文之间，可疑印文与已知印文之间，或者可疑印文与橡胶印章之间的比对。

7.6 确定提交检验的可疑印文是否适用于比对。如果不适用，中止检验并做出相应的报告。适用性的影响因素包括清晰度、细节特征、印油浓度或文件的条件。

注2 对原件进行检验是更为可取的，因此如果没有提交原件，应该考虑获得原件。

注3 印文有限的充分性和可比性可能会成为检验和做结论时的一个限制性因素，但却不一定需要中止检验。

7.7 如果没有提交已知的样本印文或橡胶印章，转到7.13。

7.8 如果提交了已知文件，确定已知文件是否适用于检验和/或比对。如果不适用，中止检验并做出相应的报告。适用性的影响因素包括清晰度、细节特征或文件的条件。

7.9 如果没有提交原件，评估可得到条件最好的复印件的质量，确定重要的细节特征已经被足够清晰地复印下来，能够满足比对和进一步检验的需求。如果复印件不够清晰无法比对，中止检验并做出相应的报告。

7.10 如果提交了橡胶印章，应该注意其自身的条件（例如干净、脏、印油、磨损、损坏程度）。

7.10.1 注意在适当的时候，对特征进行分类（例如，字体设计和尺寸）。提取样本之前应该考虑从检材印章的印油中取样。

7.10.2 注意印文上可见的任何可重复出现的特征。

7.10.3 如需要，准备合适的样本。

7.11 确定是否每个已知的样本印文都适用于比对检验。

7.12 如果已知的样本印文都不适用于比对检验，且无法取得其他样本时，中止检验并做出相应的报告。

7.13 可疑印文之间，可疑印文与已知印文和/或橡胶印章之间进行逐项的比对检验。

7.13.1 比较种类特征（例如尺寸、字体、文本、形状等）。如果不同，中止检验并做出相应的报告。

7.13.2 比较共有的个体特征，例如磨损和损坏缺陷、浮雕变异模式、可重复出现的瑕疵、印文留白、不恰当或额外的印油或者偶然的边缘印迹。

7.14 评断符合点、差异点和局限性，分别明确它们的重要性并相结合。

7.15 得出结论并做出相应的报告。

8. 报告

8.1 一旦实施了足够的检验，都能从本标准的规程中得出结论、意见或检验所见。必要的检验数量和性质取决于手头上的问题。

8.2 得出结论、意见或检验所见的根据和原因都应该包含在鉴定人的检验记录和报告中。

8.3 认定——当检验发现两份或多份样品之间没有显著的无法解释的差异，且所有的个体特征都表现出明显的一致性时，可以出具认定结论（也就是说，比对的印文之间或印文与橡胶印章之间包含有大量明显相似的特征，没有差异之处，没有关于缺失特征的局限性因素，并且能够排除任何复制橡胶印章的可能性）。

8.4 否定——在任何的分析阶段，当发现两份或多份样品之间有显著的无法解释的差异时，可以出具否定结论（也就是说，印文中包含大量的显著差异）。可能也会有相似之处。

8.5 保留性意见——当存在局限性因素，并且两份或多份样品之间检验所见的符合点或差异点不十分明显时，可以出具保留性意见（也就是说，印文或者观察到的特征中含有有限的符合点或差异之处，或者出现与缺失特征、个体特征或扭曲痕迹有关的局限性因素，或者与存在复制橡胶印章的关系非常有限，或者这些现象都有）。保留意见需要对局限性因素做出解释。

8.6 无结论——当存在比较明显的局限性因素，并且检验所见没有显著的符合点或差异点时，做出无结论的报告是比较合适的（也就是说，痕迹或观察到的特征中含有非常少的符合点或差异点）。无结论时需要对局限性因素加以解释。

9. 关键词

法庭科学；可疑文件；橡胶印章印文；橡胶印章。

参考文献

1. Casey, M. A., "The Individuality of Rubber Stamps", *Forensic Science International*, vol. 12, 1978.

2. Ellen, D., *The Scientific Examination of Documents—Methods and Techniques*, 2nd ed., Chapter 8, London: Taylor & Francis, Ltd., 1997.

3. Herbertson, G., *Rubber Stamp Examination: A Standard for Forensic Document Examiners*, Wideline Publishing, Colorado Springs, Co, 1997.

4. Herkt, A., "Rubber Stamps, Manufacture and Identification", *Journal of the Forensic Science Society*, vol. 25, 1 (1985).

5. Kelly, J. S., *Forensic Examination of Rubber Stamps*, Springfield, IL: Charles C. Thomas Publishing, in press.

6. Levinson, J., and Perelman, B., "Examination of Cachet Impressions", *Journal of Forensic Sciences*, vol. 28, 1 (1983), pp. 235 ~ 241.

十一、手写体项目的检验标准

1. 范围

1.1 本标准为法庭科学文检鉴定人（SWGDOC 法庭科学文检鉴定人的工作范围标准）检验和比对手写体项目提供规程和相关的程序。

1.2 本标准中的规程适用于可疑样品和已知样品之间的检验和比对，也适用于仅对可疑样品的检验和比对。

1.3 本标准中的规程包括评估可供检验的材料是否充足（可疑的、已知的，或者两者都包括）。

1.4 在具体情况下采用的特定方法将取决于可供检验材料的性质。

1.5 本标准可能不涵盖不常见或非常规检验方法的所有方面。

1.6 本标准并不旨在强调所有的安全问题，如果有，仅与其使用相关。本标准使用者有责任在使用前确定监管限制的适用性并建立适当的安全与健康行为。

2. 参考文件

标准：ASTM E1732 与法庭科学有关的术语；SWGDOC 法庭科学文检鉴定人的工作范围标准；SWGDOC 法庭科学文检鉴定人的结论表述术语；SWGDOC 与可疑文件检验相关的术语。

3. 术语

3.1 本标准中的术语定义，参考 E1732 与法庭科学有关的术语和 SWGDOC 与可疑文件检验相关的术语。

3.2 定义

3.2.1 已知，名词/形容词——与正在调查的事情相关，已经确定了来源。

3.2.2 可疑，名词/形容词——与正在调查的事情相关，存在一些疑问，包括但不限于，可疑样品与已知样品是否具有同源性。

3.3 仅针对本标准的术语定义：

3.3.1 缺失特征，名词——一个特征或特征组合在一份书写笔迹中出现，但没有在另一个书写笔迹中出现（例如，没有相对应的字符）。

3.3.2 字符，名词——任何的语言符号（例如字母、数字、标点符号或其他标记），其他符号或修饰。

3.3.3 特征，名词——书写的特点、质量、属性或性质。

3.3.4 可比性，名词/形容词——与手写体项目相关，包括相同的书写类型以及相似的字符、词句和组合。书写工具也可能是其中的因素。

3.3.5 变形笔迹，名词——字迹不像书写人本来书写的样子，但有可能是自然书写形成的。这种情况或者是由于书写者主观的因素（例如伪装、模仿），或者是由于客观的因素（例如书写者的身体条件、书写条件等）。

3.3.6 手写项目，名词——含有手写字迹（例如草书字迹、手写印刷体字迹、签名等）的材料。

注1 本标准中使用的“笔迹”和“手写”是通用的术语。书写通常，但并非总是，用手形成，也可能是某种其他形式的直接操作书写或标记工具的结果。

3.3.7 个体特征，名词——表示独特特征的标记或属性。

讨论 种类特征（将个人与一组人群联系起来的标记或属性）和个人特征（将个人与一组人群区别开来的标记或属性）都是个体特征。

3.3.8 项目，名词——一个物品或一组材料，能够在上面进行一系列的观察检验。

3.3.9 自然书写，名词——没有试图控制或改变平时书写质量条件下书写形成的样品。

3.3.10 偏差范围，名词——在每次书写过程中重复出现的、能够显示个人书写习惯的笔迹特征的积累偏差（见3.3.15变化）。

3.3.11 明显差异，名词——手写项目之间存在一个有结构性差异的个体特征，超出了书写者的偏差范围，而且不能合理的解释。

3.3.12 明显相似，名词——两份或多份手写项目之间存在一致的个体特征。

3.3.13 足够的数量，名词——为了鉴定笔迹，满足能够评估书写者变化范围所需的笔迹数量。

3.3.14 笔迹类型，名词——指手写印刷体笔迹、草书体笔迹、数字、标记或以上的组合以及签名等。

3.3.15 变化，名词——在重复出现的同一笔迹特征中存在的偏差。这些特征通常能够显示出每名书写者的书写习惯。

讨论 由于变化是自然书写笔迹的一个组成部分，因此，即使是同一人书写同一份材料，也不可能有两个笔迹在每个细节特征上是完全一致的。在书写者的变化范围内，实际上有重复出现或相似的书写习惯或模式。这些重复出现的特征在鉴定中给了笔迹一个可区分的个性。变化可能会被一些内在的因素所影响，例如疾病、药物、故意失真等，也会受到外在因素的影响，例如书写条件和书写工具等。

4. 意义和应用

本标准中所列的规程是建立在法庭科学文件检验领域普遍能够接受的知识和经验之上的。按照规程操作，法庭科学文检鉴定人能够对以下问题得出可靠的意见：两种或多种手写笔迹是否为同一人书写。

注2 “为同一人书写”是指身体执行的书写，而不是指知识内容的所有权。

5. 干扰因素

5.1 送检的材料自身可能会含有干扰本规程的局限因素。这些局限因素应该被关注并记录下来。

5.2 局限因素可能是由于提交了没有来源的文件，样品的数量有限或可比性较少，可供检验样品的自身条件造成的。其他局限性因素可能来自于所提交笔迹的数量和可比性，包括缺失特征、差异或有限的个体特征等。这些因素在本标准中也是有所考虑的。

5.3 前期保存、处理、检测或化学处理（比如手印）的结果可能会影响鉴定人发现一些特征的能力。只要有可能，任何的化学检验都要在文件检验之后。样品应妥善处理，以免影响后续的检验（例如佩戴干净的布手套）。

5.4 应该考虑到能够通过电脑和其他方式制作各种形式的描摹、模仿和复制的可能性。

6. 设备和要求

6.1 有足够强度的合适光源能够发现一些较好的细节特征。

注3 自然光、白炽灯、荧光灯或光纤照明系统都经常被使用。透射光、侧光和垂直入射光也已经被证明是有用的。

6.2 足够倍数的放大设备能够使细节特征更为明显。

6.3 其他合适的设备。

6.4 根据需要记录观察结果的成像或其他设备。

6.5 完成所有适用规程所需的充足时间和设备。

7. 规程

7.1 所有的规程都应该被合适地操作并在适当的时候记录下来。本规程不必按照给定的顺序操作。

7.2 检验的实施、相关的观察和结果应该被记录下来。

7.3 在规程进行到任何一步时，如果判断出缺乏一个特定的特征或者样品的质量或可比性较差，鉴定人可以中止检验或限制性地使用规程。在某一步中止检验并做出相应的报告或尽可能使用合适的规程继续检验是鉴定人的自主权力。但是决定的原因应该记录在案。

7.4 确定检验是否为可疑笔迹与已知笔迹之间，或者可疑笔迹之间的比对检验。

7.5 确定可疑笔迹是否为原件，如果不是原件，则需要提供原件。

注4 对可疑笔迹原件的检验时可取的。

如果没有提交原件，评估可得到条件最好的复印件的质量，确定重要的细节特征已经被足够清晰地复印下来，以供检验，并尽可能的继续下一步的工作。如果复印件不够清晰无法比对，中止检验并做出相应的报告。

7.6 确定可疑笔迹是否出现了变形。如果是，确定出现的变形笔迹是否为自然书写形成的。

如果不是自然书写形成的，或者无法确定，则需要明确变形笔迹是否适合比对和进一步的检验。如果不适合，中止检验并做出相应的报告。

7.7 评估可疑笔迹的下列内容：

7.7.1 笔迹类型——如果可疑笔迹中存在多于一种类型的笔迹，根据每种笔迹类型将可疑笔迹进行分类。

7.7.2 内部一致性——如果按照7.7.1分组后，组内还是存在差异性（例如，可能是多人书写），则将组再进一步分成子组，保证每个子组的笔迹是一致的。

7.7.3 确定按照7.7.1和7.7.2分成的每个组或者子组中笔迹的变化范围。

7.7.4 确定出现的或缺失的个体特征。

7.7.5 如果检验仅是针对可疑笔迹之间的比对，转到7.12。

7.8 确定已知笔迹是否为原件。如果不是原件，则需要提交原件。

注5 检验已知笔迹的原件是可取的。

如果没有提交原件，评估可得到条件最好的复印件的质量，确定重要的细节特征已经被足够清晰地复印下来，以供比对和进一步的检验。如果复印件不够清晰无法比对，中止检验并做出相应的报告。

7.9 确定已知笔迹是否出现了变形。如果是，确定出现的变形笔迹是否为自然书写形成的。

如果不是自然书写形成的，或者无法确定，则需要明确变形笔迹是否适合比对和进一步的检验。还需要确定是否需要额外的已知笔迹提供帮助，如果是，则需要再提交其他的已知笔迹。如果可得到的已知笔迹不适合比对，中止检验并做出相应的报告。

7.10 评估已知笔迹的下列内容：

7.10.1 笔迹类型——如果已知笔迹中存在多于一种类型的笔迹，根据每种笔迹类型将已知笔迹分类。

7.10.2 内部一致性——如果按照7.10.1分组后，组内还是存在差异性（例如，可能是多人书写），与提交者联系进行核实。如果任何对差异的解释无法使鉴定人满意，中止检验并做出相应的报告。

7.10.3 确定按照7.10.1 和7.10.2 分成的每个已知笔迹的组中笔迹的变化范围。

7.10.4 确定出现的和缺失的个体特征。

7.11 评估笔迹正文的可比性（可疑笔迹与已知笔迹之间，或者完全是可疑笔迹之间）。

如果笔迹正文之间不具有可比性，中止检验并适当地要求提交具有可比性的已知笔迹。

如果提交了具有可比性的已知笔迹，转到7.10。如果没有提交具有可比性的已知笔迹，中止检验并做出相应的报告。

7.12 将笔迹正文可比的部分进行逐项的比对检验。

7.12.1 确定是否存在差异、缺失特征和相似之处。

7.12.2 分别评估它们的重要性并相结合。

7.12.3 确定笔迹的数量是否充足（可疑笔迹或已知笔迹，或两者都有）。

如果笔迹（可疑笔迹或已知笔迹，或两者都有）的数量不足以得出否定或认定结论，继续比对和进一步的检验。适当的时候，要求提交更多的已知笔迹。如果提交了更多的已知笔迹，转到7.10。

7.12.4 分析、比对和评估个体特征以及其他在笔迹正文的相似部位出现的潜在的重要特征。

注6 在这些特征中被认为是笔迹要素的有：缩写、对齐、布局、格式、定位、大写、连笔和断笔、交叉笔画和点画、附加符号和标点符号、笔画的方向、伪装、修饰、构成方式、执行的自由、偏手性、易辨性、线条质量、产生的方法、执笔方式和执笔位置、整体压力和施加压力的模式、比例、简化写法、尺寸、技巧、倾斜或斜坡、间距、速度、起笔、连接、末笔、系统、抖动、笔迹类型、偏差范围等。如果出现其他特征，例如书写工具的提起和停顿、修补和修整、慢速书写、线条质量、不自然的抖动、各种形式的线条标准等，应该进行评估。潜在的局限性因素，比如年龄、疾病或损伤、药物、毒品或酒精（中毒或戒毒）、不舒服的书写姿势、寒冷或炎热、疲劳、匆忙或粗心大意、紧张、文件的性质、使用非习惯用手、故意伪装或主动伪造也应该被考虑到。详细信息请参阅引用的文本。

7.12.5 评断符合点、差异点和局限性，分别明确它们的重要性并相结合。

7.13 根据上述分析、比对和评估的结果得出结论。

8. 报告结论

8.1 一旦实施了足够的检验，都能从本标准的规程中得出结论或意见。必要的检验数量和性质取决于手头上的问题。

8.2 得出结论或意见的根据和原因都应该包含在鉴定人的检验记录和报告中。

8.3 按照 SWGDOC 法庭科学文检鉴定人的结论表述术语报告结论或意见。

9. 关键词

法庭科学；手写笔迹；可疑文件。

参考文献

1. Conway, J. V. P., *Evidential Documents*, Springfield, IL: Charles C. Thomas, 1959.

2. Harrison, W. R., *Suspect Documents*, London: Sweet and Maxwell, 1958 and 1966.

3. Hilton, O., *Scientific Examination of Questioned Documents*, New York: Elsevier, 1982.

4. Huber, R. A., and Headrick, A. M., *Handwriting Identification: Facts and Fundamentals*, Boca Raton, FL: CRC Press, 1999.

5. Osborn, A. S., *Questioned Documents*, 2nd ed., Albany, NY: Boyd Printing Co., 1929.

十二、压痕检验标准

1. 范围

1.1 本标准为法庭科学文检鉴定人（SWGDOC 法庭科学文检鉴定人的工作范围标准）在检验和比对压痕的显现和记录时提供规程。

1.2 本标准中的规程包括评估可供检验的材料是否充足。

1.3 在具体情况下采用的特定方法将取决于可供检验材料的性质。

1.4 本标准可能不涵盖不常见或非常规检验方法的所有方面。

1.5 本标准并不旨在强调所有的安全问题，如果有，仅与其使用相关。本标准使用者有责任在使用前确定监管限制的适用性并建立适当的安全与健康行为。

2. 参考文件

标准：ASTM E1732 与法庭科学有关的术语；SWGDOC 法庭科学文检鉴定人的工作范围标准；SWGDOC 与可疑文件检验有关的术语标准。

3. 术语

3.1 定义——本标准中的术语定义参考 E1732 与法庭科学有关的术语和 SWGDOC 与可疑文件检验相关的术语。

3.2 仅针对本标准的术语定义：

3.2.1 直接接触，名词——两页纸张，一页在另一页的上面，中间没有插入页。

3.2.2 静电压痕仪，名词——一种用于显现纸纤维干扰因素的设备（例如：压痕、擦痕、打字的材料或剥离）。

3.2.3 薄膜，名词——薄的透明塑料材料，在静电压痕仪上使用，用于覆盖被检样品。

3.2.4 压痕，名词——纸张或其他媒介物上潜在的或可见的痕迹。

3.2.5 非直接接触，名词——两页纸张，一页在另一页的上面，中间有一页或多页的插入页。

3.2.6 剥离，名词——静电压痕仪检验的产物，一种自黏性的塑料片，粘在薄膜上以保存静电压痕仪检验的结果。

3.2.7 主要压痕，名词——指书写活动或其他动态活动引起的压痕。

3.2.8 次要压痕，名词——通过接触压痕的凸凹面而形成的纤维干扰，而不是由书写活动形成的。

3.2.9 侧光，名词——以低入射角或甚至与样品表面平行的光源照射的光。也称为斜射光。

4. 意义和应用

4.1 当纸张之间有直接或间接的接触时，最上方纸张上的痕迹能够在其下面的纸张上产生压痕。

4.2 本标准建立了压痕显现的规程。

本标准所列的规程基本都是无损的，但是铅笔书写和单击打色带打印的样品在使用静电压痕仪时，可能会从文件上部分地剥离下来。虽然这种影响非常微小，但更为无损的检验应该先于静电压痕仪检验。

4.3 应用本标准可以检验涂擦造成的纸纤维破坏或撕纸边缘的情况。

4.4 静电压痕仪检验可能会对纸张上其他类型痕迹检验的发展有用（例如：打印材料，鞋底花纹以及潜在的手印）。

4.5 本标准中所列的规程是建立在法庭科学文件检验领域普遍能够接受的知识和经验之上的。按照规程操作，法庭科学文检鉴定人能够对涉及的压痕得出可靠的意见。

5. 干扰因素

5.1 一些送检的样品自身可能会含有干扰本规程的局限因素。这些局限因素应该被关注并记录下来。

5.2 样品的尺寸、形状、密度或条件可能会不适合规程中静电压痕仪部分的检验（例如，一些书籍封面、文件夹以及形成压痕后已经潮湿或损坏的样品）。

5.3 完整的检验包括光学和静电压痕仪两部分的规程。如果不实施光学和静电压痕仪部分的规程，所有的压痕都有可能无法检验。

5.4 前期保存、处理、检测或操作的结果可能会干扰本规程的操作。对指纹的化学处理通常会影响压痕检验的结果。压痕检验应在任何的化学处理之前进行。样品应妥善处理，以免影响后续的检验（例如，佩戴清洁的布手套）。

5.5 为防止污染，在静电压痕仪检验前尽可能地少处理样品（例如，潜在手印和其他压痕的引入）。处理不当（例如，用布手套摩擦样品表面）也可能会阻碍静电压痕仪的检验结果。

5.6 静电压痕仪检验可能会同时显现次要压痕和主要压痕。因此，在确定主要还是次要压痕时要格外谨慎。

5.7 在一些地方（湿度较低的区域），在静电压痕仪检验之前没有加湿文件可能会阻碍检验结果。

5.8 定期检查静电压痕仪上玻璃珠的条件，因为它们随着使用而磨损，会影响静电压痕仪制作的图像的质量。

5.9 使用静电压痕仪重复处理会导致图像的退化。

6. 仪器和要求

6.1 用于侧光照射的，有足够强度的合适光源。

6.2 静电压痕仪（EDD）。

6.3 根据需要记录观察结果的成像或其他设备。

6.4 完成所有适用规程所需的充足时间和设备。

7. 规程

7.1 所有的规程都应该被合适地操作并在适当的时候记录下来。本规程需要按照给定的顺序操作。

7.2 检验的实施、相关的观察和结果应该被记录下来。

7.3 用从各种角度或方向直接对准样品照射的侧光观察被检样品。一些情况下，在暗光的房间中使用侧光会有更好的检验效果。

7.3.1 记录任何观察到的压痕。

7.3.2 如果没有获得压痕，记录为缺乏明显的压痕。

7.4 确定样品是否适合静电压痕仪检验。

如果不适合，中止检验并做出相应的报告。

7.5 每个适合的样品都应该使用静电压痕仪进行检验。

7.5.1 应该按照操作手册中的使用说明、实验室程序和当前的技术研究来操作静电压痕仪。

7.5.2 一份对照压痕应该在检验当天被成功的显现和记录。对对照压痕的处理可以在静电压痕仪检验之前或同时进行。

如果无法显现对照压痕，在使用同一设备进行下一步检验之前应该先纠正存在的问题。

7.6 通过剥离保存静电压痕仪的检验结果。

7.7 如果没有显出压痕，根据实验室规则记录或保存检验结果，或者两者都用。

注 1 当检验出的实际结果比较微弱，或者有背景干扰，或者两者都有时，很难看到压痕。这种条件下，应该使用适当的背景剥离和评估结果。

7.8 根据实验室规则，剥离应该被保持下来。

7.9 评估和记录静电压痕仪的检验结果。

7.10 如果还显示了压痕或其他痕迹，适当地进行其他检验。

8. 报告

8.1 一旦实施了足够的检验，都能从本标准的规程中得出结论、意见或检验所见。

8.2 得出结论、意见或检验所见的根据和原因都应该包含在鉴定人的检验记录和报告中。

8.3 一旦完成了检验和评断，形成的报告应该包括以下几类的结论、意见或者检验所见。

8.3.1 是否可观察到压痕。

8.3.2 是否观察到可判读的压痕。

8.3.3 破译压痕的内容。

8.3.4 压痕来源的信息。

9. 关键词

静电压痕仪；凹凸印；法庭科学；鉴定；可疑文件。

十三、纸张的无损检验方法标准

1. 范围

1.1 本标准为法庭科学文检鉴定人（SWGDOC 法庭科学文检鉴定人的工作范围标准）无损检验纸张提供规程。

1.2 本标准中的规程适用于可疑样品和已知样品之间的检验，也适用于仅对可疑样品的检验。

1.3 本标准中的规程包括评估可供检验的材料是否充足。

1.4 在具体情况下采用的特定方法将取决于可供检验材料的性质。

1.5 本标准并不涵盖非常罕见或非常规的纸张样品检验方法的所有方面。

1.6 本标准并不旨在强调所有的安全问题，如果有，仅与其使用相关。本标准使用者有责任在使用前确定监管限制的适用性并建立适当的安全与健康行为。

2. 参考文件

标准：ASTM E1732 与法庭科学有关的术语；SWGDOC 法庭科学文检鉴定人工作范围标准；SWGDOC 法庭科学书写墨水的比较检验方法标准。

3. 术语

3.1 定义：

本标准中的术语定义，参见 E1732 与法庭科学有关的术语。

3.2 仅针对本标准的术语定义：

3.2.1 荧光，名词——指一个辐射能被吸收后以通常是更长的波长再辐射出来的过程。

3.2.2 红外，名词——指波长大于可见光波长的辐射通量，波长通常从 780 纳米到 1 毫米。

3.2.3 红外发光，名词——指原子、分子或离子中一个活跃的电子状态转变成低电子状态（荧光或磷光，或两者兼而有之）时发射出来的辐射能量，其中激发源光谱在电磁光谱的紫外或可见光区域，或两者兼有，而释放出的能量在电磁光谱的远红外或红外区域。

3.2.4 发光，名词——指原子、分子或离子中一个活跃的电子状态转变成低电子状态时发射出来的辐射能量。

3.2.5 不透明，名词——纸张阻止光线通过的性质。

3.2.6 紫外，名词——辐射量比的波长短于光的波长，通常从10纳米至380纳米。

讨论 长波紫外通常是指UV－A光谱范围，波长从315纳米至380纳米。短波紫外通常是指UV－C光谱范围，波长从100纳米至280纳米。

3.2.7 水印，名词——对一张纸的构成进行局部的修改和/或不透明处理，使得当用侧光或透射光观察时，能在干燥的纸张上看到一种模式、设计或字组。

4. 意义和应用

本标准中所列的规程是建立在法庭科学文件检验领域普遍能够接受的知识和经验之上的。按照规程操作，法庭科学文检鉴定人能够可靠的评断纸张之间的物理符合或差异，进而确定这些纸张是否具有同源性。

5. 干扰因素

5.1 一些送检的样品自身可能会含有干扰本规程的局限因素。这些局限因素应该被关注并记录下来。

5.2 纸张样品的条件可能会不适用于一些类型的检验（例如液体浸泡过的、污损的、脏的、烧焦的或精细粉碎过的纸张）。

5.3 保存条件，例如暴露于光、热量或水分中，会在一些检验中影响纸张的外观。

5.4 对潜在手印的化学处理通常会干扰纸张的无损检验。纸张检验应在任何的化学处理之前进行。

5.5 在纸张检验之前或期间，样品应尽可能少做像潜在手印显现这样的处理以防止污染。建议使用干净的手套。

5.6 在造纸过程中，大量的纸和其他纸产品能够被组合成一卷或多卷纸张。纸质的差异可能出现在来自同一令或产品的个别纸张上，因此，评估纸张颜色、厚度、紫外荧光、红外、不透明度、表面纹理和印花斜纹布（参见7.6，7.7，7.8，7.10，7.11和7.17）时必须考虑以上因素。

6. 仪器和要求

6.1 有足够强度的合适光源能够发现一些较好的细节特征。

注1 自然光、白炽灯、荧光灯、透射光或光纤照明系统都经常被使用。侧光和垂直入射光也已经被证明是有用的。

6.2 足够倍数的放大设备能够使细节特征更为明显。

6.3 测量设备：

6.3.1 测量增量能达到0.02毫米或0.001英寸的千分尺。能够测量至少300毫米长、标记的增量为0.5毫米或更少的尺子；或者能够测量至少12英寸长、标记的增量为1/64英寸或更少的尺子。

6.3.2 能够测量到0.001克的天平。

6.4 用于红外法和红外发光法检验、配有合适光源和过滤器的图像转换设备或系统。

6.5 用于检验压痕的静电检测设备。

6.6 长、短波紫外光源。

6.7 评估纸张相对不透明性的充足的材料。

6.8 其他适合的设备。

6.9 根据需要记录观察结果的成像或其他设备。

6.10 完成所有适用规程所需的充足时间和设备。

7. 规程

注2 所有的规程都应该被合适地操作并在适当的时候记录下来。本规程不必按照给定的顺序操作。

7.1 检验的实施、相关的观察和结果应该被记录下来。

7.2 在规程进行到任何一步时，如果判断出缺乏一个特定的特征或者样品的质量或可比性较差，鉴定人可以中止检验或限制性地使用规程。在某一步中止检验并做出相应的报告或尽可能使用合适的规程继续检验是鉴定人的自主权力。但是决定的原因应该记录在案。

7.3 确定检验是否为可疑纸张样品之间，或者可疑纸张样品与已知纸张样品之间的比对。

注3 本标准旨在进行两个样品之间的比对。这些样品可以是已知的和未知的，也可以是完全未知的。

7.4 确定提交的纸张样品是否适合于比对检验，如果不适合，中止检验并做出相应的报告。

7.5 用透射光检验纸张样品。

记录下出现的任何水印。

当用水印确定了纸张样品的制造商或生产日期，参考实验室和出版行业资源。必要时，联系纸张制造商获取更多的信息。

7.6 检验纸张样品的颜色。参考5.6的干扰因素。

确定观察到的差异点的重要性。

7.7 用千分尺测量纸张样品的厚度。建议取测量纸张中间和两边所得值的平均值。参考5.6的干扰因素。

7.8 检验纸张样品的紫外荧光和红外发光现象。参考5.6的干扰因素。

7.9 检验纸张的化学性质或其他污染、改变以及无碳纸转移情况。

7.10 检验纸张样品的相对不透明度。参考5.6的干扰因素。

7.11 检验纸张样品的表面纹理（例如平滑度、样式等）。参考5.6的干扰因素。

7.12 用尺子测量纸张样品，记录测量出的长度和宽度。

7.13 测量纸张样品的重量。相对基础重量可以通过纸的重量除以它的面积进行比较。

7.14 检验纸张样品的角并评估角度（例如：直角，倒弧角等）。

7.15 用放大镜、紫外光，或两者并用来检验纸张样品边缘的残留物捆绑、黏合剂或填充材料。

7.16 检验纸张样品边缘的制造标记（例如切痕，光条纹或颜色）。评估每个页面与所有其他页面的合适定位。

7.17 用具有放大、红外、红外发光和紫外检验功能的合适工具检验纸张样品的线条或其他印刷材料。测量线长度、间距和其他印刷材料，检查断裂或变形模式。参考5.6的干扰因素。

7.18 检验纸张样品的安全特性（例如，占卜板或安全纤维）。

7.19 检验样品的无碳纸化学物和印刷图像质量，可以发现无碳系统。

7.20 定位和记录纸张上任何的理化材料（例如不透明溶液、修正带、胶带或其他材料）。

7.21 检验纸张表面由于磨损、处理、保存或其他物理变化带来的损坏。如果任何样品中存在折叠、褶皱、卷曲的标记、纤维紊乱或其他相关特征，确定它们对于样品的重要性。

7.22 检验纸张样品上订书钉和订书孔的尺寸和间距。如果文件是钉在一起的，在存在的订书孔数量和样式中，确定任何模式的相似性或差异性。

7.22.1 在去除任何订书钉之前，记录下订书孔相对于存在的订书钉的位置。

7.22.2 在去掉订书钉之前最好与证据的提交者联系。

7.23 检验纸张的穿孔、打洞器或其他撕裂的部分。

7.24 检验纸张表面的压痕，如手写笔迹、夹板痕记、纸夹子痕迹和其他外来的标记。

7.25 评断符合点、差异点和局限性，分别明确它们的重要性并结合得出结论。

8. 报告

8.1 一旦实施了足够的检验，都能从本标准的规程中得出结论、意见或检验所见。

8.2 得出结论、意见或检验所见的根据和原因都应该包含在鉴定人的检验记录和报告中。

8.3 一旦完成了检验和评估，报告应该包括，但不局限于如下类型的结论、意见或其他发现。

8.3.1 压痕、污染物、物理符合等证据显示纸张样品是由同一来源附加、处理的，或出自同一来源。

8.3.2 纸张样品来自或属于相同的制造商（轧机、轧机后加工、绑定、印刷、修剪、包装和分销过程）或者具有生产之后的同源性（消费者或用户级）。

8.3.3 纸张样本与来自或共享同一来源既无关联也无不关联。

8.3.4 纸张样品不是来自或共享同一来源。

8.3.5 压痕、污染物、物理符合等证据显示纸张样品与同一来源附加、处理，或出自同一来源相关。

9. 关键词

法庭科学文件检验；法庭科学；纸张的无损检验；纸张；可疑文件；水印。

参考书目

1. Browning, B. L., *Analysis of Paper*, New York and Basel: Marcel Dekker, Inc., 1977.

2. Brunelle, R. L. and Reed, R. W., *Forensic Examination of Ink and Paper*, Springfield, IL: Charles C. Thomas, 1984.

3. The Mead Corporation, *Paper Knowledge*, The Mead Corporation, 1999.

4. Saferstein, R., *Forensic Science Handbook*, Englewood Cliffs, NJ: Regents/Pren-

tice Hall, 1982.

十四、变造文件检验标准

1. 范围

1.1 本标准为法庭科学文检鉴定人（SWGDOC 法庭科学文检鉴定人的工作范围标准）检验变造文件提供规程。

1.2 本标准中的规程适用于可疑样品和已知样品之间的检验，也适用于仅对可疑样品之间或单一样品的检验。

1.3 本标准中的规程包括评估可供检验的材料是否充足。

1.4 在具体情况下采用的特定方法将取决于可供检验材料的性质。

1.5 本标准并不涵盖不常见或非常规检验方法的所有方面。

1.6 本标准并不旨在强调所有的安全问题，如果有，仅与其使用相关。本标准使用者有责任在使用前确定监管限制的适用性并建立适当的安全与健康行为。

2. 参考文件

标准：ASTM E1732 与法庭科学有关的术语；SWGDOC 法庭科学文检鉴定人的工作范围标准；SWGDOC 法庭科学书写墨水的比较检验方法标准；SWGDOC 与可疑文件检验相关的术语；SWGDOC 压痕检验标准。

3. 术语

3.1 定义：

本标准中的术语定义，参见 E1732 与法庭科学有关的术语和 SWGDOC 与可疑文件检验相关的术语。

3.2 定义：

3.2.1 变造，名词——通过物理、化学或机械的方式对文件进行修改，包括但不限于，消除、添加、盖写或擦除。

3.2.2 数字图像，名词———种以数字形式存储的图像。

3.2.3 数字图像处理，名词——转化数字图像的活动。

3.2.4 静电压痕仪（EDD），名词——以静电电荷为原理，显示纸张纤维扰动的设备（例如压痕、擦痕、打字的材料或剥离）。

3.2.5 擦除，名词——通过化学、摩擦或其他方法将文件上的材料去除的区域。

3.2.6 荧光，名词——一些波长的辐射量被吸收后以其他波长，通常是更长的波长，非热地辐射出来。

3.2.7 红外——指波长大于可见光波长的辐射通量，通常波长约为 760 纳米至约 3 微米。

3.2.8 红外发光（IRL）——指原子、分子或离子中一个活跃的电子状态转变成低电子状态（荧光或磷光，或两者兼而有之）时发射出来的辐射能量，其中激发源光谱在电磁光谱的紫外或可见光区域，或两者兼有，而释放出的能量在电磁光谱的远红外或红外区域。

3.2.9 侧光，名词——照明光源的入射角较低，甚至与被检物表面相平行。也称为斜照明。

3.2.10 透射光，名词——穿过文件的照明。

3.2.11 紫外（UV），名词——指波长小于可见光波长的辐射通量，通常波长约为 10 纳米至 380 纳米。

讨论 长波紫外通常指光谱范围为 UV－A，波长约从 315 纳米到 380 纳米。短波紫外通常指光谱范围为 UV－C，波长约从 100 纳米到 280 纳米。

4. 意义和应用

本标准中所列的规程是建立在法庭科学文件检验领域普遍能够接受的知识和经验之上的。按照规程操作，法庭科学文检鉴定人能够对一份文件是否经过变造得出可靠的结论。

5. 干扰因素

5.1 一些送检的样品自身可能会含有干扰本规程的局限因素。这些局限因素应该被关注并记录下来。

5.2 局限因素可以是提交了没有来源的文件，可比性有限，可供检验样品的自身条件（例如样品被染色、污染、水浸、烧焦或粉碎等）。这些因素在本标准中也是有所考虑的。

5.3 前期保存、处理、检测或化学处理（比如指纹）的结果可能会影响鉴定人发现一些特征的能力。只要有可能，任何的化学检验都要在文件检验之后。样品应妥善处理，以免影响后续的检验。

6. 仪器和要求

6.1 有足够强度且类型合适的光源能够发现一些较好的细节特征。

注 1 自然光、白炽灯、荧光灯或光纤照明系统都经常被使用。透射光、侧光和垂直入射光在很多情况下也是非常有用的。

6.2 足够倍数的放大设备能够使细节特征更为明显。

6.3 下列设备可能会根据需要使用：

6.3.1 用于红外光谱和红外发光检验、配有适当光源和过滤器的红外图像转换装置或系统。

6.3.2 配有长波和短波灯的紫外光源或视框。

6.3.3 记录观察所见的成像或其他设备。

6.3.4 测量设备（例如打字机网格、具有标线模式的放大镜或合适的软件）。

6.3.5 静电压痕仪。

6.3.6 其他合适的设备。

6.3.7 完成所有适用规程所需的充足时间和设备。

7. 规程

7.1 所有的规程都应该被合适地操作并在适当的时候记录下来。本规程不必按照给定的顺序操作。

7.2 检验的实施、相关的观察和结果应该被记录下来。

7.3 在规程进行到任何一步时，如果判断出缺乏一个特定的特征或者样品的质量或可比性较差，鉴定人可以中止检验。在某一步中止检验并做出相应的报告或尽可能继续使用适用的规程进行检验是鉴定人的自主权力。但是决定的原因应该记录在案。

7.4 检验文件是否存在变造的特征。这些特征包括但不限于以下内容：

注 2 必须注意对下列可能出现在正常的准备、处理和保存文件过程中的特征的评估。

7.4.1 盖写；

7.4.2 不同书写工具的特征；

7.4.3 笔迹或打印文本布局紧密或位置不正常；

7.4.4 纸纤维扰动；

7.4.5 使用不同的字体、字号或字形；

7.4.6 变色的区域；

7.4.7 出现模糊的物质；

7.4.8 脏痕；

7.4.9 边缘不规则；

7.4.10 不同的印刷过程；

7.4.11 水平和垂直方向不规则的间距和对齐；

7.4.12 固定和装订痕迹的差异；

7.4.13 笔迹特征不一致；

7.4.14 与实际声称相反的不正常的笔画交叉顺序；

7.4.15 纸张特征的偏差。

无损检验

7.5 在适当的时候应该进行无损检验，且不用按照给定的顺序操作。

7.6 对文件进行宏观检查或显微检验，或者两者都进行。

7.7 使用不同的光源检验文件，例如侧光（SWGDOC 压痕检验标准）和透射光。

7.8 运用可视化技术检验文件，例如紫外、反射红外和红外发光（SWGDOC 法庭科学书写墨水的比较检验方法标准）。

7.9 进行适当的测量。

7.10 使用静电压痕仪检验文件。

7.11 使用合适的成像技术检验文件，例如拍照或数字图像处理。

7.12 对检验所见进行分析、比对和评估。

7.13 确定是否需要有损检验。如果不需要，中止检验，做出结论和相应的报告。

有损检验

7.14 有损检验技术会损坏或改变文件。仅在无损检验方法都实施完毕之后进行。

7.14.1 使用有损检验方法可能存在干扰其他类型检验的可能性（例如对化学墨水或潜在指纹的检验）。

7.14.2 有损检验之前应该与送检者协商。

7.14.3 使用这些技术之前，应该对样品进行适当的记录。

7.14.4 无须按照给定的顺序进行有损检验。

7.15 在出现模糊物质的地方，使用溶剂（例如石油醚、液体碳氟化合物）使纸张变透明，以显示模糊的条目。

注 3 长时间接触溶剂可能会影响模糊物质。

7.16 若要从文件上去除模糊物质，使用甲醇或乙醇等溶剂可能是适合的。

注 4　一些溶剂可以溶解墨水或碳粉。

7.17 物理法去除（例如擦、刮或剥落）文件上的模糊物质。

7.18 对化学墨水的检验参考 SWGDOC 法庭科学书写墨水的比较检验方法标准。

注 5　可能由其他的法庭科学专家进行化学墨水的检验。

7.19 对检验所见进行分析、比对和评估。

7.20 做出结论和相应的报告。

8. 报告

8.1 一旦实施了足够的检验，都能从本标准的规程中得出结论、意见或检验所见。

8.2 得出结论、意见或检验所见的根据和原因都应该包含在鉴定人的检验记录和报告中。

8.3 一旦完成了检验和评估，报告中应包括下列一个或多个类型的结论、意见或检验所见：

8.3.1 是否观察到变造现象。

8.3.2 任何变造的条目是否依稀可见。

8.3.3 变造条目的内容或描述。

变造的方法或顺序。

8.3.4 变造和原始条目的图像。

8.3.5 其他与变造有关的信息。

9. 关键词

变造；擦除；法庭科学；插入；消退；盖写；可疑文件。

十五、法庭科学文检鉴定人的最低培训需求

1. 范围

1.1 本标准为法庭科学文检鉴定人（SWGDOC 法庭科学文检鉴定人的工作范围标准）提供基础培训所需的最基本需求和程序。

1.2 本标准并不涵盖涉及主题的或者不常见或非常规检验的培训的所有方面。

1.3 本标准并不旨在强调所有的安全问题，如果有，仅与其使用相关。本标

准使用者有责任在使用前确定监管限制的适用性并建立适当的安全与健康行为。

2. 参考文件

标准：ASTM E1732 与法庭科学有关的术语；SWGDOC 法庭科学文检鉴定人工作范围标准；SWGDOC 与可疑文件检验有关的术语标准。

3. 术语

3.1 本标准中的术语定义，参考 E1732 与法庭科学有关的术语和 SWGDOC 与可疑文件检验相关的术语。

3.2 仅针对本标准的术语定义：

3.3 技术考察，名词——以获取信息、知识或培训，包括相互交流或由制造商、企业和实验室实行演示为目的的旅行。

4. 意义和应用

本标准中所列的规程是建立在法庭科学文件检验领域普遍能够接受的知识和经验之上的。按照规程操作，一个合适的受训者（见 5.2）可以获得能够可靠完成法庭科学文检鉴定人（参见 SWGDOC 法庭科学文检鉴定人的工作范围）工作所需的科学的、技术的和其他的专业知识、技能和经验。

5. 设备和人员

5.1 培训材料和设备：

5.1.1 获取文献、期刊、报纸和其他专业文献。

5.1.2 操作适合各个领域教导的设备。

5.2 对受训候选人的要求：

5.2.1 获得学士学位或认可的学院或大学的同等学力。

5.2.2 成功完成一个正式的歧视测试的证明文件。

5.2.3 成功完成一个颜色感知度测试的证明文件。

5.2.4 培训开始前六个月内，成功完成带有最佳矫正视力的近距离和远距离视敏度测试的证明文件。

5.3 对培训师的要求：

5.3.1 对主任培训师的要求：

5.3.1.1 主任培训师应该是法庭科学文检鉴定人；

5.3.1.2 已经成功完成相当于至少 24 个月的全职监督培训；

5.3.1.3 已经被培训过本标准中的主题教学（即章节 7）；

5.3.1.4 在作为一名法庭科学文检鉴定人期间，至少有五年全职岗前培训的经历。

5.3.1.5 所有以上都需要有证明文件。

5.3.1.6 主任培训师应该在导师发展过程中成功完成过一门课程或一个学期。

5.3.2 任何其他培训师的资格都由主任培训师认可。

6. 规程

6.1 培训项目应相当于在一名主任培训师监督下至少24个月的全职培训。

6.1.1 培训项目应该在不超过4年的时间内成功完成。

6.1.2 每个领域的教导都会由主任培训师设立一个目标。考试（例如笔试、口试、实际操作考试）将会用来衡量受训者学到的知识。

注1 虽然作为补充培训的参加会议和业务陈述是很有用的，但不能替代本标准章节7的培训大纲。主任培训师可以授权在这样的会议和业务陈述中讲授知识（参照章节7）。

6.1.3 主任培训师可以给予在章节7主题领域的培训或经验之前能够证明或有文件证明有过此类培训或经验的受训者学分。

6.1.4 每名受训者的培训记录将会被保存并记录如下材料：

6.1.4.1 每个主题领域的指导。

6.1.4.2 相关文献研究的参考书目。

6.1.4.3 考试（例如笔试、口试、实际操作考试等）。

6.1.4.4 案例统计（例如数量、类型、项目、报考等）。

6.1.4.5 外出培训、技术访问、课程、会议或研讨会。

6.1.4.6 所做的研究工作。

7. 教学大纲

7.1 一个书面正式的培训计划将包括具体的教学主题。这些主题的顺序可自由支配，但必须有充足的时间确保完成所有的主题领域。最小的具体主题有：

7.2 法庭科学文件检验的介绍和历史：

7.2.1 道德责任。

7.2.2 本领域的文献。

7.2.3 本领域的进展。

7.2.4 经典案例。

7.2.5 科学方法。

7.2.6 研究方法。

7.3 证据处理程序：

7.3.1 程序和协议。
7.3.2 法庭科学文件检验和其他法庭学科之间的关系。
7.3.3 收集和保存。
7.3.4 标记和记录。
7.3.5 保管链。
7.4 检验程序：
7.4.1 程序和协议。
7.4.2 个体识别理论。
7.4.3 案例组织。
7.4.4 笔录。
7.4.5 结论和检验所见。
7.4.6 撰写报告。
7.5 实验室仪器和设备：
7.5.1 程序和协议。
7.5.2 与法庭科学文件检验程序相关的光学物理法。
7.5.3 显微镜。
7.5.4 测量系统和设备。
7.5.5 光源。
7.5.6 静电检测设备。
7.5.7 打字机检查设备。
7.5.8 电脑和外围设备。
7.5.9 其他相关的实验室设备。
7.6 纸张：
7.6.1 程序和协议。
7.6.2 纸张的历史。
7.6.3 生产过程。
7.6.4 物理性质（例如光学反应、水印、尺寸、安全性质等）。
7.6.5 物理匹配（例如纤维、撕痕、边缘擦痕等）。
7.6.6 胶带和胶粘剂。
7.6.7 压痕。
7.7 书写工具和墨水：
7.7.1 程序和协议。

7.7.2 书写工具和墨水的历史。

7.7.3 墨水的性质。

7.7.4 墨水的破坏性和非破坏性分析。

7.7.5 书写工具的特点。

7.7.6 笔画的顺序、方向和压力。

7.8 笔迹（包括草书体或脚本风格的笔迹、手写打印体、签名、数字以及其他书写的标记或信号）：

7.8.1 程序和协议。

7.8.2 历史和理论。

7.8.3 笔迹生理学和运动控制。

7.8.4 书写系统。

7.8.5 笔迹比对过程。

7.8.6 个体特征（个人和种类）。

7.8.7 笔迹特征（例如变化、线条质量、书写水平等）。

7.8.8 变形的笔迹。

7.8.9 笔迹的影响因素（内因和外因）。

7.8.10 描摹和模仿。

7.8.11 其他笔迹问题。

7.9 改动，消退和擦除：

7.9.1 程序和协议。

7.9.2 改动的类型（例如换页、插入等）。

7.9.3 消退的类型（例如修改液、盖写、化学试剂等）。

7.9.4 擦除的类型（物理的和化学的）。

7.9.5 发现和解读技巧。

7.10 打字机：

7.10.1 程序和协议。

7.10.2 打字机的历史。

7.10.3 打字机检验的原理（个体识别和比对检验）。

7.10.4 字体分类。

7.10.5 打印和修正带检验。

7.10.6 纸纤维转移。

7.11 电脑打印机：

7.11.1 程序和协议。

7.11.2 电脑打印机的历史。

7.11.3 电脑打印机的检验原理（个体识别和比对检验）。

7.11.4 电脑打印流程（击打式的和非击打式的）。

7.11.5 字体分类。

7.12 复印机：

7.12.1 程序和协议。

7.12.2 复印机的历史。

7.12.3 静电和其他成像过程。

7.12.4 检验原理（个体识别和比对检验）。

7.12.5 修改和操作技术。

7.13 传真机：

7.13.1 程序和协议。

7.13.2 传真机的历史。

7.13.3 成像过程。

7.13.4 检验原理（个体识别和比对检验）。

7.13.5 修改和操作技术。

7.14 印刷过程：

7.14.1 程序和协议。

7.14.2 印刷的历史。

7.14.3 排版。

7.14.4 印刷过程的特点。

7.14.5 检验原理（个体识别和比对检验）。

7.14.6 安全特性。

7.15 机械痕迹：

7.15.1 程序和协议。

7.15.2 设备的历史（例如：支票机、橡胶和聚合物印章、订书器、曲别针、印花装置、封口和邮戳痕迹、紧固器、打孔机等）。

7.15.3 检验原理（个体识别和比对检验）。

7.16 烧焦和浸泡文件：

7.16.1 程序和协议。

7.16.2 护理和保存。

7.16.3 检验和解读。
7.17 拍照和数字成像：
7.17.1 程序和协议。
7.17.2 常规拍照。
7.17.3 文件拍照。
7.17.4 数码拍照。
7.17.5 数码成像技术。
7.17.6 改变和操作技术。
7.17.7 图像编辑软件。
7.18 混杂的检验：
依赖于实验室的能力和需求。
7.19 专家证人和法律诉讼：
7.19.1 程序和协议。
7.19.2 术语。
7.19.3 相关的法律。
7.19.4 审判系统。
7.19.5 有效地沟通。
7.19.6 法庭上的举止。
7.19.7 制备和使用展示品。
7.19.8 观察实际的或模拟的审前会议和专家证词。
7.19.9 作为专家证人参与模拟审判。
7.19.10 了解学科的关键挑战。
7.20 实践经验：
7.20.1 查看个案。
7.20.2 在其他法庭科学文件检验实验室的培训和观察是被推荐的。
7.20.3 继续教育（例如课程、研讨会、技术访问、研讨会等）。
8. 关键词
法庭科学文件检验；法庭科学文检鉴定人；法庭科学；可疑文件；培训。

十六、液体喷墨技术制成文件的检验标准

1. 范围
1.1 本标准为法庭科学文检鉴定人（SWGDOC 法庭科学文检鉴定人的工作范

围标准）检验液体喷墨技术制成的文件提供规程和相关的程序。

1.2 本标准中的规程适用于可疑样品和已知样品之间的检验，也适用于仅对可疑样品的检验。

1.3 本标准中的规程包括评估可供检验的材料是否充足。

1.4 在具体的情况下采用的特定方法将取决于可供检验材料的性质和充分性。

1.5 本标准可能不涵盖不常见或非常规检验方法的所有方面。

1.6 这些方法适用于对复印机、打印机、传真设备和使用喷墨技术的多功能设备的检验。

1.7 本标准并不旨在强调所有的安全问题，如果有，仅与其使用相关。本标准使用者有责任在使用前确定监管限制的适用性并建立适当的安全与健康行为。

2. 参考文件

标准：ASTM D1968 与纸张和纸质产品相关的术语；ASTM E1732 与法庭科学相关的术语；ASTM F221 与复写纸、色带产品和由此形成的图像相关的术语；ASTM F909 与打印机相关的术语；ASTM F1156 与伪造保护系统产品相关的术语（2001 年废止）；ASTM F1457 与激光打印机相关的术语；ASTM F1857 与喷墨打印机和由此形成的图像相关的术语；SWGDOC 变造文件检验标准；SWGDOC 碳粉技术制成文件的检验标准；SWGDOC 法庭科学文检鉴定人的工作范围标准；SWGDOC 与可疑文件检验相关的术语。

3. 术语

3.1 定义：

3.1.1 本标准中的术语定义，参考 E1732 与法庭科学相关的术语和 SWGDOC 与可疑文件检验相关的术语。

3.1.2 聚并，名词——衬底上两个相邻的墨滴在未变干或未被吸收之前被搗浑或合并，从而导致颜色密度的不均匀。

3.1.3 褶皱，名词——由于不均匀的干缩湿胀造成的有缺陷、有皱褶的纸。干缩湿胀可能与纸张的任何不均匀性相关，包括大量的分销和干燥压力。

3.1.4 连续喷洒，名词——以有规律和连续的速度生成墨滴的喷墨技术。墨滴在充电后通过偏离生成图像，所以它们或者被拦截器拦截不能对衬底产生影响，或者在指定的位置偏离拦截衬底。

3.1.5 裂化，名词——墨水被衬底吸收后引起衬底表面的收缩，由于收缩后的尺寸小于原始的尺寸，从而引起图像区域的断裂现象。

3.1.6 晶化，名词——墨水蒸发形成晶体的现象。

3.1.7 按需喷墨（DOD），名词——根据制作图像的需求生成墨点的喷墨技术。

3.1.8 全彩色复印机，名词——可以制成包含渐变颜色的彩色原件的喷墨技术复印机。至少含有三种颜色的墨水（青、品红和黄色）。

3.1.9 图像区，名词——页面上被所有打印信息占据的区域。

3.1.10 图像密度，名词——用密度计测量的图像和背景之间的对比。

3.1.11 图像，名词——通过图像生成设备制成的一个物体的光学对映体。

3.1.12 喷墨打印机，名词——非击打式打印机，通过在衬底上喷射墨滴形成字符。

3.1.13 横向模式，形容词——打印机的输出方向，打印字行与纸张的移动方向相平行。

3.1.14 最大打印位置，名词——打印机能够打印到的最右侧的点。

3.1.15 非击打式的打印机，名词——不是由于机械击打生成图像的打印机。例如热敏打印机、静电打印机、电子照相打印机和喷墨打印机。

3.1.16 偏移，名词——墨水的非故意转移（例如从一个新印刷衬底上的转移）。

3.1.17 压电性，名词——晶体被电压刺激变形后引起的墨滴从墨盒中排出的喷墨技术。

3.1.18 像素，名词——从模拟到数字转换过程中形成的梯级或锯齿状效果。

3.1.19 压印盘，名词——用于支撑打印或复印文件的平板或辊。

3.1.20 纵向模式，形容词——打印机的输出方向，打印字行与纸张的移动方向相垂直。

3.1.21 打印头，名词——喷墨打印系统的打印组件。

3.1.22 打印输出区域，名词——页面上打印机能够打印的最大区域。

3.1.23 光栅输出扫描仪，名词——外围输出设备，独立存在或位于打印机内部，把计算机数据转换成位图，并发送到主机上进行存储或发送到打印机上进行输出。

3.1.24 狭缝玻璃，名词——存在于一些与自动输稿器相结合使用的数码复印机中的交替扫描表层。

3.1.25 污迹，名词——摩擦时在相邻区域形成的污点或条纹图像的倾向性，包括已磨损材料的再沉积。

3.1.26 热动，名词——一种喷墨技术，墨盒中的墨滴被局部电加热后喷出，造成墨水中泡沫的快速膨胀现象。

3.2 仅针对本标准的术语的定义：

3.2.1 条带效应，名词——出现在打印头移动方向的一种对给定颜色均匀密度的偏差或空隙率。

3.2.2 渗色，名词——一种颜色随时间渗入相邻的颜色中而形成的墨水污渍。

3.2.3 圆度，名词——一个墨点的高度除以宽度的比率为 1.0 是一个完美的圆。

3.2.4 模糊不清，名词——墨水分布在衬底上时造成的边缘模糊、细长的线条和较差的打印质量。

3.2.5 液体喷墨设备，名词——墨水以液体（溶剂或水）方式供给的设备。

3.2.6 斑点，名词——由于衬底的模式或墨水和衬底之间不均匀的相互作用引起的图像密度的不均匀性。

3.2.7 附属物，名词——无关的或不需要的墨滴。

3.2.8 喷溅，名词——当墨滴的一部分落到目标区域和偏离到非目标区域时出现的无关的或不需要的墨滴模式。

3.2.9 喷洒，名词——来自打印头，在打印区域周围无关的或不需要的墨点模式。

4. 意义和应用

本标准中所列的规程是建立在法庭科学文件检验领域普遍能够接受的知识和经验之上的。按照规程操作，法庭科学文检鉴定人能够对以下问题得出可靠的意见：两份或多份运用喷墨技术制作形成的文件是否出自同一台设备；文件是否由某一台特定的设备制作形成；或者确定设备的制造商或型号。

5. 干扰因素

5.1 送检的样品自身可能会含有干扰本规程的局限因素。这些局限因素应该被关注并记录下来。

5.2 局限因素可以是来自于文件的生成、有限的数量或可比性，或者供检验样品的自身条件。这些因素在本标准中也是有所考虑的。

5.3 前期保存、处理、检测或化学处理（比如指纹）的结果可能会影响鉴定人观察一些特征的能力。产生的影响包括但不限于，对衬底的局部破坏、产生污渍、使墨粉变质等。只要有可能，任何的化学处理都应该在文件检验之后。样品应妥善处理，以免影响后续的检验。

5.4 运用计算机、扫描仪、数码相机、图形垫或其他手段对喷墨产品进行各种形式的伪造和复制的可能性也应该被考虑到。

5.5 一些墨盒在不同品牌或型号的设备之间可互换使用。一些墨盒可重新注满重复使用，并且所使用的墨水可能来自于供应商而不是原始的制造商。

5.6 一些利用碳粉技术的一体机能够以打印或复印的模式操作，在不同的分辨率下能够制作出多色（例如 CYMK）黑或单色（例如单色黑）。同一台设备的不同输出方式之间有很多显著的差异。

6. 仪器和要求

6.1 有足够强度的合适光源能够发现较好的细节特征。

注1 自然光、白炽灯、荧光灯或光纤照明系统都经常被使用。透射光、侧光和垂直入射光在很多情况下也可能很有用。

6.2 足够倍数的放大设备能够使细节特征更为明显。

6.3 公制尺，美国常用单位，打印机测量和台式印刷系统单位。

6.4 其他合适的设备（例如测量网格和磁探测器）。

6.5 根据需要记录观察结果的成像或其他设备。

6.6 参考资料能够帮助确定制造商。

6.7 完成所有适用规程所需的充足时间和设备。

7. 规程

7.1 所有的规程都应该被合适的操作（根据 SWGDOC 碳粉技术制成文件的检验标准）并在适当的时候记录下来。本规程不必按照给定的顺序操作。

7.2 检验的实施、相关的观察和结果应该被记录下来。

7.3 在规程进行到任何一步时，如果判断出缺乏一个特定的特征或者样品的质量或可比性较差，鉴定人应该中止检验或限制性地使用规程。在某一步中止检验并做出相应的报告或尽可能使用合适的规程继续检验是鉴定人的自主权力。但是决定的原因应该记录在案。

7.4 确定送检的可疑文件是否由液体喷墨技术制成的。如果不是，中止检验并做出相应的报告。

7.5 确定检验是否为可疑文件与已知文件之间的比对，或仅是可疑文件之间的比对，或者是对可疑样品进行其他类型的检验（例如，确定日期期限或机器类型）。

7.6 确定可疑文件是否适合检验或比对，或两者皆有。如果不适合，中止检验并做出相应的报告。影响适用性的因素包括文件的清晰度、细节特征或条件。

7.7 如果没有提交已知文件或设备，转到7.9。

7.8 如果提交了已知文件，确定已知文件是否适合检验或比对，或两者皆有。如果不适合，中止检验并做出相应的报告。影响适用性的因素包括文件的清晰度、细节特征或条件。

7.9 如果没有提交原件，评估可得到条件最好的复印件的质量，确定重要的细节特征已经被足够清晰地复印下来，以供比对和进一步的检验。如果复印件不够清晰无法比对，中止检验并做出相应的报告。

7.10 如果对一台设备进行检验，应该注意它的条件。需要提供该设备的服务记录并注意和记录相关的信息。

讨论 咨询合格的技术人员是有益的或必要的。

7.11 注意每台被检设备上任何可变特征的功能、特性和设置。如果设备有内存，保留或恢复任何的存储信息。

7.12 注意设备的可见外部组件上可能含有物证、障碍物、碎片、修正液、标记或划痕，外部组件包括压印盘、狭缝玻璃、配页机、封面/自动输文器等。

注2 在准备样本之前，必须考虑到可能会破坏或丢失设备内的物证（例如：从可疑文件上撕下的片段）。

7.13 准备合适的样本，要把设备的特性和进行墨水化学检验的可能性考虑进去。

7.14 注意容易损坏的内部零件，例如打印头或纸传输装置。

7.15 如果样本适合检验，再提取一些样本。

7.16 如果样本都不适合比对并且无法获得其他的样本，中止检验并做出相应的报告。

7.17 对可疑样品之间或可疑样品与已知样品之间进行检验。

讨论 在喷墨打印机中使用的衬底的类型可能会影响墨水的外观，例如条带效应、圆度、模糊不清、渗色、斑点、喷溅或附属墨点。

7.18 可能需要进行压痕检验（SWGDOC 压痕检验标准）以显示压痕笔迹或物理特征，例如纸传输装置的痕迹。

7.19 可能需要不同的照明技术（彩色滤光片、红外或紫外）来提供额外的信息，例如安全特性或污迹。

7.20 可能需要对变造进行检验（SWGDOC 变造文件检验标准）。

7.21 对字体的鉴定也许能够提供有用的信息（例如关于时间方面的信息）。

7.22 比较类别特征（例如供纸系统、墨水类型、机械痕迹、颜色性能）。如果存在明显的且无法解释的差异，中止检验并做出相应的报告。

注 3　一些墨盒在不同品牌和型号的设备上交替使用，大多数的墨盒可重新注满继续使用。

7.23 可能的情况下，将制作可疑文件的设备进行分类。当确定了可疑文件的一个制造商时，参考实验室和出版行业资源。如果有必要，联系设备制造商或分销商以取得进一步的信息。

7.24 比对个体特征，如磨损和损坏的缺陷、未对齐现象、重复制作的痕迹、条带效应、空隙率、不合适或多余的墨水转移等。需要时，实施并注意关键测量。

注 4　连续在同一台设备上复制会使得痕迹略微的偏离对齐。同一样式的点或痕迹出现两次或三次，表示在同一台设备上分别复印了两次或三次。在多台设备上复印可能会承载所有设备的独特痕迹。

7.25 评断符合点、差异点和局限性，分别明确它们的重要性并相结合。

注 5　评估特征时必须注意到一些特征可能是由打印机的外部因素造成的（例如：从原始计算机文件上进行伪造或操控），也必须注意到一些特征对于特殊型号的设备是共有的。

7.26 根据章节 8 设定的标准做出结论。

8. 报告

8.1 一旦实施了足够的检验，都能从本标准的规程中得出结论、意见或检验所见。必要的检验数量和性质取决于手头上的问题。

8.2 得出结论、意见或检验所见的根据和原因都应该包含在鉴定人的检验记录和报告中。

8.3 认定——当检验发现两份或多份样品之间没有显著的差异，且个体特征都表现出明显的一致性时，出具认定结论是合适的。可能也会存在局限性。

8.4 否定——在任何的分析阶段，当发现两份或多份样品之间存在显著的差异时，出具否定结论是合适的。可能也会有相似之处。

8.5 保留意见——当存在局限性因素，并且两份或多份样品之间检验所见的符合点或差异点不十分明显时，出具保留意见是合适的。保留意见需要对局限性因素做出解释。

8.6 无结论——当存在明显的局限性因素时，出具无结论的报告是合适的。无结论时需要对局限性因素做出解释。

9. 关键词

传真设备；法庭科学；喷墨；复印机；可疑文件。

参考书目

Doherty, P. , "Classification of Ink Jet Printers and Inks", *Journal of the American Society of Questional Document Examiners*, vol. 1, 2 (1988), pp. 88 ~ 106.

十七、碳粉技术制成文件的检验标准

1. 范围

1.1 本标准为法庭科学文检鉴定人（SWGDOC 法庭科学文检鉴定人的工作范围标准）检验碳粉技术制成文件提供规程和相关的程序。

1.2 本标准中的规程适用于可疑样品和已知样品之间的检验，也适用于仅对可疑样品的检验。

1.3 本标准中的规程包括评估可供检验的材料是否充足。

1.4 在具体情况下采用的特定方法将取决于可供检验材料的性质和充分性。

1.5 本标准可能不涵盖不常见或非常规检验方法的所有方面。

1.6 这些方法适用于对复印机、打印机、传真设备和使用碳粉技术的多功能设备的检验。

1.7 本标准并不旨在强调所有的安全问题，如果有，仅与其使用相关。本标准使用者有责任在使用前确定监管限制的适用性并建立适当的安全与健康行为。

2. 参考文件

标准：ASTM E1732 与法庭科学相关的术语；ASTM F221 与复写纸、色带产品和由此形成的图像相关的术语；ASTM F1125 击打式打印系统图像质量术语；ASTM F1156 与伪造保护系统产品相关的术语（2001 年废止）；ASTM F1424 在使用单一或双组分干粉的全彩色复印机中判断所用碳粉的检验方法；ASTM F1434 在静电复印机或打印机中判断定影油料表现的实践；ASTM F1457 与激光打印机相关的术语；SWGDOC 压痕检验标准；SWGDOC 法庭科学文检鉴定人的工作范围标准；SWGDOC 法庭科学文检鉴定人结论表述的术语；SWGDOC 与可疑文件检验相关的术语。

3. 术语

3.1 本标准中的术语定义，参考 ASTM E1732 与法庭科学相关的术语，SWG-DOC 法庭科学文检鉴定人结论表述的术语；SWGDOC 与可疑文件检验相关的术语。

3.2 定义：

3.2.1 频叠，名词——参见像素。

3.2.2 黑色写入，名词——静电打印过程中，光敏元件被带有与所用碳粉相同符号的电荷充电的过程。光束，与“触针”的作用一样，仅对接收碳粉组成图像的那些区域放电。在显影过程中，带电的背景区域将同样带电的碳粉排斥到光导体上没电的区域。

3.2.3 桥接，动词——碳粉的凝集导致供应碳粉时形成空心区域，阻止了碳粉到分发器钻的自由流动。

3.2.4 电晕，名词——用于在静电光敏导体上放置相同电荷的设备。

3.2.5 电介质打印过程，名词——非击打式打印技术，由涂有绝缘热塑材料的导电基层组成的、经过专门处理的纸张留住电荷，通常可通过一组电极尖笔直接应用。电荷对应于原始的潜像。充电步骤之后，纸张上形成了由碳粉系统组成的图像，类似于静电复印设备。这项技术有时被称为电子相机，目前通用于非击打式打印机、测绘和传真设备。

讨论 根据术语定义，桥接与图像质量桥架是两个不同的现象。

3.2.6 干燥碳粉，名词——干燥显影系统中的材料，当静电电荷模式的区域沉积到衬底上时，形成可见的记录。

3.2.7 双组分显影，名词——干碳粉和氧化铁的混合显影，用于显示静电复印机的图像。

3.2.8 电子照相打印机，名词——非击打式打印技术，与典型的办公室复印机所用的技术相似，通过把碳粉颗粒吸引到光电导体表面的静电电荷上形成复制图像，再把碳粉图像转移到纸张的表面。常见的办公室复印机，原始文件的电荷图像（潜在图像）形成于光电导体上，仅通过光电导体暴露于文件的反射光下。

通过输入数据流所提供的信息可知，电子照相打印机的图像是通过一个光源（激光、发光二极管、激光通信设备、激光二极管或其他可控光源）在光电导体上消除或释放一个静电图像电荷形成的。每个数据的二进制位能够与打印系统内存中字符的形状相关，而且在大多数情况下，字符以点阵的方式形成，与矩阵打印机中的概念相似。纸张可以是单开纸、卷纸或连续的形式。

3.2.9 全彩色复印机，名词——能够制成包含渐变颜色彩色原件的复印机。全彩色复印机最多可能配有四个独立的显影装置，分别含有不同颜色的碳粉。这些颜色通常是青、品红、黄色和黑色。原件通过使用了一系列彩色滤光片的模拟系统或数字扫描过程进行扫描。全彩色复印机最多需要四次扫描来读取原件。复印机单独应用一种或多种彩色墨粉进行鼓/带或光电导体，或两者兼有的转移，并依次沉积在纸上。

3.2.10 定影辊，名词——直接接触纸张和碳粉的加热辊，是定影元件的一部分。

3.2.11 故障，名词——打印缺陷，移动激光扫描线的位置使其出现晚启动和停止。

3.2.12 咬纸杆，名词——碳粉设备中，传送系统中用于抓住单页的纸并引导它们通过系统的金属杆。

3.2.13 图像区，名词——页面上被打印的区域，包括字母和线条之间的空格（见覆盖百分比和最大图像区域）。

3.2.14 图像密度，名词——用密度计测量的图像和背景之间的对比。

3.2.15 图像，名词——通过图像生成设备制成的一个物体的光学对映体。

3.2.16 成像光鼓，名词——涂有电荷-灵敏材料的感光鼓，用于碳粉设备中的图像传输系统。

3.2.17 横向模式，形容词——打印机的输出方向，打印字行与纸张的移动方向相平行。

3.2.18 激光打印机，名词——非击打式打印机，运用由数字信号驱动产生的激光光源在光电导体上生成图像（见电子照相打印机）。

3.2.19 液体碳粉，名词——由悬浮在液体中的碳粒子或着色剂组成的碳粉材料。

3.2.20 最大图像区域，名词——纸张上能够被打印的部分（见覆盖百分比和最大图像区域）。

3.2.21 最大打印位置，名词——纸张上打印机能够打印到的最右侧的点。

3.2.22 单组分显影，名词——复印机中用于显示静电图像的单组分干燥碳粉。

3.2.23 非击打式的打印机，名词——不是由于机械击打生成图像的打印机。

讨论——例如热敏打印机、静电打印机、电子照相打印机和喷墨打印机。

3.2.24 非再循环系统，名词——显影油被从储液器中排除后不再返回的显影油应用系统。

3.2.25 过度上色，名词——碳粉浓度过高时出现在显影元件中的任何情况。

3.2.26 覆盖百分比，名词——墨水（或打印材料）实际覆盖的区域与纸张区域的比，再乘以100（见图像区和最大图像区域）。

3.2.27 挑选杆，名词——碳粉设备中，在传送系统中用于从感光鼓上移除单页纸张的金属杆。

3.2.28 蚀斑，名词——感光器表面的一些小缺陷在打印成品上产生的斑点或空洞。

3.2.29 像素，名词——从模拟到数字转换过程中形成的梯级或锯齿状效果。

3.2.30 压印盘，名词——用于支撑打印或复印文件的平板或辊。

3.2.31 纵向模式，形容词——打印机的输出方向，打印字行与纸张的移动方向相垂直。

3.2.32 打印输出区域，名词——纸面上打印机将要打印的最大区域。

3.2.33 打印机，名词——输出装置，以不连续的图形字符序列的形式生成对数据持久的硬拷贝记录，属于预设的字符装置。

3.2.34 打印模块，名词——激光打印机中那些一起驱动激光扫描仪、在纸张上生成图像、将纸张传送给叠式储存器的组件。

3.2.35 光栅输出扫描仪，名词——外围输出设备，独立存在或位于打印机内部，把计算机数据转换成位图，并发送到主机上进行存储或发送到打印机上进行输出。

3.2.36 狭缝玻璃，名词——存在于一些与自动输稿器相结合使用的数码复印机中的交替扫描表层。

3.2.37 污迹，名词——摩擦时在相邻区域形成的污点或条纹图像的倾向性，包括已磨损材料的再沉积。

3.2.38 白色写入，名词——静电打印过程中，光敏元件被带有与所用碳粉相反符号的电荷充电的过程。光束，充当“电荷消除器”的作用，对光导体的所有区域放电以接收碳粉组成的图像。在对潜在的静电图像显影时，碳粉被吸附到光导体上保留电荷的区域。

4. 意义和应用

本标准中所列的规程是建立在法庭科学文件检验领域普遍能够接受的知识和经验之上的。按照规程操作，法庭科学文检鉴定人能够对以下问题得出可靠的意见：两份或多份运用碳粉技术制作形成的文件是否出自同一台设备；文件是否由某一台特定的设备制作形成；或者确定设备的制造商或型号。

5. 干扰因素

5.1 送检的样品自身可能会含有干扰本规程的局限因素。这些局限因素应该被关注并记录下来。局限因素可能来自于文件的生成、有限的数量或可比性或者供检验样品的自身条件。这些因素在本标准中也是有所考虑的。

5.2 前期保存、处理、检测或化学处理（比如潜在指纹）的结果可能会影响鉴定人观察一些特征的能力。产生的影响包括但不限于，对纸张的局部破坏、产生污渍、使墨粉变质等。只要有可能，任何的化学处理都应该在文件检验之后。样品应妥善处理，以免影响后续的检验。运用计算机或其他手段对碳粉生成产品进行各种形式的伪造和复制的可能性也应该被考虑到。一些碳粉在不同品牌或型号的设备间可互换使用。一些碳粉装置可重新加满重复使用，并且所使用的碳粉可能是来自于供应商而不是原始的制造商。

5.3 一些利用碳粉技术的一体机能够以打印或复印的模式操作，在不同的分辨率下能够制作出多色（例如 CYMK）黑或单色（例如单色黑）。同一台设备的不同输出方式之间有很多显著的差异。

6. 仪器和要求

6.1 有足够强度的合适光源能够发现较好的细节特征。

注 1　自然光、白炽灯、荧光灯或光纤照明系统都经常被使用。透射光、侧光和垂直入射光在很多情况下也可能很有用。

6.2 足够倍数的放大设备能够使细节特征更为明显。

6.3 国际单位制尺，美国常用单位，打印机测量和台式印刷系统单位。

6.4 其他合适的设备（例如测量网格和磁探测器）。

6.5 根据需要记录观察结果的成像或其他设备。

6.6 参考资料能够帮助确定制造商。

6.7 完成所有适用规程所需的充足时间和设备。

7. 规程

7.1 所有的规程都应该被合适的操作并在适当的时候记录下来。本规程不必按照给定的顺序操作。检验的实施、相关的观察和结果应该被记录下来。

7.2 在规程进行到任何一步时，如果判断出缺乏一个特定的特征或者样品的质量或可比性较差，鉴定人应该中止检验或限制性地使用规程。在某一步中止检验并做出相应的报告或尽可能使用合适的规程继续检验是鉴定人的自主权力。但是决定的原因应该记录在案。

7.3 确定送检的可疑文件是否由碳粉技术制成的。如果不是，中止检验并做出相应的报告。

7.4 确定检验是否为可疑文件与已知文件之间的比对，仅是可疑文件之间的比对或者对可疑样品进行其他类型的检验（例如，确定日期期限或机器类型）。

7.5 确定可疑文件是否适合检验或比对，或两者皆有。如果不适合，中止检验并做出相应的报告。影响适用性的因素包括文件的清晰度、细节特征或自身的条件。

7.6 如果没有提交已知文件或设备，转到7.11。

7.7 如果提交了已知文件，确定已知文件是否适合检验或比对，或两者皆有。如果不适合，中止检验并做出相应的报告。影响适用性的因素包括文件的清晰度、细节特征或自身的条件。

7.8 如果没有提交原件，评估可得到条件最好的复印件的质量，确定重要的细节特征已经被足够清晰地复印下来，以供比对和进一步的检验。如果复印件不够清晰无法比对，中止检验并做出相应的报告。

7.9 如果对一台设备进行检验，应该注意它的条件。需要提供该设备的服务记录并注意和记录相关的信息。

7.9.1 讨论——咨询合格的技术人员是有益的或必要的。

7.9.2 注意每台被检设备上任何可变特征的功能、特性和设置。如果设备有内存，保留或恢复任何的存储信息。

7.9.3 注意设备的可见外部组件上可能含有物证、障碍物、碎片、修正液、标记或划痕，外部组件包括压印盘、狭缝玻璃、配页机、封面/自动输文器等。

注2 在准备样本之前，必须考虑到可能会破坏或丢失设备内的物证（例如：从可疑文件上撕下的片段）。

7.10 准备合适的样本，要把设备的特性和进行碳粉化学检验的可能性考虑进去。

7.10.1 注意设备中容易损坏的内部零件，例如显影辊或成像鼓。

7.10.2 如果样本适合检验，再提取一些样本。

7.10.3 如果样本都不适合比对并且无法获得其他的样本，中止检验并做出相应的报告。

7.11 对可疑样品之间或可疑样品与已知样品之间进行检验。

7.11.1 可能需要进行压痕检验（SWGDOC 压痕检验标准）以显示压痕笔迹或物理特征，例如纸传输装置的痕迹。

7.11.2 可能需要不同的照明技术（彩色滤光片、红外或紫外）来提供额外的信息，例如安全特性或污迹。

7.11.3 可能需要对变造进行检验（SWGDOC 变造文件检验标准）。

7.11.4 对字体的鉴定也许能够提供有用的信息（例如关于时间方面的信息）。

7.11.5 比较类别特征（例如纸张类型、供纸系统、碳粉类型、机械痕迹、颜色性能）。如果存在明显的且无法解释的差异，中止检验并做出相应的报告。

注 3 一些碳粉供应元件在不同品牌和型号的设备上可交替使用，大多数的元件也可以重新装满继续使用。

可能的情况下，将制作可疑文件的设备进行分类。当确定了可疑文件的一个制造商时，参考实验室和出版行业资源。如果有必要，联系设备制造商或分销商以取得进一步的信息。

7.11.6 比对个体特征，如安全特性、磨损和损坏的缺陷、未对齐现象、重复制作的痕迹、空隙率、不合适或多余的碳粉转移等。需要时，实施并注意关键测量。

讨论 痕迹可能不会出现在连续打印的每页纸上，但经常会出现在相对于纸面上一条或多条边缘相同的位置（假设纸张方向相同）。相似原因形成的两个或多个痕迹，互相之间和/或与复印的图像区域之间，通常会保持一个固定的空间关系。

注 4 连续在同一台设备上复制会使得痕迹略微的偏离对齐。同一样式的点或痕迹出现两次或三次，表示在同一台设备上分别复印了两次或三次。在多台设备上复印可能会承载每台设备的独特痕迹。

7.12 评断符合点、差异点和局限性，分别明确它们的重要性并相结合。

7.13 根据章节8设定的标准做出结论。

8. 报告

8.1 一旦实施了足够的检验，都能从本标准的规程中得出结论、意见或检验所见。必要的检验数量和性质取决于手头上的问题。

8.2 得出结论、意见或检验所见的根据和原因都应该包含在鉴定人的检验记录和报告中。

8.3 认定——当检验发现两份或多份样品之间没有显著的差异，且个体特征都表现出明显的一致性时，出具认定结论是合适的。可能也会存在局限性。

8.4 否定——在任何的分析阶段，当发现两份或多份样品之间存在显著的差异时，出具否定结论是合适的。可能也会有相似之处。

8.5 保留意见——当存在局限性因素，并且两份或多份样品之间检验所见的符合点或差异点不十分明显时，出具保留意见是合适的。保留意见需要对局限性因素做出解释。

8.6 无结论——当存在明显的局限性因素时，出具无结论的报告是合适的。无结论时需要对局限性因素做出解释。

9. 关键词

传真设备；法庭科学；复印机；可疑文件；碳粉。

参考文献

1. Ellen, D., *The Scientific Examination of Documents: Methods and Techniques*, Ellis Horwood Ltd., 1989, pp. 129～133.

2. Gerhart, F. J., "Identification of Photocopiers from Fuser Roller Defects", *Journal of Forensic Sciences*, vol. 37, 1 (1992).

3. Holland, N. W., "Photocopy Classification and Identification", *Journal of the Forensic Science Society*, vol. 24, 1984.

4. James, E. L., "The Classification of Office Copy Machines From Physical Characteristics", *Journal of Forensic Sciences*, vol. 32, 5 (1987).

5. Totty, R. N. and Baxendale, D., "Defect Marks and the Identification of Photocopier Machines", *Journal of the Forensic Science Society*, vol. 21, 1 (1981), pp. 23～30.

6. Tweedy, J., "Class Characteristics of Counterfeit Protection System Codes of Col-

or Laser Copiers", *Journal of the American Society of Questioned Document Examiners*, vol. 4, 2 (2001).

十八、SWGDOC 打字项目的检验标准

1. 范围

1.1 本标准为法庭科学文检鉴定人（SWGDOC 法庭科学文检鉴定人的工作范围标准）检验和比对打字项目提供规程和相关的程序。

1.2 本标准中的规程适用于可疑样品和已知样品之间的检验和比对，也适用于仅对可疑样品的检验和比对。

1.3 本标准中的规程包括评估可供检验的材料是否充足（可疑的、已知的，或者两者都包括）。

1.4 本规程也适用于从打字机和对打字机或与打字机相关部件的适当处理中提取样本。

1.5 这些方法也同样适用于（整体或部分）检验在其他击打式和非击打式打印设备上形成的文件。

1.6 在具体情况下采用的特定方法将取决于可供检验材料的性质。

1.7 本标准可能不涵盖不常见或非常规检验方法的所有方面。

1.8 本标准不能替代培训（SWGDOC 法庭科学文检鉴定人的最低培训需求标准）或经验，并应该与专业判断结合使用。

1.9 英寸 - 磅单位中规定的值被认为是标准。括号内所给的值是国际单位制的数学转换，仅用于提供信息，不考虑标准。

1.10 本标准并不旨在强调所有的安全问题，如果有，仅与其使用相关。本标准使用者有责任在使用前确定监管限制的适用性并建立适当的安全与健康行为。

2. 参考文件

标准：ASTM E1732 与法庭科学有关的术语；ASTM F221 与复写纸、色带产品和由此形成的图像相关的术语；ASTM F909 与打印机相关的术语；ASTM F1457 与激光打印机相关的术语；SWGDOC 变造文件检验标准；SWGDOC 法庭科学文检鉴定人的工作范围标准；SWGDOC 单击打色带和打印文本的断裂模式及纸纤维痕迹检验标准；SWGDOC 法庭科学文检鉴定人的最基本培训需求标准；SWGDOC 法庭科学文检鉴定人的结论表述术语；SWGDOC 与可疑文件检验相关的术语。

3. 术语

3.1 本标准中的术语定义，参考 E1732 与法庭科学有关的术语和 SWGDOC 与可疑文件检验相关的术语。前述参考文件中的其他术语标准中也有一些有用的术语定义。

3.2 定义：

3.2.1 球元件，名词——单一元件打字机中使用的一个元件，其完全成型的字符位于类球状设备的外表。经常被称为高尔夫球元件。

3.2.2 基线，名词——打字停顿时出现的铅线或假想线。

3.2.3 复写纸，名词——由支撑衬底组成的纸，在衬底的一面或两面涂有可转印（通常是彩色的）的材料。在接触压力的作用下，涂层具有部分或全部转移到复印件上的性质。

3.2.4 字符，名词——任何的语言符号（例如字母、数字、标点符号或其他标记），其他符号或修饰。

3.2.5 字符间距，名词——水平方向 1 英寸长度能够打印的字符数量（25.4 毫米）。

3.2.6 字符空间，名词——在固定字符间距（单空格）的打字机中，分配给每个字符的宽度，或在按比例调节间距的打字机中分配给基本单位的宽度。通常以毫米或英寸的小数来表示。是水平逸出的同义词。

3.2.7 矫正色带，名词——一种色带，通过分离的方式将图像从衬底上完全去除。

3.2.8 修正介质，名词——被铅字击打的色带、胶带和薄片，用于掩盖或剥离输入文本。

3.2.9 掩盖，名词——通过一种与衬底颜色相似的不透明材料消除一个或多个图像。

3.2.10 菊轮元件（打印轮），名词——打字机中的一个元件，完全成型的字符包含在从圆盘中央辐射出来的手指状投影的末端。

3.2.11 电动打字机，名词——一种打字机，在击打按键时由机电装置引起打字元件被激活的打字机。

3.2.12 电子打字机，名词——一种电动打字机，键盘的输入被打字机内置的电子处理器所接收。这个元件通过控制打印头和其他特征产生打字活动。

3.2.13 元件，名词——单一元件打字机中可互换铅字的载体。见球式元件、菊轮元件和转筒元件。

3.2.14 织物色带，名词——一种色带，其衬底是编织的布材料，如尼龙、棉、丝绸等。

3.2.15 固定字宽，形容词——描述了一个所有字符单元格宽度都相同的字符集（见均匀间距）。

3.2.16 击打式打印机，名词——一种通过机械撞击实现印字的打印机。

3.2.17 个体特征，名词——表示独特特性的标记或属性。

讨论 种类特征（将个人与一组人群联系起来的标记或属性）和个人特征（将个人与一组人群区别开来的标记或属性）都是个体特征。

3.2.18 色带，名词——由薄膜、织物、纸张和涂布、着色材料的浸渍形成的支撑衬底组成的条带。着色材料有这样的性质：当有压力接触时，会部分或全部地转移到复制件上。

3.2.19 剥离，名词——通过把一个或多个复制的图像转移到中间介质上的方式去除这些复制的图像。

3.2.20 行距，名词——连续字行之间的距离，通常用基线对基线的方法测量，用毫米表示或用打字文本中每英寸有多少行表示。与垂直逸出是同义词。

3.2.21 手动打字机，名词——打字机的操作完全依赖于操作者的机械活动。

3.2.22 单空格，名词——见固定字符间距。

3.2.23 多击打膜色带，名词——一种色带，其衬底膜，如聚酯，被涂盖或浸渍了一种墨水，使得在色带的同一位置上能够通过多次重复击打制造出许多不同的印记，而且仍能打印出完整的字符。

3.2.24 非击打式的打印机，名词——不是由于机械击打生成图像的打印机。

3.2.25 原始输入文本，名词——通过敲击铅字将输入的文本压印到衬底的表面上。

3.2.26 打印机，名词——在预设的字符集中，以抽象的图形字符序列形式生成对数据的持久拷贝记录的一种输出元件。

3.2.27 均匀间距，名词——根据字符宽度设置字符间距的一种打印系统。参见固定字符间距。

3.2.28 单一元件打字机，名词——通过可互换“元件”生成文本的打字机，每个元件含有一组完整的字符。

3.2.29 单击打膜色带，名词——由聚乙烯等塑料薄膜材料制成衬底的一种色带，色带上的每个区域仅能生成一个图像。

3.2.30 单击打纸色带，名词——衬底为纸张的一种色带，色带上的每个区域仅能生成一个图像。

3.2.31 转筒元件，名词——打字机中使用的一个元件，完全成型的字符位于手指状设备的末端，与菊轮相似，但该设备是用于生成杯状或转筒结构的。

3.2.32 线程数，名词——一平方英寸的织物上经、纬线的总数。

3.2.33 铅字连动杆，名词——安装在打字机上、用于托住字符铅字块的杆。

3.2.34 铅字元件，名词——见元件。

3.2.35 铅字，名词——元件或铅字块的一部分，从主体投射出来并接触衬底的表面以形成字符。

3.2.36 铅字块，名词——附加在铅字连动杆末端，支撑铅字的小块（通常是金属的）。

3.2.37 字体，名词——独特多样的铅字设计。

3.2.38 字体分类方案，名词——可以用来确定一个特定字体来源的按等级分类的图表、方法或计算机数据库。

讨论 这些方案仅为查找字体库提供帮助，不是字体库中实际参考材料的替代品。

3.2.39 字体库，名词——字体参考样品和相关材料的有组织的集合。

讨论 参考材料也可以包括一些信息，例如字体目录、与打字机或其他打印系统所用字体的排印和设计相关的论文、打字机、铅字块、铅字元件、实际的印迹，指导和维修手册。可得到的与每个字体相关的数据都应该被收集和保存起来。

3.2.40 打字机，名词——以操作铅字键盘的方式逐字符直接书写的独立设备。

3.3 仅针对本标准的术语定义：

3.3.1 对齐，名词——通过调整打字机的各种部件，确保字符在相对于基线和其他字符的合适位置被平均打印。

3.3.2 对齐缺陷，名词——相对于另一个字符而言，对该字符预设的外观或位置的偏离。参见痕迹缺陷、位移缺陷。

讨论 对齐缺陷通常分为垂直错位（相对于其他字符确定的基线，该字符过高或过低）、水平错位（相对于其他字符，该字符过于靠左或靠右）以及扭曲或倾斜（字符向左侧或右侧倾斜）。由于他们在对齐处理中被纠正，痕迹缺陷也被认为是对齐缺陷。

3.3.3 珠缺陷，名词 —纸张上有墨或无墨的痕迹或孔洞，由包在电镀材料中的污染物粒子造成的，电镀材料位于或邻近于涂有金属的元件上铅字的打印区域。

3.3.4（样式的）类，名词——共享基本风格品质和艺术表现的一类设计，与其他的相似设计有所区别。

3.3.5 闪光物，名词——成型过程中形成的过剩材料。

3.3.6 痕迹缺陷，名词——在字符的整体痕迹中，对字符预设的平衡外观的偏移，或相对于另一个字符痕迹的偏移。见不和韵。

3.3.7 位移（与铅字连动杆打字机相关），名词——大小写变化（通常由铅字连动杆部分或托架引起）和铅字块上字符相应分离时机械装置移动的距离。

3.3.8 位移缺陷（与铅字连动杆打字机相关），名词——相对于移动的字符而言，对未移动字符基线对齐外观的预设平衡的偏移。

3.3.9 不和韵，名词——铅字和衬底之间缺乏理想的和最佳的均匀性接触。

讨论　当打字机的和韵调整使所有字符的上下部分痕迹相平均时，这个词组也适用于边缘或角落的痕迹重些或轻些的不均等痕迹（通常由于个别的铅字连动杆未对准或扭曲造成的）。

3.3.10 和韵，名词——字体和衬底之间理想的和最佳的均匀性接触。

3.3.11 和韵调整，名词——打字机中各种机械装置的定位和设置，以确保能够平均印刷字符的上下部分。

3.3.12 回跳，名词——一个输入字符的两个痕迹，第二个比被覆盖的第一个略轻。

3.3.13 字符缺陷，名词——由于对铅字的物理损坏或制造变形造成的对预设字符外观的偏离。

4. 意义和应用

4.1 本标准中所列的规程是建立在法庭科学文件检验领域普遍能够接受的知识和经验之上的。按照规程操作，法庭科学文检鉴定人能够对关于被检样品的来源问题得出可靠的意见。

4.2 本标准中涉及的检验方法适用于对打字机形成文件的检验，并涵盖广泛的法庭科学检验方法。部分或全部的规程也适用于对击打式打印设备和非击打式打印设备上形成文件的检验。

4.2.1 通过检验能够对字体进行分类，也可以通过与字体库的比对确定打字机可能的制造商和型号。

4.2.2 检验和比对打字文件，以确定它们是否具有同源性。

4.2.3 检验和比对打字文件，以确定它们是否由一种特定的打字机或打字元件生成的。

4.2.4 检验和比对打字文件与打字机（打字机的特定部分）之间，或者与打字元件之间，以确定文件是否由该设备制作形成的。

4.2.5 检验和比对打字文件与已知日期的打字文件之间，以确定该文件是否在已知日期或与已知日期相近的日期内形成。

4.2.6 检验打字文件，以确定该文件是否是在单一连续的操作下形成的。

4.2.7 检验打字机的色带或修正介质（参见剥离和掩盖），或两者皆有，以分别确定打印在它们上面的材料的内容或来源，或者对它们的修正。

5. 干扰因素

5.1 送检的样品自身可能会含有干扰本规程的局限因素。这些局限因素应该被关注并记录下来。

5.2 局限因素可能是由于提交了没有来源的文件，或者提交检验样品的自身条件造成的。其他局限性因素可能来自于提交材料的数量或可比性，有限的个体特征等。这些因素在本标准中也是有所考虑的。

5.3 前期保存、处理、检测或化学处理（比如对潜在手印的处理）的结果可能会影响鉴定人发现一些特征的能力。只要有可能，任何的化学检验都要在文件检验之后。样品应妥善处理，以免影响后续的检验。

5.4 应该考虑到通过电脑和其他方式制成各种形式的打字描摹件、模仿件和复制件的可能性。

6. 设备和要求

6.1 有足够强度的合适光源能够发现一些较好的细节特征。

注1 自然光、白炽灯、荧光灯或光纤照明系统都经常被使用。透射光、侧光和垂直入射光也已经被证明是有用的。

6.2 足够倍数的放大设备能够使细节特征更为明显。

注2 运用比较显微镜或光学比对仪（或等效的电子成像设备）能够对检验有所帮助。

6.3 测量设备：

国际单位制和 I－P（英寸）单位制的尺子和测量网格。

注3 在打字机对齐网格中，刻度和所画线宽度的精确性都非常重要。带有合适刻度增量的对齐网格幅度也是必需的。网格的一些功能可以通过使用电子成像设备来实现。

6.4 字体库和相关的参考材料。

字体分类方案能够帮助查找一种特定的字体。

6.5 根据需要记录观察结果的成像或其他设备。

6.6 其他合适的设备。

6.7 完成所有适用规程所需的充足时间和设备。

7. 规程

7.1 所有的规程都应该被合适地操作并在适当的时候记录下来。本规程不必按照给定的顺序操作。

7.2 检验的实施、相关的观察和结果应该被记录下来。

7.3 在规程进行到任何一步时，如果判断出缺乏一个特定的特征或者样品的质量或可比性较差，鉴定人可以中止检验或限制性地使用规程。在某一步中止检验并做出相关的报告或尽可能使用合适的规程继续检验是鉴定人的自主权力。但是决定的原因应该记录在案。

7.4 对每个样品进行初检，确定是原始输入文本或非原始文本，或者两者皆有。

注4 对原件的检验是可取的。

7.4.1 如果没有提交原件，评估可得到条件最好的复印件的质量，确定重要的细节特征已经被足够清晰地复印下来，以供检验，并尽可能的继续下一步的工作。

如果非原始文本的复印件不够清晰无法比对，中止检验并做出相应的报告。

7.4.2 检验非原始文本时，确定字体或其他特征是否与原始输入文本的复印件一致，或者是否与另外来源（例如，以打字机字体为基础或复制打字机字体的计算机生成字体）形成的文本一致。

如果文本不是原始输入文本的复制件，做出相应的报告并尽可能使用本标准中适用的规程继续检验。

7.5 确定每个打字样品的检验适用性。

7.5.1 如果可疑样品不适合检验，中止检验并做出相应的报告。

7.5.2 如果可疑样品适合有限的检验，尽可能的继续检验。

7.5.3 如果提交检验的已知打字样品不适合检验，要求提供合适的已知样本。如果提交了打字机，根据7.19，可能能够从这台设备上获得样本。

注5 如果可能，获得任何关于打字机的使用信息（例如，办公/法律函件、家用/非正式的、学校/报告）、购买日期、服务和维修记录等，将会对鉴定人非常有帮助。如果提交者能够指出打字机中可能使用的其他元件、色带、修正介质和其他附件也是非常有用的。

7.5.4 如果用于检验的已知打字样品不适合检验并且无法再获得其他样本，在适当的时候中止检验并做出相应的报告。

7.5.5 如果用于检验的已知打字样品适合有限的检验，尽可能的继续检验。

7.6 检验输入文本的下列特征：

7.6.1 打字机的机制类型（例如，铅字杆，使用珠元件的单一元件；转筒元件，菊轮元件；手动、电动或电子类型）。

7.6.2 水平字符空间（字符间距）和垂直行距，固定字符间距或平均间距，双字距或多字距。

注6 虽然可能会使用尺子或其他的测量设备，特殊的有刻度的网格被证明对测量很有帮助。

7.6.3 在打字方向，最长打字字行的长度和纸张的最大宽度能够被表示为打字字行的长度范围（书写字行的长度）和纸张的宽度范围，是检验生成输入文本的打字机所必需的。

7.6.4 铅字的类型（例如monotone，elite，courier，prestige）。

7.6.5 字符的尺寸（例如pica，elite，micro）。

7.6.6 操作者控制特征的存在（例如加粗字体、文本居中、调整右侧边距）。

7.6.7 色带种类（例如织物、单击打纸或膜、永久性或剥离修正膜、多击打膜）。

7.6.8 任何修改的存在和方法（例如摩擦擦除、重叠打印、掩盖、剥离）。

7.7 根据规程7.23，通过任何可能的行间书写评估打字的一致性。当含有多页时，每页都应该进行检验以确定与其他页是否一致。

7.8 字体的分类：

7.8.1 查找字体库，如果可能的话，确定字体、字体的制造商、使用该种字体和拥有7.6中所述特征的打字机的可能制造商和型号。

如果能够获取字体分类方案，将对查找有很大的帮助。

注7 字体分类的结论取决于所用字体库的完整性。因此，如果有一种或多种字体不在字体库中，无法识别被检的样品也是很有可能的。即使有一个综合的字体库，也不总是能将未知的字体与单一的已知字体联系起来的。这是因为一些字体的差异只体现在特定的字符中，而这些特定的字符可能没有出现在被检的输入文本中。被检文本的质量也会掩盖有明显区别的设计特点。

7.8.2 如果怀疑文件是在单元件打字机上生成的，需考虑可兼容设备之间可替换使用的元件（包括不同的制造商和型号）。

7.8.3 不同的铅字可以应用在同一台单元件打字机中。可以使用元件种类和兼容元件上可得到的其他铅字考虑打字机的制造商和型号。

7.9 对输入文本中出现的特征进行检验能够让鉴定人确定生成文件的实际设备、元件或设备/元件系统。与合适的字体参考样本、印迹或其他材料相比较，能够对本阶段的检验有帮助。检验输入文本下列特征：

7.9.1 字符对齐或错位。对齐缺陷可以是水平的（左/右）、垂直的（高/低）、旋转的（顺时针/逆时针），或以上的结合体。错位也会影响痕迹（“不和韵”）的一致性。相对于未移位的字符（例如小写体），铅字连动杆打字机上的位移缺陷会影响移位字符的对齐基线（例如大写体）。单元件珠式设备上的倾斜和旋转缺陷会影响特定字符组间的相互水平和垂直对齐。

7.9.2 个别输入字符中出现的缺陷或畸形，或两者皆有，可能以下列形式出现：对字体的破坏，来自未除去的闪光物或珠缺陷中无关的痕迹，回跳，对色带的不当操作引起的打印痕迹，字母或字行间距的不规则或变化，纸张打滑或对边缘的不当操作等。脏铅字和有破损的织物色带也会形成暂时的缺陷（参见其他例子的参考）。

注8 根据打字机的特定制造商/型号以及错位、缺陷或异常的性质，打字检验中的一些特征既可以是种类特征也可以是个体特征。打字文件中发现的缺陷可能是固定的、短暂的或渐进的，也可能表现出连续变化的痕迹。

7.10 将可疑输入文本与已知输入文本、打字机和/或元件之间，或者可疑的输入文本相互之间进行逐项的比对。

7.11 分析、比对和评估个体特征和出现在输入文本可比较部分的其他潜在的显著差异。

7.12 评断符合点、差异点和局限性，分别确定它们的重要性并相结合。

7.13 根据章节8中设定的标准做出结论。

当提交了打字机进行检验时：

7.14 确定打字机是否是电子的。如果是电子打字机，掌握其操作对于鉴定人来说是非常重要，这样任何存储在该设备中的数据将不会丢失。

7.15 如果可能，鉴定人应该记录打字机的条件和相关的项目，包括：

7.15.1 制造商，型号和打字机的序列号。

7.15.2 任何对机械组件的损坏。

7.15.3 打字机的设置［例如边缘、定位点、垂直间距设置、压力设置、色带转换（重铬酸盐）设置，对于多字距设备的水平间距设置和其他可能的设置］。

7.15.4 打字机的状态是否为全新、已使用过的或条件较差的。

7.15.5 与打字机有关的任何信息、安装记录或服务记录。

7.16 移除并检验色带和修正介质。移除前注意任何的重要痕迹（参见7.19和7.22）

7.17 用放大镜和合适的照明检验打字机铅字的缺陷。

对于单元件打字机，应该把元件移除进行检验。移除前，注意元件底板的任何不寻常的特征。对于涂有金属的元件，检验电镀元件（例如珠子、电镀的损失等）。

7.18 检验打字机压印板上的打字痕迹或缺陷（例如划痕、凹陷或异物）（这可能需要利用各种光源进行检验）。

7.19 在提取打字机样本时，按照下列步骤操作：

7.19.1 如果有可能，检验时不要使用被检打字机中的色带。使用适合该设备的同类（例如织物、单击打）色带。如果无法使用合适的色带，可以用一张复写纸代替。

如果必须使用被检打字机的色带，在色带暴露出来的部分做上标记，设为“开始线”，将样本与之前色带已经存在的打字区别开来。

7.19.2 对于每个样本，注意打字机的制造商、型号和序列号，提取样本的人的名字、日期和地点。

7.19.3 最初的样本应该使用收到该打字机时的设置进行提取。

7.19.4 提取整个键盘的多种印迹，包括大写和小写（也就是说，通过使用转换键和不使用转换键）。

7.19.5 使用不同的设置提取多种印迹以适合机器的特征（例如，字符间距、行距、击打、边缘）。对于手动打字机，使用不同的力量击打按键，以重、中等和轻压力获得印迹。

7.19.6 使用同样的设置（例如，如果是单元件设备，字符间距、行距、字体），尽可能提取多用印迹来复制可疑文本。

7.19.7 在织物色带设备上提取样本时，将色带设置为“模板”（色带脱离）是很有帮助的。样本能够以与一张干净纸接触的无碳纸和含碳纸的方式提取出来。

7.19.8 铅字连动杆设备，打印所有的键盘（大写和小写），并使用小写 n 或 h 分隔字母（例如 nanbncndhahbhchd）。再一次打印键盘并用大写 N 或 H 分隔字母（例如 NANBNCNDHAHBHCHD）。对于这种字母不在中心打印字球处或附近的这种键盘安排，可用一个垂直元件替代一个合适位置的字符。

7.19.9 使用不同的纸原料提取印迹是很有用的，包括使用与可疑文件相似的纸张。

7.19.10 如果打字机无法操作或有故障，对提取合适的样本有干扰，鉴定人可能需要排除故障，如果可能的话，注意原因和需要修正的步骤（维修）。

7.20 只要有可能，也获取这台设备上与可疑材料标称时间（和文件可能的形成时间，如果适合的话）相近时间的原来正常的业务信件或其他材料。如果无法获得打字机，可以仅要求提供样本。

其他检验：

7.21 输入文本的形成时间：

7.21.1 字体或字体变体的引入时间、打字机机理、特征（例如色带类型、双/多逸出、字体加粗和边缘调整）、特定打字机的引入日期（基于序列号）能够确定最早可能生成文件的日期。

7.21.2 当一份文件是通过比较可疑输入文本与已知文件的方式制作形成的时候，打字的渐进发展个性加上色带条件和字体的清洁度可以用来确定一个日期或一段时间。

7.22 对打字色带的检验：

7.22.1 处理色带时要格外地小心谨慎，避免破坏墨水涂层和影响潜在的阅读文本，或者影响对断裂模式或纸纤维痕迹的匹配。

7.22.2 根据 SWGDOC 单击打膜色带和打印文本的断裂模式及纸纤维痕迹检验标准，单击打膜色带、单击打纸色带和类似的介质能够对输入文本进行读取和潜在的匹配。

7.22.3 织物色带上的文本有时能够在新色带上被辨认出来或被有限地使用。双彩色色带有时能够与打字文本联系起来。

7.22.4 在特征分类阶段，可以对编织形成的织物色带上的线程数进行匹配，这通常对于区别色带更为有用。

7.23 打字的变化和字行之间的内容：

7.23.1 检验打字文本的连续性，并注意任何的不规则现象。检验应该包括如下内容：

7.23.1.1 对齐和间距的一致性（用打字机网格或等效的工具测量）。铅字连动杆打字机应该保持恒定的逸出。边缘、定位点和行距设置可以由操作者改变。单元件打字机通常在改变逸出和其他间距上有更大的活动范围。

7.23.1.2 字体的一致性。铅字连动杆打字机能够保持一页上字体的一致性。单元件打字机使用可替变的原件来改变文件上的字体，不需要将纸张从打字机上移除。

7.23.1.3 色带类型、线程数量和墨水密度的一致性。

7.23.1.4 还应该考虑版式特征（例如对边缘、段落的鉴定）。

7.23.1.5 检验文件的正反面是否存在化学或者物理/机械的擦除。使用不同的光源（包括侧光和透射光）和紫外光源（SWGDOC 变造文件检验标准）。

8. 报告

8.1 一旦实施了足够的检验，都能从本标准的规程中得出结论。必要的检验数量和性质取决于手头上的问题。

8.2 得出结论的根据和原因都应该包含在鉴定人的检验记录和报告中。

8.3 认定——当检验发现没有无法解释的差异，且个体特征都表现出明显的一致性时，出具认定结论是合适的。

8.4 否定——在任何的分析阶段，当发现存在显著的差异时，出具否定结论是合适的。

8.5 保留意见——当存在局限性因素，并且检验所示的符合点或差异点不十分明显时，出具保留意见是合适的。保留意见需要对局限性因素做出解释。

8.6 无结论——当存在明显的局限性因素时，出具无结论的报告是合适的。

注 9 鉴定人在陈述结论时，可能会用到 SWGDOC 法庭科学文检鉴定人的结论表述术语中的讨论。

8.7 适当时，基于其他检验得出的结论（例如字体的分类、输入文本的时间，打字的变化和行间书写）也可以在此项或其他项中做出报告。

9. 关键词

法庭科学；可疑文件；打字机；打字文本。

参考文献

1. Baker, J. N., *Law of Disputed and Forged Documents*, Charlottesville, VA: The Michie Co., 1955.

2. Brewster, F., *Contested Documents and Forgeries*, Calcutta: The Book Co., Ltd., 1932.

3. Conway, J. V. P., *Evidential Documents*, Springfield, IL: Charles C. Thomas, 1959.

4. Crown, D. A., "Landmarks in Typewriting Identification", *Journal of Criminal Law, Criminology and Police Science*, vol. 58, 1 (1967), pp. 105 ~ 111.

5. Haas, B., and Haas, J., Atlas der Schreibmaschinenschrift Pica; Atlas der Schreibmaschinenschriften, and Schreibmaschinen - Katalog; with supplemental material by Baier, P., Haas, B., Bouffard, P. D., and Szymanski, A. T., Available on Haas Atlas, CD - ROM or DVD, American Society of Questioned Document Examiners, Long Beach, CA, 2004.

6. Harrison, W. R., *Suspect Documents: Their scientific examination*, 2nd impression with supplement, London: Sweet and Maxwell, 1966.

7. Hilton, O., *The Scientific Examination of Documents*, Chicago: Callaghan and Co., 1956.

8. Hilton, O., *Scientific Examination of Questioned Documents*, rev. ed., NY: Elsevier, 1982, Boca Raton, FL: CRC Press, Inc., 1993.

9. Kelly, J. S., *Significant Dates of Modern Typing Methods*, Houston: The American Board of Forensic Document Examiners, Inc., 1993.

10. Osborn, A. S., *Questioned Documents*, Rochester, NY: Lawyers Co - Operative Publishing Co., 1910.

11. Osborn, A. S., *Questioned Documents*, 2nd ed., Albany, NY: Boyd Printing

Co. , 1929.

12. Osborn, A. S. , *Questioned Document Problems* , 2nd ed. , revised and edited by Osborn, A. D. , Albany, NY：Boyd Printing Co. , 1946.

13. Scott, C. C. , *Photographic Evidence：Preparation and presentation*, 2nd ed. , Sections 521 ~527, St. Paul, MN：West Publishing Co. , 1999.

十九、烧焦文件的保存标准

1. 范围

1.1 本标准为法庭科学文检鉴定人（SWGDOC 法庭科学文检鉴定人的工作范围标准）保存烧焦文件提供规程。

1.2 本标准中的规程包括评估保存所需材料的充分性。

1.3 在具体情况下采用的特定方法将取决于保存所需材料的性质。

1.4 本标准并不涵盖所有的烧焦文件保存规程。咨询文件保护者、档案保管员或相关的材料专家，以及查阅参考文献都是很必要的。

1.5 本标准不能替代知识、技术、能力、经验、教育或培训（SWGDOC 法庭科学文检鉴定人所需的最低培训标准），并且需要与专业判断相结合使用。

1.6 本标准并不旨在强调所有的安全问题，如果有，仅与其使用相关。本标准使用者有责任在使用前确定监管限制的适用性并建立适当的安全与健康行为。

2. 参考文件

标准：SWGDOC 法庭科学文检鉴定人所需的最基本培训标准；SWGDOC 液体浸泡文件保存标准；SWGDOC 法庭科学文检鉴定人工作范围。

3. 术语

3.1 仅针对本标准的术语定义：

3.1.1 骨折叠器，名词——一片某种形状的骨头或其他材料，比如塑料或聚四氟乙烯，通常在装订时使用，用来折叠纸张或分离粘在一块的纸片。

3.1.2 烧焦文件，名词——加热或火烧了的文件。

3.1.3 聚对二甲苯过程，名词——在真空室里沉积文件上的聚合物涂层，以加强和稳定文件。

3.1.4 聚酯薄膜封装，名词——文件被两页聚酯膜片封装以用于保存、固定和便于处理的过程。

3.1.5 浸没，动词——把文件放置在合适的液体中以便于清洗、展开或分离。

4. 意义和应用

本标准中所列的规程是建立在法庭科学文件检验及相关领域普遍能够接受的知识和经验之上的。按照规程操作，法庭科学文检鉴定人能够可靠地处理烧焦文件以便能够更完善地对其进行保存。

5. 干扰因素

5.1 送检的样品自身可能会含有干扰本标准规程的局限因素。这些局限因素应该被关注并记录下来。

5.2 前期保存、处理、检测或化学处理的结果会对文件的保存有不利的影响。为了在保存前将损坏程度降到最低，文件应该尽早被固定下来。

5.3 一些检验规程需要大量的时间，并且规程类型的选择可能会与调查需要和其他检验相冲突。因此可以与送检人、其他法庭科学领域的专家以及其他相关个人相协商解决。

5.4 采取必要的预防措施阻止检验区域的空气循环对烧焦文件造成的干扰。

6. 仪器和要求

6.1 有足够强度的合适光源能够发现一些较好的细节特征。

注1　自然光、白炽灯、发光二极管或荧光光源或者光纤照明系统都经常被使用。透射光、侧光和垂直入射光也已经被证明是有用的。

6.2 足够倍数的放大设备能够使细节特征更为明显。

6.3 牙签，如牙医用的牙签、探针和镊子。

6.4 喷雾器。

6.5 托盘、大容器和柔软的筛网。

6.6 骨折叠器或类似工具。

6.7 根据需要使用的聚酯薄膜或其他封装材料。

6.8 根据需要使用的记录观察结果的成像或其他设备。

6.9 其他适合的设备和物资，例如棉絮或内衬为报纸的盒、平板玻璃贮存物、湿度室、实验室烤箱和化学物质。

6.10 完成所有适用规程所需的充足时间和设备。

7. 规程

7.1 所有可用的规程都应该被合适地操作并在适当的时候记录下来。本规程不必按照给定的顺序操作。

7.2 检验的实施、相关的观察和结果都应该被记录下来。

根据需要，以图片的形式记录证据的初始条件和后续的情况。

7.3 当进一步的检验不符合实际要求或不适合时，中止检验或限制性地使用本标准中的规程继续检验是鉴定人的自主权力。但是决定的原因应该记录在案。

7.4 从下列方面评估烧焦文件：

7.4.1 文件的性质和成分。

7.4.2 烧焦的条件和范围。

如果文件是潮湿的，参见 SWGDOC 液体浸泡文件的保存标准。

7.5 确定合适的规程来完善文件的保存。

7.5.1 对于多页文件或烧焦面积较大的文件：

运用适当的设备分开和压平文件，例如骨夹、牙签、探针和镊子。可能还需要使用加湿、淹没或其他方式来稳定文件。有多种方法可以使用，例如加湿、雾化，浸没或烟熏，也可以使用水或其他合适的溶剂或黏合剂。

7.5.2 对于单页文件，需要时可以压平。

7.6 封装或其他固定处理，如用聚对二甲苯处理可能是合适的。

7.7 根据需要实施其他的法庭科学检验方法。

8. 关键词

纵火；烧毁文件；包装；法庭科学；纸张分析；聚对二甲苯；保存；可疑文件。

二十、液体浸泡文件的保存标准

1. 范围

1.1 本标准为法庭科学文检鉴定人（SWGDOC 法庭科学文检鉴定人的工作范围标准）保存液体浸泡文件提供规程。

1.2 本标准中的规程包括评估保存所需材料的充分性。

1.3 在具体情况下采用的特定方法将取决于保存所需材料的性质。

1.4 本标准并不涵盖保存非常见或非寻常液体浸泡文件的所有规程。咨询文件保护者、档案保管员或相关的材料专家，以及查阅参考文献都是很必要的。

1.5 本标准不能替代知识、技术、能力、经验、教育或培训（SWGDOC 法庭科学文检鉴定人所需的最低培训标准），并且需要与专业判断相结合使用。

1.6 本标准并不旨在强调所有的安全问题，如果有，仅与其使用相关。本标准使用者有责任在使用前确定监管限制的适用性并建立适当的安全与健康行为。

2. 参考文件

标准：ASTM E1732 与法庭科学有关的术语；SWGDOC 法庭科学文检鉴定人所需的最基本培训标准；SWGDOC 烧焦文件保存标准；SWGDOC 法庭科学文检鉴定人工作范围；SWGDOC 与可疑文件检验有关的术语。

3. 术语

3.1 定义：

3.1.1 骨夹，名词——一片某种形状的骨头或其他材料，比如塑料或聚四氟乙烯，通常在装订时使用，用来折叠纸张或分离粘在一块的纸片。

3.1.2 聚对二甲苯过程，名词——在真空室里沉积文件上的聚合物涂层，以加强和稳定文件。

3.1.3 聚酯薄膜封装，名词——文件被两页聚酯膜片封装以用于保存，固定和便于处理的过程。

3.1.4 浸没，动词——把文件放置在合适的液体中以便于清洗、展开或分离。

4. 意义和应用

本标准中所列的规程是建立在法庭科学文件检验及相关领域普遍能够接受的知识和经验之上的。按照规程操作，法庭科学文检鉴定人能够可靠地处理液体浸泡文件以便能够更完善地对其进行保存。

5. 干扰因素

5.1 送检的样品自身可能会含有干扰本标准规程的局限因素。这些局限因素应该被记录下来。

5.2 前期保存、处理、检测或化学处理的结果会对文件的保存有不利的影响。保存之前，为了稳定条件，文件应该尽早被冷冻处理或固定。

5.3 一些检验规程需要大量的时间，并且规程类型的选择可能会与调查需要和其他检验相冲突。因此可以与送检人、其他法庭科学领域的专家以及其他相关个人相协商解决。

6. 仪器和要求

6.1 有足够强度的合适光源能够发现一些较好的细节特征。

注 1 自然光、白炽灯、发光二极管或荧光光源或者光纤照明系统都经常被使用。透射光、侧光和垂直入射光也已经被证明是有用的。

6.2 足够倍数的放大设备能够使细节特征更为明显。

6.3 牙签，如牙医用的牙签、探针和镊子。

6.4 喷雾器。

6.5 托盘、大容器和柔软的筛网。

6.6 骨折叠器或类似设备。

6.7 根据需要使用的聚酯薄膜或其他封装材料。

6.8 根据需要使用的记录观察结果的成像或其他设备。

6.9 其他适合的设备，例如冷冻干燥器、压书机或其他合适的压机、湿度室、实验室烤箱和化学物质。

6.10 完成所有适用规程所需的充足时间和设备。

7. 规程

7.1 所有的可用规程应该被合适地操作并在适当的时候记录下来。本规程不必按照给定的顺序操作。

7.2 检验的实施、相关的观察和结果应该被记录下来。

根据需要，以图片的形式记录证据的初始条件和后续的情况。

7.3 当进一步的检验不符合实际情况或不适合时，中止检验或限制性地使用本标准中的规程继续检验是鉴定人的自主权力。但是决定的原因应该记录在案。

7.4 从下列方面评估文件：

7.4.1 文件的性质和成分。

7.4.2 液体的性质。

7.4.3 浸泡产生影响的范围。

7.5 确定合适的规程来完善文件的保存。

7.5.1 对于单页的潮湿文件：

7.5.1.1 需要时选择适合的方法展开文件，例如浸没或烘干。

7.5.1.2 选择合适的方法干燥文件，例如空气干燥、冷冻干燥或者压缩干燥。

7.5.2 对于多页的潮湿文件：

在确定没有进一步破坏文件的前提下分开或展开潮湿的页面。可以将文件浸没在合适的液体中操作，例如水或油性溶剂。如果文件无法被分开或展开，选择一个合适的干燥程序，例如空气干燥，冷冻干燥或压缩干燥。

7.5.3 对于干燥的文件：

需要的情况下，运用适合的设备，例如骨夹、牙签、探针和镊子分开和压平文件。在分开或压平文件之前或之间，可能需要重新加湿或浸没文件。使用合适的液体实施重新加湿时可能需要一个雾化器、加湿器，或两者皆用。当重新浸没文件时，应该使用合适的容器和筛网。

7.5.4 对于需要冷冻的文件：

冷冻干燥文件并参考 7.5.3。如果时间有限，解冻文件并且和以潮湿文件进行处理。

7.6 在完成后使用聚酯薄膜或玻璃或者其他方法封装文件，例如聚对二甲苯处理也可能是明智的。

7.7 根据需要实施其他的法庭科学检验方法。

8. 报告

合适地报告规程操作的结果。

9. 关键词

法庭科学；冷冻干燥；液体浸泡文件；保存；可疑文件；水浸泡文件。

二十一、图像捕获和存储技术在法庭科学文件检验中的应用标准

1. 范围

1.1 本标准为法庭科学文检鉴定人（SWGDOC 法庭科学文检鉴定人的工作范围标准）应用图像捕获和存储技术提供规程。

1.2 本规程适用于确定是否对正在进行调查的事件中所涉及的样品使用图像捕获技术，或者仅作参考使用。

1.3 本规程包括评估可用的图像捕获和存储技术的充分性。

1.4 本规程也概述了图像的存档。

1.5 在具体情况下采用的特定方法将取决于材料的性质或需解决的问题，或者两者皆有。

1.6 本标准可能不涵盖对不常见或非常规样品使用图像捕获和存储技术的所有方面。

1.7 本标准不能替代通过适当的教育、培训（SWGDOC 法庭科学文检鉴定人最低培训需求标准）和经验获取的必要的知识、技能或能力，本标准应与合理的专业判断相结合使用。

1.8 本标准并不旨在强调所有的安全问题，如果有，仅与其使用相关。本标准使用者有责任在使用前确定监管限制的适用性并建立适当的安全与健康行为。

2. 参考文件

2.1 标准：ASTM E312 使用模拟（胶片）相机和数码相机对摄影样品条件进行描述和选择的操作规程；ASTM E1732 与法庭科学有关的术语；SWGDOC 法庭科学文检鉴定人最低培训需求标准；SWGDOC 法庭科学文检鉴定人的工作范围标

准；SWGDOC 法庭科学书写墨水比对检验方法标准；SWGDOC 与可疑文件检验相关的术语。

2.2 成像技术科学工作小组（SWGIT）文件：

第一部分：成像技术科学工作小组与成像技术在刑事司法系统中的应用概述；

第二部分：向数字成像技术迁移时管理人员的注意事项；

第三部分：刑事司法系统中现场应用成像技术指南；

第五部分：刑事司法系统中应用数字图像处理程序的推荐和指南；

第八部分：应用数码相机捕捉潜在痕迹的通用指南；

第十一部分：文件图像增强的最佳措施；

第十三部分：维持数字图像和录像完整性的最佳措施；

第十五部分：刑事司法系统中数字和多媒体证据归档的最佳措施。

关于成像技术科学工作小组（SWGIT）的相关信息可从国际鉴定协会（IAI）获取（http://www.theiai.org）。

2.3 成像技术科学工作小组（SWGIT）/电子证据科学工作小组（SWGDE）文件：

关于成像技术科学工作小组（SWGIT）/电子证据科学工作小组（SWGDE）的数字和多媒体证据术语的相关信息可从国际鉴定协会（IAI）获取（http://www.theiai.org）。

3. 术语

3.1 本标准中的术语定义，参考 E1732 与法庭科学有关的术语和 SWGDOC 与可疑文件检验相关的术语。

3.2 仅针对本标准的术语定义：

3.2.1 存档副本，名词——把复制的数据放在适合长期储存的媒体上，从该媒体上可以进一步地进行复制。

3.2.2 存档图像，名词——任何存放在适合长期储存的媒体上的图像。

3.2.3 存档，名词——以适合长期使用和检索的方式存储数据的过程。

3.2.4 捕获，名词——记录数据的过程，如图像、视频序列或者音频流。

3.2.5 捕获设备，名词——用于记录数据的设备。

3.2.6 CD 或 VCD（压缩光盘或数字视频光盘），名词——用于数字存储媒体的光盘技术格式。

3.2.7 压缩，名词——减少数据文件体积的过程（另参见无损压缩和有损压缩）。

3.2.8 复制件，名词——信息的一种精确复制品。

3.2.9 数据，名词——可被传输、存储和运行的模拟或数字形式的信息。

3.2.10 数字图像，名词——以二维数组形式组织的离散数值呈现出来的图像。用显示器观察、投影图像或者打印在纸张上时，与照片相类似。

3.2.11 图片，名词——利用成像技术生成一个对象的形象可见的副本。

3.2.12 成像，动词——利用成像技术生成一个对象的数字的或可见的副本的过程。

3.2.13 图像平均，名词——平均相似的图像，比如连续视频帧，以达到在固定场景中降噪的过程。

3.2.14 图像增强，名词——旨在提高图像和图像中个体特征的视觉呈现的过程。

3.2.15 图像输出，名词——一种呈现图像以供检验或观察的方法。

3.2.16 图像处理，名词——将输入图像转换成输出图像的一种活动。

3.2.17 图像处理日志，名词——图像处理过程中对步骤的记录。

3.2.18 成像技术，名词——任何用于捕获、存储、处理、分析、传输或生成图像的系统（或方法）。这些系统包括胶片、电子传感器、照相机、视频设备、扫描仪、打印机、电脑等等。

3.2.19 中间存储器，名词——任何供数据暂时存储以转换成永久存储或存档的媒体或设备。

3.2.20 插值，名词——一种图像处理方法，即一个像素、小块或框架被创建、使用或存储是基于像素、小块或框架前面和后续信息之间的差异。插值经常被用来增加图像的清晰度。

3.2.21 每毫米线对数（LP/mm），名词——图像转换设备中空间分辨率的计量单位。

3.2.22 无损压缩，名词——无数据丢失且数据以原有的形式被恢复的压缩方式。

3.2.23 有损压缩，名词——数据丢失且数据不能以原有的形式被恢复的压缩方式。

3.2.24 媒介，名词——能够存储数据的物体。

3.2.25 元数据，名词——经常嵌入在文件中的数据，用于描述文件或者目录，包括内容的存储位置、日期及时间、应用程序特定信息、权限等。

3.2.26 原文件格式，名词——文件的原始形式。

讨论 虽然一个应用程序创建的文件往往可被其他应用程序读取，但是文件的原格式还是要保持当初创建它的应用程序所给予的格式。

3.2.27 噪音，名词——非来自于现场的，对图像亮度和色彩信息的变化或干扰。

讨论 噪音的来源包括胶片颗粒、输入设备传感器和电路中电子的变化、信号通路中的杂散电磁场。它经常是指图像中可见的部件。

3.2.28 原始图像，名词——主图像的一个准确和完整的副本，不考虑媒体。对于胶片和模拟视频，主图像就是原始图像。

3.2.29 主图像，名词——指将图像记录到任何媒体上的第一个实例，是一个独立的可识别的对象（例如，一个数字图像记录在记忆卡上）。

3.2.30 已处理图像，名词——经过增强、恢复或者其他操作的图像。

3.2.31 专有文件格式，名词——任何的文件格式，对于特定的制造商和产品而言是独一无二的。

3.2.32 分辨率，名词——区分两个独立但相邻部分或影响因素的操作、过程或是能力，比如一个图像或相似色彩中的细节元素。

3.2.33 存储媒介，名词——用于保存数据的任何物体。

3.2.34 传统增强技术，名词——在传统摄影暗室中生成直接副本的一种数字图像处理技术，包括亮度和对比度的调整、色彩平衡、裁剪、使用减淡和加深。

3.2.35 确认，名词——通过实施一组实验确立一个工具、技术或程序或修改的有效性和可靠性的过程。

3.2.36 验证，名词——确定某一事项相对于原件的准确性的过程。

3.2.37 录像，名词——描绘一系列图像及静止或移动场景的电子表示法。可能包括音频。

3.2.38 工作副本，名词——录音或数据的拷贝（复制品），可用于后续的处理或分析，或两者皆有。

4. 意义和应用

4.1 本标准中所列的规程是基于法庭科学文件检验、法庭科学摄影和法庭科学数字成像领域被普遍认可的知识和经验之上的。按照规程操作，法庭科学文检鉴定人可以使用图像捕捉技术可靠地辅助检验工作。支持包括如下内容：

4.1.1 送检项目的相关文件，包括收到时的条件、检验过程中在不同步骤时的情况等；

4.1.2 检验结果的证明和测定的依据；

4.1.3 可视化不易被人眼察觉到的特性和特征。

4.2 前期保存、处理、检测或化学处理（比如潜在的手印）的结果可能会在一定程度上干扰某些特征，以致限制（甚至妨碍）后续的成像。只要有可能，任何的化学检验都要在图像捕获之后。样品应妥善处理，以免影响后续的检验。

4.3 对硬件或软件，或两者兼有的技术革新会影响后续获取存档图像的能力。

注1 更多的讨论参见成像技术科学工作小组（SWGIT）第1章节。

5. 干扰因素

样品自身可能会含有干扰本规程的局限因素，例如由送检样品的条件带来的局限因素。这些局限因素应该被关注并记录下来。

6. 仪器和要求

6.1 图像捕获设备，具有足够的分辨率，能够如实地记录所需的细节。

6.2 合适的能量源，具有足够的强度和适当的光谱能量分布，能够区分所需的细节特征。

6.3 尺寸、白平衡和曝光度的校准设备。

6.3.1 合适的尺子，国际单位制（米）或者IP（英寸－磅）单位，或两者皆用。

6.3.2 用于校准标准的彩色和中性灰色物体，包括反射和投射。

6.4 图像输出设备（用于显示或硬拷贝产品），具有所需的足够的分辨率和色彩平衡。

6.5 用于中间存储和存档图像的媒介和合适的系统。

6.6 其他合适的设备和软件。

6.7 完成所有适用规程所需的充足时间和设备。

7. 规程

7.1 实施所有适用的规程。本规程不必按照给定的顺序操作。

7.2 以足够的细节同时记录规程的实施，以供法庭科学文检鉴定人（SWG-DOC 法庭科学文检鉴定人的工作范围标准）对图像进行独立的审查和评估。包括任何相关的设置和变量。

7.3 在规程进行到任何一步时，如果鉴定人判断出缺乏一个特定的特征或者样品缺少所需的质量，则表示含有图像技术的规程应该被中止使用或被限制性地使用。在某一步中止规程并做出相关的报告或尽可能继续使用适用的规程进行检验是鉴定人的自主权力。但是决定的原因应该记录在案。

7.4 按照制造商的建议或校准程序进行适合的性能检查、维护和操作设备。

为了确保正常的运行，进行初检会很有帮助，先捕获一个已知结果的标准样品的图像。在进行下一步的工作之前，确定所捕获图像的结果是可接受的。如果与标准样品的已知结果相比，检验所捕获的图像结果是不可接受的，需要修正设备或方法。

7.5 对每个样品进行初步的评估以确定所使用的成像设备和程序。

7.5.1 根据样品的大小和形状确定合适的图像捕获设备、所需的分辨率和视场以及任何的专业照明需求。

7.5.1.1 平板扫描仪可以用于平坦物品的图像获取，如纸张或照片；对于三维物体，用浅景深就足够了。

7.5.1.2 三维物体和样品需要特殊的照明设置，通常需要使用照相机。

7.5.1.3 红外成像需要使用专门的设备（SWGDOC 法庭科学书写墨水的比较检验方法标准）。

7.5.1.4 紫外反射成像需要使用专门的设备（SWGDOC 法庭科学书写墨水的比较检验方法标准）。

7.5.2 尽可能将样品从防护包装中取出，没有包装干扰的图像捕获是更为可取的。

7.6 捕获图像能够精确的展示样品和准确的记录想要的和需要的细节。

7.6.1 以能够在输出设备上复制出所需细节的光学分辨率（而不是插值）和像素深度捕获图像，用于评估或观察。

7.6.2 关于数字技术，捕获图像能够以最低每英寸 300 像素的分辨率和 8 位灰度，以及与实际尺寸一致（1：1）地被复制。一些样品可能需要更高的分辨率，或者需要使用色彩（最低 24 位），或两者兼而有之。所需的复制率越高，通常需要的像素密度越高。如上所述，不使用插值达到所需的分辨率。

注 2 运用镜头和相机的校准程序来达到一个特定的分辨率在“成像技术科学工作小组（SWGIT）”章节 8 中有所论述。

注 3 用于对传感器上的图像聚焦的光学（镜头或镜片）的质量发挥着极其

重要的作用，可以极大地限制系统的整体分辨率。以近距离或宏观范围（大约1：5到1：1）复制率捕捉图像的相机，镜头需要具有宏观功能。一般来说，不推荐使用附加镜头。对于变焦镜头来说，1个焦距长度的微距镜头更为可取。

7.6.3 关于卤化银技术，使用一个胶片和镜头的组合来捕获感兴趣特征的细节图像。这可能需要在不断地放大处理下获取多个图像。

7.6.4 通过合适的文件建立复制率。

7.6.4.1 使用相机的时候，每个图像中应含有比例尺。如果选择的放大倍数减少了视野，没有能涵盖一个完整比例尺的足够空间，建议制作多张相同的放大图像，一张含有不完整的比例尺，而另一张不含有比例尺。

7.6.4.2 对于三维物体，比例尺可设在有最感兴趣特征的平面上。一个灵活的比例尺在曲面上是很有用的。

7.6.4.3 使用平板扫描仪时，至少每个给定设置的图像中含有一个比例尺就足够了。

7.6.5 使用相机时，将相机安装在固定的翻拍架或三脚架上，将物体定位，以便使感兴趣区域的平面与传感器（电子探测器或电影）的平面平行。

7.6.6 通过合适的文件建立图像的颜色平衡（或白平衡）。

7.6.6.1 在照明条件会改变（例如使用相机时）的情况下，至少在一个给定设置或重新设置白平衡的图像中包括一个彩色图表或中立的标准。

7.6.6.2 在照明条件不改变（例如使用扫描仪时）的情况下，对设备进行校准或适当的性能检查就足够了。

7.6.7 选择合适的光源或滤光片，或两者皆有，以便准确地捕获感兴趣的特征。

7.6.7.1 对照明的安排已经被证明是有用的，包括漫射光或无深浅反差的光、透射光、模拟光、侧光、同轴光或镜面反射光，以及偏振光。

7.6.7.2 滤光片可以用来加强或消除某些颜色，也可以用来区分表面相似的颜色（例如根据SWGDOC法庭科学书写墨水的比较检验方法标准，用双色滤光片可以区分墨水）。其他技术也能够加强使用滤光片进行图像的捕获。

7.6.8 通过使用录像带、数字化或打印的方式捕获模拟摄像机的图像（例如从红外查看系统）。

7.6.9 记录与图像捕获相关的信息，例如被成像的样品、复制率（图像放大）、成像时间、图像捕获设备、曝光设置、分辨率和照明。这些信息可以在被生成的元数据中，也可以作为图像本身的一部分，如图像的比例尺、颜色图表或标签等，也被认为是一种元数据。

注4 进一步的讨论参见E312和SWGIT，章节2和章节3。

7.7 对捕获的图像实施必要的初步处理和存储程序，以便准确地表示样品及其较好的细节部分，并将图像保存下来。

7.7.1 对于卤化银技术，根据制造商的说明书或经过了验证的规程，对底片或正片进行显影和保存。

7.7.2 对于数字技术，除了文件在最初创建时的固有部分（例如相机或扫描仪的设置），全部原始图像均以未经处理的本地文件格式进行保存。所有的处理应当只在工作副本上进行。

7.7.2.1 将捕捉到中间存储媒体上的主图像（例如记忆卡、微型光盘等等）复制到合适的媒体上，以创建一个归档副本。

7.7.2.2 存档时，建议使用未压缩或无损压缩的文件格式（例如RAW、TIFF或BMP）。有损压缩文件格式（例如JPEG）则不被推荐。

注5 一些摄像机只以高质量的JPEG格式捕获图像。存档这些图像时就以它们本来的格式（JPEG文件）进行保存，并使用无损压缩格式转换成工作文件。最好使用未压缩的格式捕获用于比较和分析的图像，当然，像JPEG这样的有损压缩格式也是可以使用的，只要鉴定人确定在图像中能够表现出足够的细节。

7.7.2.3 如果以一个专有格式或RAW格式捕获图像，该图像也应该以一个通用的未压缩格式进行保存。数码相机的RAW格式通常是一个专有的文件格式，可能不是所有的软件程序都支持。

7.7.2.4 保存任何与图像一起生成的或作为图像本身一部分的元数据，包括比例尺、颜色图表或标签的图像。

7.7.2.5 为了备案/归档，使用一个系统的方法来识别底片或命名数字图像文件，这样在日后的工作中可以很容易找到它们。图像数据库可用于这一目的。

7.8 通过目视检查的验证，确定所捕获的图像准确地表现出了样品及其细节特征。如果图像没有经过验证，回到7.5。

7.9 如果有必要，使用标准的和可接受的图像处理技术来精确显示特征、特点或细节。

7.9.1 对于卤化银技术，在处理胶片或制作底片的打印件，或两者兼而有之时，通常在暗室中进行图像增强。

7.9.2 对于数字技术，只是使用原始图像的工作副本进行图像增强。

7.9.3 基本的图像增强可以采取传统的增强技术形式，例如：调整尺寸（文件插值）、正片到负片的转换、图像旋转/反转、转换成灰度、白平衡调整（颜色平衡、色彩校正、密度和对比度调整）、基本的图像锐化和模糊（像素平均）、文件格式的转换等。

7.9.4 高级的图像增强可以采取图像平均的形式，例如：傅里叶分析（包括使用快速傅里叶变换）、解模糊、降噪、图像恢复、颜色通道的选择和差分、视角控制或几何校正或两者皆有，以及高级锐化工具，例如反遮罩锐化。

7.9.5 制作和保留一个图像处理日志，记录关于图像增强的信息，以足够的细节增强图像，以便有意义地审查和评估结果，并允许本领域有资质的人员能够重复处理被记录的过程。对于某些基本的图像增强，与主图像相比较可能就足够了。

注6 进一步的讨论参见 SWGIT，第5章节和第11章节。

7.9.6 以无损的文件格式保存最后增强完毕的图像。中间拷贝处理形成的图像不需要保存，除非显示了一个错综复杂的过程。

7.10 将最终处理的图像和任何的工作副本进行存档，长期保存以供查阅（见7.6.2）。

7.10.1 对于卤化银技术，摄影感光板、胶片和照片已经被证明是存档所用的合适媒体，可根据行业标准对其进行显影和存储。

7.10.2 对于数字技术，有许多类型的合适媒体。包括光学媒体（包括 CD/DVD）、磁带，以及硬盘驱动器系统，例如服务器或 RAID 阵列。

7.10.2.1 如果使用光学媒体进行存储，应该专门以存档为目的，建议保留多个副本。重新烧录光学媒体的功能不适合存档。

7.10.2.2 硬盘驱动器系统应该支持使用一个合适的行业标准方法。

7.10.3 保持存档图像的可访问性和完整性。应通过定期测试的方式采取措施确保硬件的可操作性和媒体的可服务性，并根据需要刷新和转移数据。建议实施在线备份和离线备份。

注7 进一步的讨论参见 SWGIT，第13章节和第15章节。

7.11 生成能够准确表现图像的输出图像。

7.11.1 图像输出设备可以包括一个图像显示装置（例如，一个监视器或投影仪）或硬拷贝打印机。

7.11.2 不同的呈现方法可能会限制或增强感官分辨率。

8. 关键词

图像加强；成像；法庭科学文件检验；法庭科学。

注：

SWGDOC：法庭科学文件检验科学工作小组（Scientific Working Group for forensic document examination）

ASTM：美国试验材料学会（American Society for Testing Material）

NIST：美国国家标准技术研究所（National Institute of Standards and Technology）

SWGIT：成像技术科学工作小组（Scientific Working Group On Imaging Technology）

SWGDE：数字证据科学工作小组（Scientific Working Group On Digital Evidence）

美国主要文件检验协会介绍

1. 美国法庭科学文检鉴定人董事会（The American Board of Forensic Document Examiners，ABFDE）

美国法庭科学文检鉴定人董事会（ABFDE）成立于 1977 年，是哥伦比亚特区的一个非营利组织。董事会由加拿大法庭科学社区、美国可疑文件鉴定人社区、法庭科学文检鉴定人西南协会和法庭科学文检鉴定人东南协会资助运行，并通过了美国科学院的法庭科学所、国际鉴定协会、法庭科学家中西部协会和法庭科学家大西洋中部协会的认可。董事会（ABFDE）是全美唯一拥有这样赞助和认可的认证机构，也是唯一全国认可的文检鉴定人认证机构。

1.1 目标

董事会有双重的目标：建立、保持和加强从事法庭科学文件检验人员的质量标准，以及作为有资格的专家认证遵守 ABFDE 专业要求的申请人。设立这样的目标旨在确保那些自称是法庭科学文件检验专家的人，实际上确实拥有必要的技术和资格，以维护公共的利益。

具体目标包括：一是，鼓励改进实践的研究，建立和提高标准，推进法庭科学文件检验的科学性；二是，鼓励和促进在法庭科学文件检验中坚持高标准的道德、行为和专业实践；三是，为在法庭科学文件检验领域自愿遵守董事会设立的标准并已经在职业中建立和维持了个人的现状、健康和能力的人，授予和核发有指定资格标志的证书和/或其他认可；四是，与联邦和州政府的一些分支机构以及合适的政府、私人机构和组织合作，使美国法庭科学文检鉴定人董事会获得普遍认可和被接受的认证；五是，维护和提供已由董事会授予证书的人员名单。

1.2 委员会

1.2.1 继续教育委员会。该委员会负责鼓励和支持以会员所在地为基础的继续教育机会，也是负责批准重新认证资格的主要委员会。委员会的成员与不同国家和地区的法庭科学协会联合工作。

1.2.2 证书管理委员会。该委员会处理认证申请的时间是在已经收到申请人的所有信息和申请人被批准或未被批准考试之间。

1.2.3 提名委员会。该委员会由董事会的前任主席或现任主席指定的董事以及至少两名其他有资格且非当前董事的人员主持。委员会负责准备候选人名单（至少2人），候选人需要愿意在职位空缺出现时担任董事。

1.2.4 专业复核委员会。该委员会由董事会副主席主持，负责对关于有资格的人或候选人的能力和/或道德方面的投诉进行复核并提出建议。

1.2.5 公共关系委员会。该委员会负责指导和实施促进和宣传董事会的认证项目。委员会制作适合分发给任何感兴趣组织的信息手册和其他类型的宣传材料；给任何希望做关于董事会的组织、政策或认证程序方面演讲的个人提供援助。该委员会的主席是 ABFDE 网站站长协调员。

1.2.6 重新认证委员会。该委员会负责处理重新认证的所有申请，最重要的工作是分配继续教育的得分以及通知有资格的人员其所获得的奖励分数。

1.2.7 规则和程序委员会。该委员会负责审查程序，并向董事会提出关于程序方面的建议。

1.2.8 考试委员会。该委员会由董事会副主席主持，负责指定认证和重新认证的考试大纲，并管理或指导笔试、实操考试或口试。

1.2.9 考试准备和验证委员会。该委员会由董事会主席选出的董事主持，委员仅由有 ABFDE 资质的人员组成。委员会负责为开发和验证预期的笔试问题和实操问题建立指南，并将验证过的笔试问题和实操问题转发给考试委员会主席，用于认证和重新认证。该委员会还定期评审有效的笔试问题和实操问题并对其进行保留或删除/销毁。

1.2.10 财务规划委员会。该委员会一般是“根据需要”，由董事会主席任命的财务主管和两名董事组成，负责研究不寻常的经济状况。

1.3 申请和认证的程序

美国是联邦制国家，鉴定管理体制较为分散，鉴定人的资格主要由行业协会认证，而 ABFDE 是唯一国家认可的文检鉴定人资格认证组织。ABFDE 的认证主要是基于候选人的专业教育、培训、经验和成果，以及正式的考试结果。

1.3.1 登陆 ABFDE.org 或到董事会的行政办公室获取申请表和提交说明；

1.3.2 提交表格的同时附上 250 美元的申请费，如果发现申请人不符合要求，会有 50 美元的退款；

1.3.3 提交表格的同时还需附上 2 张近期照片；

1.3.4 学院或大学授予申请人学士学位的正式成绩单必须由注册人员直接发送到董事会办公室；

1.3.5 如果从收到最初的书面材料开始 6 个月之后，申请材料仍然不完整，将会连同报名费退回给申请人，但扣除 100 美元的审理材料费；

1.3.6 申请成功的候选人将会由董事会颁发一个法庭科学文件检验的资格证书，证明申请人是美国法庭科学文检鉴定人董事会中有资质的人员，并在未来修订的目录中列出来；

1.3.7 董事会有资格证的会员需要缴纳年费；

1.3.8 资格证书、要求、费用和申请程序由董事会修订，可以从 ABFDE 的行政办公室获得最新的官方版本；

1.3.9 除了认证的状态（如注册、不注册），如未征得个人的书面同意，董事会不会向第三方披露个人信息；法律要求披露的，董事会主席应告知个人或者提供指定的信息。

1.4 认证的资格和要求

1.4.1 一般资格。

1.4.1.1 申请人必须是品德好、诚信高、声誉好的个人，并且必须具备较高的道德和职业地位。

1.4.1.2 认证仅限于美国、加拿大、澳大利亚、新西兰的永久居民以及其他董事会可以不时地授权和指导的地方。

1.4.2 教育资格。

申请者必须拥有至少一个从认可的学术机构获得的学士学位，或从机构或高等教育项目中获得的一个相当于获得学士学位的学位。

1.4.3 专业经验资格。

1.4.3.1 申请人需要在 ABFDE 认可的法医实验室中完成并记录一个至少连续两年的全职培训经历。“认可”意味着申请人的培训计划需要满足 ASTM e－2388（法庭科学文检鉴定人的最低培训需求标准指南）中描述的一个培训项目的基本需求。ABFDE 资格审查委员会将考虑申请人的培训课程是否包括：主任培训师指导下的至少 24 个月的全职培训，且培训的最大周期不应超过四年；ABFDE 学习指南中强调的主题；主要培训师的培训，主要培训师也需要满足这些需求并有最少 5 年的培训之后作为文检鉴定人的全职经历。

1.4.3.2 申请人应提交3名经董事会认证的文检鉴定人的姓名和地址作为参考，证明他/她的认证资格和较高的道德品格。

1.4.3.3 在申请认证时，申请人必须是积极投身于法庭科学文件检验实践中的个体。

1.4.3.4 每名申请人都需要展示其适合文件检验职业活动的记录。

1.4.4 考试。

1.4.4.1 申请人必须成功完成基于文件检验过程中经常遇到的广泛性问题的综合写作、实操考试和口试。这些问题可能包括笔迹的书写者，签名的真实性或伪装，打字材料的来源，文件上是否存在变造、添加或删改，墨水或书写工具的比较，或者董事会颁布的类似问题等。

1.4.4.2 申请人必须在申请被批准后的两年半时间里完成所有的考试项目。根据实际情况会有一些例外，比如疾病等原因，最低的延长时间由考试委员会主席决定。

1.4.4.3 成功完成上述考试项目的候选人就会被认可为ABFDE中有资格证的人员。

1.5 重新认证的要求

根据董事会的章程，鉴定人自首次实际取得认证的日期开始，每五年需要进行一次重新认证。1997年8月15日起，可以在自愿的基础上，每年对重新认证进行更新；1999年8月15日开始，每年的更新成为强制性的要求。强制性的年度更新需要在每年的8月15日进行，有60天的宽限期。

重新认证需要满足两个基本条件：一是，重新认证的申请人必须积极从事法庭科学文件检验工作，接受其他文检鉴定人的直接监督或培训；二是，重新认证的申请人必须能够证明他们当前从事着这个职业，这将通过ABFDE制定的一个积累和记录积分的系统来证明。五年的重新认证期内总共需要40个积分才能更新证书，积累积分的方式有以下几种：

1.5.1 注册和参加董事会认可的法庭科学会议。

1.5.1.1 注册参加：每半天2个积分，每5年的重新认证期内没有最多数量的限制；

1.5.1.2 论文提交：每张不同的纸10个积分，每5年的重新认证期内没有最多数量的限制（注意：为了获取积分，论文必须是以书面形式呈现并可在会议上分享，论文的副本必须附加在每年的更新表单之后；如果积分已经计算在发表在杂志中的论文上了，这里就不能重复计算了）；

1.5.1.3 作为一名专业的文检鉴定人参与座谈或全体讨论：每参与一次 2 个积分，每 5 年的重新认证期内最多 6 个积分；

1.5.1.4 管理文检鉴定人的培训班或研讨会：每半天 5 个积分，每 5 年的重新认证期内没有最多数量的限制；

1.5.1.5 海报演示：每参与一次 3 个积分，每 5 年的重新认证期内最多 9 个积分。

1.5.2 发表文章。

1.5.2.1 发表在董事会认可的法庭科学期刊上：每篇是 15 个积分，每 5 年的重新认证期内没有最多数量的限制（注意：如果该文章已经把积分算在会议上了，在这里仅为 5 个积分）；

1.5.2.2 与文件检验相关的文章发表在无关的杂志或出版物上：每篇是 2 个积分，每 5 年的重新认证期内最多 6 个积分。

1.5.3 出席或参加董事会批准的课程或研讨会。每半天是 3 个积分，每 5 年的重新认证期内没有最多数量的限制（注意：未经董事会批准日期之前参加的培训或课程，最高每半天是 2 个积分）。

1.5.4 对法庭科学文件检验社区的贡献。

1.5.4.1 准备一个已被 ABFDE 认可的实际测试：每个测试 5 个积分，每 5 年的重新认证期内最多 15 个积分；

1.5.4.2 准备一个已被其他测试服务机构认可的实际测试：每个测试 2 个积分，每 5 年的重新认证期内最多 10 个积分；

1.5.4.3 参加 SWGDOC 委员会会议：每次会议 1 个积分，每 5 年的重新认证期内最多 5 个积分。

1.5.5 参与能力测试。

1.5.5.1 协作测试服务机构（CTS）：每次测试 1 个积分，每 5 年的重新认证期内最多 10 个积分；

1.5.5.2 技术任务培训、评估和研究公司：每次测试 2 个积分，每 5 年的重新认证期内最多 6 个积分。

1.5.6 为非文检鉴定人团体提供任何关于可疑文件检验方面的正式讲座：每半天 0.5 个积分，每 5 年的重新认证期内最多 5 个积分。

1.5.7 参观一个制造工厂（如纸张、压胶辊、橡皮图章等）：每半天 0.5 个积分，每 5 年的重新认证期内最多 5 个积分。

1.5.8 参加与可疑文件相关的教育项目。

1.5.8.1 成功完成以可疑文件检验为基础的大学或研究生院课程，每课3个积分，每5年的重新认证期内最多18个积分；

1.5.8.2 成功完成与可疑文件检验相关的课程：每半天2个积分，每5年的重新认证期内最多10个积分。

1.5.9 给至少5名文检鉴定人提供全职的可疑文件方面的培训：每半天1个积分，每5年的重新认证期内最多5个积分。

1.5.10 通过ABFDE笔试和实操考试，每5年的重新认证期内40个积分。包括：候选人必须成功完成有100项多选题的笔试，有5个实际操作的考试和口试。

2. 美国可疑文件鉴定人社区（The American Society of Questioned Document Examiners，ASQDE）

美国可疑文件鉴定人社区（ASQDE）是世界上致力于法庭科学文件检验专业历史最悠久、规模最大的组织。其历史可以追溯到1913年，当时的阿尔伯特·S.奥斯本发起了一个交换研究和项目的想法。1942年，奥斯本先生和其他14名杰出的文检鉴定人正式组建了美国可疑文件鉴定人社区（ASQDE）。

2.1 目标

社区的目标是在文件检验领域资助科学研究、建立标准、交流经验、提供指导，并促进涉及文件问题的公正性。为了实现这些目标，社区及其成员在道德、教育、培训和工作表现方面建立和保持高水平的职业标准；在文件检验和相关领域投入和鼓励科学的研究和发展，并通过年度大会和出版物的方式传播研究成果；记录、保存和关联可疑文件问题的重要经验；促进公众、法庭、法官和法庭科学领域对文检鉴定人工作的了解和理解；发现品质良好且有发展潜力的文检鉴定人，通过培训给他们提供帮助。

2.2 会员资格

ASQDE提供8种类型的会员资格：附属会员；临时会员；正式会员；专家会员；通讯会员；终身会员；终身通讯会员和荣誉会员。

附属会员属于入门级会员资格，主要指社区中的临时会员或正式会员。临时会员主要指社区中的正式会员或专家会员，有两年培训或实习经历的文检鉴定人或专家可申请临时会员资格。“专家”是指积极从事法庭科学文件检验的人员，除了非鉴定书写人的文件检验鉴定人。通讯会员只提供给居住在美国或加拿大以外国家的实践文检鉴定人或专家。此外，一些法庭科学文件专家，如墨水化学家，也有资格以新专家成员的类别加入美国可疑文件鉴定人社区。

附属会员的申请者应具有：认可的高等教育机构授予的学士学位和/或研究

生学位；在认可的实践文检鉴定人或专家的指导下，目前正在进行或已经完成了两年的培训或实习项目；作为实践文检鉴定人或专家正在进行两年的岗位培训或岗位实习。两年的岗位实习结束后，可以申请成为临时会员。

临时会员和通讯会员对所有从事文件检验的鉴定人和专家开放，但需符合下列最低要求：①至少拥有一个从认可的学术机构获得的学士学位，或者从研究机构或高等院校项目中获得的相当于学士学位的学位；②在经过认可的实践文检鉴定人或专家的指导下至少有两年的培训或实习经历；③作为实践文检鉴定人或专家，有两年的岗位培训或岗位实习经验；④经会员资格和认证委员会审查并一致认可的培训或资质；⑤在过去的三年时间里至少在协会的大会上向会员资格和认证委员会提交过一篇被接受的技术论文，且这篇技术论文必须是申请人的原创文章，格式也必须适合在《美国可疑文件鉴定人社区杂志》上发表。

来自美国和加拿大的合格申请者最初以临时会员的身份加入，如果考虑成为正式会员或专家会员，还需要通过评估和考试委员会的笔试、实操考试和口试。已经成功通过 ABFDE 的笔试、实操考试和口试的临时会员，可提交一份技术研究报告代替 ASQDE 的考试。只有正式会员和终身会员有权在协会中担任职务和在大会上投票，而其他类的会员只有出席大会并参与其中的权力。

如果临时会员在三年之内没有被选举为正式会员，也没有合理的解释和适用的例外情况，执行委员会将会终止他/她的会员资格，但终止会员资格的生效期是下次大会的普通决议批准之后。如果成为正式会员超过 20 年，并已经超过 65 岁的会员，可以通过特别决议当选为终身会员。如果成为通讯会员超过 20 年，并超过 65 岁的会员，可以通过特别决议当选为终身通讯会员。对文件检验专业有重大贡献的非会员，可以通过特别决议当选为荣誉会员。

正式会员、准会员、临时会员和附属会员都需要至少每三年参加一次社区大会。

2.3 执行委员会

社区设有 1 个执行委员会，由主席、副主席、秘书、财务主管和最少两名董事组成，管理社区的事务和活动。

主席的职责包括：主持所有的大会；作为社区的首席发言人，并对代表社区做出的公开陈述负责；作为社区除了提名委员会外所有委员会的职务委员；任命年度大会网站委员会和项目委员会的主席；每年度至少召集和主持两次执行委员会会议；必要时，任命长期和特别委员会的主席和其他成员。

秘书的职责包括：维护保管除了专门与财务相关的记录之外的社区所有的一般通信和记录，保留时间为两年，之后销毁，除非章程或执行委员会决定另有规定；准备和保留社区和执行委员会的会议记录，以及委员会的存档报告和会议上提交的报告，保留时间为一年，之后将这些材料保存在图书馆中；提前至少90天通知所有会员参加所有的大会；通知所有会员会对他们的会员资格或会费产生影响的决议、选票或其他事务；无限期地维护所有会员的继续注册；行使执行委员会可能需要的其他职责。

财务主管的职责包括：募集和不断存储社区的资金和证券；完整、清晰和正确地保存社区所有的财物交易记录，一般保存时间为五年，之后记录会被销毁，除非遵守一个正在进行的财物承诺；支持所有合适凭证或文件的支付，法律另有要求的除外；确保在执行委员会或股东大会决议的指挥下支付社区的资金；通知会员支付会费，并向执行委员会建议会员资格终止的人员名单；至少在年度大会前30天，准备提交给执行委员会和投票会员的年度财务报表；行使执行委员会需要的其他职责。

当主席职位出现空缺时，副主席应该立即顶替主席的位置，并有资格获得连任；当副主席职位出现空缺时，前任主席将会立即顶替副主席的职位；当秘书或者财务职位出现空缺时，将根据执行委员会的决定，由一名董事顶替其职位；当董事职位出现空缺时，执行委员会将会任命一位有投票权的会员顶替其职位，直到选举出合适的人选为止。

2.4 委员会

执行委员会根据需要设立委员会，目前社区有10个委员会，分别为：道德委员会；评估和考试委员会；财务委员会；杂志委员会；资源中心委员会；会员资格和认证委员会；提名委员会；项目委员会；网站委员会和战略规划委员会。

除了道德委员会、财务委员会、提名委员会、项目和网站委员会以及战略规划委员会之外，其余委员会都设立主席职位，由社区主席任命的投票会员担任。除了项目委员会和网站委员会之外，所有常务委员会办公室成员的任期与办公室主席的任期一样，项目委员会和网站委员会办公室成员的任期在年度大会结束后就立即失效了。

2.4.1 道德委员会由社区主席担任委员会主席，与副主席、秘书以及最近两名前任主席组成委员会成员，负责审查和考虑收到的任何关于会员滥用社区名称或违反道德规范原则的书面投诉、申辩或指控，在有至少4名成员支持的前提下，委员会成员可以口头或书面谴责会员。委员会也可以向执行委员会提出停止或终止会员资格的建议。

2.4.2 评估和考试委员会负责准备和举行对每名临时会员的笔试和实操考试，

或者负责分配、监督和评估由临时会员操作和完成的研究项目，以及在任何情况下进行的口试，并在他们被选举为临时会员的第二或第三年的年度大会上报告结果和作为普通成员被选举的资格。

2.4.3 财务委员会由财务主管担任委员会主席，与一名董事、一名前任社区主席组成委员会成员，负责向执行委员会推荐和建议相关的金融政策。

2.4.4 杂志委员会负责审查每年会议提交上来的或直接提交给杂志编辑的原著，并考虑是否发表在《美国可疑文件鉴定人社区杂志》上。

2.4.5 资源中心委员会负责维护社区的图书馆、参考文献集和历史文件。委员会将制定和保持借阅或分发图书馆材料给社区会员或其他授权个人的计划。委员会还负责采购新资料和处理不必要的资料。委员会同时负责确保社区在复制和分发图书馆资料时不违反版权法。

2.4.6 会员资格和认证委员会负责审查和考虑所有的会员资格申请，确定候选人具有所需的最低要求，并在下一年的年度大会上报告他们作为临时、通讯或附属会员的被选举资格。

2.4.7 提名委员会由刚刚离任的前任主席担任委员会主席，与两名最近的前任社区主席组成委员会成员，为主席、副主席、秘书、财务主管和两名董事的每个办公室至少提名一位投票会员组成执行委员会。

2.4.8 项目委员会由会员担任委员会主席，任意数量的其他成员由社区主席任命。负责征集年度大会的论文、组织研讨会、邀请指定的发言人以及根据大会的商务会议和其他活动安排他们的演讲。

2.4.9 网站委员会由会员担任委员会主席，任意数量的其他成员由社区主席任命。负责安排年度大会的住宿、设备、会议室、社会活动和其他要求。

2.4.10 战略规划委员会由社区副主席担任委员会主席，任意数量的其他成员由社区主席任命。负责通知执行委员会社区存在的潜在问题，并为可能的应对措施提出建议；完成执行委员会分配的指定项目，并定期向执行委员会报告。

2.5 杂志

《美国法庭科学文件鉴定人社区杂志》于 1998 年 6 月首次出版，每年两期，内容包括与法庭科学文件检验领域相关的同行评议文章。该杂志作为一种福利向每名会员提供，机构、研究所和非会员也可以订阅。

2.6 会议

社区的年度大会经常会伴随着技术演示或技术讨论的科学会议共同召开。参加年度大会的非会员只能由社区秘书邀请。年度大会上，会员和被邀请的客人提交技术论文并进行讨论，解决关于签名真实性；手写和打字字迹鉴定；变造文件；擦除文件；替换文件；墨水、纸张、书写工具的重要性；复印和电子印刷流程；对光学、化学、摄影的应用；设备和档案技术以及影响文件检验的科学和法律新发展等方面问题。技术论文和研究数据的副本在整理后分发给社区会员和被邀请的客人。

至少每三年参加一次年度大会是每名普通、临时和附属会员的义务，并且需要提交论文或从事一些执行委员会认为相当于提交论文的其他服务。确实情有可原无法出席的，需将无法出席和参与会议的书面报告提交给执行委员会并需得到执行委员会的批准。

2.7 奖励

“阿尔伯特·S. 奥斯本”奖。该奖项授予做出突出贡献的社区会员，每年最多授予一人，候选人由执行委员会决定。获奖的标准如下：①获奖人在被提名时必须是声誉良好的ASQDE现任普通、临时、通讯、终身或终身通讯会员；②获奖人必须是活跃在文件检验领域至少25年的从业者，并且成为ASQDE会员至少20年；③该奖项只授予在累积活动方面获得特殊荣誉的人，比如推进可疑文件检验领域的专业研究或文学成就，在ASQDE有长期的优秀服务，且这种服务获得了公认并有益于改善社区。

“Linton Godown”研究奖。该奖项授予做出突出贡献的社区会员，每年可授予超过一人，候选人由执行委员会决定。获奖的标准如下：①获奖人在被提名时必须是声誉良好的ASQDE现任普通、准、通讯、终身或终身通讯会员；②该奖项只授予在对职业有益的生产研究或已经创建了展示改革的有效技术或工具方面获得特殊荣誉的人。

3. 法庭科学文件检验科学工作小组（Scientific working group For Forensic Document Examinations，SWGDOC）

法庭科学文件检验科学工作小组（SWGDOC）始建于1997年，是隶属于FBI的专门从事文件检验的专业机构，由来自美国各地区、州和联邦实验室的政府鉴定人以及私人鉴定人组成，为法庭科学文件检验领域开发标准和指导方针。SWGDOC于1999年制定了文件检验的行业手册，为全国文件检验工作在技术和程序上提供规范，该规范已获得ASQDE的认可和推广。

SWGDOC组建时以“可疑文件技术工作小组（TWGDOC）”命名，成立的具体目标是提供一种本学科能够使用的资源发展和传播机制、一致同意的标准以及合适的建议和相关的信息材料。1999年更名为法庭科学文件检验科学工作小组

（SWGDOC），并于 2001 年进行了重组。从 2000 年到 2012 年，SWGDOC 通过美国国际材料试验协会（ASTM）发布标准，共出版了撰写和/或更新的 20 个标准。2012 年 SWGDOC 停止通过 ASTM 公布他们的标准，开始自行出版标准。

SWGDOC 通过分支小组的方式运营，称为委员会，一般由五到七人组成。这些委员会为文件检验领域指定的分支学科起草新的或更新现有的操作规程。一旦某个委员会完成了一项草案，将由整个 SWGDOC 会员进行审查，草案被 SWGDOC 会员审查通过后，向社会公开并接受任何人的审查和评论，公众审查通过后，就作为 SWGDOC 的标准正式发布。

3.1 目标

SWGDOC 的目标是：定义职业的范围和实践领域；标准化操作规程、协议和术语；巩固和加强法庭科学文件检验专业；促进自律、文件、培训、继续教育和研究。

SWGDOC 的具体工作是：发布和传播研究和开发的成果，收集和发布关于学科的科学基础信息，寻求对工作成果的国际认可和统一化。

3.2 会员资格

SWGDOC 的会员资格一般通过现任会员的选举投票产生。每名现任会员拥有一票，以多数票当选。当选后的会员需要参加 SWGDOC 的所有会议。每名会员的任期大约为 3 年，从正式通知选举结果时开始。个人会员没有任多少期的限制。SWGDOC 的会员资格只授予个人，不授予机构或联盟单位。会员资格不构成 SWGDOC 对任何会员或会员的工作成果、呈现的观点或作为专家证人的技能的认可。

SWGDOC 的会员人数一般不超过 40 人。通常由从事法庭科学文件检验学科的个人组成，也可以包括非法庭科学从业人员，如学者、研究人员、统计人员和法律代表等。法律代表，会可能地平衡检察官、辩护律师、民事律师和法官的数量。同时，也会在考虑地理位置差异的情况下，尽可能地平衡联邦政府、非联邦政府和私人法庭科学实验室的代表人员数量。

会员的选举由会员资格委员会管理。申请会员资格的人应具有与文件检验学科相关的专业技能。感兴趣的个人可向会员资格委员会提交他们的名字和相关的背景信息。相关信息应包括资质、专业会员资格和雇主的书面推荐信。

会员资格委员会负责评估个人的申请并向主席提出建议。会员资格委员会每年至少检查一次会员名单，以便为预期的会员资格变化做准备，并评估 SWGDOC 的构成。当出现空缺时，通知执行委员会，并确定会员选举的要求。如果未能产生足够数量的投票，主席可能会根据结果进行另一个投票：①得票最少的候选人从投票中移除，或②选举可能终止并重新开放招聘过程。会员资格委员会计算票数，并将结果保存到下次会议。会员可以被重新选举产生。希望延续任期的会员需要在当前任期即将结束之前提出申请。

也可以终止会员资格，终止的形式有两种：一种是会员可自行辞职，会员可以在任何时候提出辞职，并向会员资格委员会或主席上交书面辞职信；另一种是参与不足而被执行委员会终止资格，会员连续两次缺席实体会议和/或大多数的电话/网络会议，秘书将会书面通知会员资格委员会。会员资格委员会进行审查，并可能会建议执行委员会删除该会员。会员应当被通知受审查并有机会提交书面回应。最后执行委员会决定是否终止该会员得资格。

3.3 执行委员会

执行委员会由选举产生的主席、副主席和秘书组成，只能由会员担任，每名会员只能同时承担一个职位。这些职位的任期为3年。会员可以再次当选相应的职位，但一般不超过2个任期，也就是6年。

主席的职责：主席管理SWGDOC的所有活动，主持会议，促进SWGDOC的目标发展，建立认为有必要的委员会。主席或被任命者可以邀请客人参加会议，被邀请的客人不被视为会员。如果在任期内的任何时间里，主席暂时无法履职，副主席应当行使主席的职责。如果主席辞职或无法履职超过6个月，将选出继任者。

副主席的职责：副主席应当根据需要协助主席行使职责，管理主席建立的委员，以及替代主席。如果在任期内的任何时间里，副主席暂时无法履职，主席应该指定一名会员行使副主席的职责。如果副主席辞职或无法履职超过6个月，将选出继任者。

秘书的职责：秘书除了完成主席布置的工作，还负责办公室的所有行政职责，包括但不限于：准备会议记录的总结、保存会议记录和章程，并保持记录。如果在任期内的任何时间里，秘书暂时无法履职，主席应该指定一名会员行使秘书的职责。如果秘书辞职或无法履职超过六个月，将选出继任者。

3.4 委员会

主席认为有必要的前提下，成立委员会，并任命一名会员为一个委员会的主管理事。主管理事管理委员会的所有活动。包括准备会议议程，保存委员会的会议纪要和记录，在SWGDOC内作为委员会的发言人，将草拟文件和其他工作成果介绍给SWGDOC的其他会员等。例如会员资格委员会，该委员会由主管理事和4

名会员组成，负责管理会员的选举工作。

3.5 会议

SWGDOC 的会议一般包括两种，一种是工作例会，每年至少有两次，时间为 3 到 5 天。另一种是特别会议，由主席根据需要临时召集。除了会员，被邀请的客人也可以参加会议，但邀请只能由主席或被任命者发出。SWGDOC 一般至少提前 60 日通知会员和被邀请的客人。会议日期也会张贴在 SWGDOC 网站上。

3.6 产品开发

对于产品的采纳，会员会根据采纳标准对委员会推荐的产品和其他产品及发现进行审查和评估，最终通过会员投票决定结果。而对于过期的产品，一旦确定某一产品已经过时了，应该明确其有效期，并允许使用该产品的实验室遵从新标准。

3.7 投票

会员的选举、工作产品的采纳和规章制度的修订需要经过会员的投票决定结果。每名会员拥有一票，代理投票需要经过主席的同意。会员由多数票当选，工作产品的采纳和规章制度的修订需要 2/3 的多数票。

4. 法庭科学文检鉴定人协会（Association of Forensic Document Examiners，AFDE）

作为法庭科学文检鉴定人的一个专业组织，法庭科学文检鉴定人协会（AFDE）成立于 1986 年。最初的目标是：提供高质量的继续教育，促进本领域的科学研究，建立董事会认可的项目以及出版一本专门致力于文件检验研究的杂志。虽然早已经完成了这些目标，但该组织仍然在行业内有一定的影响力。

4.1 会员资格

AFDE 的会员由私人实验室和执法部门的文检鉴定人以及在联盟协会中的个人组成。会员必须自愿接受同行的审查，并需通过 AFDE 的入会考试，以维护会员的质量。

4.1.1 拥有认可的学院或大学的学士学位或可替代的学位，专业经验，作为候选人完成的学术课程。

4.1.2 来自熟悉候选人能力和声誉的一些指定专业人员的推荐信。

4.1.3 遵守法庭科学文检鉴定人协会的专业责任规范和道德规范。

4.1.4 具有良好的道德品质。

4.2 杂志

《法庭科学文件检验杂志》自 2008 年开始发行，是文件检验领域出版的第一本专门关于文件检验和相关法律问题的主要杂志，是一本不断地为笔迹鉴定提供科学支持的同行评议杂志。《法庭科学文件检验杂志》每年出版一本，可通过Westlaw Database订阅。杂志的编辑委员会由来自美国以及其他国家的文检鉴定人和相关领域的科学家组成。

4.3 合作

AFDE与国际笔相学协会（IGS）的合作为科学研究提供了一个宝贵的资源。

IGS和IGS的成员是国际学术界公认的在将图形行为和运动控制知识应用于法庭科学、生物物理学、教育学、神经心理学、实验心理学、古文书学、模式识别以及书法和绘画等方面做出有价值贡献的。

在2009年的IGS会议上，AFDE首先提供了500美元的“最佳论文奖”，获奖论文的题目为“不同书写条件下笔迹变化的范围”。2011年“最佳论文奖”的获奖论文题目为“对高复杂和低复杂模仿签名的认知观察”。

5. 法庭科学文检鉴定人东南协会（Southeastern Association of Forensic Document Examiners，SEAFDE）

法庭科学文检鉴定人东南协会（SEAFDE）是法庭科学文检鉴定人的一个区域性组织。由亚拉巴马州、阿肯色州、佛罗里达州、乔治亚州、肯塔基州、路易斯安那、密西西比、北卡罗来纳、南卡罗来纳、田纳西、弗吉尼亚和西佛吉尼亚等12个州组成协会的地理边界。

5.1 目标

在法庭科学文件检验领域交换想法和信息，并建立友谊和合作；在法庭科学文件检验领域鼓励高水平的专业能力；促进对法庭科学文件检验是司法体制的一个重要组成部分的认知；在法庭科学领域鼓励对新技术的持续研究和开发，并改善目前正在使用的技术；支持作为唯一认证组织的美国法庭科学文检鉴定人董事会的目标。

5.2 会员资格

SEAFDE提供了5个类别的会员资格，其名称和分类如下：

5.2.1 创办会员：指参加了1988年4月20日亚特兰大会议和/或1988年7月25日亚特兰大会议的文检鉴定人，两次会议均是在1988年11月4日协会初始章程被采用之前召开的。

5.2.2 正式会员：在协会地理边界内被雇佣或居住的实践鉴定人，同时需要能够证明已经完成了SEAFDE认可的文件检验方面的两年全职培训项目（或同等项目）。为获得正式会员资格，申请人必须至少参加过一年的SEAFDE年会，并且至少在一年的SEAFDE年会期间发表过演讲。此外，申请人还必须获得一个公认的高等学校的学士学位。

5.2.3 通讯会员：符合正式会员的要求，但居住或工作所在地不在协会的地理边界内。

5.2.4 见习会员：是为追求 SEAFDE 认可的法庭科学文件检验全日制课程的学生提供的会员资格。见习会员有效期为 3 年，过期后可申请正式会员或通讯会员资格。

5.2.5 准会员：符合正式会员或通讯会员的要求，但并不拥有公认的高等学校的学士学位或不再积极从事文件检验工作的鉴定人。

会员资格可由于一些原因被暂停/终止，例如：会员辞职；不交会费；做出不道德行为；做出有损文件检验专业或有损协会福利的行为等，但暂停/终止一名会员的资格需要在协会年度大会上得到有资格会员 3/4 的肯定投票。放弃上诉因素的人员也可以通过重新申请会员的方式恢复会员资格。

会员需要在 5 年内至少参加一次年度大会并发表演讲，或在 5 年内至少一次作为会议主席、培训主席、项目主席或网站主席行使职责。创办人和退休状态的会员不受这些限制。

拥有会员资格超过 20 年，年龄达到 65 岁，且不再从事基于工资或费用的文件检验实践的创办会员、正式会员或通讯会员，需要调整为退休状态。如果会员返回到文件检验实践中，执行委员会可以取消会员的退休状态。

5.3 协会官员

协会中的官员主要由主席、副主席、秘书和财务主管组成。如果主席无法完成任期，副主席将自动提升为剩下任期的主席；如果副主席无法完成任期，秘书将在剩下的任期中顶替副主席的位置。

主席负责主持业务会议，任命必要的委员会，任期两年。副主席在主席缺席的时候有权主持业务会议，且副主席应被指定为会员资格委员会的主席，任期两年。秘书保存 SAFDE 所有的合适记录，记录会议纪要并在报告中进行发布；秘书还负责维护 SAFDE 规章制度和发布所有的变化，任期两年。财务主管应收到 SAFDE 取得的所有款项，保存所有交易的准确记录，并向会员说明。财务主管被授权签署支票，任期两年。

协会的文件、书籍和记录应当在合适的时间向投票会员开放，并接受检查和考核。

5.4 委员会

协会中有 1 个执行委员会和 3 个委员会。执行委员会由主席、副主席、秘书和财务主管组成。刚刚离任的前任主席也可以以非投票会员的身份加入。

5.4.1 会员资格委员会：由主席（可能是协会的副主席）和协会主席任命的两名投票会员组成。

5.4.2 道德委员会：由执行委员会和协会主席任命的两名投票会员组成。道德委员会的主要工作是：①调查所有不符合职业道德的投诉；②允许被告和原告有合适的陈述和面对的机会；③在下一次的协会业务会议上报告和推荐会员资格。

5.4.3 审计委员会：由主席、会议网站主席、项目主席和一名协会主席任命的会员组成。财务主管在年度大会至少 180 天之前向该委员会提交当前的财务报告，以供审查。委员会的审查结果将会在年度业务会议上报告给协会。

5.5 会议

年度大会通常在春天举行，由业务会议和包括培训在内的科学会议组成。大会召开的时间和地点需要得到大多数会员的同意。只有会员可以参加年度业务会议，而会员和被邀请的客人都可以参加科学会议。但邀请非会员参加科学会议的权力只授予协会秘书，同时也需要得到执行委员会的批准。

执行委员会会议一般在年度大会之前召开。一般情况下，年度业务会议的议程是：①阅读和批准纪要；②官员、董事会和常务委员会的报告；③特殊委员会的报告；④特殊决议；⑤未完成的业务和一般决议；⑥新业务。

6. 法庭科学文检鉴定人西南协会（Southwestern Association of Forensic Document Examiners，SWAFDE）

与法庭科学文检鉴定人东南协会（SEAFDE）一样，法庭科学文检鉴定人西南协会（SWAFDE）也是法庭科学文检鉴定人的一个区域性组织，会员遍及整个美国。任何人，无论性别、种族、信仰或国籍，只要是美国公民，主要的职业是法庭科学文检鉴定人，主要的就业地点在美国范围内，都有资格申请成为会员，当然申请者必须满足法庭科学文检鉴定人西南协会的规章制度和指导的所有要求。

协会预期的会员必须是主要专业为文件检验的实践鉴定人或者参与了一个在有经验鉴定人指导下的培训项目的人员，且该鉴定人的资格需经过董事会的认可。

7. 美国文检鉴定人国家协会（National Association of Document Examiners，NADE）

为了促进文检鉴定人的利益发展，美国文检鉴定人国家协会（NADE）于 1979 年成立。NADE 的会员来自美国各个地方以及全世界。协会主要提供笔迹鉴定、辨认消除字迹、调查行序列、发现压痕字迹、墨水区分、检验和报告、文件照相、准备展示、笔录供词和法庭质证等方面的服务。

7.1 会员利益

NADE 是一个私人非营利组织，面向所有对文件检验领域感兴趣或从事相关工作的有资格申请人开放。NADE 的会员享有以下利益：

出版物：会员会收到协会杂志，一本专业的同行评议期刊。

认证：协会为合格的会员提供认证程序。

年度会议：3 至 4 天的会议挤满了关于文件检验领域继续教育的有价值的信息。会议强调更新友谊和专业接触，力图使 NADE 成为一个有趣而翔实的协会。

图书馆：会员可以从 NADE 的图书馆中节约感兴趣的书籍和文章。

聊天室：周一晚上，NADE 成员通过分享信息和经验互相学习，并共同寻求解决新问题的答案。

论坛：在线会员可以被邀请加入 NADE 论坛。

仅对会员：NADE 网页上的“仅对会员”部分是仅为会员设立的分享文件的地方。

7.2 杂志

《美国法庭科学文检鉴定人国家协会杂志》覆盖了文件检验方面的技术和法律问题、案例分析、研究论文和摘要等内容。会员和非会员都可以投稿，编辑委员会负责审稿，NADE 的会员都可以得到该杂志。

7.3 认证

NADE 会员可能需要参与认证项目。为了通过认证，候选人必须做到：提交申请，包括与候选人作为文检鉴定人工作各方面相关的详细资料；在年度会议上通过笔试；提交一个候选人作为专家证人参与过法庭质证的案例文件；提交所布置案例的完整检验记录；以模拟审判的形式通过候选人在认证程序之前被布置的口语考试。

当候选人成功完成以上步骤之后，认证委员会将会推荐董事会授予候选人合格文检鉴定人的头衔。大约 1/3 的 NADE 会员是 NADE 合格文检鉴定人。成为 NADE 合格会员 10 年以上，并且通过杂志发表和/或会议演讲的形式对专业做出过贡献的会员，可以申请证书身份。

7.4 会员资格

7.4.1 认证会员：指已经在文件检验领域建立了背景、能力和经验，并已经通过了 NADE 认证委员会组织的申请和考试程序的个人。

7.4.2 认证候选人：指已经通过了认证程序的笔试部分，但还没有参加实践和/或口试的个人。

7.4.3 专业会员：指在文件检验领域至少连续三年提供服务的个人，且成为NADE准会员至少一年以上，并满足其他专业标准。

7.4.4 一般会员：指全职工作在文件检验领域，但没有经过NADE认证的个人。

7.4.5 准会员：指支持组织目标、遵守道德规范的文检鉴定人。所有的文检鉴定人都以准会员的身份加入NADE。

7.4.6 附属会员：指以学生或其他附属范围支持NADE的个人。文检鉴定人不能成为附属会员。

附录：法庭科学专业组织和认证机构

1. 专业组织

美国法庭科学协会（AAFS），http://www. aafs. org

美国犯罪实验室主管协会（ASCLD），http://www. ascld. org

美国可疑文件鉴定人协会（ASQDE），http://www. asqde. org

枪械和工具痕迹鉴定人协会（AFTE），http://www. afte. org

法庭科学质量认可管理者协会（AFQAM），http://www. afqam. org

加利福尼亚刑事专家协会（CAC），http://www. cacnews. org

加利福尼亚毒物专家协会（CAT），http://www. cal – tox. org

秘密实验室调查化学家协会（CLIC）

国际鉴定协会（IAI），http://www. theiai. org

中大西洋地区法庭科学专家协会（MAAFS），http://maafs. org

中西部法庭科学专家协会（MAFS），http://www. mafs. net

国家白领犯罪中心（NW3C），http://www. nw3c. org

东北部法庭科学专家协会（NEAFS），http://www. neafs，org

西北部法庭科学专家协会（NWAFS），http://www. nwafs. org

法医毒理专家协会（SOFT），http://www. soft – tox. org

南部法庭科学专家协会（SAFS），http://www. southernforensic. org

西南部法庭科学专家协会（SWAFS），http://www. swafs. us

2. 认证机构

美国刑事专家董事会（ABC）a

美国法医人类学董事会（ABFA）b

美国法庭科学文检鉴定人董事会（ABFDE）a

美国法医昆虫学董事会（ABFE）b
美国法医牙科学董事会（ABFO）a
美国法医毒物学董事会（ABFT）a
美国法医学死亡调查者董事会（ABMDI）a
美国病理学董事会 - 法医病理学［ABP（FP）］c
美国精神病学和神经病学董事会 - 法医病理学（ABPN - FP）c
枪械和工具痕迹鉴定人协会（AFTE）b
法庭科学文检鉴定人协会（AFDE）a
法医毒理专家认证董事会（FTCB）a
国际鉴定协会（IAI）a
国际法庭工程科学研究所（IIFES）a

注：

a：代表法庭科学专家认证董事会。

b：被认为是代表该学科的认证董事会，但没有被法庭科学专家认证董事会正式的代表。

c：由美国医学专业委员会认证。

3. 技术和科学工作小组

国家司法研究所资助的技术工作小组：
爆炸现场调查技术工作小组（TWGBSI）
犯罪现场调查技术工作小组（TWGCSI）
死亡调查技术工作小组（TWGDI）
数字证据技术工作小组（TWGDE）
目击证人证据技术工作小组（TWGEYEE）
火灾现场调查技术工作小组（TWGFASI）
大规模死亡法医鉴定技术工作小组（TWGMFFI）
美国联邦调查局资助的科学工作小组：
血迹形态分析科学工作小组（SWGSTAIN）
数字证据科学工作小组（SWGDE）
DNA 分析方法科学工作小组（SWGDAM）
枪械和工具痕迹科学工作小组（SWGGUN）
指纹的分析、学习和技术科学工作小组（SWGFAST）
图像技术科学工作小组（SWGIT）

材料分析科学工作小组（SWGMAT）
微生物遗传学和取证科学工作小组（SWGMGF）
法庭科学文件检验科学工作小组（SWGDOC）
毒品管制局资助的工作小组：
查封毒品分析科学工作小组（SWGDRUG）
国家法庭科学中心资助的工作小组
火灾和爆炸调查技术工作小组（TWGFEX）

医学证言指南

John B. Wong, Lawrence O. Gostin, and Oscar A. Cabrera

John B. Wong, M. D.：Tufts 医学中心临床研究和卫生政策研究所临床决策、信息和远程医学部主任，Tufts 大学医学院教授。

Lawrence O. Gostin, J. D.：乔治敦大学法律中心全球健康法制研究所所长，O'Neill 全球健康法制研究所教授。

Oscar A. Cabrera：O'Neill 全球健康法制研究所副所长，乔治敦大学法律中心副教授。

内　容

Ⅰ. 引言

当今，医生出庭作证并不鲜见。联邦法院 2002 年公开发行的调查结论显示，在所有的专家证人出庭作证的案件中，医学和心理健康的专家证人所占比率大概为40%。[1]在涉及民事审判[2]、劳动仲裁[3]、医疗过错索赔诉讼[4]和人体损伤等案件中[5]，医学证言已经成为诉讼程序中不可或缺的重要组成部分。而在某些涉及刑事审判的案件中，医学证言也是至关重要的。[6]本指南制定的目的在于，介绍临床诊断及处置的基本概念，明确作为司法审判一部分的医学证言的证据属性。本指南的第一部分和第二部分主要明确以下内容：在服务司法审判的过程中，医学证言存在哪些重要的理论争议，以及医学证言所应采取的方式和方法等。第三部分主要介绍医学教育及培训、医疗组织机构、病患护理的主要组成成分，以及临床诊断推理过程等。本指南中所引用的事例均来自于实践案例，目的在于说明医学证言与司法审判的密切关系。

Ⅱ. 医学证言

A. 医学与法学术语

医学证言在司法审判中的应用日趋广泛，已经成为司法程序中不可或缺的重要组成部分。但是，作为医学证言的医学术语，其意义与纯粹的临床医学意义有所不同。以 Daubert 案[7]为例，医学专家证人做出的鉴别诊断是否被法庭采信，

---

〔1〕 Joe S. Cecil, "Ten Years of Judicial Gatekeeping Under Daubert", 95 *Am. J. Pub. Health* S74 ~ S80 (2005).

〔2〕 见 In re Bextra & Celebrex Mktg. Sales Practices and Prod. Liab., 524 F. Supp. 2d 1166 (N. D. Cal. 2007)，该文全面回顾了在涉及产品责任诉讼中，心内科和神经内科专家作为原告方专家证人，证实缓解关节炎症状的药物可导致严重心血管损伤的事实。

〔3〕 见 AT & T Alascom v. Orchitt, 161 P. 3d 1232 (Alaska 2007)（该案确认了美国工会赔偿委员会的决议，并驳回了起诉方对工会专家证人的质疑）。

〔4〕 Schneider ex rel. Estate of Schneider v. Fried, 320 F. 3d 396 (3d Cir. 2003)，在一起涉及血管成形术中用药是否符合临床标准而引起的医疗纠纷诉讼中，传唤医生出庭作证。

〔5〕 见 Epp v. Lauby, 715 N. W. 2d 501 (Neb. 2006)，该案详细记录了一起交通事故索赔案件中，两名医生为确认伤者的神经纤维瘤与交通事故的因果关系而进行的法庭陈述。

〔6〕 医学证据将成为众多刑事案件中的焦点，见 State v. Price, 171 P. 3d 293 (Mont. 2007)，该案为枪械袭击案件，医生在该案中作证，指明枪械袭击可导致严重的机体损伤；People v. Unger, 749 N. W. 2d 272 (Mich. Ct. App. 2008)，该案为法医病理学家和神经病理学家出庭作证的二级谋杀案；State v. Greene, 951 So. 2d 1226 (La. Ct. App. 2007)，该案为儿科医师出庭作证的儿童性侵犯和强奸案件。

〔7〕 Daubert 案：两孕妇因呕吐服用 Bendection 后导致新生儿肢体缩小，后起诉该药的制造商 Merrell Dow 药业公司，要求赔偿。原告方提出，Bendection 在化学结构上与已知的致畸药有一定的相似点；动物细胞及活动物试验表明，Bendection 有致畸性；分析以前的流行病学资料表明，Bendection

主要取决于是否采取了可被广泛接受的检查方法。[1]在法学层面，医学专家证人做出的鉴别诊断意味着“医生所得出的致原告损伤的首要原因，应该是在排除所有其他可致其损伤的原因基础上、最为可能的原因。因此，这一原因应被认为是被告加害的必然结果”。[2]但就医学层面而言，鉴别诊断往往取决于患者所表现

(接上页）与婴儿残疾有关。据此，对医生提起诉讼。美国区法院认为：根据所提前两点依据进行起诉理由欠充分；第三点依据不符合科学证据的“普遍接受性”原则。因对30000病人就流行病学方面的30个项目进行20多年的调查表明，怀孕期间服用Bendection与婴儿残陷无关。这与其所提出的第三点相矛盾，亦说明其所提第三点未得到“普遍接受”。美国区法院认为：原告所提交证据不能为法庭采纳。该案在上诉美国高等法院中，美国高等法院依据《联邦证据规则》第702条的规定，否定了历来为美国法庭所遵循的科学证据采纳上的“普遍接受”原则，驳回了美国区法院对该案科学证据采纳问题上的意见。

《联邦证据规则》自70年代中期起为美国联邦法院所适用。其第702条规定：如果某一科学理论、技术或其他专业性观点有助于法官判明证据的真伪或确证既发事件，那么在该领域具备专家资格即具备相应的知识、技术、经验、受过相应的训练和教育的人，可作为专家证人，为法庭提供相应的帮助。从这一条规定来看，并没有将某一理论的“普遍接受”性作为法庭采纳的充要条件。而且，如果必须遵照“普遍接受”的要求，将会有许多学科上的新观点遭到法庭的否定。同时，评价专家证人所提供的科学证据的可用性的责任就转到法官身上。在审判实践中，影响法官采纳科学证据的因素是多方面的。美国高等法院提出：不能将“普遍接受”性作为判断科学证据能否被采纳的唯一条件，法官应就如下四个方面作出综合分析：①该项理论或技术是否能通过检验或已得到检验；②该项理论或技术是否已得到同行的论证并已公之于众；③是否有相应的修订技术操作的标准及已知或潜在的操作误差；④该理论已得到一定范围内的相关学科团体的广泛认可。

Daubert案所体现出来的证据采信规则更为随意，它将专家置于进退两难的境地，在法庭上是处于一种“不会赢”的局面。一些法学家认为，Daubert案的判决及Daubert原则为“伪科学”进入法庭提供了机会，可能给法庭带来更多的麻烦。法官代替专家承担评价科学证据的采纳性的责任，将导致大量不当判决的出现。一些学者则认为，Daubert原则将促使模棱两可的专家证言的出现。如果将评价科学证据的采纳性的责任交予法官的话，证据的采纳将更为严格。

〔1〕 见Feliciano - Hill v. Principi, 439 F. 3d 18, 25 (1st Cir. 2006)（当从事鉴定的医生在鉴别诊断上，寻求相应的培训和经验时……大多数的法庭却对Daubert案视而不见）；Clausen v. M/V New Carissa, 339 F. 3d 1049, 1058 ~ 59 (9th Cir. 2003)（该案认为鉴别诊断是一种有效的证据手段）；Mattis v. Carlon Elec. Prods., 295 F. 3d 856, 861 (8th Cir. 2002)（以正确的鉴别诊断为基础的医学意见可以充分满足Daubert案的所有要件）；Westberry v. Gislaved Gummi AB, 178 F. 3d 257, 262 (4th Cir. 1999)（该案认识到鉴别诊断是一种可被信赖的方法）。

〔2〕 Wilson v. Taser Int'l, Inc. 2008 WL 5215991, at *5 (11th Cir. Dec. 16, 2008)，在该案中，Meier医生并没有对Wilson进行任何鉴别诊断和检查，以排除骨质疏松等自身因素，他也没有对损伤机制与损伤后果之间的一致性进行说明。尽管医学专家证人并不需要在排除所有可能原因的基础上，才能得出最终的因果关系结论，但是，如果医生仅依据有限的诊断手段就得出排除结果；或者他不能为诊断结论提供充分的解释，以证明其可信性；或者被告认为除了加害行为外，原告的自身疾病也是其损伤的结果原因之一，而医生对此又不能很好解释的情况下，医生所提供的专家证词证言就是不可信的，应当被排除。Williams v. Allen, 542 F. 3d 1326, 1333 (11th Cir. 2008)，在该案中，Eliot Gelwan医生为Williams提供医学证言。Gelwan是一名精神病学医生，擅长神经病理学和鉴别诊断。他在出庭之前，

出来的症状、体征，而与被告的加害行为存在与否无关。[1]依据患者的临床疾病状态和检查结果，在患者利益最大化的原则上，临床医生确认患者的疾病原因，并据此做出最为适合的诊疗措施，指导进一步的临床检查、用药或治疗。[2]

与医学不同的是，法学常常混淆"鉴别病因"和"鉴别诊断"的概念。[3]在医学领域，病因学是研究疾病原因的科学，[4]临床上很少将两者的概念相互替代。通常的，不同的"鉴别病因"和"鉴别诊断"都会被用来认定或排除致当事人损伤的自身和外部因素。根据案件种类和适用法律条款的不同，医学专家证人在出庭作证时，经常会同时或分别使用"一般因果关系"和"具体因果关系"的概念。"一般因果关系"通常指，原告的损伤结果可能由被告的行为造成；而"具

（接上页）对 Williams 的既往病史进行了全面的了解，掌握了广泛的第一手资料。同时，他还走访了 Williams 周边的 14 个好友，以了解他生活历程中各个时期的情况。还包括因谋杀指控而面临死刑的被告，援引"人身保护法"以支持专家证人等信息。Bland v. Verizon Wireless，L. L. C.，538 F. 3d 893，897（8th Cir. 2008），该案中，Bland 坚决支持 Sprince 医生的鉴别诊断，认可他的因果关系结论。我们始终坚持，建立在正确鉴别诊断基础上的、确定因果关系的鉴别诊断，可以充分满足 Daubert 案对医学证言的所有要求（我们必须声明，不全面的鉴别诊断并不符合 Daubert 案对医学证言的要求）。Lash v. Hollis 525 F. 3d 636，640（8th Cir. 2008），该案中，即使主治医生强烈认为 Taser 枪可以导致当事人 Lash 的横纹肌溶解，但是，他无法提供充足的鉴别诊断或更多的科学手段，排除致横纹肌溶解的其他因素，无法确认 Taser 枪导致横纹肌溶解具有直接的因果关（Taser 枪：没有子弹，靠发射带电"飞镖"来制服目标。枪里面有一个充满氮气的气压弹夹。扣动扳机后，弹夹中的高压氮气迅速释放，将枪膛中的两个电极发射出来，命中目标后，倒钩可以钩住犯罪嫌疑人的衣服，枪膛中的电池则通过绝缘铜线释放出高压，令罪犯浑身肌肉痉挛，缩成一团。关于 Taser 枪对人体是否具有严重损害一直存有争议，美国的医学鉴定人就曾用自身做实验，以验证 Taser 枪对人体的损害后果。——译者注）。在确定人身损害因果关系的诉讼中，如果专家证言缺乏足够的鉴别诊断依据，那么陪审团将不认可专家证言的证据能力。Feit v. Great West Life & Annuity Ins. Co.，271 Fed. App'x. 246，254（3d Cir. 2008），在该案中，尽管法庭会认为经过可信的方式方法得出的鉴别诊断必然是可信的。但是，得出可作为证据使用的鉴别诊断必须符合下面两个程序：①确认导致 Feit 死亡的所有可能原因；②排除最有可能导致死亡的、持续存在的潜在死亡原因（法庭采信医学证言与否，取决于医学专家是否得出了正确的鉴别诊断）。Glastetter v. Novartis Pharms. Corp.，252 F. 3d 986（8th Cir. 2001）。

〔1〕 Steadman's Medical Dictionary 531（28th ed.，2006），鉴别诊断就是在具有相似症状的一种或几种疾病原因中，依据对临床表现的系统性比较和鉴别，确认一种导致患者损伤的直接原因。

〔2〕 The Concise Dictionary of Medical – Legal Terms 36（1998），鉴别诊断的定义。

〔3〕 见 Proctor v. Fluor Enters.，Inc. 494 F. 3d 1337（11th Cir. 2007），该案中，医学专家证人通过鉴别病因，从而确定原告休克与损伤之间的因果关系。又见 McClain v. Metabolife Int'l，Inc.，401 F. 3d 1233，1252（11th Cir. 2005）。以前，从医学角度区分鉴别诊断和疾病原因，而现在，鉴别诊断和疾病原因是用来确定来自于外界致伤原因的方法。

〔4〕 Steadman's Medical Dictionary 675（28th ed.，2006），在该医学辞典中，"病因学"被定义为研究疾病原因及处置方法的科学……流行病学领域有关"病因学"定义的讨论请参见 Michael D. Green et al.，Reference Guide on Epidemiology，Section I。

体因果关系”指原告的损伤结果为被告的行为导致。[1]医学专家证人往往会同时使用这两个概念来支持因果关系结论。[2]

庭审过程中使用的“确定性”和“可能性”的概念与医学不同。法律意义上的“合理医学确定性”和“合理医学可能性”的含义与医疗实践中的含义不同。[3]正如本指南第四部分介绍的，临床意义上的诊断推理和医学证据目的在于为最好的治疗病患提供借鉴。尽管法庭经常将“合理的医学确定性”作为优先证据，[4]但这种“确定性”往往是在临床诊疗过程中，医生在多种假设的基础上做出的判断，这种判断其实并没有以满足“证据标准”为目的。

在法规和行政条例中，可能会有含义不清的术语，至少以医学专业角度来看，这些术语是有瑕疵的。因此，在涉及医学证言的案件中，法庭有必要明确在医学和法学领域内，同一术语的不同指代含义。[5]如果无法确定某些术语的明确含义，法庭也有必要明确这些术语的医学定义是否是最有助于表达法律意义的。确认某个术语是否具有法律意义上的意义，关乎证据的可采性和证据能力。[6]

---

〔1〕 见 Amorgianos v. Nat'l R. R. Passenger Corp. , 303 F. 3d 256, 268 (2d Cir. 2002).

〔2〕 见 Ruggiero v. Warner – Lambert Co. 424 F. 3d 249 (2d Cir. 2005)（由于“一般因果关系”的理论缺乏足够的证据支持，因此，在此基础之上做出的“鉴别诊断”应被法庭排除）。

〔3〕 见 Dallas v. Burlington N. , Inc. , 689 P. 2d 273, 277 (Mont. 1984)（医学专家并不能很好地理解“合理医学确定性”的标准。如果这种“确定性”是科学的，是可以被法律所接受的，那么它应该是存在极少的主观认定性、并且有充分的证据证明是可信的）。本指南无意过多的探讨法律标准，但是，在联邦和各州之间，对于医学证据的采信标准的确有很多实质性的差别。见 Robin Dundis Craig, “When Daubert Gets Erie: Medical Certainty and Medical Expert Testimony in Federal Court”, 77 *Denv. U. L. Rev.* 69 (1999)。

〔4〕 见 Sharpe v. United States, 230 F. R. D. 452, 460 (E. D. Va. 2005)（原告的法庭专家所声称的被告的失误“可能”或“也许”导致了原告的损害后果，并不能充分的支持其诉讼请求。他必须在被告的失误和原告的损害后果之间，建立“极为可能”或“非常可能”的因果关系，才能支持诉讼请求）。

〔5〕 见 Feltner v. Lamar Adver. , Inc. , 83 F. App'x 101 (6th Cir. 2003)（在田纳西工伤赔偿条款中，有关“永久、完全伤残”的定义就与医学定义有所不同）；Endorf v. Bohlender, 995 P. 2d 896 (Kan. Ct. App. 2000)（这是一起推翻原有判决的医疗过错索赔诉讼案件，原因在于，原有法院仅是从法律角度解读“临床实践”这一医学术语，但这种解读并没有真实反映“临床实践”的医学定义）。

〔6〕 见 Coleman v. Workers' Comp. Appeal Bd. (Ind. Hosp.), 842 A. 2d 349 (Pa. 2004)（法庭并没有很好地理解“查体”这一医学术语，而在社会实践中，大众对于这一医学术语的理解，往往比严格的医学定义更为宽泛）。

B. Daubert 诉 Merrell Dow 药业公司案的适用性

最高法院关于 Daubert 诉 Merrell Dow 药业公司案的判决生效后，极大地改变了法官审查专家证言的方式。[1]2002 年，兰德公司[2]就 Daubert 案之后，对法庭采信专家证言的现状进行了调查，结果发现，法庭采取了比以往更加严格的程序审查专家证言，更倾向于排除了那些不符合标准的证言。[3]尽管法庭在之后 Joiner 诉通用电气公司，[4]以及 Carmichael 诉锦湖轮胎公司的案件中[5][6]，进一步明确了"Daubert 标准"，但是，联邦法院和各州法院对医学证言的解释仍然存在相互矛盾的地方。

在这些应用"Daubert 标准"审理的案件中，审查专家证言的标准有所不同，

---

〔1〕 509 U. S. 579（1993）.

〔2〕 兰德公司（Research and Development，简称 RAND），美国非营利性的研究和咨询服务机构，主要对国家安全和公共福利方面的各种问题进行系统的跨学科分析研究，1948 年由福特基金会提供资金正式成立，总部设在加利福尼亚州。

〔3〕 Lloyd Dixon & Brian Gill, Changes in the Standards for Admitting Expert Evidence in Federal Civil Cases Since the Daubert Decision（2002）.

〔4〕 522 U. S. 136（1997），再审法庭以动物实验和传染病学实验依据不足为由，排除了医学证言。

〔5〕 原告 Carmichael 在 1993 年驾驶一辆小型货车正常行驶时，因汽车后右轮胎突然爆胎导致翻车，造成一人死亡多人重伤的事故。Carmichael 将锦湖轮胎公司和经销商作为共同被告告上法庭，以轮胎本身存在瑕疵导致事故为由要求得到赔偿。提供的证据是由机械工程师出具的证言，他从技术的角度排除了可能因轮胎的老化和历史磨损造成爆胎的可能性，证实爆裂完全是因为轮胎本身存在质量问题。一审地区法院认为专家证人的证言更多的依据的是技术而非科学，法庭在对照 Daubert 规则四个标准来检验专家证言的方法论时发现，既不能满足"公开发表的出版物"，又没有"相关科学团体认可程度的评价"，于是否决了专家证言的可采性而准许被告的请求作出简易判决。原告不服，继续上诉。上诉法院认为，Daubert 规则适用的对象仅局限于依赖科学原理进行推论的科学证据，而对依靠经验和技能做出的专家证言无效，该案不能用 Daubert 规则来审核，必须在《联邦证据规则》第 702 条框架下重新审理，从而撤销了地区法院的裁判。案件又上诉到联邦最高法院，要求确认 Daubert 规则是否对"该案工程师证据的可采性"有效。联邦最高法院的看法是，要想准确地区分专家证言是依据科学原理的推演还是根据经验和技术的判断不仅异常困难，而且也很难操作。Daubert 规则不但对以科学知识为根据的专家证言有效，而且也适用于以经验技术和其他专门知识为基础的专家证言。该案的判决做出一个重要的决定：将 Daubert 规则的应用范围拓展到带有技术性但又不属于科学知识的专家证言，进一步降低了专家证人的准入门槛。

〔6〕 22. 526 U. S. 137（1999），该案中，法庭明确了专家证言不仅是"科学的"证言，而且所有的专家证言均可适用于 Daubert 标准。尽管该案也涉及轮胎缺陷等非医学领域，但该案中的医学证言仍然适用于 Daubert 标准。另见 Joe S. Cecil，"Ten Years of Judicial Gatekeeping Under Daubert"，95 *Am. J. Pub. Health* S74 ~ S80（2005），以及 Lawrence O. Gostin，*Public Health Law*：*Power*，*Duty*，*Restraint*（2nd ed.，2008）.

是导致判决结果不甚一致的重要原因。法院在审理 Joiner 一案中〔1〕〔2〕采用了更为严格的审查标准，并在锦湖轮胎一案中〔3〕进一步加以确认。尽管在大部分设计产品质量诉讼案件中，法庭均可做出较为一致的判决，但由于联邦和各州法院在审查专家证言标准方面的细微差别，即使存在严格的审查标准对专家证言加以限制，仍然会导致不甚一致的判决。〔4〕

C. 医学推论和法学推论的关系

正如本部分所说的那样，医生的行为指南是为病患提供最好的诊疗服务，这意味着随着病患病情的好转或恶化，诊断是不确定性的、是建立在对病情发展的预判基础上，而且会经常同时出现不同的诊断。但是，当法庭要求医生提供“合理医学确定性”或“合理医学可能性”的证言时，就需要医学专家在法律规则下，证明它们的证言是确定性的。〔5〕也就是说，律师非常有必要向医学专家证人

〔1〕 Joiner 是一名电工，主要工作是维修变压器。1991 年 Joiner 被诊断出患有小细胞肺癌，怀疑是由变压器的制冷剂含有的多氯联苯（polychilorinat，PCBs）所引起的。第二年，他起诉了变压器的生产者——通用电气公司，主张自己在工作中接触了 PCBs 及其衍生物是导致自己得肺癌的直接原因。一审法院根据 Daubert 规则对 Joiner 递交的专家证言进行审查，发现证明 PCBs 导致其得癌症的证据不具备可采性，并做出了原告败诉的判决。在上诉庭审中，第十一巡回法院的法官推翻了一审判决，认为“联邦证据规则的规定倾向于采纳专家证据，而不是排除，所以我们在审查初审法官的排除裁定时要运用更严格的标准”。原告认为本案法官在审查专家证言时滥用自由裁量权。案件送到了最高联邦法院。最高联邦法院否决了上诉法院的裁定，维持了一审法院的判决。最高联邦法院在裁决书中旗帜鲜明地表态，地区法院在一审中有权判定专家提供的证据是否具备可采性，上诉法院不能推翻地方法院对科学证据可采性的认定，除非地方法院滥用自由裁量权。Joiner 案件澄清了 Daubert 检验的两个重要方面。首先，Joiner 案件使得法庭不但可以审查专家运用的方法论，而且可以仔细审查专家的推理过程的可靠性，法庭可以自由地推断在客观材料和表达的观点之间是否存有较大的出入。其次，Joiner 案件确认了这样一个事实，即审理案件的法官排除特殊的科学证据不属于自由裁量权的滥用。

〔2〕 522 U. S. at 143.

〔3〕 526 U. S. at 142.

〔4〕 Hollander v. Sandoz Pharm. Corp. , 289 F. 3d 1193, 1207 (10th Cir. 2002)；另见 Brasher v. Sandoz Pharm. Corp. , 160 F. Supp. 2d 1291, 1298 n. 17 (N. D. Ala. 2001)；Reichert v. Phipps, 84 P. 3d 353, 358 (Wyo. 2004).

〔5〕 在采用“合理医学确定性”或“合理医学可能性”证言时，法庭经常会发现医学推论和法学推论的矛盾之处。见 Clark v. Arizona, 548 U. S. 735, 777 (2006)，……法律要求专家证人的终极目标是，当医学专家成为专家证人后，他们只需要说“是”或“不是”。这需要医学专家在原有医学逻辑思维的基础上，进行法学逻辑思维的跳跃。他们不再需要过多地考虑医学概念，而是必须认识到在法庭上什么是不能说的，尤其是在医学逻辑向法学逻辑转化的过程中，不能做出令陪审团误解的证词……Rios v. City of San Jose, 2008 U. S. Dist. LEXIS 84923, at *4 (N. D. Cal. Oct. 9, 2008)，该案中，原告方试图说服法庭排除 Brain Peterson 医生的证词。原因在于该医生对原告的死亡原因所做的诊断为

解释证词的法律标准，并让他们的证词符合法律标准的要求。[1]

临床医生可以有多种方式，使他们的证言符合法律标准。实际上，与发现、确认疾病的真实原因相比较，经治医生对如何施治更为关注。因此，当他们承担出庭作证职能时，就应转换临床诊治思路，以满足法庭查明事实原因的要求。当临床医生分析了病人的症状，并依据现有的医学证据明确了病情之后，他并不需要一定对该病情做出"确定的"或"疑似"的致病原因判断。举例来说，当医生医治肺部疾患的病人时，由于缓解症状的治疗手段都是一致的，所以医生也许并不关心，该病症是由长期吸烟引起的，还是由于长期接触石棉粉尘引发的。但是，当一名长期暴露在石棉粉尘工作环境下，同时又具有长期吸烟史的工人，因肺部疾病起诉工厂，要求赔偿时，这名经治医生如果出庭作证，就需要明确疾病原因，是由于吸烟史，还是长期暴露于石棉粉尘环境中，还是两者共同作用。[2]

临床医生还经常要就自己从来也没有诊治过的病人的致伤原因、疾病恶化的概率，或者继发损伤的可能性等出庭作证。[3]临床医生有时候甚至要对已经死亡的患者做出死因判定。[4]大部分情况下，临床医生需要在其并不熟悉的领域做出判定，这个领域与其面对患者的工作环境完全不同，但是，为了符合法律标准，他们必须在这些领域内给出法庭需要的专家意见。我们再次重申，无论是在

（接上页）"疑似诊断"。这样的医学词汇并不具有法律意义，而且会误导陪审团。因此，法庭要求该医生对该词汇的医学意义和法学意义加以说明。如果一定要使用这样的词汇，医学证人必须说明该类词汇的限制范围，并对其证明事实的程序加以解释。Norland v. Wash. Gen. Hosp.，461 F. 2d 694，697（8th Cir. 1972），该案中，医学专家使用了"大概"和"可能"一类的词汇，对医学检查结果进行描述，但在法律层面，这样的词汇很少被用于证人证言，而且会引发歧义。法庭认识到了医学专家之所以使用这类词汇，代表着他并没有从医学规则转化到法学规则中来。但是，无论医学专家使用了什么词汇，只要他所陈述的事实或做出的假设，是客观公正的、可以代表他的医学专业观点，并且是其所罗列的所有可能中，最具可能性的一种，那么，法庭仍然愿意接受这样的专家证词，并提请陪审团考虑。

〔1〕 有很多的实践案例均说明了医学专家的医学证言很难完全符合法律标准。见 Schrantz v. Luancing，527 A. 2d 967（N. J. Super. Ct. Law Div. 1986）（由于对"合理医学确定性"的理解不同，该案中的专家意见并不十分充分）。

〔2〕 临床医生经常需要在涉及"多因一果"（one result of multiple causes）的诉讼中出庭作证，这时，医学推论和法学推论之间的分歧就越发明显。见 Tompkin v. Philip Morris USA，Inc.，362 F. 3d 882（6th Cir. 2004），该案中，被告为石棉网公司，原告为死者的妻子，但由烟草公司代理原告的诉讼事宜，双方均请了法庭专家证明死者的死亡与自己无关；Mobil Oil Corp. v. Bailey，187 S. W. 3d 265（Tex. Ct. App. 2006），该案为一名具有长期吸烟史的石棉网工人起诉工厂，声称工厂的工作环境增加了其罹患癌症的概率。

〔3〕 见 Tompkin，362 F. 3d 882。

〔4〕 同上。

证据标准、因果关系、证言采信原则，或者医疗过失的判定标准等方面，制定本指南的目的并不在于说明或建议，临床医生如何完全符合法律标准的要求。相反的，本指南的目的在于说明联邦及各州法院涉及医学的司法实践现状，重点在于向以专家证人身份出庭作证的临床医生建议做出专家意见的方式、方法，以及明确他们所要面临的挑战。

本指南的第Ⅲ和第Ⅳ部分，以大量的篇幅对医学实践活动进行了说明，包括医学教育、健康护理系统的结构，以及最为重要的内容——临床医生进行诊断和处置的方法。这里我们特别关注了医患关系，以及临床医生可以用作医学证据的证据类型。我们希望可以重点突出，同时，我们也列举了大量的实际案例，以供参考。

Ⅲ. 医疗体制

A. 医学教育及培训

1. 医学院校

美国医学院协会（The Association of American Medical Colleges，AAMC）由133所美国医学院校和17所加拿大医学院校组成。[1]该协会的联络委员会负责履行AAMC会员的资格认可和准入职能，并负责评估相关机构的职能、架构和绩效是否符合AAMC的要求，同时也负责评估高等医学的教学质量。医学本科教育的目的在于，培养知识和技能均符合医学研究生教育要求的本科学生。[2]学生在四年的医学本科教育过程中，前两年将首先学习进入临床实习前的基本医学知识，包括人体正常解剖结构和功能等（如解剖学、生物化学、生理学、行为科学和神经生物学等），之后将学习有关功能异常的学科，以及临床治疗的基本技能（如微生物学、免疫学、药理学和病理学）。之后的两年将主要学习临床基本技能，包括住院病人的护理轮换制度等，从而使之成为临床医院需要的、可以胜任的内科、儿科、精神科、外科、妇产科和家庭医学的实习医师。所有学生在成为正式

---

〔1〕 Association of American Medical Colleges, Membership, available at http://www. aamc. org/ about/ membership/ (last visited Feb. 12, 2011).

〔2〕 见 Davis v. Houston Cnty., Ala. Bd. of Educ., 2008 WL 410619 (M. D. Ala. Feb. 13, 2008)（如果不具有医学培训背景，将不能以专家证人的身份出庭作证）。

的医师之前，必须通过三个阶段的美国医师执照考试，并获得执业证书。〔1〕

在美国，除了大概有超过941 000名内科医生外，大概还有超过61 000名的骨科医生。骨科学院委员会大概认可了25所具有骨科学教育资质的学校。除了与内科医生教育相同的部分外，骨科学生还要特别掌握有关肌肉骨骼系统，以及该系统与人体其他生理系统的关系方面的知识。〔2〕美国大约有25%的内科医生具有国外血统。〔3〕由于国外的教育标准和课程设置与美国不同，因此，国外毕业的医学生如果想要在美国执业，就要通过美国毕业后医学教育认可委员（Accreditation Council for Graduate Medical Education，ACGME）的认可，才能获得住院医师培训资格。〔4〕

〔1〕 见 Planned Parenthood Cincinnati Region v. Taft 444 F. 3d 502, 515（6th Cir. 2006），该案中，负责审理的地方法院不认可 Crockett 医生在医学文献评价方面的专家证人身份，虽然之前并没有这样先例，但州法院同意了地方法院的意见。地方法院认为，虽然 Crockett 医生具有医学教育背景，也具有住院医生的经历，但是他在评价医学文献方面未受到任何专业培训，因此不能作为专家证人就此方面的问题出庭作证。实际上，地方法院忽视了 Crockett 医生所受教育的具体细节，他在乔治城大学就读时，曾重点学习过文献查询方法，参加了有关文献评价内容的课程，并在此方面进行大量的扩展阅读，并且，他曾受美国食品药品监督局的委托，为其进行过文献评价的工作。其实，这些资历足以使其成为专家证人。Davis v. Houston Cnty., Ala. Bd. of Educ., 2008 WL 410619, at ＊4（M. D. Ala. Feb. 13, 2008），该案中，Freet 以专家证人的身份为原告在橄榄球比赛中的行为进行解释，但法庭没有采信他的证词。法庭认为 Freet 并不具有专家证人的资质，认为原告聘请的专家证人，以及他的证言证词并不符合《联邦证据规则》第26(a)(2)(B) 的规定……同时，依据联邦证据规则第702款的规定，法庭并没有找到 Freet 任何符合专家证人的条件。该条款规定，作为专家证人，必须具有相关领域内的“知识、技能、经验、培训或教育背景”。Freet 并不是医生，也没有就读过任何医学院校。证明其具有专家证人资格的唯一证据就是，他曾在美国退伍军人职业康复部工作过5年，并以职业咨询师的身份为私人进行过7年左右的咨询工作。除此之外，Freet 没有任何医学培训记录，也没有任何从事相关领域工作的记载。Therrien v. Town of Jay, 489 F. Supp. 2d 116, 117（D. Me. 2007），该案中，法庭援引 Daubert 原则和《联邦证据规则》第702款之规定，拒绝了 Harding 医生以专家证人身份出庭作证，认为他在原告的损伤机制和致伤时间方面不具备专家资质。该决定遭到了当事人的质疑。Harding 医生毕业于达特茅斯学院和乔治城医学院，完成了内科医生的临床实习，并通过了美国医生执业考试，获得了正式的医生执业资格，参见 http://www.usmle.org/Examinations/index.html（last visited Aug. 9, 2011）。

〔2〕 Association of American Medical Colleges, What is a DO? available at http://www.osteopathic.org/osteopathic-health/about-dos/what-is-a-do/Pages/default.aspx（last visited Feb. 12, 2011）; Association of American Medical Colleges, About Osteopathic Medicine, available at http://www.osteopathic.org/osteopathic-health/about-dos/about-osteopathic-medicine/Pages/default.aspx（last visited Feb. 12, 2011）.

〔3〕 American Medical Association, Physician Characteristics and Distribution in the U. S.（2009）.

〔4〕 Commission for Foreign Medical Graduates, About ECFMG, available at http://www.ecfmg.org/about.html（last visited Feb. 12, 2011）.

2. 研究生教育

再从医学院本科毕业后，医学生必须要进行专科的住院医师实习培训。[1]住院医师的实习期一般在3～7年，实习单位一般为教学医院或医学中心。实习期间，住院医师要接受实习医院的管理，并参与医学教学和科研工作。[2]在完成住院医师的实习培训后，医学生就具有参加执业医师资格认证考试的资格。[3]很多州还要求，医学生获得执业医师资格必须通过美国研究生医学教育鉴定委员会（Accreditation Council on Graduate Medical Education，ACGME）所认可的住院医师培训项目。该委员会负责认可多达8700项、涉及26个大类、130个亚类的住院医师实习培训项目。[4]在完成上述培训后，医学生还要进行后续的见习医师培训。ACGME将见习医师培训分为两类[5]：非独立性附属项目，该项目培训内容主要满足资格认证考试的需要，以资格认证考试的内容为核心培训内容；独立性附属项目，这类培训并不受资格考试内容的限制，是针对培训者特长而开展的特殊培训。[6]就骨科医生而言，美国骨科学会负责骨科医师的博士后培训项目。[7]美

---

〔1〕 见 Brown v. Harmot Med. Ctr.，2008 WL 55999（W. D. Pa. Jan. 3，2008）。“美国医学会对执业医师的准入要求” http://www. ama－assn. org/ ama/ pub/ education－careers/ becoming－physician. page?（last visited Aug. 9，2011）。

〔2〕 See Planned Parenthood Cincinnati Region v. Taft，444 F. 3d 502，515（6th Cir. 2006）．“美国医学会对执业医师的准入要求” http://www. amaassn. org/ ama/ pub/ education－careers/ becoming－physician. page?（last visited Aug. 9，2011）。

〔3〕 见 Therrien v. Town of Jay，489 F. Supp. 2d 116，117（D. Me. 2007）（该案中，完成了内科住院医师实习培训的医生，就具有了对损伤因果关系进行证明的专家证人身份）。“美国医学会对执业医师的准入要求” http:// www. ama － assn. org/ ama/ pub/ education － careers/ becoming － physician. page?（last visited Aug. 9，2011）。

〔4〕 “美国研究生医学教育鉴定委员会”，available at http://www. acgme. org/acWebsite/newsRoom/newsRm_ acGlance. asp（last visited Feb. 12，2011）。

〔5〕 Accreditation Council for Graduate Medical Education，Specialty Programs with Dependent and Independent Subspecialties，available at http://www. acgme. org/acWebsite/RRC_ sharedDocs/ sh_ progs_ depIndSubs. asp（last visited Feb. 12，2011）.

〔6〕 John Doe 21 v. Sec'y of Health and Human Servs.，84 Fed. Cl. 19，35～36（Fed. Cl. 2008），该案中的专家证人，政府特聘专家，Wiznitzer医生，是被美国精神病学和神经病学委员会认证的神经病学专家，也通过了小儿神经病学的执业认证。同时，Wiznitzer医生也通过了美国儿科学委员会的执业认证。自1986年开始，Wiznitzer医生一直是俄亥俄州克利夫兰大学附属医院儿科和神经科的副主任。1992年，Wiznitzer医生开始担任俄亥俄州克利夫兰Rainbow儿童中心和儿童医院的主任。在过去的24年内，Wiznitzer医生一直是凯斯西储大学的儿科和神经科副教授。他在辛辛那提儿童医院完成了住院医师培训，并在见习医师培训阶段，接受了儿童发育障碍、儿科神经病学和高等皮层功能方面的特别培训。Wiznitzer医生在神经病理学领域获得了多项荣誉和奖励，他的研究结果也以论文的形式广为发表。Rown v. Hamot Med. Ctr.，2008 WL 55999，at ＊8～9（W. D. Pa. Jan. 3，2008），该案中，美国联邦法

国骨科学会为此专门设立了骨科博士后培训机构（Osteopathic Postdoctoral Training Institutions, OPTI），该机构是由大学的骨科研究院所、各大医院及骨科门诊组成的联合培训机构。[1]

3. 执照核发和证书授予

执业医师法规定了医疗行为的定义，并在美国五十个州、华盛顿特区和所有美国领域内强制执行。除了授予执业医师执照外，各州医学委员会还负责受理、调查医疗投诉，惩戒违规医师，评估和恢复医师执业资格等事务。由各州医学委员会组成的医学会联盟机构代表着全美七十多所医学委员会，其任务是"提升医学实践水平，完善执照核发制度，协调国家医疗资源，并代表全美医学委员会保证公共医疗权益"。[2]

证书授予包括医学教育证明、研究生培训证明、医学委员会认证、专家推荐证明、执业证书等，这其中，医学委员会的认证最为重要。证书授予或执业资格恢复还包括医院的证明，医院应评估并证明医生的专业和技术能力，并对医生护理能力进行评估。这项证明确定了医生的执业范围和执业权限。医院证明的实质其实就是证明医生从事医疗实践的服务能力。

美国医学专业委员会（The American Board of Medical Specialties, ABMS）为24个医学专业领域提供执业认可（如：急诊医学、内科学、妇产科学、家庭医学、儿科学、外科学等）。[3] ABMS的职能是"确保医生在专业实践领域或其分支领域具有执业资格"。[4] 尽管评价专业性的标准经常发生改变，但是，ABMS对执

（接上页）院第五巡回法庭对住院医师的学术专业性做了如下解释：住院医师培训与其他实习培训的区别在于，住院医师培训的整个过程受到专业学术监督和评估。住院医师培训的主要目的并不在于岗前技能培训或获得薪酬的标准，而是一种专业学术训练，是为了完成医师执业能力的认证、认可培训……这种认证向全世界宣告，该医师已经成功的达到了所有培训项目，具有接受进一步专业培训和在特殊领域进行医学实践的资格……只有执行培训机构专家的专业评估可以判定医生是否成功地完成了住院医师培训，而在此方面，法院则囿于专业限制，无法评定。

〔7〕 American Osteopathic Association, Postdoctoral Training, available at http://www.osteopathic.org/inside-aoa/Education/postdoctoral-training/Pages/default.aspx (last visited Feb. 12, 2011).

〔1〕 American Osteopathic Association, Postdoctoral Training, available at http://www.osteopathic.org/inside-aoa/Education/postdoctoral-training/Pages/default.aspx (last visited Feb. 12, 2011).

〔2〕 Federation of State Medical Boards, FSMB Mission and Goals, available at http://www.fsmb.org/mission.html (last visited Feb. 12, 2011).

〔3〕 American Board of Medical Specialties, Who We Are and What We Do, available at http://www.abms.org/About_ABMS/who_we_are.aspx (last visited Feb. 12, 2011).

〔4〕 尽管专业性是现代医学实践的标志，但在司法实践中，法庭并不总是需要来自医学专家的专业性证言。见Gaydar v. Sociedad Instituto Gineco-Quirurgico y Planificacion Familiar, 245 F.3d 15, 24~25 (1st Cir. 2003)，该案中的医学专家证人就不需要向法庭提供专业性的医学证言。

业认可最基本的要求，至少要有合格的住院医师培训、由医疗机构提供的实习证书、书面或口述的评估证明。有些委员会还要求有医疗机构出具的实践评估报告。申请者应向 ABMS 提供包括考试通过证明等所有的文件。ABMS 所颁发的证书没有执业期限，一旦颁发，终生有效。但是，在有些需要再次认可的领域，当再次认可执业资格时，申请者应证明其在专业领域内保持有执业能力。2006 年，ABMS 就再次认可执业资格内容进行了改革，从以下四个方面突出了执业能力的连续性：

(1) 证书和专业身份；

(2) 终生性的学习过程；

(3) 专业性知识；

(4) 实践表现评估：

a. 病患护理；

b. 医学理论；

c. 医学实践；

d. 交流能力；

e. 专业地位；

f. 全面、系统实践能力。[1]

但是，还有一些例外情况。一些专业组织更倾向于设立它们自己的，而不是 ABMS 的认证资格程序（如：美国肥胖治疗委员会）。[2]

美国骨科学会（The American Osteopathic Association，AOA）可在18 个骨科相关领域进行资格认证（如：急诊、内科、妇产科、家庭医学、儿科、外科等）。[3]骨科学再次认证的内容包括：全科执业资格；终生学习/继续医学教育；认知评估；实践表现评估和提升；AOA 会员资格延续。[4]

---

〔1〕 American Board of Medical Specialties, ABMS Maintenance of Certification, available at http://www.abms.org/Maintenance_of_Certification/ABMS_MOC.aspx (last visited Feb. 12, 2011).

〔2〕 American Board of Bariatric Medicine, Certification, available at http://www.abbmcertification.org/ (last visited Feb. 12, 2011).

〔3〕 American Osteopathic Association, AOA Specialty Certifying Boards, available at http://www.osteopathic.org/inside-aoa/development/aoa-board-certification/Pages/aoa-specialty-boards.aspx (last visited Feb. 12, 2011).

〔4〕 American Osteopathic Association, AOA Specialty Certifying Boards, available at http://www.osteopathic.org/inside-aoa/development/aoa-board-certification/Pages/aoa-specialty-boards.aspx (last visited Feb. 12, 2011).

4. 医学继续教育

对于再次申请医师执业资格的情况，各州医学委员会要求提供医学继续教育证明，以确保申请者获得新知识以及保持医疗能力。医学继续教务认证委员会（Accreditation Council for Continuing Medical Education，ACCME）负责制定认证程序，并负责提高医学继续教育的质量。在组织架构和培训方式上，各州的 ACCME 均保持一致，从而保证医师认证工作的一致性，使继续医学教育可以满足公共教育的质量要求。以美国骨科学会为例，AOA 委员会除了监督医师认证工作外，还会委托医学继续教育委员会（Council on Continuing Medical Education，CCME）对学会资助方进行监督。[1] AOA 下属的医疗保健认证项目机构（Healthcare Facilities Accreditation Program，HFAP）还将对其他医疗机构的医疗服务进行评估。[2]

B. 医疗服务组织

美国的医疗服务是非常分散独立的，[3] 医疗服务的提供者通常是诊所、医院、管理式医疗机构、医学组织、综合医院、整合性健康照护体系、专科医院、成像设备、专业护理设备、康复医院、急诊室、药店诊所以及其他无预约诊所。1996 年的一项调查显示，许多病人把这种医疗服务体系看作是“噩梦之旅”。[4] 门诊服务转为住院治疗需要将病人长期以来的医疗状况、药物和临床治疗情况在不同医生之间进行多次准确、及时、全面的转换。尽管医院的网络化和系统化程度越来越高，但大部分的社区医生仍然工作在小诊所中，这些诊所通常只有 10 个或更少的医生。[5]

哈佛医疗实践研究（Harvard Medical Practice Study）[6] 最先关注了医疗服务

---

〔1〕 American Osteopathic Association, Continuing Medical Education, available at http://www.osteopathic.org/inside－aoa/development/continuing－medical－education/Pages/default.aspx (last visited Feb. 12, 2011).

〔2〕 Healthcare Facilities Accreditation Program, About HFAP, available at http://www.hfap.org/about/overview.aspx (last visited Feb. 12, 2011).

〔3〕 Committee on Quality of Health Care in America, Institute of Medicine, Crossing the Quality Chasm: A New Health System for the 21st Century (2001) (hereinafter “2001 CQHCA Report”).

〔4〕 5 26 U. S. at 142.

〔5〕 5 26 U. S. at 142.

〔6〕 1991 年美国“哈佛医疗实践研究”（Harvard Medical Practice Study，HMPS）报告的发表，正式地向各医疗机构和卫生政策制定者昭示了病人安全问题的范围和程度。这一著名的研究报告，在美国、加拿大、欧洲、澳大利亚、日本以及中国台湾地区掀起了一场国际性的病人安全运动。美国“哈佛医疗实践研究”的样本对象是在纽约州随机抽取的 51 家医院及从中进一步随机抽取的 30 000 多份刚

组织的安全性问题，他们发现不良事件占到了医疗服务总量的3.7%，[1]例如一些受到高度关注的医疗事件（包括药物使用过量和不当截肢）。医学研究所估计，1997年医疗过失导致98 000名住院患者死亡。[2]哈佛医疗实践研究的报告强调医疗保健服务系统（有人也称其“缺乏有效组织系统”）本身所具有的分散性和对立性，增加了患者在治疗过程中的不安全程度，同时也阻碍了医疗服务安全性的提高。虽然我们认为“并不是所有的医疗过失都会带来伤害”，但是，该报告将医疗安全定义为“没有发生意外伤害”，同时指出了两种过失：未按预期完成诊疗计划的行为，或是按照错误方式、方法完成诊疗目的的行为。

因此，美国医学研究所（Institute of Medicine，IOM）[3]建议发展一种学习型医疗服务系统，“这是一种既要防止过失发生，又要在过失发生后可以从中学习，吸取教训的体系。发展这种体系首先要求相关人员必须恪守医疗安全理念；其次要具备完善的信息系统。”[4]政府及非政府组织，例如健康看护研究与质量机构（1999年健康研究研究与质量法案指定其为负责病人安全的联邦政府机构，其职能主要有：①查明医疗服务过程中可预防医疗过失及病人损伤或死亡的原因；②为减少医疗过失，提高病人安全程度而制定、论证、评估相关发展策略；[5]

（接上页）出院患者病历。在这项研究中，“不良事件”（adverse events）被定义为“病人住院时间延长、出院时仍有功能障碍或医疗导致的死亡”。住院患者遭受某种不良事件的比例是3.7%；其中，本来是可以预防的不良事件高达58%。这些研究结果被另一项类似的、以科罗拉多州和犹他州医院为样本的研究结果所再次确认：2.9%的住院病人遭受了不良事件；其中，53%是可以预防的。

〔1〕 Troyen A. Brennan et al.，“Incidence of Adverse Events and Negligence in Hospitalized Patients：Results of the Harvard Medical Practice Study I”，324 *New Eng. J. Med.* 370～76（1991）；Lucian L. Leape et al.，“The Nature of Adverse Events in Hospitalized Patients：Results of the Harvard Medical Practice Study II”，324 *New Eng. J. Med.* 377～84（1991）.

〔2〕 Committee on Quality of Health Care in America，Institute of Medicine，To Err Is Human：Building a Safer Health System 26（2000）（hereinafter“2000 CQHCA Report”）.

〔3〕 美国医学研究所（Institute of Medicine，IOM）：成立于1970年，隶属于美国国家科学院，作为一个非营利研究组织，其涉及领域主要是生物学、医学和健康事业，也包括相关的行为社会学、人类学、管理学、法学、物理学和工程学。美国医学研究所的主要工作目的，即通过鉴别和综合相关科学事实，以及慎重的商讨程序，帮助卫生决策形成。

〔4〕 Committee on Data Standards for Patient Safety，Institute of Medicine，Patient Safety：Achieving a New Standard for Care 1（2005）.

〔5〕 Agency for Healthcare Research and Quality，Advancing Patient Safety：A Decade of Evidence，Design and Implementation at 1，available at http://www.ahrq.gov/qual/advptsafety.htm（last visited Feb. 12，2011）.

③在整个医疗卫生保健行业推广此类有效措施），健康防治质量管理和报告的国家品质论坛（National Quality Forum）（制定及评估相关行为准则的非营利组织），〔1〕美国医疗机构评审联合委员会（Joint Commission）（授权和认证医疗质量和安全的独立性非营利性组织），〔2〕美国医疗卫生质量改善委员会（Institute of Healthcare Improvement）（促进创新改善医疗卫生水平的独立的非营利性组织），〔3〕越级集团（Leapfrog Group）〔4〕。所有这些组织和机构都被纳入促进医疗保健系统安全的任务之中。为提供安全、有效、高效的医疗服务，医疗服务系统不断整合医疗服务人员，包括护士及其从业人员、助理医师以及治疗医师。

C. 病人护理

1. 目标

美国医学研究所（The Institute of Medicine，IOM）将医疗质量描述为："医疗

---

〔1〕 国家品质论坛（NQF，National Quality Forum）：位于华盛顿的一个非营利组织，该组织致力于改善美国的医疗品质。为了达到该目标，国家品质论坛实现了三方的任务：设定促进绩效的目标、认定评估和报告绩效的标准并促进教育推广方案。国家品质论坛成员包括购买者、医生、护士、医院、认证机构和人员。国家品质论坛因创建了 28 种它认为是严重可报告事件的医疗错误清单而被大众了解。严重可报告事件通常是指"决不事件"，因为它们大都是可以预防的医疗事故，并且决不应该发生。国家品质论坛把严重可报告事件分为六个等级：外科手术、产品设备、病人防护、医护管理、环境和犯罪导致。严重可报告事件包括对病人实施的错误手术、手术后在病人体内遗留外部物件和将新生儿给错父母。国家品质论坛关于医疗错误发生率和影响的报告："1999 年的一项医疗研究所报告估计，每年有 44 000 到 98 000 人因医疗事故死于美国的医院，超过了车祸、乳腺癌和艾滋引起的死亡人数。在相隔的九年中，统计的数据并没有像人们希望的程度改善。患者安全评估表明，在这个领域，美国每年只能降低 1%。财政影响也是令人震惊的：每年，18 种医疗事故导致了 240 万天的额外住院天数和 93 亿美元的额外费用。"

〔2〕 美国医疗机构评审联合委员会（Joint Commission）：美国国内实施医疗机构评审的专业组织，也是美国乃至世界上历史最悠久的、最大的医院评审机构。75 年来，美国医疗机构评审联合委员会及其前身组织致力于医疗保健服务的质量改进。它通过自愿认可程序已评审了美国国内近 2 万家健康保健机构，该机构采取的评审标准在全球范围内产生了重要影响。在对美国国内医院进行认证的过程中，美国医疗机构评审联合委员会取得了很好的实际经验。其下设的国际联合委员会创建于 1988 年，负责对外联络与交流，已为泰国、印度、新加坡、马来西亚、菲律宾、中国等全球 60 多个国家或地区提供医疗机构评审标准。国际联合委员会标准中有 368 个标准（200 个核心标准，168 个非核心标准），1035 个衡量要素，具有系统性、计划性、过程管理、持续改进和标准化的重要特点，以使医疗机构的医疗服务质量达到规定的标准。

〔3〕 美国医疗卫生质量改善委员会（Institute of Healthcare Improvement）：在 1992 年 1 月出版的《医院评审手册》中，将增加关于质量管理的新标准，称为连续性质量改进（Continuous Quality Improvement，CQI）。为此要求各医院熟悉新标准并加以实施。改进的重点是对手术病人的审查、用血与用药的评估等三个方面。

〔4〕 越级集团（Leapfrog Group）：美国医院品质监督组织。

服务增加个人与人群所期望的健康结果方面所达到的程度，以及医疗服务与现有专业知识的一致程度。”提高医疗保健的六个具体目标包括：

（1）“安全：避免患者在救治过程中受到伤害。”

（2）“有效：为可受益患者提供科学服务，避免为患者提供其并不需要的服务。”

（3）“患者为中心：提供尊重并符合患者个人爱好、需求及价值观的医疗服务，确保患者价值观引导所有临床决策。”

（4）“及时：减少医疗服务过程中服务接受者和提供者的等待和偶然的、有害的延迟。”

（5）“高效：避免浪费，包括仪器、材料、和能源的浪费。”

（6）“公平：不应根据病人个人情况，如性别、种族、所居住地理位置和所处社会经济地位提高不同的医疗服务。”[1]

健康结构目标包括：①提高寿命或平均寿命。②缓解症状（提高生命质量减少发病率）。③预防疾病。

但是，这些目标可能会彼此冲突。例如，一些患者可能会接受减少寿命以获得更高质量的生命（例如，如果某些患有声带癌的患者，如果不进行声带切除手术，其存活率就会降低，但他们中20%的人会仍会仅选择放射治疗、保留声带，从而保住自己的声音[2]）。但是，其他的患者会选择降低生命质量来延长生命长度（例如，癌症化疗）。一些患者在延长生命和缓解症状的过程中冒着生命危险（例如，冠状动脉搭桥手术），然而，尽管未来可能会受益，但其他一些患者会选择避免治疗过程中和手术过程中的风险（风险规避）。在《跨越医疗质量的裂痕——21世纪新的医疗保健系统》中，[3]美国医疗卫生保健质量委员会强调，医疗服务应当适应患者的选择和喜好，并根据患者的需求和价值而制定。[4]

医疗诊疗章程规定了三项基本原则：①患者利益，为患者的利益而服务；②患者自主，让患者做知情决定；③社会公平，卫生保健资源平均分配。有时，

---

〔1〕 2001 CQHCA Report, supra note 54, at 44, 5 ~ 6.

〔2〕 Barbara J. McNeil et al., “Speech and Survival, Tradeoffs Between Quality and Quantity of Life in Laryngeal Cancer”, 305 *New Eng. J. Med.* 982 ~ 87 (1981) (hereinafter “McNeil”).

〔3〕 本书呼吁对美国的医疗保健系统进行一次大规模的重新设计，为卫生政策筹划者、医疗保健管理人员、临床医生、规章制定者以及医疗卫生保健领域的其他人员，就具体的行动方向提供了多架构原则。包括一系列对21世纪医疗卫生保健系统的实际期望值；十条指导病人与医生相互关系的新规则；一个推荐的组织架构，通过质量的改进，可以更好地将支付与责任所固有的激励结合起来；促进循证医学与加强临床信息系统的关键措施。

〔4〕 2001 CQHCA Report, supra note 54, at 49.

患者利益第一，使得医生与社会公平相冲突。例如，如果一名心脏病患者突然在急诊室内心脏病发作，但心脏病重症监护室内却没有空余病床，在重症监护室内，即使病情最为稳定的患者，病情也刚刚在两天前开始平稳。[1]虽然将这名转移出重症监护室有可能使他面临严重并发症的危险，但心脏重症监护室的床位是有限的社会资源，其他患者有权利可以共享。这时，患者利益第一与社会公平之间便发生了冲突。[2]同样，有些患者会坚持进行不必要的和费用高昂的检查或治疗，医疗诊疗章程所规定的三项基本原则的前两条，鼓励医生满足患者的要求，但是，这些不必要的检查和治疗对患者无益，增加了他们的花费，同时也消耗了其他患者可以获得的资源。[3]

2. 医患接触

典型的医患接触由四部分组成：病史采集、查体、确诊、咨询。[4]大多数情况下，身体变化所引起的症状使得患者寻求医疗关注。在病史采集期间，医生确定主诉作为特殊症状，从而指导患者进行医疗评估。现病史包括近期一段时间内症状的发作和进展，也可以包括患者未表现出的、可能发作的潜在症状。这些“潜在负面因素”减少了有争议诊断结论。医患之间的全面了解包括对先前疾病的住院治疗、手术、目前药物使用状况、药物过敏反应，以及生活习惯，包括吸烟、酒精成瘾情况，违禁药品使用、饮食习惯和运动习惯等。通过调查已经在相关家族成员间确诊的疾病史，可以被认为确定患者潜在疾病的遗传病因。社会背景通常包括教育、工作、社会关系，可以为感染和治疗疾病提供社会经济背景资料，为接触环境或病毒风险提供工作背景资料。最后，系统回顾是症状的统合清单，这些症状可能是，也可能不是各个生理系统的表现，但它可以帮助医生了解患者无意间忽略的症状，而且可以引导医生去考虑其他诊断的可能性。

患者，特别是年长的患者可以通过看护来监控多种慢性疾病，这需要患者（包括其家属）及其服务提供者具有长期统一的看护目标和计划，并且有进行患

---

[1] Medical Professionalism Project, “ABIM Foundation, Medical Professionalism in the New Millennium: A Physician Charter”, 136 *Annals Internal Med.* 243, 244 (2002).

[2] Harold C. Sox et al., Medical Decision Making (2007).

[3] Harold C. Sox, “Medical Professionalism and the Parable of the Craft Guilds”, 147 *Annals Internal Med.* 809～10 (2007).

[4] Harold C. Sox, “Medical Professionalism and the Parable of the Craft Guilds”, 147 *Annals Internal Med.* 809～10 (2007).

者自主训练的计划。[1]但是，完善的医疗诊断仅仅来源于主观性的主诉表达。考虑病史需要综合多种病症的情况，还要考虑这些症状、体征是否会继续发展，以及患者稳定和控制病情的能力。

查体具有指导性和全面性，可发现疾病症状和体征（与患者所描述的症状不同）。专科查体指的是对有可能引起症状和/或疑似疾病，有积极或消极关系的生理系统的检查。患有慢性病时，查体可以用来监控疾病发展过程和治疗过程，对于疑难疾病，或是影响多种器官的疾病来说，对所有器官系统的全面检查作为年检的一部分。医患接触的医疗决策步骤包括完成任务和计划，了解病史和身体检查结果后，在诊断可能性基础上——治疗的可能性、风险、效益——医生决定是否推荐使用专业或分科护理，以便进一步诊断评估或是进行治疗干预。极难诊断是指通常症状不明显，极少出现，与其他症状类似或涉及多个器官系统的疾病，例如，与哮喘类似的喘息，可由胃酸反流至食道继而进入肺部（胃食管反流），充血性心脏衰竭、声带异常和其他罕见症状所引起。医患接触的最后一步就是要劝告患者遵循诊断、检查和治疗，包括改变饮食和生活习惯，依从药物、医疗器械和程序干预。

Ⅳ. 医疗决策

A. 诊断推理

确定疾病过程中不确定性使确诊非常困难：①难以区别正常和异常症状、体征；②疾病的发生、发展存在不确定性（虽然乳腺原位管癌发展成为浸润性乳腺癌的概率低于50%，但仍具有这种可能性），更确切地说，这种不确定性增加了临床干预结果不佳的风险（高血压病的存在增加了心脏病发病的风险）；③一种疾病的症状、表现掩盖了其他症状。[2]医生应当根据症状、体征，但不局限于症状、体征，从而发现特殊症状（一些医生接诊一组患者，23%～40%的医生认为咳嗽是主要症状），通过观察患者症状（例如，50%的医师会检测到苍白病——发病时皮肤由于缺氧而呈现出蓝色和紫色的斑点），或者通过口头询问及检测（例如，从女性子宫颈口取下细胞切片进行子宫抹片检查，寻找宫颈癌的证据后，

〔1〕 见 generally Davoll v. Webb, 194 F. 3d 1116, 1138 (10th Cir. 1999)，本案中，由于依据自身的知识和经验，对患者进行的治疗和检测，经治医生被认为不应以专家证人的身份出庭作证。

〔2〕 David M. Eddy, "Variations in Physician Practice: The Role of Uncertainty", 3 *Health Affairs* 74, 75～76 (1984).

只有50%的医生会达成一致意见）。[1]另外，对于一些替代疗法的预后（对疾病的治疗结果）也有相当多的讨论意见。

英国皇家医学院的一篇报告指出：医学实践的特点就是对不确定病例的判断，医生对他的判断和之后所产生的治疗的结果负责。一名医生不断增长的知识和技能为判断提供了精确的科学基础，并使之愈加熟练。但是，由于医学中存在太多的不可预知性，这就要求医生要拥有相当的智慧与技能，他们的决策如果不能做到通俗易懂，而被认为疏于责任，这就会使他们经常受到批判。[2]

1. 临床推理过程

临床问题解决研究指出，医生通常使用两种诊断方法：假设演绎法（hypothetico - deductive）（审慎且缜密）[3]和模式识别法（pattern recognition）[4]（快速且直观）。[5]在假设演绎过程中，基于一部分信息，例如患者的年龄、性别、主诉，医生[6]开始做出有限的诊断推测（假设生成）。在过去的50年里，认知科学证实，人类的短期记忆能力是有限的，[7]因此大脑中这些对可能诊断的初始

---

〔1〕 Harold C. Sox, "Medical Professionalism and the Parable of the Graft Cuilds", 147 *Annuals Internal Med.* 809 ~ 810 (2007).

〔2〕 Royal College of Physicians, RCP Bookshop. Doctors in Society. Medical Professionalism in a Changing World technical supplement full text at 11, available at http://bookshop.rcplondon.ac.uk/contents/pub75 - 411c044b - 3eee - 462d - 936d - 1dad7313e4a0.pdf (last visited Feb. 12, 2011).

〔3〕 假设演绎法：又称为假说演绎推理，是指在观察和分析基础上提出问题以后，通过推理和想象提出解释问题的假说，根据假说进行演绎推理，再通过实验检验演绎推理的结论。如果实验结果与预期结论相符，就证明假说是正确的，反之，则说明假说是错误的。这是现代科学研究中常用的一种科学方法。

〔4〕 模式识别法：又称图形识别，就是通过计算机用数学技术方法来研究模式的自动处理和判读。我们把环境与客体统称为"模式"。随着计算机技术的发展，人类有可能研究复杂的信息处理过程。信息处理过程的一个重要形式是生命体对环境及客体的识别。对人类来说，特别重要的是对光学信息（通过视觉器官来获得）和声学信息（通过听觉器官来获得）的识别。这是模式识别的两个重要方面。模式识别法在医学中主要应用在癌细胞检测、X射线照片分析、血液化验、染色体分析、心电图诊断和脑电图诊断等方面，模式识别已取得了成效。

〔5〕 Jerome P. Kassirer et al., *Learning Clinical Reasoning* (2nd ed. 2009) (hereinafter "Kassirer et al."); Arthur S. Elstein & Alan Schwartz, "Clinical Problem Solving and Diagnostic Decision Making: Selective Review of the Cognitive Literature", 324 *BMJ* 729 ~ 32 (2002) (hereinafter "Elstein"); Jerome P. Kassirer & G. Anthony Gorry, "Clinical Problem Solving: A Behavioral Analysis", 89 *Annals Internal Med.* 245 (1978); Geoffrey Norman, "Research in Clinical Reasoning: Past History and Current Trends", 39 *Med Educ.* 418 ~ 27 (2005).

〔6〕 Steven N. Goodman, "Toward Evidence - Based Medical Statistics, 1: The p Value Fallacy", 130 *Annals Internal Med.* 995 ~ 1004 (1999) (hereinafter "Goodman").

〔7〕 Elstein, supra note 73; George A. Miller, "The Magical Number Seven Plus or Minus Two: Some Limits on Our Capacity for Processing Information", 63 *Psychol. Rev.* 81 ~ 97 (1956).

表述是认知的必要条件，并为医生提供初始材料，以便分析接下来的信息和数据。根据初始表述上所罗列的信息，医生希望了解哪种症状、影响因素、病程、征兆或是正常检查结果，并会与哪种诊断相符合（演绎推理）。

随着医生收集更多的信息，他们对这些数据进行分析，判断列表上所列的可能性是否与这些数据相一致，确定这些信息是否会增加或减少每种病症的可能性（假设推理）。如果信息和列表上的信息相符，就考虑其他的诊断可能性（假设推理）。一次或一段时间内多次就诊一名或多名不同医生的过程中，医生反复收集的病史资料可形成大量的、有关疾病的信息。认知的最后一步（诊断核实）包括测试诊断正确性，以确保其一致性（与易感风险因素、生理机制以及由此引发的临床表现）；充分性（解释所有正常和异常现象的原因和发病时间过程的能力）；简洁性（用最简单、单一的而不是同时发生的两种或多种疾病的原因来解释检查结果）。〔1〕

临床推理的另一个方法就是依据经验知识迅速加以判断，得出诊断。快速而无意识的“经验法则”或被称为认知捷径。在这些情况下，模式识别使医生快速了解情况并做出快速诊断，提高了认知的效率。〔2〕例如，X光检测显示一名黑人女性胸部淋巴结出现大片阴影，许多医生就会因此而联想到肉状瘤病。经验知识包括这种简化假设，但会受到认知偏差的影响。例如，一种罕见的肾上腺肿瘤——嗜铬细胞瘤也会引发高血压。患有这一肿瘤的患者表现出阵发性头痛、出汗、心跳加速的典型症状。由于认知性偏差，医生会认为患有高血压的患者表现出这三种症状的可能性要高于患有嗜铬细胞瘤的病人，从而得出“高血压病”，而不是“嗜铬细胞瘤”的诊断。但是，也有夸大一种罕见疾病的可能性。〔3〕其他的认知偏误还包括可得性（由于疾病严重程度和大众关注程度，以及对普通和常规疾病低估而夸大了一些令人印象深刻的疾病的可能性）和定位错误等（对于

---

〔1〕 Kassirer et al., supra note 73, at 5 ~6.

〔2〕 Stephen G. Pauker & John B. Wong, “How (Should) Physicians Think? A Journey from Behavioral Economics to the Bedside”, 304 *JAMA* 1233 ~35 (2010).

〔3〕 相关的讨论还可见第Ⅳ部分A. 2. Bayes' 规则的应用。在100 000名高血压患者中，仅可能有100名是嗜铬细胞瘤的患者。大概有91%的患者可具有嗜铬细胞瘤三联征，即阵发性“头痛、多汗、心悸”表现（敏感性），而有94%的非嗜铬细胞瘤患者则无此症状（特异性），也就是说，大概仍有6%的非嗜铬细胞瘤患者，反而表现出嗜铬细胞瘤的症状和体征。根据Bayes' 规则，每100名嗜铬细胞瘤的患者中，有91名可表现出典型的嗜铬细胞瘤三联征（100×91%）；而5994名非嗜铬细胞瘤的患者可能会具有嗜铬细胞瘤三联征（99 900×6%）。那么，在100 000名高血压病患者中，6 085名患者会具有典型的嗜铬细胞瘤三联征，这表明在具有典型的嗜铬细胞瘤三联征的6 085名患者里，实际上只有91人（1.5%）是嗜铬细胞瘤的患者。

最初疾病可能性判断不足）。[1]

"临床直觉"（Clinical intuition）是指快速而无意识地从大量现有数据中找的可用信息的过程。[2]这项技能来源于实践，通常与临床实践情况有关，因而不能简单地总结为因果关系。[3]对于这项技能形成的认知研究发现，这种能力的形成来源于两项竞争性假设。在实例记忆与模范记忆中，医生会保存一些有关相似诊断印象，回想一些病例的"故事"，例如，病理科、皮肤科和放射科的医生，可以将其在诊疗实践中的一些视觉信息，与新的一些医学案例，并同这些"故事"对应起来。交替原型模式是基于一种疾病的心智模式而形成的，专家将疾病的"信息"以结构方式存于记忆中，并形成抽象理论。这些"原型"使得专家可将检查结果互相联系起来，同时将结果与有可能的诊断联系起来，使得医生即使是在缺少先前治疗此类疾病经验的情况下，也可以预测出其他必要结果以证实诊断。[4]

当医生遇到的患者的病情超出他们专业范围或是他们专业范围内的典型的疑难病症时，他们通常使用假设演绎法。当病症在他们的专业范围内，或病情并不严重时，他们通常采用直觉识别模式。但是，诊断的精确性通常更多地依赖于知识领域的掌握，而不是特殊的问题解决方式。[5]

2. 概率推理[6]和贝叶斯[7]定理

医生充分收集数据的能力同准确介绍信息的能力之间没有联系。[8]进行定量

[1] Kassirer et al., supra note 73; Elstein, supra note 73.

[2] Trisha Greenhalgh, "Intuition and Evidence—Uneasy Bedfellows?", 52 *Brit. J. Gen. Practice* 395 ~ 400 (2002).

[3] American Medical, Physician Characteristics and Distribution in the U. S. (2009).

[4] Kassirer et al., supra note 73; Elstein, supra note 73.

[5] Elstein, supra note 73.

[6] 概率推理（probability reasoning）：推理的一种形式。人们根据不确定的信息做出决定时进行的推理。人们在日常生活中经常会遇到许多不确定的信息，即具有概率性质的信息，若据以推理，便是概率推理。如天阴并不一定意味着要下雨，肚子痛并不一定是得了胃病。正如逻辑学为逻辑推理提供了理论模型。心理学研究表明，虽然人们可以学习并掌握这些理论模型，但人们在日常生活中使用概率推理时却常常偏离这些理论模型的结果。根据以往的经验和分析，结合专家先验知识，由已知的变量信息来推导未知变量的信息的过程。

[7] 贝叶斯（1702～1763年）：英国数学家。1702年出生于伦敦，做过神父。1742年成为英国皇家学会会员。1763年4月7日逝世。贝叶斯在数学方面主要研究概率论。他首先将归纳推理法用于概率论基础理论，并创立了贝叶斯统计理论，对于统计决策函数、统计推断、统计的估算等做出了贡献。1763年发表了这方面的论著，对于现代概率论和数理统计都有很重要的作用。贝叶斯的另一著作《机会的学说概论》发表于1758年。贝叶斯所采用的许多术语被沿用至今。

[8] Arthur S. Elstein & Alan Schwartz, "Clinical Reasoning in Medicine", in *Clinical Reasoning in the Health Professions* 223 ~ 34 (Joy Higgs et al. eds., 3rd ed. 2008).

预测或检查结果阐释组成了概率推理，同时避免了一些含糊的定性词语的使用，例如，“低的”或“总是”这类导致不确定结果的词语。[1]

200多年以前，贝叶斯神父撰写了一篇论文，在他逝世后被发表，这篇论文形成了现代医学的一种批判观点。他的这篇被忽略了近两个世纪的论文指出，如何根据特殊检查所得到的结果来估计发病的可能性。因此，贝氏分析就是一种将现存证据或已有观念同新的证据结合的方法。例如，检查结果其实就是检验一种存在或缺乏的症状、征兆、研究的结果。

对疾病的预先假设，等同于疾病的发生的可能性的判断，它们都是客观的。也就是说，预判和发病率（一段特定时间内的新增病例）相关；广泛的（一个特定时间点存在的病例）、与临床预测法规有关的（以弗雷明汉心脏研究[2]的数据为基础，以数学预测模式来估算未来10年心脏病发病的可能性）；主观的，也就是说临床医生预测的疾病可能性先于任何检查结果。[3]之后，贝叶斯理论将预先假设同所观察的检验结果联系起来。那些患有疾病且检验结果呈阳性的人会得到真阳性检测结果。没有患上疾病且检测结果呈阴性的人会得到真阴性检测结果。但是，检测结果不全是准确无误的。也就是说，不是所有的患者都会得到阳性检测结果，这些检测结果叫作假阴性检测结果（false - negative test results）。同样的，一些健康的人也会错误得得到阳性检测结果，它们被称为假阳性检测结果

---

〔1〕 当临床医生做出“可能性很低”的表述时，他们的意思是具有0%～80%的可能，平均值为37%；而表述为“很有可能时”，意为具有70%～100%的可能性，平均值为88%。Geoffrey D. Bryant & Geoffrey R. Norman，“Expressions of Probability：Words and Numbers”，302 *New Eng. J. Med.* 411（1980）.

〔2〕 弗雷明汉心脏研究（Framingham Heart Study）：20世纪20～40年代，美国心血管病的发病率陡然上升；罗斯福总统因脑溢血阖然辞世，使得大家对此产生了警觉，并想对心血管疾病一探究竟。于是，1948年在一批有识之士的倡议下，美国国家心肺血液研究所和波士顿大学在马萨诸塞州的一个小镇Framingham启动了一项研究，这项研究被命名为“Framingham心脏研究”。从此，一个小镇的研究开启了全球心血管领域新的历史。目前普遍认为Framingham研究是最重要的一项人群纵向研究，当时该研究的主要目标就是为了证实心血管疾病的流行病学证据。确实，在证据不明的情况下是无法决定如何攻克疾病的。为了进行这个研究，专家们提出了许多假设：比如，心血管疾病随年龄增长而增加，男性比女性发病更早；与正常血压的人相比，高血压的人患心血管疾病的机会更大；胆固醇水平增高会导致心血管风险增加；吸烟、酗酒都会增加心血管病的发生……所有这些，目前都已成为定论，并且直接应用在心血管病的防治上，取得了惊人的效果。

〔3〕 见Gonzalez v. Metro. Transp. Auth.，174 F. 3d 1016，1023（9th Cir. 1999），该案中，对在药物检测领域的贝叶斯定理应用进行了说明。在受试者数量较少的情况下，试验中的假阳性和真阳性的比例会增高，从而在药品检测中的假阳性率增加。Michael O. Finkelstein & William B. Fairley，“A Bayesian Approach to Identification Evidence”，83 *Harv. L. Rev.* 489（1970），该案就贝叶斯定理在数据统计方面的应用进行的讨论。

(false－positive test results)。

例如，由于90%的女性乳腺癌患者的乳房造影检查呈阳性，因此这90%的真阳性率（或是“分辨率”）就是患病者阳性检测结果的可能性。93%未患有乳腺癌的女性乳房X线摄影检测呈阴性，因此93%的真阴性率（或是“特异性”），就是未患病者未患病者阴性检测的可能性（见表1）。[1]既然检测结果不是阴性，那必然是阳性，反之亦然，所以表1中各栏的总和应该等于100%。

无论是否患有乳腺癌，乳房X线摄影检测结果都有可能显示阳性，因此用阳性乳房X线摄影结果来证明乳腺癌的可能性就会令人质疑。假设40～50岁未显现症状的女性中，乳腺癌的比例为8/1000，或是说0.8%。贝叶斯定理将根据检测结果计算乳腺癌的发病率。例如，阳性乳房X线摄影检测结果（见图1、2，表2）。这项分析在一定程度上帮助解释了，为什么50岁以下女性乳房X线摄影检测结果总是会存在争议。

表1　贝叶斯定理指导下美国筛查性乳房X光检测结果

	乳腺癌	非乳腺癌
阳性乳房X线检查	90例真阳性	7例假阳性
阴性乳房X线检查	10例假阴性	93例真阴性

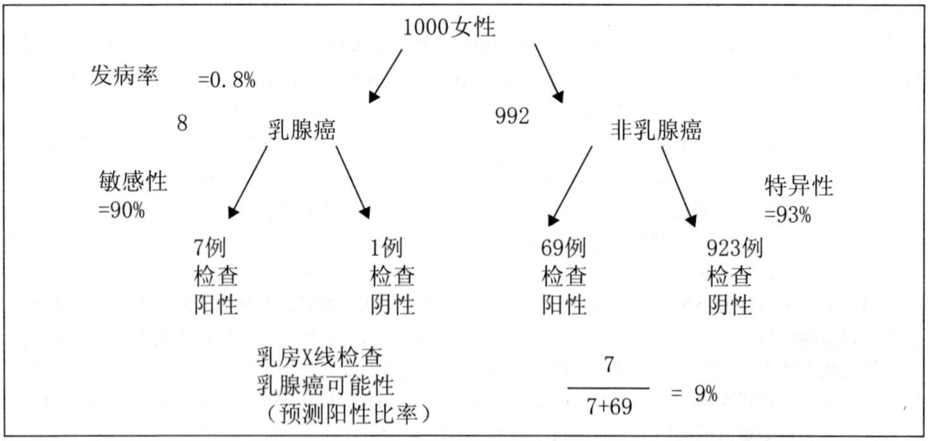

图1　1000名女性乳腺癌筛选结果

[1] Gerd Gigerenzer, *Calculated Risks: How to Know When Numbers Deceive You* (2002) at 41 (hereinafter “Gigerenzer”).

尽管检测的敏感性与特异性都达到90%，或是高于90%，但基于贝叶斯定理的计算显示，检查之前的低乳腺癌患病率意味着，即使筛查性乳房X光检测结果呈阳性，50岁以下的普通女性患有乳腺癌的可能性仍然低于10%。

乳房X光检测结果阳性的人中，乳腺癌发病概率在学术上被称为“阳性预测值”（predictive value positive）。同样地，如果检查结果呈阴性，那些乳房X光检查结果呈阴性的人中乳腺癌发病概率将为1：924（图1中，有1名检查结果呈阴性的乳腺癌女性患者，就有923名未患有乳腺癌女性的检查结果呈阴性），或者说大约是0.1%。解释一种医学检查结果，需要以疾病的预期可能性和检测的敏感性和特异性为基础。

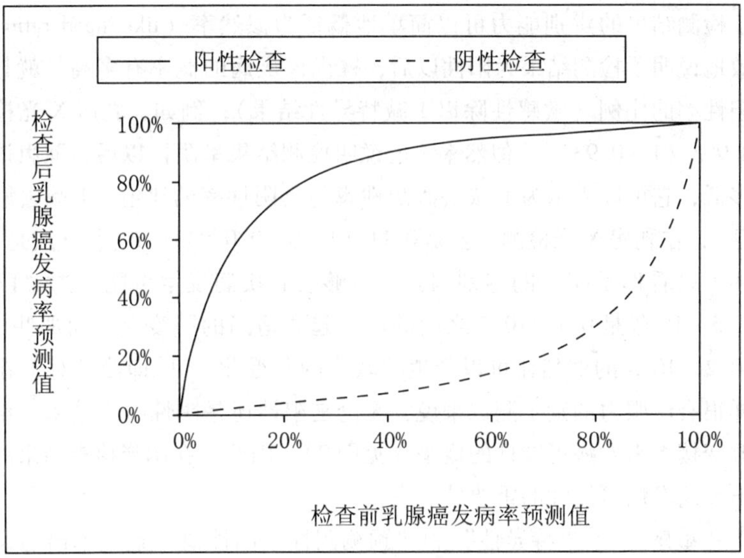

图2　检查前后乳腺癌发病预测值

表2　贝叶斯定律检查前发病

	检查前发病预测值（%）	阳性检查条件概率（%）	检查前和条件概率的乘积（%）	检查后发病预测值（%）
乳腺癌	0.8	90 敏感性	0.72	9 =0.72/7.6
非乳腺癌	99.2	7 特异性	6.9	

Formula Form of Bayes' Rule

$$\frac{pD+\star pT+ID+}{(pD+\star pT+ID+)+[(1-pD+)\star(1-pT-ID-)]}$$

pD+=Pprior probability of disease=0.8%

pT+ID+=Sensitivity=True Positive Rate=90%

pT-ID-=Specificity=True Negative Rate=93%

$$\frac{0.008\star 0.90}{(0.008\star 0.90)+[(1-0.008)\star(1-0.93)]}$$

=9%

对于检测结果的辨别能力可以简单地概括为似然率（likelihood ratio）。似然率很有效地说明了检测结果为阳性以后，罹患该疾病的概率有多高，就是真阳性率与假阳性率的比例（敏感性除以1减特异性结果）；例如，乳房X光检测中的12.5［0.90/（1－0.93）］。似然率不能说明检测结果呈阴性以后，罹患该疾病的比例有多低，它可以表示为1减去假阴性率与真阴性率的比值（1减去敏感性比上特异性），在乳房X光检测中就是0.11（1－0.90/0.93）。超过10或是低于0.1的似然率可以看作是明显的鉴别因素，能够引起疾病发生可能性的“巨大”变化；介于5～10或是0.1～10.2之间的可一起“适当的”变化；而那些介于2～15或是0.2～10.5的似然比可以产生“较小的”变化。〔1〕即使是对于乳房X光检测这样很有说服力的判定测试来说，无论是阳性还是阴性检查结果，都不能大幅度地改变接下来发病可能性的概率（见图2）。因此，在阐释检查结果的过程中要，突出预期发病可能性的重要性。

由于“敏感性”、“特异性”和“预测阴性或阳性值”这些术语通常不产生特殊结果（例如，患病者得到的阳性检查结果），所以它们被称为“条件概率”（conditional probabilities）。〔2〕但是，这些表达将基本情况概率（疾病的预测概率

〔1〕 David A Grimes & Kenneth F Schulz, “Refining Clinical Diagnosis with Likelihood Ratios”, 365 *Lancet* 1500～05 (2005).

〔2〕 这些术语有可能会引起歧义。预测阴性值被定义为，在阴性检查结果中，没有罹患疾病的概率，该值为1减去拒识率。虚警概率（false－alarm rate）被定义为，在阳性检查结果中，没有罹患该疾病的概率，该值为1减去预测阳性值。由于两者均与阴性检查结果有关，拒识率（false reassurance rate）很可能与假阴性率（false negative rate）（在罹患该疾病的患者中，检查结果显示却为阴性）发生混淆，但是，拒识率主要是指阴性的检查结果，而假阴性率则主要指疾病。相似的，虚警概率也可能与假阳性率（与疾病无关，只关乎阳性检查结果）相混淆。

有时被称为疾病的先验概率）作为“正常化”的一部分，以至于贝叶斯定理需要对检测结果进行解释。另外，混淆敏感性和阴性预测值可导致检验结果分析出现错误；例如，乳腺癌患者乳房 X 光检测呈阳性——敏感性为 90%——有可能被错误地理解为预测阳性值，暗示着乳房 X 光检测呈阳性的女性患上乳腺癌的可能为 90%。这种误解忽略了预先假设或是疾病发生可能性的作用（或是假设所有接受检查的女性都患有乳腺癌）。通过将贝叶斯定理转换成自然频率表达式，可以避免这个错误。〔1〕自然频率组合了检查结果的预测可能性和条件概率，产生了以下结论（见图 1）：1000 位 40～50 岁的女性中，8 位患有乳腺癌，其中 7 人检查呈阳性。剩下的 992 位没有罹患乳腺癌的女性中，有 69 人的检查结果也呈阳性。当这些呈现为自然频率时（包括疾病发生的可能性），患上乳腺癌的可能性变得更加明显；因此，76 名女性检测将会呈阳性，76 人中有 7 人将会患上乳腺癌。当 48 名平均工作经验为 14 年的医生看到自然频率，或是条件概率的说法时，2/3 的人从条件概率（敏感性和特异性）角度出发估计乳腺癌的发病概率超过 50%，但仅有不到 1/6 的人会从自然频率角度出发。〔2〕

如果不运用贝叶斯定理，乳房 X 光检测结果就有可能被错误理解，与此相似，检察官的谬论也包括对于概率信息的误解。在柯林斯案中，检察官辩称，3 个女孩中有 1 个人皮肤白皙、金发碧眼，10 个女孩中有 1 个人留着马尾辫，10 辆车中就有 1 辆车带有黄色，4 个男人中就有 1 个人留着八字胡，10 个黑人男性中有 1 个人留着山羊胡，1000 辆车中就有 1 辆车上坐着的夫妻属于不同种族。〔3〕将这六种概率相乘得出了涵盖六种情况的 1/12 000 000 的联合概率。除了做简单地估计和假设各种概率之间是相互对立的，检察官称：“被告符合这 6 种特征的概率是 1/12 000 000。”因此，假设不是被告，其他人犯罪的概率也是 1/12 000 000。但是，如果转换成自然频率，1/12 000 000 的夫妻会有这六种特征，因此，假设有 24 000 000 对夫妻，那柯林斯无罪的概率就是 1/2。错误的原因在于将患者（罪犯）检测结果呈阳性（拥有以上六种特征）的概率同检测结果呈阳性（符合以上六种特征）之人的患病（犯罪）概率相混淆。也就是说混淆了条件概率——敏感性

---

〔1〕 Gigerenzer, supra note 87; Planned Parenthood Cincinnat; Region v. Taft, 444 F. 3d502, 515 (6th Cir, 2006).

〔2〕 Therrien v. Town of Jay, 489 F. Supp. 2d 116, 117 (D. Me. 2007).

〔3〕 美国食品与药物管理局：美国食品药品监督管理局是国际医疗审核权威机构，由美国国会即联邦政府授权，专门从事食品与药品管理的最高执法机关；是一个由医生、律师、微生物学家、药理学家、化学家和统计学家等专业人士组成的致力于保护、促进和提高国民健康的政府卫生管制的监控机构。其他许多国家都通过寻求和接收美国食品药品监督管理局的帮助来促进并监控其本国产品的安全。

和特异性的预测值。

贝叶斯定理与基因医学领域的联系更为紧密。[1]假设基因检测的敏感性和特异性为99.9%，疾病的可能性为1/1000。如果存在阳性家族史，患病的可能性为1/1000，如果不存在阳性家族史，那患病的可能性为1/100 000。为得到基因结果，筛选1000名具有阳性家族史人中2个人进行阳性测试：其中1项测试中1人确实患有疾病，而另1人的测试结果是假阳性。筛选10 000 000名没有家族史人中的10 100人进行测试，其中100人患病，而其他10 000人没有患病。即使特异性为99.99%，如果同时对10 000人进行基因测试，63%的人至少有一项检查结果呈假阳性。仅仅简单地依靠基因检测结果，患者和医生都无法将真阳性从假阳性中区别出来。因此，对所有检测结果呈阳性的人来说，这有可能导致对他们的监测和治疗不正确。

尽管检测通常情况下针对来自血液、身体组织器官和影像的样本，但也可以检测是否存在一些症状和体征。例如，吸入性炭疽和流行性感冒都会引起肌肉疼痛、发烧和萎靡不适的症状。但区分这两种疾病的关键症状是卡他性流涕症状，吸入性炭疽患者中有14%会出现流涕的症状，但是流感病例或类似流感病例中有78%～89%的患者会出现流鼻涕的症状。因此，当需要辨别这些疾病的时候，有流鼻涕这一种症状的患者罹患流感或类似疾病的概率比患上炭疽热的概率高出5倍。[2]

敏感性和特异性需要设立积极性标准——一个正常标准——高于此标准的检测结果为阳性，低于此标准的检测标准为阴性。如果这项标准更为严格（被认为不正常需要更严格的检测结果），敏感性就会降低，特异性就会增加。但如果标准更加宽松，敏感性会增加，特异性会降低。根据测试的内容，选择较为宽松的标准更为合适，例如，检测捐赠血液的艾滋病病毒感染情况，其好处是减少艾滋病病毒的交叉感染，但是却浪费了一些未感染的艾滋病的血液。而对于更严格的标准来说，例如，对低患病率人群进行艾滋病病毒检测，其好处是减少假阳性诊断，但风险是错过了一些真正的艾滋病感染者。[3]因此，发现并治疗带有疾病病毒患者的，与治疗未患疾病的人，其中的益处和风险相矛盾，这有利于我们建立

---

[1] Isaac S. Kohane et al., "The Incidentalome. A Threat to Genomic Medicine", 296 *JAMA* 212～15 (2006).

[2] Nathaniel Hupert et al., "Accuracy of Screening for Inhalational Anthrax After a Bioterrorist Attack", 139 *Annals Internal Med.* 337～45 (2003).

[3] Klemens M. Meyer & Stephen G. Pauker, "Screening for HIV: Can We Afford the False Positive Rate?", 317 *New Eng. J. Med.* 238～41 (1987).

一个标准去判断什么是正常的，以及什么是异常的。

“敏感性”和“特异性”这样的术语通常用在患病与否，或检查呈阳性还是阴性等这些简单的情况之下。但是，当医生考虑到多种疾病或是出现多种检查结果时，对于疾病的描述就变得更加复杂。[1]例如，当尿液中出现血液（血尿）时，可能是由尿路感染、肾结石、膀胱癌或是其他一些疾病所引起的。由于已经不能再简单地描述患病与否，所以“敏感性”和“特异性”这样的术语已经不合适了表述这种情况了。相反，它们被条件概率的术语所取代，也就是说，敏感性被描述成为由尿路感染、肾结石或是膀胱癌所引起的尿液中带血的可能性。同样地，对于强阳性检测与弱阳性检测的解读不同，而贝叶斯定理可以将这些解读进行不同的量化。将贝叶斯定理应用于首次检查结果，之后将定理再应用于接下来的检查结果，多重检测结果就可以和贝叶斯定理相结合。这一方法成立的基础是，假设首次检查结果不会影响到第二次检查（每次检测都具有条件独立性）的检测特性（敏感性和特异性）。当两次检测完成之后，将进行首次高敏感性测试筛选，以检测那些患病可能性较高的人（真阳性），或称为“确定”疾病。那些首次检查呈阳性的人要进行高特异性检测，来排除那些没有患病但首次检查呈阳性的人（假阳性），或称为“排除”疾病。

3. 因果推理

为了选择最佳的治疗方法，医生要努力确定引起病人主诉和检查结果的原因。在考虑有无影响因素的过程中（例如，男性、高龄、高胆固醇水平、高血压、糖尿病、由吸烟史引起的心脏病），医生会抓住任何一个有可能引起疾病的迹象，[2]例如，病人所表现[3]出来的生物学似真性（biological plausibility）[4]、生理药物影响、案例报告或是时间接近性（temporal proximity）[5]。尽管医生在做决策的过程中通常使用流行病学原理，但“他们习惯抓住所有可靠数据得出病

---

〔1〕 Kassirer et al., supra note 73, at 21 ~ 22.

〔2〕 Jerome P. Kassirer & Joe S. Cecil, "Inconsistency in Evidentiary Standards for Medical Testimony: Disorder in the Courts", 288 *JAMA* 1382 ~ 87 (2002) (hereinafter "Kassirer & Cecil"); see also Section IV. C. 2, for levels of evidence.

〔3〕 Kennan v. Sec'y of Health & Human Servs., 2007 WL 1231592 (Ct. Fed. Cl. Apr. 5, 2007).

〔4〕 见 Wilson v. Taser Int'l, Inc., 303 F. App'x 708, 714 (11th Cir. 2008)。该案中，Meier 医生作为专家证人出庭作证，尽管接诊医生经常以病人的外伤史作出诊断，但是，如果该损伤得不到改善而持续存在，则会出现另一种诊断。因此，Meier 医生在该案中，不能仅仅依据接诊的症状，做出最终的诊断。

〔5〕 Kassirer & Cecil, supra note 98, at 1384.

因，而不论数据来源于哪里"，因为即使面对不确定因素时，他们也得做出仔细的判断。[1]法院的要求比对医生或是监管者的要求更高，因为在法庭，原因不可以是"可能"，而是靠"证据优势"来说明伤害是由所出示的证据所产生。[2]对于医生来说，因果推理通常包括理解生理、骨骼、基因以及生物化学的异常，是如何引起疾病的临床症状的。经过此类推理，医生会形成一个"原因级联"（causal cascade）或"原因链或网络"（chain or web of causation），将有可能的因果关系机制联系起来，以找到发病原因或病理机制。例如，肾衰竭导致药物分解功能低下，从而引起药物中毒的症状或体征。[3]尽管医生在患病率和发病率的基础上进行概率推理主导最初的假设产生，但对病人症状和体征的模式识别会引导医生做出诊断。例如，一名37岁男性出现咳嗽、肺部组织病变、乳房扩大（特发性男性乳房肥大）的症状、体征时，可以使医生做出转移性生殖细胞肿瘤的诊断。[4] 更有代表性的是，完善和确认诊断过程中，医生利用因果推理来检验诊断的一致性，也就是说，确认它的临床机制是否可以引起所观察到的临床表现，确认诊断是否可以解释所有正常和不正常的检查结果和疾病过程。一旦开始治疗，医生必须做出因果关系判断，以确定病人状态的改变是由疾病恶化，还是治疗不良后果所引起的，又或是因为治疗效果不佳从而导致疾病没有改善，以确定是否需要改变治疗方案，甚至是从新考虑诊断。

但是，不仅临床症状表现可以导致错误诊断，即使是病理生理学推理，同样可以导致错误的结论。对于心脏衰竭的患者来说，由于会导致心肌收缩力量减弱，β－受体阻滞药被认为是禁药。但随后的研究发现，β－受体阻滞药没有对心脏衰竭患者产生负面影响，相反却增加了患者生存率。同样地，医生曾经认为动脉粥样硬化斑块堵塞会逐渐引起、加重心脏病发作，通过心脏搭桥手术增加血液供应，降低斑块阻塞的影响，可以防止心脏病突发。[5]但是，在过去的15年里，医学证据已表明小型动脉粥样硬化斑块（由于体积过小而不适用于血管再生的治疗方法）有可能突然破裂而引起心脏病发作。血管再生实验，包括心脏搭桥手术和皮下干预治疗，例如支架植入和动脉成形术等，对于大多数患者来说，这些措

---

〔1〕 Id. at 1394.

〔2〕 Id. at 1384.

〔3〕 Kassirer et al., supra note 73, at 63 ~66.

〔4〕 Id. at 29

〔5〕 David S. Jones, "Visions of a Cure: Visualization, Clinical Trials, and Controversies in Cardiac Therapeutics, 1968 ~1998", 91 *Isis* 504 ~41 (2000).

施都无法避免心脏病突发或是提高生存率。[1]

尽管一些临床医生[2]会根据病因的证据检测，区别疾病的普通原因和特殊原因，但他们分析原因的能力是不同的。[3]例如，大部分临床医生在患者出现第一次不良反应后，就会停止相关用药。但是，即使出现了一定的不良反应，而且临床随机对照试验也充分地说明了该不良反应的确存在，一些医生仍然会继续使用该药物治疗。要证明一类反应是类效应（class effect）[4]还是药物特殊反应（drug specific）有一定的困难。当考虑到β-受体阻滞药对于心功能障碍（心脏衰竭）患者的影响时，许多研究一致证明β-受体阻滞药在减少心脏病发作死亡率的同时，还会引起心脏功能的损害。但是，在一项对有心脏衰竭记录患者的随机对照试验中发现，有一种特殊的β-受体阻滞药无益于存活率的提升，因此心脏衰竭治疗指导中限制了对这种药物的推荐。[5]

尽管治疗医师已经发现了一些特定的风险因素，例如吸烟史或家族病史。但他们通常不会检查一些特殊的数据，例如毒物、工业卫生、环境和传染病学，以及一些其他方面的检查。其他一些专家会根据他们的专业知识，去衡量每种假设病因的相对作用，将普通原因和特定原因相区别，以确定“合理的医学确定性”或是“合理的医学概率”。确定综合原因包括医学和科学文献回顾，以及流行病学数据、毒物学数据和剂量反应关系分析。例如，对绝经女性进行激素治疗法。许多运用病例对照（case - control）、代表性研究（cross - sectional）和类似群体设计（cohort designs）[6]的观测研究方法表明，激素治疗与减少心脏病发作之间有一定关联，但此类设计在病例对照研究和代表性研究中结果是未知的，仍然不够清晰且存在一定误差，不足以证明因果关系。为解决这一问题，妇女健康倡导

---

〔1〕 Thomas A. Trikalinos et al.，“Percutaneous Coronary Interventions for Non - acute Coronary Artery Disease：A Quantitative 20 - Year Synopsis and a Network Meta - analysis”，373 *Lancet* 911 ~ 18（2009）.

〔2〕 见 Generally Bland v. Verizon Wireless，LLC，538 F. 3d 893（8th Cir. 2008），该案中，巡回法庭依据 Daubert 规则，拒绝了主治医生的证言，维持了地方法庭原有的判决。

〔3〕 Kassirer & Cecil，supra note 98，at 1384.

〔4〕 类效应（class effect）：同一类别的药物由于结构上存在着相同的母核，又具有相同的作用机制，因而临床上往往认为同一类药物存在类效应。但事实上类效应需要谨慎考虑，在临床工作中不能简单地推断同类药物肯定具有类效应。药物结构、药动学的差异会带来同类药物不一致的效应。当然，同类药物可能具有的类效应也需明察。药师应对同类药物是否具有类效应作出合理判断。

〔5〕 Mariell Jessup，et al.，“2009 Focused Update：ACCF/AHA Guidelines for the Diagnosis and Management of Heart Failure in Adults：A Report of the American College of Cardiology Foundation/American Heart Association Task Force on Practice Guidelines”，119 *Circulation* 1977 ~ 2016（2009）.

〔6〕 Michael D. Green et al.，Reference Guide on Epidemiology，in this manual.

（Women's Health Initiative，WHI）实验[1]对随机选择的女性进行激素替代治疗，5 年中心脏病、中风和心脏病相关死亡中的梗阻相关障碍现象增多，尤其在引入激素治疗的第一年最为明显。[2]血液凝结和斑块破裂引发心脏病，其结果也和凝血级联中的激素生物机制相一致。妇女健康倡导组织中的患者平均年龄为 63 岁，与观测研究所分析的绝经期不符。护理健康研究（Nurses'Health Study）[3]组织试图效仿 WHI 随机对照试验的设计和意向性分析，发现激素替代治疗效果同随机对照试验的效果相似，这意味着"WHI 和护理健康研究组织意向性分析的不同，很大程度上可以由试验者更年期的时间和长短分布不同来解释"[4]。

B. 检测

1. 筛检

对患者进行的筛检应基于以下几点：①人体表现出病症，并且影响到寿命和生活质量；②疾病发病率或流行率很高；③提前制定预防措施或早期干预措施；④早期检查中曾是否存在过无症状阶段；⑤筛选检查应该具有准确性，并可被接受和负担；⑥对病患来说，筛选检查应利大于弊。对无症状或非病患检查目前被普遍接受，并且在法律允许范围之内。[5]筛选检查不同于诊断检查，后者主要是

---

〔1〕 妇女健康倡导试验：美国国立卫生研究院（NHI）于 1993 年首先进行一项十分重要的研究，是第一个以健康绝经后妇女为研究对象，大样本、双盲、安慰剂随机对照的临床试验。目的在于确定以往普遍存在的对于激素替代治疗的观念是否正确，评估更年期后使用激素替代疗法对女性健康的影响。该试验以年龄 50 至 79 岁（平均年龄 63 岁）并已服用雌激素及黄体酮超过 5 年的健康妇女为研究对象。2002 年 7 月 9 日，妇女健康倡导（WHI）试验虽然显示激素替代治疗可以减少绝经后妇女患结肠癌和髋骨骨折危险性，但由于增加了妇女患乳腺癌、冠心病及中风的危险性，且并无总体益处予以提前终止。

〔2〕 Jacques E. Rossouw et al.，"Risks and Benefits of Estrogen Plus Progestin in Healthy Postmenopausal Women：Principal Results from the Women's Health Initiative Randomized Controlled Trial"，288 *JAMA* 321～33（2002）；John E. Manson et al.，"Estrogen Plus Progestin and the Risk of Coronary Heart Disease"，349 *New Eng. J. Med.* 523～34（2003）.

〔3〕 护理健康研究：由 Frank Speizer 博士于 1976 年首次开展研究。Walter Willett 博士于 1989 年开始该项目第二阶段研究。这是一项有关女性健康的长期性流行病学调查研究。自 1976 年以来，已有 121 700 名注册护士参加这项研究，自 1989 年以来，也有 11 600 名女性护理人员参与了这项研究。这项研究调查癌症、心血管疾病的高危因素，也是有史以来，针对女性慢性疾病的致病因素而开展的、规模最大的一项流行病学调查研究。

〔4〕 Miguel A. Hernán et al.，"Observational Studies Analyzed Like Randomized Experiments：An Application to Postmenopausal Hormone Therapy and Coronary Heart Disease"，19 *Epidemiology* 766～79（2008）.

〔5〕 Lisa M. Schwartz et al.，"Enthusiasm for Cancer Screening in the United States"，291 *JAMA* 71～78（2004）.

说明症状产生或功能缺失的原因，而前者则明显涉及对健康个体的检查。[1]虽然筛选检查可能有助于阻止某疾病导致的症状或死亡，但筛选检查的阳性结果却可能导致过度诊断或过度治疗，即阳性结果（无论此结果是否正确）都可能导致诊治过程中不必要的甚至存在相当风险性的治疗。[2]

生物化学检查中，对一个正常的健康人群，结果正常的置信空间一般为95%，即虽然每个人检查结果均显示正常，正常值上下的2.5%通常可被认定为存在不正常值。因此，对于一个健康个体来讲，其6次血检结果均正常的可能性只有76%，即仍存在24%的可能性，某一次或几次血检结果显示不正常。类似的，如果一个健康个体做12次血检，那么所有血检均正常的可能性为54%，而其中有一次或多次结果显示不正常的可能性为46%。因此，仅对健康个体进行检查，或无临床疾病怀疑都可能造成错误的阳性检测结果，而导致错误的提示、焦虑、更多的检查以及由后续检查或治疗手段导致的病症甚至死亡。[3]

"领先时间偏倚"（lead time bias）[4]可能使一个毫无意义的筛选检查看上去有益于患者。从患者发病至死亡，如果做过筛选检查和未做过筛选检查的患者有相同的预后诊断，那么做过筛选检查的患者仅仅看上去生存得更久，因为筛选诊断至死亡的时间长于症状显现，到诊断至死亡的时间。第二个偏倚是"病程偏倚"（length bias），[5]这也会造成过高水平评价筛选检查。[6]假设从案例研究设立至结束，这个有限的时间段内，对筛选检查和非筛选检查进行随机试验，筛

---

〔1〕 David A. Grimes & Kenneth F. Schulz, "Uses and Abuses of Screening Tests", 359 *Lancet* 881 ~ 84 (2002) (hereinafter "Grimes and Schulz"); William C. Black, "Overdiagnosis: An Under Recognized Cause of Confusion and Harm in Cancer Screening", 92 *J. Nat'l Cancer Inst.* 1280 ~ 82 (2000) (hereinafter "Black").

〔2〕 Grimes & Schulz, supra note 115, at 884; Black, supra note 115, at 1280.

〔3〕 放射科医生根据自身的实践经验，总结出了一句格言，"只有没有经过全面、系统检查的患者才是正常的"。举例来说，放射科医生进行结肠的影像学检查，阅片显示结肠不存在问题，但并不代表该患者其他生理系统正常，影像学检查同样可以检查肝脏、肾脏等。同时，除了基本的影像学检查方法外，肝脏活检、放射性核素扫描、视频引导下的胸腔镜检查等检查手段，是无创或微创的，但有些检查方法可给患者带来巨大的损伤，如肺叶活检，就会导致术后引流、抗生素应用和剧痛等情况，并且需要长达五周左右的康复时间。William J. Casarella, "A Patient's Viewpoint on a Current Controversy", 224 *Radiology* 927 (2002).

〔4〕 领先时间偏倚：指筛检诊断时间和临床诊断时间之差，被解释为因筛检延长的生存时间。这种表面上延长的生存时间，实际上是筛检导致诊断时间提前所致的偏倚。

〔5〕 病程偏倚：由于选择较长病程病例的比例不能代表所要研究的病例，而产生的一种系统误差。在病例对照研究中，不是选择的新发病例，而是选择的现患病例，就可能产生这种偏倚。现患病例存活时间较长，获得的暴露因素的信息可能会不同于新发病例。

〔6〕 Grimes & Schulz, supra note 115, at 884.

选检查主要针对患有恶性疾病或慢性疾病的患者，对于没有进行筛选检查的患者，其中有一些人的疾病仅仅随着症状的发展而慢慢显现，而且他们者一般为恶性疾病患者，以及没有得到良好的临床治疗的患者。经过筛选检查的患者表面上比没有做过筛选检查的患者得到了更好地临床治疗，原因是做过筛选检查的患者中，患有慢性疾病的人数多于没有做筛选检查患者中患有慢性疾病的人。基于“领先时间偏倚”的误差，筛选检查可能会造成“假性病”或“过度诊断”，例如筛选检查可能诊断出慢性癌症，而有的慢性癌症对人类并没有威胁，可能永远都不会引起病症或造成生命威胁。[1]虽然肺癌被普遍认为是最严重的恶性疾病之一，但尸体剖检发现1/3的肺癌在剖检前都未怀疑是患有肺癌，而几乎所有的未确诊肺癌患者都死于其他疾病。[2]然而，如果对这些患者进行筛选检查，就可能造成“假性病”或“过度诊断”，因为在这种情况下筛选检查可能诊断出肺癌，而他们在肺癌发病前就死于其他疾病或并发症（可能是癌症治疗导致的严重不良反应）。

为了进一步说明筛检的偏倚情况，以梅奥肺计划（Mayo Lung Project）为例，[3]该计划属于随机试验，主要就肺癌筛检和普通医疗手段进行比较，前者主要通过周期性胸腔X射线检查和痰液脱落细胞检查实施。研究发现筛检的确增加了肺癌患者确诊5年后仍然存活的可能性，但对肺癌造成的死亡结果没有实质影响。通过进一步分析研究结果，研究人员发现筛检显现的优势，主要来自其检查出的46个肺癌病例。这46个案例均为慢性肺癌病例（或者发展非常缓慢的肺癌病例），这些患者本应该有正常的预期寿命，但由于筛检存在的“领先时间偏倚”

---

〔1〕 Black, supra note 115, at 1280.

〔2〕 Charles K. Chan et al., “More Lung Cancer but Better Survival: Implications of Secular Trends in ‘Necropsy Surprise’ Rates”, 96 *Chest* 291 ~96 (1989).

〔3〕 梅奥肺计划：为了改进肺癌筛查方式，美国国家癌症研究所建立了“早期肺癌协作组”（The Cooperative Early Lung Cancer Group），开展痰脱落细胞学联合胸部X线摄片筛查的随机对照试验。其中最为著名的是1971年~1976年的梅奥肺计划（Mayo Lung Project）。10 933例45岁以上的吸烟（每天至少1包）志愿者被纳入研究。基线筛查中，胸部X线摄片发现肺癌患者51例，痰脱落细胞发现17例，二者联合检查发现15例。随后，9 211例被随机分入筛查组和对照组。筛查组418例，每4个月接受1次胸部X线摄片联合痰脱落细胞检查；对照组4 593例，每年接受1次相同检查。随访6年后，筛查组和对照组分别发现肺癌206例和160例，且筛查组中99例属于早期，占48.1%，而对照组仅有51例（31.9%）属于早期。然而，两组的肺癌死亡率相近。因此，研究者认为：每4个月1次的胸部X线摄片联合痰液细胞学检查与每年1次的筛查相比，并不能降低肺癌死亡率。同期在捷克斯洛伐克进行的一项持续3年的研究的结果也与之类似。基于以上研究，学术界达成共识：胸部X线摄片不是一种理想的肺癌筛查手段。

和“病程偏倚”的误差，这些患者在检查出肺癌至最终死亡的五年中，不得不不断进行筛检。[1]最近，CT扫描检查发现肺癌患者中，烟民和非烟民的比例相当[2]，这意味着许多非烟民肺癌患者的疾病，很可能本来不会继续发展或恶化。这种过度诊断可能会造成过度估测发病率或死亡率：CT扫描检查导致确诊率提高了3倍，外科手术量增加了3倍，而外科手术数量大量增加，也将平均手术致死率提高了5%，同时将恶性并发症率提高到20%[3]以上；此外还增大了辐射对人体可能造成的伤害。乳腺癌病例研究也得出了相似的结果，即由于筛检造成的“过度诊断”，乳腺癌外科手术量增加了1/3。前列腺癌的死亡率仅为3%，而60%的男性60岁以后都会患上前列腺癌，因此如果筛检出所有60岁以上的男性都患有前列腺癌，那么就会对许多患者实施治疗，而这些患者原本就不会死于前列腺癌。[4]在通过筛检确诊的癌症患者中，目前仍无法分辨癌症是否为疑似癌细胞发展或扩散而导致的。

2. 诊断试验

根据患者病史和检查报告，医生可以初步就疾病的可能原因做出判断。接下来，医生可能要求病患做补充检查来降低初步判断的不确定性，为确诊提供依据。虽然理论上可以要求患者进行所有检查，但是检查项目应该根据临床需求而选择，因为病人可能由于不恰当的检查项目而患上新的疾病甚至死亡。处方开具流程规范（Normative prescriptive decision models）关于合理不确定性的规定表示，检查项目的选择不仅要基于关于检查敏感性和特异性的要求，而且要考虑到检查可能引发的疾病或死亡结果，此外，还要考虑到诊治措施实施后的利弊。[5]一般的，如果医生判断某疾病发生的可能性很小，那么不应该要求患者进行检查或实施相关治疗措施。如果某疾病发生的可能性很大，那么也没有必要进行相关检查。但是，治疗措施应该根据实际情况实施。如果情况基于以上两种之间，则应

---

〔1〕 Black, supra note 115.

〔2〕 William C. Black & John A. Baron, “CT Screening for Lung Cancer: Spiraling into Confusion?”, 297 *JAMA* 995 ~97 (2007).

〔3〕 Id. at 996.

〔4〕 Karsten J. Jørgensen & Peter C. Gøtzsche, “Overdiagnosis in Publicly Organised Mammography Screening Programmes: Systematic Review of Incidence Trends”, 339 *BMJ* 2587 (2009); Michael J. Barry, “Prostate – Specific – Antigen Testing for Early Diagnosis of Prostate Cancer”, 344 *New Eng. J. Med.* 1373 ~77 (2001).

〔5〕 Stephen G. Pauker & Jerome P. Kassirer, “The Threshold Approach to Clinical Decision Making”, 302 *New Eng. J. Med.* 1109 ~17 (1980).

该对患者进行相应检查。如果检查项目本身具有风险，而且检查过后患病风险有所增加，那么医生应该根据经验实施治疗，而放弃检查以降低风险。随着检查项目敏感性和特异性的增加，医生应该对患者的疾病做出越来越为肯定的判断。

虽然检查结果可能显示不正常，但这种不正常不一定会引起患者症状。例如，25%的健康人其实都患有椎间盘突出症，但背部没有任何痛感。这也就是说，在人群中发现一个有痛感的椎间盘突出的患者可能属于偶然现象。如果出现了足下垂等症状，肌肉及神经传导机能检查可能可以证明此症状由椎间盘突出造成的神经压迫而导致，但是这两种检查会给病人带来巨大的痛苦。随着时间的推移，后续的影像学检查显示，6个月后，在没有实施手术治疗的情况下，椎间盘突出症状可能部分或全部显现。这也就是说，CT或MRI检查可以检测到患者患有椎间盘突出，但不一定有明显症状，因此，仅仅根据患者有无椎间盘突出症状并不足以确定是否需要对患者进行背部手术。[1]如果没有发现严重的或快速发展的神经损伤，患有椎间盘突出并在4至6周内表现出持续病症、感到坐骨神经痛（不仅是腰下部疼痛）的患者才应该采取椎间盘手术，而且还"应该对这些患者进行会诊"。[2]

很多治疗方案在治疗初期效果很好，但在治疗后期却表现平平，甚至可能会对患者造成伤害。与这些治疗方案一样，某些检查最后发现并不像一开始那样具有显著的临床意义。[3]在其他可能性偏倚中，[4]这种情况是可能存在的。究其原因，这可能由于在推断某项检查敏感性和特异性时，其案例研究人群特殊性所导致。例如，一项经美国食品与药物管理局（Food and Drug Administration，FDA）[5]批准的艾滋病感染快速检查方法的特异性为100%，这也就是说，只要这项检查

---

〔1〕 Richard A. Deyo & James N. Weinstein, "Low Back Pain", 344 *New Eng. J. Med.* 363 ~ 70 (2001); Richard A. Deyo et al., "Trends, Major Medical Complications, and Charges Associated with Surgery for Lumbar Spinal Stenosis in Older Adults", 303 *JAMA* 1259 ~ 65 (2010).

〔2〕 Deyo & Weinstein, supra note 126, at 368.

〔3〕 David F. Ransohoff & Alvan R. Feinstein, "Problems of Spectrum and Bias in Evaluating the Efficacy of Diagnostic Tests", 299 *New Eng. J. Med.* 926 ~ 30 (1978).

〔4〕 Penny Whiting et al., "Sources of Variation and Bias in Studies of Diagnostic Accuracy: A Systematic Review", 140 *Annals Internal Med.* 189 ~ 202 (2004).

〔5〕 美国食品与药物管理局：美国食品药品监督管理局是国际医疗审核权威机构，由美国国会即联邦政府授权，专门从事食品与药品管理的最高执法机关；是一个由医生、律师、微生物学家、药理学家、化学家和统计学家等专业人士组成的致力于保护、促进和提高国民健康的政府卫生管制的监控机构。其他许多国家都通过寻求和接收美国食品药品监督管理局的帮助来促进并监控其本国产品的安全。

结果为阳性，患者就一定患有艾滋病。然而，根据进一步的详细研究，这项针对性报告的人群基数中，有一部分为以前生育过女、但在怀孕期间没有做过艾滋病检查的女性。[1]其中，15 人为一胎多子，他们的检查结果中有一例为错误阳性判断，其特异性比例为 93%，[2]因此并不是所有检查结果呈阳性的女性都事实上感染了艾滋病。

3. 预后试验

一旦确诊，就需要实施预后试验来检测患病程度（例如：癌症阶段）或监测治疗措施效果。疾病分子表型（Molecular Profiling）[3]分析不仅包括预后性症状分析，也包括疗效分析。以乳腺癌为例，如果在基因中发现了人表皮生长受体 2 的遗传标记（HER2，也称为 HER2/neu），就认为患者会对所有标准型化疗剂过敏，从而造成预后治疗效果不佳。根据进来发展迅速的药物遗传学研究，对 HER－2 阳性患者施以辅助化疗并结合单细胞系抗生素用药，可以有效减缓病情或延长生命。[4]

C. 医学中的判断和不确定性

1. 医疗服务的多样性

几十年来，研究表明医疗服务利用率存在很大的地域差异性，即在小范围区域（例如，在人口数量相当的两个相邻区域，某些手术，例如扁桃体切除手术的实施率可有 3 到 4 倍的差异）[5]和大范围区域或乡村地区和城市地区（例如下肢血管成形手术、颈动脉内膜切除手术、背部手术、根治性前列腺手术等手术实施

---

〔1〕 Food and Drug Administration, Ora Quick? Rapid HIV－1 Antibody Test, available at http://www.fda.gov/downloads/BiologicsBloodVaccines/BloodBloodProducts/ApprovedProducts/PremarketApprovals-PMAs/ucm092001.pdf (last visited Mar. 2, 2011).

〔2〕 同上。

〔3〕 分子表型：是通过综合的分子分析技术为疾病分类提供更多的信息，从而使疾病分类的基础从宏观形态学转向以分子特征为基础的新的分类体系（molecular characteristics－based classification）。目前可以在 DNA、RNA 和蛋白质水平上进行疾病分子分型研究，在 DNA 水平可以依据基因突变或多态性、基因组的细胞遗传学改变或甲基化差异进行分型。根据基因表达谱（mRNA）水平差异进行分型是目前分子分型研究的主要方面。疾病分子分型领域的研究进展迅速，有望在肿瘤分子分型的标准制定和个体化诊疗方面率先突破。

〔4〕 Dennis J. Slamon et al., "Use of Chemotherapy Plus a Monoclonal Antibody Against HER2 for Metastatic Breast Cancer That Overexpresses HER2", 344 *New Eng. J. Med.* 783～92 (2001).

〔5〕 John Wennberg & Alan Gittelsohn, "Small Area Variations in Health Care Delivery", 182 *Science* 1102～08 (1973) (hereinafter "Wennberg & Gittelsohn").

率可有10倍差异）。[1]即使将研究范围缩小至77所在治疗慢性疾病方面享有很高声誉的美国医院，患者在去世前6个月接受的医护治疗根据所在不同医院差异也很明显，住院时间有9至27天（3倍差异），重症监护2到10天（5倍差异），医生出诊18至76次（4倍差异）。[2]

医疗服务的多样性主要存在4个方面的差异：①未充分利用有效医疗服务资源；②患者自身的医疗安全问题；③以疾病为中心的医疗理念；④以供给为中心的服务理念。[3]有效医疗指有益的医疗结果，即患者得到的医疗处置应在最低程度上受到患者本身倾向的影响，例如，应使用β阻滞剂来缓解心肌梗死发病的症状。曾经有一项著名的研究就"未充分利用有效医疗"进行了说明，此项研究就30种不同情况和干预措施定义了439种建议解决方法。在对这些方法评估中，研究人员发现仅有50%的患者得到了这些高质量建议的治疗。[4]"患者自身的医疗安全问题"指医疗行为的实施及医源性并发症（例如，干预性治疗造成的并发症）。国际移民组织（International Organization for Migration，IOM）估计，住院患者平均每天就可能遭受一次医疗侵害，医源性并发症平均每年导致7000人死亡，以2006年为例，损失达35亿美元。[5]"以疾病为中心的护理理念"指治疗方法的选择应基于患者的健康预期或倾向。虽然前列腺手术有助于缓解前列腺增大带来的问题（例如，尿频、夜尿增多），但也可能会导致患者失去性功能。避开丧失性功能的可能性，在以疾病为中心的护理理念中，是否实施手术取决于前列腺问题给患者带来了多少痛苦和性功能对患者有多重要，也就是患者自身的倾向和观点。[6]最后，"以供给为中心服务理念"指医疗不以治疗方式的有效性和患者偏爱为基础，而是依据医疗水平做出医疗决定。特别的，如果患者居住的地区比其他地区有更多的医生和医

---

〔1〕 John D. Birkmeyer et al.，"Variation Profiles of Common Surgical Procedures"，124 *Surgery* 917～23（1998）.

〔2〕 John E. Wennberg et al.，"Use of Hospitals，Physician Visits，and Hospice Care During Last Six Months of Life Among Cohorts Loyal to Highly Respected Hospitals in the United States"，328 *BMJ* 607（2004）.

〔3〕 John E. Wennberg，"Unwarranted Variations in Healthcare Delivery：Implications for Academic Medical Centres"，325 *BMJ* 961～64（2002）（hereinafter "Wennberg"）.

〔4〕 Elizabeth A. McGlynn et al.，"The Quality of Health Care Delivered to Adults in the United States"，348 *New Eng. J. Med.* 2635～45（2003）.

〔5〕 Committee on Identifying and Preventing Medication Errors，Institute of Medicine，Preventing Medication Errors（2006）；2000 CQHCA Report，supra note 58.

〔6〕 Michael J. Barry et al.，"Patient Reactions to a Program Designed to Facilitate Patient Participation in Treatment Decisions for Benign Prostatic Hyperplasia"，1995 *Med. Care* 771～82（1995）.

院，他就会得到更多的住院治疗、检查和医生出诊治疗。[1]

2. 循证医学

医疗措施存在的巨大差异导致人们对医生诊断策略、治疗决策、医疗证据反馈进行了认真的反思。同时，进行这些反思的其他原因还包括：①医学研究的不断进步，包括随机对照试验和其他观察性研究设计的发展；②诊断干预和治疗干预的发展；[2]③医学决策和医生理性思维的研究；[3]④荟萃分析（meta - analysis）[4]，被认为是将多种随机试验结果进行整合的有效方式。[5]基于以上各种情况，“循证医学”（Evidence - based Medicine）[6]自1992年开始得到了广泛关注。[7]循证医学的定义是：“对现有证据进行最严谨、明确和明智地使用，并对患者医疗做出合理的决定。其意味着要在个人临床经验和现有情况下，将来自系

---

〔1〕 Wennberg, supra note 136, at 142.

〔2〕 Cynthia D. Mulrow & K. N. Lohr, “Proof and Policy from Medical Research Evidence”, 26 *J. Health Pol.*, *Pol'y & L.* 249 ~ 66 (2001) (hereinafter “Mulrow & Lohr”).

〔3〕 Robert S. Ledley & Lee B. Lusted, “Reasoning Foundations of Medical Diagnosis; Symbolic Logic, Probability, and Value Theory Aid Our Understanding of How Physicians Reason”, 130 *Science* 9 ~ 21 (1959).

〔4〕 荟萃分析：又被称为元分析，其概念为对以往的研究结果进行系统的定量分析。以综合已有的发现为目的，对单个研究结果的集合的统计学分析方法；对以往的研究结果进行统计学的合并和严谨的综述方法；依靠搜集已有或未发表的具有某一可比特性的文献，应用特定的设计和统计学方法进行分析与综合评价，使有可能对具有不同设计方法及不同病例数的研究结果进行综合比较。简单来说，荟萃是用统计的概念与方法，去收集、整理与分析之前学者专家针对某个主题所做的众多实证研究，希望能够找出该问题或所关切的变量之间的明确关系模式，可弥补传统的文献综述的不足。

〔5〕 Michael D. Green et al., Reference Guide on Epidemiology, Section VI, in this manual; 见 Video Software Dealers Ass'n v. Schwarzenegger, 556 F. 3d 950, 963 (9th Cir. 2009)，本案中，应用荟萃分析的方法对电子游戏和青少年行为进行了分析；Kennecott Greens Creek Min. Co. v. Mine Safety & Health Admin., 476 F. 3d 946, 953 (D. C. Cir. 2007)，本案依据流行病学调查和荟萃分析对矿场安全和矿工安全进行了分析。

〔6〕 循证医学：意为“遵循证据的医学”，又称“实证医学”，港台地区也译为证据医学。其核心思想是医疗决策（即病人的处理，治疗指南和医疗政策的制定等）应在现有的最好的临床研究依据基础上做出，同时也重视结合个人的临床经验。循证医学创始人之一David Sackett教授在2000年新版“怎样实践和讲授循证医学”中，再次定义循证医学为“慎重、准确和明智地应用当前所能获得的最好的研究依据，同时结合医生的个人专业技能和多年临床经验，考虑病人的价值和愿望，将三者完美地结合制定出病人的治疗措施”。循证医学不同于传统医学。传统医学是以经验医学为主，即根据非实验性的临床经验、临床资料和对疾病基础知识的理解来诊治病人。循证医学并非要取代临床技能、临床经验、临床资料和医学专业知识，它只是强调任何医疗决策应建立在最佳科学研究证据基础上。

〔7〕 Evidence - Based Medicine Working Group, “Evidence - Based Medicine. A New Approach to Teaching the Practice of Medicine”, 268 *JAMA* 2420 ~ 25 (1992).

统性研究的最佳外界临床证据相结合。”[1]

循证医学与传统上基于医学信息的非正式医疗行为不同，传统医疗行为需参考最新发表文献，遵从高级专家建议，且要求成本最小化[2]，而循证医学“应用数学方法就治疗利弊进行估算，参考高质量人口案例研究，反映诊断、调查和患者管理过程中的临床策略”。[3] 国际移民组织和美国卫生健康研究与质量局（Agency for Healthcare Research and Quality，AHRQ）[4]曾联合组织过一个研究项目，主要探究医生临床实践计划和治疗决策制定的决定性因素。在有关这项研究发表的一篇文章中，马罗和洛尔写道：“循证医学强调医学研究文献的成体系研究。这也就是说，相对来讲，循证医学并不认为普遍性医疗护理足以成为每个病例的标准，对每个病例均有参考价值。”[5]

3. 医学证据分级

随着医学证据的曝光率不断增加，医学研究证据的整合、评估和分析越来越成为关注的焦点。循证医学的一个基本原则就是应该根据医学证据对治疗方案和策略的意义，将医学证据进行分级。从高到低，系统性随机回顾试验研究（systematic review of randomized trials）（荟萃分析）处于最高级别，单一随机试验（single randomized trials）次之，之后是观察性研究的系统回顾研究（systematic reviews of observational studies），接下来分别是单一观察性研究（single observational studies）、生理学研究（physiological studies）、非系统性临床观察研究（unsystematic clinical observations）。[6]通过分析不同医学研究设计的引用频次，可以反映荟萃分析，以及随机控制试验等医学证明分级体系中不同级别的影响力，提供经验性证据。[7]虽然非系统性临床观察和案例报告处于分级体系最低层，但它们可能是随后规模更大的、受控制的流行病学研究的起始研究（例如，再生障碍性贫

[1] David L. Sackett et al., “Evidence Based Medicine: What It Is and What It Isn't”, 312 *BMJ* 71 ~ 72, 71 (1996).

[2] Trisha Greenhalgh, *How to Read a Paper: The Basics of Evidence - Based Medicine* (3rd ed. 2006).

[3] 同上。

[4] Clark C. Havighurst et al., “Evidence: Its Meanings in Health Care and in Law”, 26 *J. Health Pol., Pol'y & L.* 195 ~ 215 (2001).

[5] Mulrow & Lohr, supra note 141, at 253.

[6] Gordon H. Guyatt et al., *Users' Guides to the Medical Literature: A Manual for Evidence - Based Clinical Practice* (2nd ed. 2008) (hereinafter “Guyatt”); see also Michael D. Green et al., Reference Guide on Epidemiology, in this manual.

[7] Nikolaos A. Patsopoulos et al., “Relative Citation Impact of Various Study Designs in the Health Sciences”, 293 *JAMA* 2362 ~ 66 (2005).

血可能由应用氯霉素引起[1]，而肺癌可能由接触石棉引起[2])。然而，这并不代表后续的研究一定会肯定前面的研究（例如，咖啡与胰腺癌之间可能存在关系，但仍未获得证明)[3]。

和许多实验室研究一样，医学证明关于医疗措施利弊风险的研究，也需要通过不断重复观察和测试才能得出结论。例如，单随机控制试验基于假设试验，从而做出一个无效假设，即一种新药与其相比较药品疗效相当（例如，安慰剂)。近100年前，人们通过计算 α 错误的可能性来解读试验结果，有时会得出一种药品或设备对治疗有益的结论。但事实上，这种结果很可能是错误的。同样的，β 错误（负力量）代表某种药品或设备对治疗无益的可能性，但事实上，这种结果也可能是错误的（表3)。

表3　诊断试验和药品试验的类比

	Truth	
	Drug +	Drug –
Study + Study –	Power (true positive) β Type Ⅱ error (false negtive)	α Type Ⅰ error (false positive) True negtive

具体错误比率的选择（例如错误的肯定或假设概率或 α 为0.05）应基于对两种错误的相对结果的分析，或是错失一种有效的药品（β 二类错误）或是将某种无效的药物判断为有效（α 一类错误)。[4]但是，由于无效假设两者相当，因此，这种假设不能为任何特例研究提供证明（例如，初步研究、生物机制研究或似真性研究)。因此，无效假设学说要求摒弃根据单个实验即得出衡量证明或判断真假的陋习，而要求进行假设试验，以形成一套评价体系，“这套评价体系的重点不是要评判某个体是否违法或犯罪（即，每单个假设正确与否)，而是最大限度减少错误判断的次数”。[5]根据贝叶斯定理，对一项新研究的解读往往基于初步研究显现的利与弊，以及本研究的生物机制研究和似真性研究（例如，咖啡和胰

[1] W. T. W. Clarke, "Fatal Aplastic Anemia and Chloramphenicol", 97 *Can. Med. Ass'n J.* 815 (1967) (hereinafter "Clarke").

[2] Michael Gochfeld, "Asbestos Exposure in Buildings", *Envtl. Med.* 438, 440 (1995).

[3] Brian MacMahon et al., "Coffee and Cancer of the Pancreas", 304 *New Eng. J. Med.* 630 ~ 33 (1981) (hereinafter "MacMahon").

[4] Goodman, supra note 74, at 998.

[5] 同上。

腺癌之间的关系其实是一种“错误的肯定”的结论，因为后续的研究不能证明初步研究的正确性，而且没有发现可信的生物机制）。[1]

通过对治疗方式不断进行荟萃分析，研究人员积累了大量检测药物功效和风险的随机试验证明数据，这解决了随机试验动力不足的问题，即参与研究的志愿人数一直不足的问题。例如，从1959年至1988年，共有33个关于链激酶对心肌梗死治疗效果的随机试验结果被发表，共涉及35 000人。通过对每次试验结果的综合分析，荟萃分析发现至1973年，由于链激酶在临床的应用，“心肌梗死的总死亡人数呈持续性、大幅度降低趋势”。[2]对比之下，多年来，临床医生一直用利多卡因治疗对人体具有生命威胁的心律不齐，但是所有相关试验都未能证明利多卡因有任何益处，而且最终荟萃分析认为利多卡因反而对人体有害。如果将荟萃分析得出的结果与书本或综述的结论进行对比，“会发现荟萃分析在随机试验中的有效性分析模式与作者（论文作者）的意见存在分歧。论文作者经常忽略有效预防性措施的重要性，或者总是在这方面非常滞后。在一些情况下，某些不具有致命性或具有潜在伤害性的治疗方法一致受到某些临床专家的支持和鼓励”。[3]

4. 指南准则

临床实践准则是“为了帮助医务工作者和患者在特定临床条件下，做出合理的医护决定，而制定的系统规范。”[4]医学专家委员会、专业学会、政府机构和医疗系统组织机构均已制定并颁布实施了相关规范。[5]为了避免与已发表文献意见相抵触（尤其是单一作者发表的文献），鼓励医疗透明、包容，现已发展了一套临床实践准则标准化制定流程。标准化流程包括医疗证明的系统搜集和分析（将医疗证明汇总），就每项结果进行证明质量评价（建议的肯定程度），评估治

---

〔1〕 MacMahon, supra note 154, at 630.

〔2〕 Joseph Lau et al., “Cumulative Meta – Analysis of Therapeutic Trials for Myocardial Infarction”, 327 *New Eng. J. Med.* 248 ~54 (1992).

〔3〕 Elliott M. Antman et al., “A Comparison of Results of Meta – Analyses of Randomized Control Trials and Recommendations of Clinical Experts: Treatments for Myocardial Infarction”, 268 *JAMA* 240 (1992).

〔4〕 *Committee to Advise the Public Health Service on Clinical Practice Guidelines, Institute of Medicine, Clinical Practice Guidelines: Directions for a New Program* 8 (Marilyn J. Field & Kathleen N. Lohr, eds. 1994).

〔5〕 见 generally Sofamor Danek Group v. Gaus, 61 F. 3d 929 (D. C. Cir. 1995)，该案回顾了医疗保健政策局和联邦咨询委员会有关临床实践的指南准则；Levine v. Rosen, 616 A. 2d 623 (Pa. 1992)，本案中，列举了两个不同组织制定的临床实践指南，说明临床医生在医疗实践中应遵循指南要求；Michelle M. Mello, “Of Swords and Shields: The Role of Clinical Practice Guidelines in Medical Malpractice Litigation”, 149 *U. Pa. L. Rev.* 645 (2001).

疗效果和风险（治疗效果良莠及建议力度）。[1]其他考虑因素还包括价值观、预后倾向性（患者健康预期）和治疗成本（资源分布）等，随着患者对倾向性的不确定性增加或多样化，或治疗成本的增高，医疗建议强度也会逐渐减弱。[2]专业组织和机构制定的规范在其数量、内容和多样性方面对一线医生提出了挑战。医疗规范曾呈井喷式发展，例如 1990 年有 8 部规范，1996 年有 138 部，而到 1997 年中就有 855 部，其中有 160 部内容都超过 10 页。[3]

在医疗规范不断完善过程中，许多不同的医疗组织和机构均就某一问题进行了规范，但其建议并不统一，而且规范制定委员小组及规范制定流程也各不相同。例如，美国预防医学工作组（U. S. Preventive Services Task Force，USPSTF）[4]是"一个独立的、由非联邦预防及循证专家组成的委员会，成员是一线医护工作者（例如内科医师、小儿科医生、家庭医生、妇产科医生、护士、卫生行为专家）"。[5]对于早期胸部肿瘤 X 光透射法，USPSTF"反对为 40 岁至 49 岁妇女进行乳腺癌筛检"。[6]与其相反，根据乳腺影像学学会（Society of Breast Imaging）和美国放射协会（American College of Radiology）某成员在写作小组表达的意见显示，这两个学会建议"40 岁女性每年都拍一次胸片肿瘤 X 光片"，因为这些"女性普遍有患乳腺癌的危险"[7]。此外，对前列腺癌筛检的规范也存在类似问题。USPSTF 更新的结论显示"目前尚无充分医疗证明，对 75 岁以下男性进行前列腺

---

[1] David Atkins et al.，"Grading Quality of Evidence and Strength of Recommendations"，328 *BMJ* 1490（2004）.

[2] Gordon H. Guyatt et al.，"Going from Evidence to Recommendations"，336 *BMJ* 1049 ~ 51（2008）.

[3] Arthur Hibble et al.，"Guidelines in General Practice：The New Tower of Babel?"，317 *BMJ* 862 ~ 63（1998）.

[4] 美国预防医学工作组在医学证据分级方面也设定了的分级方法，用于评价治疗或筛查的证据质量。Ⅰ级证据：自至少一个设计良好的随机对照临床试验中获得的证据；Ⅱ-1 级证据：自设计良好的非随机对照试验中获得的证据；Ⅱ-2 级证据：来自设计良好的队列研究或病例对照研究（最好是多中心研究）的证据；Ⅱ-3 级证据：自多个带有或不带有干预的时间序列研究得出的证据。非对照试验中得出的差异极为明显的结果有时也可作为这一等级的证据；Ⅲ级证据：来自临床经验、描述性研究或专家委员会报告的权威意见。

[5] U. S. Preventive Services Task Force（USPSTF），Agency for Healthcare Research and Quality，available at http://www.ahrq.gov/clinic/uspstfix.htm（last visited Mar. 2，2011）.

[6] U. S. Preventive Services Task Force，"Screening for Breast Cancer：U. S. Preventive Services Task Force Recommendation Statement"，151 *Annals Internal Med.* 716 ~ 26（2009）.

[7] Carol H. Lee et al.，"Breast Cancer Screening with Imaging：Recommendations from the Society of Breast Imaging and the ACR on the Use of Mammography，Breast MRI，Breast Ultrasound，and Other Technologies for the Detection of Clinically Occult Breast Cancer"，7 *J. Am. C. Radiology* 18 ~ 27（2010）.

筛检是否存在利弊平衡”。[1]而由泌尿科医生、肿瘤学家和其他医生组成的美国泌尿学会（American Urological Association），在其更新的结论中提出了两点建议：“是否进行 PSA 前列腺癌检查应尊重个人意见。患者应被告知 PSA 可能造成的风险和带来的益处”，而且，“如果 40 岁及以上的男性希望接受检查且预期寿命高出 10 岁，那么应该为他们提供前列腺癌早期检查和风险评估”[2]。

临床实践规范就如何评估和对待病人提供指导性建议，但由于临床实践规范主要针对普通病例，而对某些特殊患者具有不适应性，因此有时需要设定保留余地，特别是在患者（尤其是老年患者）[3]患有多种疾病，或治疗措施间相互排斥的情况下。例如，抗凝剂可能会导致失血过多而造成生命威胁，因此对于特殊患者，医生必须仔细衡量、辨别抗凝和促凝之间的风险。因此，临床实施规范都特别规定“应根据临床或治疗实际情况，对本规定之条款进行考量。临床医生或治疗方案制定者应该了解本规定医疗例证，但也需就病人、病情实际情况做出合理决定”。[4]一些依靠个人经验、已发表文献和同事建议行医的医生担心，医疗实践规范会对临床自主权和医护成本产生过度或不利影响。[5]

然而，就像很多医生不愿意在临床治疗中遵守这些规范一样，法院也在很长时间内都没有参考临床诊疗规范进行案件判决。[6]医疗实践规范的发展带来了一些政治和法律问题。[7]政治敏锐性、医患利益冲突和潜在法律诉讼等问题为这些具有一定创新性的、有一定实用价值的医疗规范的实施造成了阻碍。2006 年由于其颁布的医疗实践规范不建议长期使用抗生素来治疗慢性莱姆病（chronic Lyme

---

〔1〕 U. S. Preventive Services Task Force, “Screening for Prostate Cancer: U. S. Preventive Services Task Force Recommendation Statement”, 149 *Annals Internal Med.* 185 ~ 91 (2008).

〔2〕 American Urological Association, Prostate – Specific Antigen Best Practice Statement (rev. 2009), available at http://www.auanet.org/content/media/psa09.pdf (last visited Mar. 2, 2011).

〔3〕 Cynthia M. Boyd et al., “Clinical Practice Guidelines and Quality of Care for Older Patients with Multiple Comorbid Diseases: Implications for Pay for Performance”, 294 *JAMA* 716 ~ 24 (2005).

〔4〕 U. S. Preventive Services Task Force, “Screening for Carotid Artery Stenosis: U. S. Preventive Services Task Force Recommendation Statement”, 147 *Annals Internal Med.* 854 ~ 59 (2007).

〔5〕 Sean R. Tunis et al., “Internists' Attitudes About Clinical Practice Guidelines”, 120 *Annals Internal Med.* 956 ~ 63 (1994).

〔6〕 Arnold J. Rosoff, “Evidence – Based Medicine and the Law: The Courts Confront Clinical Practice Guidelines”, 26 *J. Health Pol., Pol'y & L.* 327 ~ 68 (2001).

〔7〕 One element in the near demise of the Agency for Health Care Policy and Research was a political audience receptive to complaints from an association of back surgeons who disagreed with the AHCPR practice guideline conclusions regarding low back pain. B. H. Gray et al., “AHCPR and the Changing Politics of Health Services Research, Health Affairs”, *Suppl. Web Exclusives* W3 – 283 – 307 (June 2003).

disease，CLD），[1] 康涅狄格州总检察长对美国传染病学会（Infectious Disease Society of America，IDSA）提出了不信任案。[2] 虽然美国疾病控制与预防中心（Centers for Disease Control and Prevention）和美国食品药品监督管理局（FDA）的规定与IDSA的规定看上去是一致的，但CLD患者代表及相关医生组成的委员会反应强烈，他们就总检察长的决定进行了深入解读，并向法院提起诉讼。[3] 在美国，如果某医疗组织机构发现，不信任案是出自对制定者经济利益的不合理保护，或是通过打压他方来维护自身利益，医疗组织机构可以不遵守该不信任案。最终，IDSA没有认罪，并以和解方式解决纠纷。但是，该案提示医疗机构一定要非常注意规范制定过程中保持良好的透明度。[4]

除临床实践规范之外，国际移民组织为其他临床规范作了如下定义和分类：①医学审查标准：关于特定医疗诊断、服务和效果系统性评价体系；②质量标准：官方制定的医疗服务和效果最低标准、优秀等级和可接受范围；③治疗措施：为评估和监督医护人员对规范、审查标准和质量标准执行程度而制定的一系列方法和途径。

5. 诊疗计划的变更

考虑到患者的遗传基因情况、生活方式、现有状况和医疗病史各不相同，同时，每个个体诊断结果的不明确性、检查结果的差异及治疗效果、医疗潜在伤害也

---

〔1〕 莱姆病：莱姆病是一种地区性、全身性、慢性为症性的蜱媒螺旋体病，早期以皮肤慢性游走性红斑为特点，以后出现神经、心脏或关节病变，通常在夏季和早秋发病，可发生于任何年龄，男性略多于女性。莱姆病几乎在世界各地都存在，特别是在北半球分布广泛。全球已有50多个国家报道均有莱姆病发生，其中以美国最多，病例已遍及49个州。自美国疾病控制中心从1982年开始监测以来，至今已有10万病例报道。欧洲各国每年也有5万例以上患者，在日本、埃及、南非等国也有病例报道。莱姆病的发病时间有一定的季节性，每年有两个感染高峰期，即6月与10月，其中以6月份最明显。但在近太平洋地区，多数患者发病时间为1～5月间。中国东北林区为4～8月份，福建林区为5～9月份，其季节性发病高峰与当地蜱类的数量及活动高峰相一致。发病以青壮年居多，与职业相关密切。以野外工作者、林业工人感染率较高。据报道，疫区室外工作人员劳动一天后有40%被蜱叮咬史，或可从其皮肤、衣服等处找到蜱。室外消遣活动如狩猎、垂钓和旅游等均可增加感染莱姆病的危险性。我国于1985年首次在黑龙江省林区发现本病病例，以神经系统损害为该病最主要的临床表现。其神经系统损害以脑膜炎、脑炎、颅神经炎、运动和感觉神经炎最为常见。其中一期莱姆病仅用抗生素即可奏效，至二期、三期用抗生素无济于事，特别是神经系统损害更乏特效疗法。

〔2〕 John D. Kraemer & Lawrence O. Gostin，"Science，Politics，and Values：The Politicization of Professional Practice Guidelines"，301 *JAMA* 665～67（2009）.

〔3〕 同上。

〔4〕 同上。

均不相同，医疗决策通常充满了复杂性、不确定性和难以权衡的问题。[1]由于诊断和医疗不确定性无法避免，医生经常需要在面对这些不确定性的同时做出诊疗计划。

唐纳德·舍恩（Donald Schon）[2]指出："在任何领域，当职业性建立在应用既有技术解决重复问题的基础上时，对某个例实施独特方法加以解决就会显得反常"，而且专业化趋势"越来越让人们忽略实际性和职业艺术的关注。"[3]例如，如果一位患者既对花生过敏又患有心脏病，关于过敏治疗规范建议不使用β阻滞剂，而由于β阻滞剂可有效延长患者生命，心脏病治疗规范则意味着相反的建议。也就是说，过敏症专治医师建议不要使用β阻滞剂，而心脏病学家则建议使用。[4]

良好的随机试验会选择预后病情相当的患者作为实验对象，以最大程度降低治疗利弊评估中的误差。一些医生会严格执行科学证明，可能会将某种药品的剂量控制在实验证明有益的范围内。而其他医生则会在未得到证明之前，先遵从"类效应"实施治疗。另外一些医生还会考虑到病患可承受的经济压力和个体差异的治疗方案。当医生估计某种治疗方案可能对某患者有效，但此患者原本并不适合这种治疗方案研究，医生必须认真衡量对患者有益的效果或损害的风险。因为在这种情况下，医生无法掌握此方法确定的有益或有害的依据。事实上，由于很少根据随机试验做出（误差程度最低的一种医疗证据）医疗建议，医生经常必须在不确定性中做出检查和治疗决定和权衡：几乎所有治疗方案都存在风险，而且在很多情况下，根本无法确切证明某种治疗方案有效或无效，甚至有害。因此，在心脏病学领域（目前在医学较为发达的一个领域），差不多一半的医学规范的制定均基于专家意见、案例研究和已有医疗标准而制定。[5]

---

[1] John P. A. Ioannidis & Joseph Lau, "Systematic Review of Medical Evidence", 12 *J. L. & Pol'y* 509～35 (2004).

[2] 唐纳德·舍恩（1930～1997年）：美国当代教育家、哲学家，美国"反思性教学"思想的重要倡导人。他的反思实践和反思实践者的思想对这一思潮或运动产生了深远的影响。早在1983年，舍恩就认为在行动中进行反思可以使从业者在实践中变成研究者，并从固定的理论和技巧中解脱出来，构建一种新的适用特定情境的理论。1987年，舍恩给出了反思性实践的定义。舍恩主张以"活动中的反思"为原理的"反思性实践"去替代以技术理性为原理的"技术性实践"。反思实践的特征在于：立足于特定的教育情境，解决特定情景中的问题，在行动中进行反思，获取实践性学识。"行动中对行动的反思"包含了两层意思，一是"对行动的反思"，二是"在行动中反思"。

[3] Donald A. Schön, The Reflective Practitioner: How Professionals Think in Action, at vii (1983).

[4] John A. TenBrook et al., "Should Beta－Blockers Be Given to Patients with Heart Disease and Peanut－Induced Anaphylaxis? A Decision Analysis", 113 *J. Allergy & Clin. Immunol.* 977～82 (2004).

[5] Pierluigi Tricoci et al., "Scientific Evidence Underlying the ACC/AHA Clinical Practice Guidelines", 301 *JAMA* 831～41 (2009).

将完善的研究理论应用到患者身上是另一个重大问题。随机螺内酯药物测试评价研究称，螺内酯可有效降低心脏病死亡率和住院率，而且可在最大限度改善人体高钾含量，从而改善患者的生命质量。〔1〕这项研究曾发表在著名医学杂志上，导致螺内酯的销量迅速大增，原因是螺内酯为人们所熟知，而且心脏病患者的预后病情一般非常不乐观。但是，事实上，实际患病群体和研究群体存在很大差异。实际患病群体一般为老人、妇女，一般有严重或相关的禁忌症候，没有接受过心功能检查、钾浓度化验、肾功能检查等，也就无法估测他们是否会由于使用螺内酯而导致血钾过高等风险。〔2〕这些因素导致患者接受螺内酯治疗后血钾过高的风险大幅增加，而血钾过高则具有致命性。事实上，一项加拿大的研究证明，住院患者中血钾过高患者比例在 1994 年为 2.4‰，而至 2001 年则达到 11‰，这意味着安大略省增加了 560 名血钾过高住院患者和 73 名因血钾过高而死亡的老年心脏病患者。〔3〕考虑到社会经济发展情况、种族或宗教信仰的影响，药品随机试验准入标准一般不允许伴随用药、多病共存或女性患者参与，这严重限制了随机试验反映临床实践普适规律的可能性。〔4〕医生认为随机控制实验只是对限定患者人群的药效研究，而平常的临床医疗实践才是真正“有效”的研究。

随机控制试验要真正显现数据分析的意义〔5〕，往往需要大量案例、持久深入研究和大量患者的参与。由于长期研究会在操作性、成本控制和时间控制等方面面临困难，随机试验往往采用替代标记（surrogate marker）作为研究对象，即那些可极大改善临床效果或降低死亡率的措施。例如，他汀类药物首先因其可以在保证安全的情况下，有效降低患者胆固醇水平而被批准在临床治疗中使用，而多年后，他汀类药物才被公认具有有效治疗冠状心脏病的作用。〔6〕艾滋病新药获得快速批准的基础，是其可安全、有效地降低病毒水平（由于替代或替代药品让人感觉其与降低死亡率有关），而不是降低死亡率。

---

〔1〕 Bertram Pitt et al.，“The Effect of Spironolactone on Morbidity and Mortality in Patients with Severe Heart Failure. Randomized Aldactone Evaluation Study Investigators”，341 *New Eng. J. Med.* 709 ~ 17（1999）.

〔2〕 Dennis T. Ko et al.，“Appropriateness of Spironolactone Prescribing in Heart Failure Patients：A Population – Based Study”，12 *J. Cardiac Failure* 205 ~ 10（2006）.

〔3〕 David N. Juurlink et al.，“Rates of Hyperkalemia After Publication of the Randomized Aldactone Evaluation Study”，351 *New Eng. J. Med.* 543 ~ 51（2004）.

〔4〕 Harriette G. C. Van Spall et al.，“Eligibility Criteria of Randomized Controlled Trials Published in High – Impact General Medical Journals：A Systematic Sampling Review”，297 *JAMA* 1233 ~ 40（2007）.

〔5〕 Michael D. Green et al.，Reference Guide on Epidemiology，in this manual.

〔6〕 “Randomised Trial of Cholesterol Lowering in 4444 Patients with Coronary Heart Disease：The Scandinavian Simvastatin Survival Study（4S）”，344 *Lancet* 1383 ~ 89（1994）.

另一方面，在20世纪70年代末发现经常出现心跳加速的患者（室性过早收缩）容易突发心脏病而导致猝死风险增大。基于此，心脏电生理学专家认为，如果可以降低心脏室性早搏（作为替代治疗方法），就可以降低心脏病猝死的风险。早期随机控制试验中，FDA批准恩卡尼（encainide）和氟卡尼[1]等（flecainide）抗心律不齐口服药物可在临床应用，因为这些药物可有效缓解心肌梗死患者心跳加速症状。然而多年后，一项原本想证明这些药物良好效果的随机控制试验，仅进行了10个月就被迫停止，原因在于这项试验通过数据分析发现，服用此类药物的患者事实上有更高的死亡率。虽然这些药有效地缓解了心跳加速，但同时研究也发现增加了致命性心律不齐的风险。[2]

在申请FDA批准前，药物和医疗设施至少需要经历三步临床试验以证明其安全性和有效性。在进行初步化学成分检测、毒性检测和动物试验后，第一阶段主要测试新药对健康个体的影响；第二阶段主要检测不同药物剂量对患者的影响，以检测药物效果、反应和不良反应；基于第二阶段对药物剂量的检测，第三阶段扩大药物服用患者人数，以再次检测药物安全性和治疗效果，并最终获得官方检测机构的批准。然而，由于所有阶段涉及的患者数量一般不会超过10 000人，直到更多的患者参与试验后，才能被发现仍会有个别不良反应。例如，根据不同剂量，分别在24 200人中有1人和在40 500人中有1人由于服用抗生素氯霉素[3]患上致命性再生障碍性贫血（这导致骨髓不再产生新的血细胞）。这种不良反应直至20世纪60年代氯霉素刚刚被认为是一种安全药品时才显现出来，而氯霉素早在50年代就已在临床治疗中广泛使用。[4]

FDA已从1969年开始实施不良反应报告制度，对所有已批准药品和治疗生物制药进行入市后的安全性监测，鼓励包括内科医生、药剂师、护士等在内的医护工作者和包括患者、家属、律师等在内的消费者及时报告不良事件和患者医疗损害等情况。由于这个系统具有志愿性，存在如下缺陷：①药物使用和不良反应之间存在不确定性；②产品和不良反应之间的偶然关系证明缺失；③不良反应评估

---

〔1〕 恩卡尼（encainide）和氟卡尼：循环系统药物、抗心律失常药、抗快速心律失常药物。

〔2〕 "Preliminary Report: Effect of Encainide and Flecainide on Mortality in a Randomized Trial of Arrhythmia Suppression After Myocardial Infarction: The Cardiac Arrhythmia Suppression Trial (CAST) Investigators", 321 *New Eng. J. Med.* 406～12 (1989).

〔3〕 Two pre－Daubert cases from the Fifth Circuit dealt with product liability suits against the manufacturer: Christophersen v. Allied－Signal Corp., 939 F. 2d 1106 (5th Cir. 1991); Osburn v. Anchor Labs., 825 F. 2d 908 (5th Cir. 1987). Clarke, supra note 152, at 515.

〔4〕 Clarke, supra note 152, at 815.

细节不足；④不良反应报告不全面；⑤由于药物使用患者人数及其使用时间长度等信息缺失，导致无法判断不良反应发生概率。

罗非考西（rofecoxib）（商用名：万洛）是一种环氧合酶－2选择性药物，属非类固醇消炎药。因为研究表明，罗非考西比其他同类药品不易引起胃肠出血，该药于1999年正式获批用来缓解疼痛。但由于另有研究表明，长期服用罗非考西可能增加心脏病或脑卒中风险，2004年，该药生产厂家自愿从全球市场召回所有药品。[1]

医生在医疗决策中经常需要权衡利弊。一些医生基本上不使用新药，除非这种药物已经过长期实践检验，证明不会引起未知的不良反应，而且经过官方批准。某些医生则倾向于运用新药，尤其是这种新药声称已改良药物的作用机制，进而其安全性和有效性已获大幅提高。对新药持观望态度的保守型医生，一方面避免了临床过程中未知不良反应的发生，但另一方面如果新药的确对患者有益，也使患者未能及早从新药中获益。当然，也可能发生相反的情况，即使用新药、新检查或新技术的医生也可能使他们的患者受到伤害。

即使随机试验发现某种药品疗效良好，临床过程中病人也可能受到伤害。因此，医生需要根据患者的具体情况权衡利弊，同时，这也是许多医生不愿遵守医疗实施规范的原因之一。1865年，伯纳德提出的医学困境仍然深刻影响着许多临床医生："适用于一般患者的治疗方法并不一定适用于实际就诊患者"。[2]事实上，临床试验总结出的普通治疗方法甚至不一定适用于全部参与试验的患者。即使严格限定的容斥标准（well－defined inclusion and exclusion criteria），治疗风险及有效性也会存在不同，因此即使是参与试验的患者也不可能同等受益于某种药品。

冠状动脉链激酶和tPA应用全球试验是一个典型的例子。此试验证明，组织型纤维蛋白溶酶原激活剂（tPA）一方面可以降低急性心肌梗死的致死率，另一方面又会增加患者失血过多的风险。[3]在对此研究二次分析时发现，大部分tPA（85%）的确切疗效来自于，有50%的患者（最有危险死于突发心脏病）由于服用tPA没有死于心脏病。而一些死于心脏病可能性小的患者在服用tPA后受到了

---

〔1〕 Generally In re Vioxx Prods. Liab. Litig., 360 F. Supp. 2d 1352 (J. P. M. L. 2005).

〔2〕 Salim Yusuf et al., "Analysis and Interpretation of Treatment Effects in Subgroups of Patients in Randomized Clinical Trials", 266 *JAMA* 93～98 (1991).

〔3〕 "An International Randomized Trial Comparing Four Thrombolytic Strategies for Acute Myocardial Infarction. The GUSTO Investigators", 329 *New Eng. J. Med.* 673～82 (1993).

很大的伤害，因为他们因此死于颅内出血的危险大大超过tPA带来的疗效。[1]事实上，即使随机试验表明某种药物具有良好疗效，这些疗效也基本上不适用于参与试验的每一个患者。因此，要想做出最合理的治疗决策，医生需要根据就诊患者的实际情况，权衡每个患者可能面临的风险和益处，然后根据综合判断最终提出个性化治疗方案。由于tPA可能造成颅内出血之类的严重病症，因此医生可能不会采用tPA医治罹患冠状动脉粥样硬化的病患。即使在治疗过程中只有一位患者由于服用tPA而颅内出血，也会大大影响tPA在医生决策时的正面意义。

遵循科学证据的医学的一条准则是“证据本身并不足以作为医学决策的全部依据”。[2]几乎所有的医疗决策都存在利弊权衡。除了考虑不同医疗决策可能导致的不同后果及后果不同的严重程度等情况外，患者关于医疗后果的倾向性，也应是医疗决策过程中重要的参考因素。尤其是医疗决策可能在延长患者生命（解除患者近期内死亡危险）或改善患者生活质量（症状缓解）的同时也可能导致并发症、死亡等严重后果时，医生必须考虑患者意愿。除了个性化权衡医疗决策的利弊，如果某患者产生不良反应的风险高于一般患者，或用药疗效相对较差，医生可以不遵守医疗实践规范（“免责变通”，warranted variation）。同理，如果患者倾向于与规范建议不同的医疗决策，虽然同样面临风险，医生也可以遵从患者意愿，而忽略医疗实践规范的要求。例如，假设有两种选择，一种是有100%的可能性活25年，另一种是要么有50%的可能性活50年，要么可能会立即死去，大多数人会选第一种。虽然两种选择平衡下来都是可以活25岁，但大多数人不愿意冒险，更不愿意冒马上就死去的风险。在接受采访时，一些肺癌患者虽然可以通过手术治疗，但他们非常不愿意面对手术可能带来的死亡风险，那么基于这种倾向，他们更愿意选择接受放疗或化疗，虽然放疗和化疗长远上并不如手术治疗效果好。[3]

除了具有风险性，某些治疗方法虽然可能改善患者生活质量，但也会减少患者预期寿命。因此在权衡中，一些患者会选择牺牲生活质量而换取生命的延长。当为参与试验的志愿者们设定他们患了喉癌的情景中时，一些志愿者放弃手术治疗而选择了放疗以保全他们的声音，虽然放疗并无益于生命延长。“这些结果表

---

〔1〕 David M Kent et al.，“An Independently Derived and Validated Predictive Model for Selecting Patients with Myocardial Infarction Who Are Likely to Benefit from Tissue Plasminogen Activator Compared with Streptokinase”，113 *Am. J. Med.* 104～11（2002）.

〔2〕 Guyatt，supra note 150，at 8；see also supra Section IV. C. 3.

〔3〕 McNeil，supra note 63，at 986.

明医疗决策的选择应考虑患者自身对生活质量和长度的权衡。”[1]

再比如，美国国家卫生研究院共识会议（National Institutes of Health Consensus）建议，如果女性乳腺癌处于一期或二期阶段，在条件允许的情况下，应该进行乳腺癌保乳治疗[2]，原因是根据对几千名乳腺癌女性患者的长期、系统跟踪调查，选择放射疗法乳房肿瘤切除术和乳房切除术治疗的人数各占50%，而后者可以完全清除癌症（使乳腺癌终生不再复发）。研究显示，由于有5位乳腺癌患者在接受乳房肿瘤切除术辐射疗法治疗后复发乳腺癌，而有10位乳腺癌患者在接受乳房切除手术后又复发乳腺癌，因此，乳腺癌经乳房肿瘤切除术的放射疗法治疗后，复发率比乳房切除术的复发率相对较低，[3]但是，研究人员也调查了做过手术而且又复发癌症的乳腺癌复发情况（原来没有特意就这种情况进行过数据分析），[4]如果考虑到这种情况，乳腺肿瘤切除术后有20例复发乳腺癌，而乳房切除手术仅有10例复发案例，因此总体上，乳房肿瘤切除术的复发率事实上要高于乳房切除术。[5]一位乳腺癌患者曾做过如下描述：“乳腺癌应该采取何种治疗方式应该取决于患者个人意愿。我选择了乳房切除手术，因为我感觉切除手术比要连续六周做放射性治疗要好，而且放射疗法的复发率高达14%。”[6]在选择切除乳房和低复发率，还是选择保留乳房和高复发率及辐射疗法的权衡中，患者的意愿[7]对于最后确定最佳治疗方案至关重要[8]。

---

[1] McNeil, supra note 63, at 986.

[2] “NIH Consensus Conference: Treatment of Early – Stage Breast Cancer”, 265 *JAMA* 391 ~ 95 (1991).

[3] Joan A. Jacobson et al., “Ten – Year Results of a Comparison of Conservation with Mastectomy in the Treatment of Stage I and II Breast Cancer”, 332 *New Eng. J. Med.* 907 ~ 11 (1995) (hereinafter “Jacobson”).

[4] Bernard Fisher et al., “Eight – Year Results of a Randomized Clinical Trial Comparing Total Mastectomy and Lumpectomy With or Without Irradiation in the Treatment of Breast Cancer”, 320 *New Eng. J. Med.* 822 ~ 28 (1989); Jacobson, supra note 199, at 998.

[5] Jacobson, supra note 199, at 999.

[6] Karen Sepucha et al., “Policy Support for Patient – Centered Care: The Need For Measurable Improvements In Decision Quality, Health Affairs Supp. Web Exclusives VAR 54”, *VAR* 62 (2004).

[7] Proctor & Gamble Pharm., Inc. v. Hoffman – LaRoche, Inc., 2006 WL 2588002, at *10 (S. D. N. Y. 2006) (detailing the testimony of a physician stating that, in addition to efficacy, he considers patient preferences when determining treatment for osteoporosis).

[8] Jerome P. Kassirer, “Adding Insult to Injury. Usurping Patients' Prerogatives”, 308 *New Eng. J. Med.* 898 ~ 901 (1983) (hereinafter “1983 Kassirer”).

D. 知情同意

1. 原则和标准

尊重患者的知情同意权是医生的伦理、道德、法律责任。[1]知情同意有四个伦理学原则：自主原则（autonomy）、行善原则（beneficence）、无恶意原则（non－malfeasance）和公正（justice）原则。[2]"自主原则"指在不受任何偏见，且充分思考的情况下做出的理性的决定。"行善原则"指医生具有以病人的利益为根本利益的道德责任。[3]这两项原则经常让医生处于两难境地，因为一方面医生希望患者接受专业角度认为最佳的治疗方案，但这些治疗方案经常具有风险性，这就导致医生需要在做决策时参考患者意愿。β－阻滞剂药物一般认为对治疗心脏病效果良好，但也可能会引起勃起困难的副作用。一项调查此副作用率的研究发现，大多心脏病患者①没有意识到正在服用这种药物；②只是被告了药品名称；③只是被告此种药品可能会造成勃起困难等副作用。在没有意识到正在服用这种药物的人群中，有3.1%出现了勃起困难症状，而在只知道药物名称的人群中此比例为15.6%，在告之勃起困难的人群中此比例为31.2%。这表明，副作用在知情人群中发病率更高，这可能导致患者会停止使用这种药物，而原本β－阻滞剂会更有利于心脏病治疗。[4]因此，医生必须平衡治疗方法可能带来的好处和履行告知义务可能带来的坏处。

各州关于告知程度有不同的法律规定，一半参考医生和专业标准（当地医生普遍向患者告知的信息），而另一半参考患者或实质性标准（一般具有行使自主决定能力的患者获知影响决策的重要信息）。[5]知情同意原则要求医生告知患者不进行治疗的后果和不同的治疗方案，以及不同方案的好处和坏处。虽然一般告知内容应包括治疗方案可能造成的严重后果或经常性后果，但是法院并没有就"严重"或"经常性"给出评判标准。而且，法院认为知情同意原则下的患者应该意识清晰，或能够自主选择医疗方案（能够理解不同治疗方案、风险和益处）。

---

〔1〕 Timothy J. Paterick et al., "Medical Informed Consent: General Considerations for Physicians", 83 *Mayo Clinic Proc.* 313～19 (2008) (hereinafter "Paterick").

〔2〕 Jaime S. King & Benjamin W. Moulton, "Rethinking Informed Consent: The Case for Shared Decision Making", 32 *Am. J. L. & Med.* 429～501 (2006) (hereinafter "King & Moulton").

〔3〕 同上。

〔4〕 Antonello Silvestri et al., "Report of Erectile Dysfunction After Therapy with Beta－Blockers Is Related to Patient Knowledge of Side Effects and Is Reversed by Placebo", 24 *Eur. Heart J.* 1928 (2003).

〔5〕 King & Moulton, supra note 206, at 430.

做出的决定应出自患者自愿，即出自患者自愿思想和意志，而没有受到胁迫和操纵。医生应该用通俗易懂的语言向患者告知相关情况，只能在确认患者已经充分理解各种治疗方案及其风险后才能实施治疗。

患者可能在治疗实施前反悔或拒绝治疗。在这种情况下，医生应与病人进一步讨论，并要求患者填写“撤回知情同意书”（withdrawal - of - consent form）。此外，知情同意还涉及知情同意豁免（exceptions to medical consent）的情况，在某些紧急情况下，如果医生认为治疗不会对病人产生本质伤害且治疗效果在事前不可预测，时间不允许征得患者同意的情况下，可采取知情同意豁免。[1]

莫恩施泰恩在一个未发表的案例报告中提到如下情况，在他居住的社区，他曾经为一个受过高等教育的人进行检查。检查时，他发现病人患有前列腺癌，且与他就前列腺特异抗原（prostate - specific antigen，PSA）筛检可能带来的风险和好处与患者进行了讨论。他说明他的建议是基于美国预防服务组织、美国医科大学 - 内科医学学会、美国医学联合会、美国泌尿学会、美国癌症学会和美国家庭医师学会的建议。莫恩施泰恩称患者在综合考虑 PSA 筛检的高错误肯定率，预后不良反应和前列腺低死亡风险后，决定不进行 PSA 筛检。但是，当病人就诊于另一位医生时，医生在没有告知的情况下为他做了 PSA 筛检。检查结果显示此患者 PSA 值高于正常值，且已患有晚期前列腺癌，已无法治愈。原告的律师称，虽然莫恩施泰恩的建议基于以上各组织的建议，但弗吉尼亚州法律规定如果经过 4 位专家同意，医生可以在不告知患者的情况下为患者进行血检。最后法院支持了原告的诉讼。[2]

为了说明患者意愿的重要性，一位女性乳腺癌患者这样描述她的经历：“当医生用签字笔在我胸口比画手术方案时，我丈夫问：‘真的有必要把后面的肉移到前面吗?’，医生的回答让我们很惊讶。他说：‘不。’因为他可以直接对我的胸部做手术，而且这样手术时长和恢复期都要减少一半。他为我设计了更为复杂的手术是因为他觉得这样会更加美观，他说，‘我以为你更希望采取这种方式。’”[3] 最后，这位患者选择了更简单、恢复期更短的手术。

在另外的一项研究中，研究人员通过随机试验分别对有知情同意和无知情同意案例进行分析。他们发现，在治疗失眠症患者时，是否进行知情同意对安慰剂

---

〔1〕 Paterick, supra note 205, at 315.

〔2〕 King & Moulton, supra note 206, at 432 ~ 34; Daniel Merenstein, “A Piece of My Mind: Winners and Losers”, 291 *JAMA* 15 ~ 16 (2004).

〔3〕 Julie Halpert, “Health: What Do Patients Want?”, *Newsweek*, Apr. 28, 2003, pp. 63 ~ 64.

效果有明显影响。试验以两人一组进行，一人没有知情同意，而另一人有知情同意。研究人员随机选定56人进行知情同意测试，其中26人当即表示不愿参与随机试验（其他没有知情同意的患者由于不知情，因此无法做出选择，也不知道他们正在参与此项试验）。由于实施了知情同意原则，导致知情同意组许多成员一开始就带有主观性偏见，而且不愿参加试验成员与愿意参加试验成员之间的年龄、性别差别非常明显。结果显示，安眠药对不知情组成员的疗效远远好于知情组，而知情组产生不良反应的比例远远高于不知情小组。这表明，知情同意会事先让患者产生主观性偏见，继而影响药物疗效并增加副作用发生的可能性。也就是说，知情同意原则可能会降低任何新发现的可行性评估。[1]

除了医生，患者也可从网络、家人、朋友和媒体（报纸、杂志和电视）等方面获得病情相关知识。在网络使用者中，80%的人曾就1到15种疾病进行过信息搜索，但是根据年龄、性别、受教育程度、种族和宗教信仰不同，相关网络利用率在62%至89%间浮动。[2]2006年11月至2007年5月曾对做过医疗决策的成年人进行过一次调查，结果显示平均有28%的人曾通过网络查询过相关知识，而在40岁及以上年龄的人群中，乳腺癌的网络调查率仅为17%，髋/膝关节置换手术的网络调查率则高达48%。[3]然而，医护工作者的建议仍是网络使用者最信任的医疗决策信息来源，之后可被信任的信息来源按排序分别为网络、家人朋友和媒体。

2. 医患风险交流

不同的治疗方法可能会导致不同的治疗结果，同时患者对各种不同结果的权衡也各不相同。[4]一项研究试验向最近刚刚检查出可治愈前列腺癌患者发放调查问卷，问卷中有93个患者可能认为对他们个人非常重要的问题，其中有91个问题都至少被一个患者勾选。[5]医患交流技巧包括对患者病情进行评估（合理提出问题的能力、询问患者意愿、考量患者对病情的理解）；为患者提供教育和咨

---

〔1〕 R. Dahan et al.，“Does Informed Consent Influence Therapeutic Outcome? A Clinical Trial of the Hypnotic Activity of Placebo in Patients Admitted to Hospital”，293 *Brit. Med. J. Clin. Res. Ed.* 363 ~64（1986）.

〔2〕 Pew Internet，Health Topics，http://pewinternet.org/Reports/2011/HealthTopics.aspx（last visited Feb. 12，2011）.

〔3〕 Mick P. Couper et al.，“Use of the Internet and Ratings of Information Sources for Medical Decisions：Results from the DECISIONS Survey”，30 *Med. Decision Making* 106S ~14S（2010）.

〔4〕 1983 Kassirer，supra note 203，at 889.

〔5〕 Deb Feldman－Stewart et al.，“What Questions Do Patients with Curable Prostate Cancer Want Answered?”，20 *Med. Decision Making* 7 ~19（2000）.

询（了解患者的态度、提供清晰的指导和解释、评估患者是否理解）；通过协商做出治疗决策（研究病症并分析不同的医疗方案、双方协商一致确定治疗方案）；医患关系发展和维护（鼓励患者、表明支持的态度、解释专业术语、使用非言语行为密切医患关系）。[1]

但是，某些形式的医患风险交流可能会让人非常困惑，应该在实践中避免，例如“小概率事件、条件性可能性（例如敏感性和特异性）和相关风险”。[2]例如，如果医生告知某种医疗方式导致勃起困难的概率为30%至50%，[3]尽管医生指的是有30%至50%的患者可能会出现勃起困难的副作用，但患者可能会错误地理解为这种治疗方式可能会导致他们的性生活中有30%至50%会出现勃起困难的情况。因此，一般建议如下表达方式：“如果有100人接受了这种治疗方式，那么他们中会有30至50人会出现勃起困难的问题。”显然，这种方式定义了一个参考量，因而大大降低了出现误解的可能性。[4]

再以相对风险性的表达为例，如果医生告知患者某种降低胆固醇的治疗方法可将其死亡率降低22%[5]，患者可能理解为在1000个高胆固醇患者中，如果采用这种治疗方法，有220名患者可免于死于高胆固醇血症。然而研究数据显示，如果采用这种治理方法，1000个人中有32人死亡，而如果使用安慰剂进行治疗，则1000个人中有41人死亡。相对风险降低率事实上是等于9除以41。因此一般建议告知患者绝对风险降低率（即1000名患者中分别有32人和41人死亡），或者告知在1000名具有相同情况，并连续5年服用某降胆固醇药的患者中，此种治疗方法比另外一种治疗方法会少发生9例死亡[6]。如果计算比值比（odds ratio），那么降低胆固醇的治疗方法将其比值比降低了23%。可以注意到，不管是相对风险率还是比值比，都不包括不进行治疗的情况，而且比值比总会高于相对风险比。更详细地说，如果相对风险比降低了20%，且没有采取大样本治疗案例分析，那么与之对应的绝对风险比可能会与之存在很大差距。如果100名患者中有20名患者由于没有接受任何治疗而死亡，那么绝对风险降低率为4%，但如果是

---

〔1〕 Michael J. Yedidia et al., “Effect of Communications Training on Medical Student Performance”, 290 *JAMA* 1157～65 (2003).

〔2〕 Gerd Gigerenzer & Adrian Edwards, “Simple Tools for Understanding Risks: From Innumeracy to Insight”, 327 *BMJ* 741～44 (2003).

〔3〕 Gigerenzer, supra note 87, at 4.

〔4〕 同上。

〔5〕 Gigerenzer, supra note 87, at 34.

〔6〕 同上。

100 000 名患者中有 20 名患者由于没有接受治疗而死亡，那么其绝对风险降低率就成了 0.004%。这些数据只是风险交流的一种形式，在循证医学中用来说明，那些不包括没有接受治疗情况时的风险说明。

根据 USPSTF 关于早期胸部肿瘤 X 射线透视法分析公布的数据，要想减少 39 岁至 49 岁人群间一例乳腺癌死亡案例，需考虑的数量（number needed to be invited, NNI）为 1904，如果年龄区间为 50～59 岁，NNI 为 1339，如果年龄区间为 60～69 岁，NNI 则为 377。[1]同理，伤害可能性取决于所需伤害数（number needed to harm, NNH），且所需伤害数计算方法与 NNI 计算方法一致。如果要想判断乳腺组织活检会造成那些并发症，那么至少需要有 5 名 39 岁至 49 岁、3 名 50 到 59 岁乳腺癌妇女和 2 名乳腺癌妇女接受乳腺活组织检查。[2]数据分析显示，过度诊断（overdiagnosis）的概率一般为 1% 至 10%，也就是说 100 个通过筛检确诊乳腺癌的患者中有 1 个至 10 个接受了癌症治疗，而他们即使不接受乳腺癌症治疗也不会死于此癌症。[3]但由于具有不可观察和预测性，根本无法判断某位患者是否被过度诊断。[4]对过度诊断概率的评估，需要长期对比筛检患者和未筛检患者的并发症情况才能得出，而且这些数据也仅是估计概率。

经过对医疗证明进行综合分析，研究发现："早期胸部肿瘤 X 射线透视法的确可挽救生命，尤其是挽救年龄偏大的女性的生命，但也会造成伤害。但是这些好处足以胜过其可能造成的伤害吗？人们就此问题进行了激烈的讨论。但由于讨论基于对挽回生命风险比例和过度诊断风险比例的对比，这种讨论的意义有限，因为这两项比例都非常低，而且由于年龄、研究进年限等不同，这两组数据具有很高的不确定性。"[5] USPSTF 关于 40 至 49 岁的乳腺癌患者是否应进行早期胸部肿瘤 X 射线透视治疗的建议中，明确指出"对于 40 至 49 岁的乳腺癌患者，USPSTF 不建议她们接受常规早期胸部肿瘤 X 射线透视治疗"。虽然筛检有其好处，但 USPSTF 认为，从公共医疗和利益的角度考虑，不足以说服其建议所有 40 至 49 岁的乳腺癌患者都接受常规早期胸部肿瘤 X 射线透视治疗。虽然这项建议经常被忽略，但 USPSTF 进而将患者意愿纳入医生决策过程中，指出："50 岁以下

---

[1] Heidi D. Nelson et al., "Screening for Breast Cancer: An Update for the U. S. Preventive Services Task Force", 151 *Annals Internal Med.* 727～37 (2009).

[2] 同上。

[3] 同上。

[4] Klim McPherson, "Screening for Breast Cancer—Balancing the Debate", 341 *BMJ* 234～35 (2010).

[5] 同上。

患者可以自行决定是否进行常规的、可能对治疗有好处的筛检，医生应具体分析就诊患者情况，综合考虑筛检可能为患者带来的好处和伤害。"[1]这条建议注意到由于个人经历、价值观、个人倾向不同，一些患者可能更愿意降低死于乳腺癌的风险，而另一些患者可能更愿意避免常规早期胸部肿瘤X射线透视治疗可能带来的并发症（乳腺活组织或相关担忧），以及过度诊断和过度治疗等情况。

3. 决策共享

"医生的职业能力、专业水平、同情心、诚实程度和敬业精神均与医患交流风险有关：只是就病情做出正确的判断，并用患者可以理解的语言告知是远远不够的。"[2]医疗决策共享（Shared Decisionmaking）和告知已经越来越成为医疗服务的重要组成部分。传统上一般遵循"解决问题"（problem solving）的理念，在这种理念下，医生做出"一个"正确的决策而患者几乎没有发言权。与之不同，"决策制定"（decisionmaking）理念强调一种病症应有多种治疗方法，且最终的医疗决策应取决于患者的选择。因此，医疗决策不仅取决于多种治疗方法可能导致的医疗后果，更取决于患者希望得到哪一种医疗后果，及其愿意承担哪一种风险以降低死亡的风险、提高生活质量、推迟或延后风险出现的时间。[3]

如下情况应该遵循告知医疗决策原则：如果患者了解疾病属性及病症情况；了解临床治疗方案及其可能带来的后果，包括风险、不足、疗效、替代方案和不确定性；认为他的个人倾向科学合理；出于个人自愿参与决策制定；做出与其意愿和价值观相一致的决策或选择推迟决策。[4]

"如果患者或他（她）的医师在临床治疗中，同时表达医疗决策或参与到医疗决策的制定中"，这就是决策共享。[5]

为了帮助分享决策原则得以顺利实施，通过描述"疗效、伤害、可能性和科学不确定性"[6]已初步建立了医学决策指导，以帮助患者和医生做出科学、合

---

〔1〕 U. S. Preventive Services Task Force, "Screening for Breast Cancer: U. S. Preventive Services Task Force Recommendation Statement", 151 *Annals Internal Med.* 716, 716 (2009).

〔2〕 Adrian Edwards, "Communicating Risks", 327 *BMJ* 691 ~92 (2003).

〔3〕 Michael J. Barry, "Health Decision Aids to Facilitate Shared Decision Making in Office Practice", 136 *Annals Internal Med.* 127 ~35 (2002).

〔4〕 Peter Briss et al., "Promoting Informed Decisions About Cancer Screening in Communities and Healthcare Systems", 26 *Am. J. Preventive Med.* 67, 68 (2004).

〔5〕 同上。

〔6〕 Annette M. O'Connor et al., "Risk Communication in Practice: The Contribution of Decision Aids", 327 *BMJ* 736 (2003).

理的临床医疗决策。2007 年，华盛顿州法院第一个建立并承认共享医疗决策在知情同意中的法律地位。[1]相关规定鼓励进一步完善决策帮助指导，并完善其认证、执行和评估体系。知情同意书规定应书面写明告知同意原则的实施过程，虽然医生与患者的交谈有时很难被完全记录，但在这个过程中医生会和患者分享他的医学知识，而患者也会和医生分享他的想法（健康目标）和主观倾向性。通过共享医学决策，建立相互尊重和信任关系，非常有利于密切医患关系。

V. 总结及未来发展趋势

随着人类基因组序列的神秘面纱被揭开，医学研究也迅速发展，人类终于可以利用蛋白组学和化学来解读人体生物学（基因组学），也终于可以分辨与疾病、健康息息相关的分子途径。同时，医学诊断、预防和治疗技术的发展也对临床医学的发展、完善产生了深刻地影响。以淋巴瘤为例，作为血癌的一种，过去人们只能根据显微镜下观察到的不同特征简单地将其分为非霍奇金淋巴瘤和霍奇金淋巴瘤。而随着科学的发展，现在可根据不同的淋巴细胞起源，将淋巴瘤分为 B 细胞淋巴瘤和 T 细胞淋巴瘤，这两种细胞均有加强人体免疫功能的作用（可保护身体不被感染或得癌症）。目前，新的研究试图通过进一步确认来源基因、细胞和分子途径对淋巴瘤进行更为细致的分类，以为患者提供更好的治疗。此外，基础医学临床试验（从实验室研究至临床试验，从基础医学科研至新治疗方法、诊断方法的研究）研究机构和公司也在不断增多，这也会在很大程度上促进科研水平的提高，并催生更多的科研项目。

随着知识的不断积累以及科学研究和医学专业的不断发展，如何定义医学执业资格、评价医学能力也变得越来越困难、越来越复杂。然而，如何将医学研究发展成足够可靠、经得起考验的医学证明还需要遵循许多传统科学基础：①生物学似真性和证据先行性；②不断可以重复的现象。医学实践的本质也不会发生改变，其根本是医患双方就医疗决策进行相互交流。由于现有医学知识总是存在许多不确定性，或者虽然有些医学证据可信且已被证实，很多情况下还是需要在实施检查和治疗方案时就利弊做出权衡。也正是如此，有效交流就显得至关重要，因为每一个患者的个人意愿和个人倾向都有可能与其他人不同，而他们的想法应该在治疗过程中受到尊重和重视。

---

[1] Bridget M. Kuehn, "States Explore Shared Decision Making", 301 *JAMA* 2539 ~ 41 (2009).

总之，有些通用医学术语在法律和医学领域含义会有所不同，例如，鉴别诊断、鉴别病原、一般因果关系和具体因果关系等。诊断推理和临床决策的基本概念和医生或专家用来做决策的证据类型有相同的理论核心：①可选择的推理过程；②风险、利益和已有证据的权衡；③就风险展开交流。

专业词汇表

充分性（Adequacy）：在确诊过程中，检测某诊断的充分性意味着要检测其是否能完全解释病人正常或不正常的症状以及是否与病人病情阶段情况相符。

主治医师（Attending physician）：在医院负责为病人诊断、治疗的医生。

贝叶斯定理（Bayes' theorem）：一种数学方法。为考量检查结果是否真实反映患者或健康人体的情况，利用检查特征（敏感性和针对性），综合分析所怀疑的疾病（预测试验概率）和实际检查结果（试验后概率）。

因果推理（Causal reasoning）：医学因果推理主要探究生理学、解剖学、遗传学和生物化学等方面出现的异常现象在临床上如何表现。通过因果推理，医生可以建立“因果联级”（causal cascade）或“因果关系网络或链条”（chain or web of causation），从而根据一系列符合逻辑的因果链条，升华为发病机制和病理生理学成果。

主述（Chief complaint）：患者感受最主要的痛苦，就诊最主要的原因或最明显的症状。

一致性（Coherency）：在确诊过程中，检测某诊断与诱发疾病因素、生理机能和病症表达是否一致。

条件概率（Conditional probability）：事件A在另外一个事件B已经发生条件下的发生概率。例如，某疾病在测试结果呈阳性时（试验后概率）其确诊的概率，或患某疾病时检查结果呈阳性的概率（敏感性）。具体请见贝叶斯定理。

咨询医师（Consulting physician）：应主治医师要求，提供诊断、检查和治疗方面的意见，或实施治疗或干预手段，比如，手术。

诊断检查（diagnostic test）：用来确认或排除患者症状起因的检查（不同于筛检）。

确诊（diagnostic verification）：鉴别诊断的最后一个阶段，将怀疑范围缩小至一个并通过测试其一致性、充分性和简约性最终确诊。

鉴别诊断（Differential diagnosis）：指根据患者的主述（假设产生），医生得出不同疾病产生的可能性。根据患者的患病历史、体检发现的其他症状、体检结果和专科医生意见，各种疾病的可能性可能会发生变化（假设完善），也可能会得出患者患有其他疾病的可能性（假设修正）。最终，通过不断地症状鉴别，直至排除其他疾病的可能性（确诊）。

鉴别病因（Differential etiology）：法庭或证词提出或否认造成原告现状的外部因果关系。对于医生，病因一般指原因。

外部因果关系（external causation）：外部因果关系指造成原告疾病或伤害的原因来自患者身体外部，例如，被告的行为或影响。

一般因果关系（general causation）：指一般通过科学证据可以证明某被告的行为或影响（或有可能可以）造成了患者的疾病。

启发式教育（heuristics）：快速自动的“拇指原则”（rules of thumb）或认知捷径常常与模型识别紧密联系，而模型识别非常有利于做出快速诊断决策和治疗决策。鉴于医生性格特点不同，可能会造成认知错误。请见假设演绎法。

假设生成（hypothesis generation）：根据患者症状、信号和检查结果做出病因假设。请见鉴别诊断。

假设修正（hypothesis modification）：参考其他信息，包括症状、信号、检查结果，对诊断假设进行修正。见鉴别诊断。

假设细化（hypothesis refinement）：参考其他信息，包括症状、信号、检查结果，对诊断假设（鉴别诊断）的可能性进行修正。如果得到新的信息，医生应该对这些信息进行评估，考量这些信息是否与已做出的病因假设及病因可能性一致，或者考量这些信息时会改变病因假设成立的可能性。见鉴别诊断。

假说演绎法（hypothetico - deductive）：包括假设生成、假设修正、假设细化和确诊各个流程的审慎的、详细解析的推理。假说演绎法尤其可以帮助人们解决非本人专业范围内或非正常情况的问题，可有效避免认知错误。请见启发教育法。

个别因果关系（Individual causation）：见具体因果关系。

归纳推理（inductive reasoning）：根据症状、信号和检查结果做出诊断结论。见鉴别诊断。

推导（Inferential reasoning）：见归纳推理。

过度诊断（Overdiagnosis）：筛检可能会导致假病或过度诊断，例如，癌症的过度诊断中某些慢性癌症可能永远不会发展到临床中晚期的阶段或造成生命威胁，但由于筛检无法分辨看起来不正常的细胞是否会发展为癌细胞，因此会造成过度诊断。见过度治疗。

过度治疗（Overtreatment）：指对假病的治疗，而且这些假病也根本不会引起病症。过度治疗可能使患者得并发症甚至死亡。见过度诊断。

诊断简约性（parsimony）：当诊断给定的损伤、疾病、病状或病态时医生应努力寻找能说明所有症状的最少可能的原因，而不是同时给出两个或多个病因的假设寻求解释。

发病机制（pathogenesis）：见因果联系推理。

病理检验（pathology test）：在活组织检验或手术过程中获取机体组织，并利用显微镜检查其是否正常（组织来源不同结果可能不同）。病理检验主要描述人类可以观察到的组织发生的病变（例如，细胞种类、细胞外观、疤痕、污染、可帮助识别的分子技术），然后在此基础上，对病变进行归类，例如，恶性肿瘤（癌症）或发育异常（为发展为癌前病变的状态）。

后验概率（posttest probability）：见预测值。

预测值（predictive value）**或后验概率**（posttest probability）：参考支撑数据（例如，体检结果），得出的患者患某疾病的概率。正向后验概率指已知患某病的人群中，检查结果呈阳性的比例。负向后验概率指已知患某病人群中，检查结果呈阴性的比例。

先验概率（pretest probability）：在获得支撑数据（例如，体检结果）之前，得出的患者患某疾病的概率。

事前概率（Prior probability）：见先验概率。

筛选检查（screening test）：自表面健康的人群中去发现那些未被识别的可疑病人，例如癌症筛检（不同于诊断检查）。

敏感性（sensitivity）：在已知患某疾病的人群中，检查（一般指检查结果，但也可指某症状或症候）呈阳性的可能性。

症候（Sign）：疾病发展过程中，体检当时发现的各种症状。

具体因果联系或个别因果联系（specific causation or individual causation）：确定某行为或行为结果是引起某疾病的原因。

特异性（Specificity）：在没有患某种疾病的人群中，检查（一般指检查结果，但也可指某症状或症候）呈阴性的可能性（与敏感性不同）。

综合征（syndrome）：某些疾病出现时，可能同时出现的病征、症候及检查可能出现的结果。

症状（symptom）：患者描述的身体机能、感受或身体外面显示出的病的征象。

医学证言参考文献

1. Lynn Bickley et al. , *Bates' Guide to Physical Examination and History Taking* (10th ed. , 2008).

2. Gerd Gigerenzer. , *Calculated Risks*: *How to Know When Numbers Deceive You* (2002).

3. Trisha Greenhalgh. , *How to Read a Paper*: *The Basics of Evidence – Based Medicine* (4th ed. , 2010).

4. Gordon Guyatt et al. , *Users' Guides to the Medical Literature*: *Essentials of Evidence – Based Clinical Practice* (2nd ed. , 2009).

5. Jerome P. Kassirer et al. , *Learning Clinical Reasoning* (2nd ed. , 2009).

6. Harold C. Sox et al. , *Medical Decision Making* (2006).

7. Sharon E. Straus et al. , *Evidence – Based Medicine* (4th ed. , 2010).

弗吉尼亚州政府职业指南

http://jobs.virginia.gov/

Ⅰ. 法庭科学家

职业标准代号：19-1000

薪金级别（S）：4，5和6

标准职业描述：未单独列出的全部生命和物理科学家。

弗吉尼亚州的描述：通过对受害者身上或犯罪现场发现的实物证据进行分析，利用科学来判断犯罪中出现的问题。在法庭上提供专家证言。

弗吉尼亚州法庭科学技术职位被分配为法庭科学职业群体中的以下角色：法庭科学家Ⅰ；法庭科学家 Ⅱ；法庭科学家 Ⅲ。

尽管法庭科学家都属于法庭科学职业群体，个人可能还希望根据其培训、教育、知识、技能、能力及兴趣寻求其他机会。

可能感兴趣的其他职业团体：生命与物理科学；环境服务；实验室研究技术人员和专家；技能，知识，能力和任务；（技术性与功能性专门知识）

技能

注意：下面列出的技术和功能性技能都基于为大多数用人单位普遍认可的法庭科学家一般职业资格要求。基本上来说，你不会被要求具有全部所列技能以获得成功表现。每一个工作招聘和选择标准必须基于员工工作概况中所指出的职业公告与描述中有关该工作的特定知识、技能和能力。

1. 用科学的规则和方法来解决问题。
2. 理解工作相关文件中书写的句子和段落。

3. 应受众需求，以书面形式进行有效的沟通。

4. 了解新信息对当前和未来解决问题和决策问题的影响。

5. 利用逻辑和推理来判断解决问题的替代解决方案、结论或方法的优势和弱势。

6. 用数学来解决问题。

7. 确定工作需要的工具和设备的种类。

8. 识别复杂的问题，并审查相关的信息，以开发评估选项及实施解决方案。

9. 试验和测试产品、服务或流程，以评估质量或性能。

知识

注意：下面列出的技术和功能性知识都基于为大多数用人单位普遍认可的法庭科学家一般职业资格要求。基本上你不会被要求具有全部所列知识来获得成功表现。个别的工作招聘和选择标准必须基于员工工作档案中所指出的职业公告与描述中有关该工作的特定知识、技能和能力。

以下知识：

1. 物质的化学成分、结构和性质以及它们所经历的化学过程与转换。这包括化学品的使用及它们之间的相互作用、危险标志、生产技术与处理方法。

2. 植物和动物有机体，它们的组织、细胞、功能，相互依存关系，以及彼此之间和与环境的相互作用。

3. 算术、代数、几何、微积分、统计及其应用。

4. 用于准备、检验、分析和确定证据的法庭科学的原则、实践、程序和技术。

5. 证据处理，保存和鉴定。

能力

注意：下面列出的技术和功能性能力都基于为大多数用人单位普遍认可的法庭科学家一般职业资格要求。基本上你不会被要求具有全部所列能力来获得成功表现。个别的工作招聘和选择标准必须基于员工工作档案中所指出的职业公告与描述中有关该工作的特定知识、技能和能力。

以下能力：

1. 将一般性规则应用于具体问题中，得出有意义的答案。

2. 阅读和理解书面的信息和想法。

3. 整合片断化的信息，形成一般规则或结论（包括在看似不相关的事件中寻找关联）。

4. 近距离观察细节信息（在距观察者几米的范围内）。

5. 以书面形式表达信息和想法，以便他人能够理解。

6. 根据某一特定规则或一套规则按照确定的顺序或模式来安排事物行为（如数字、字母、文字、图画、数学运算模式）。

7. 当问题出现或可能会出现问题的时候能够指出。这不涉及解决问题，仅仅是识别出问题的存在。

8. 鉴定或检测隐藏在其他分散注意力的材料中的已知模式（一个数字、对象、文字或声音）。

9. 生成或使用不同的规则，以不同的方式组合或分组的事情。

10. 迅速理解、整合和组织信息到有意义模式。

任务

注意：以下是法庭科学家执行的典型任务样本清单。从事该职业的人员不必会执行所列出的全部任务。

法庭科学家可执行以下任务：

1. 识别非法药物。

2. 分析人体组织和体液中的药物和毒物，包括血中乙醇。

3. 检查和对比材料，如纤维、涂料、化妆品、油类、塑料、玻璃、金属、土壤和射击残留物等。

4. 检查人类和动物的生物材料，利用DNA分型与受害人和犯罪嫌疑人进行比对。

5. 在微量层级对植物材料进行植物学鉴定和全植物鉴定，如大麻。

6. 文件检验，包括物理检验（如笔迹、打印）和化学检验（如油墨和纸张分析）。

7. 勘查犯罪现场。

8. 识别枪支和弹药（法庭弹道学）。

9. 检测、增强、恢复和识别潜在的指纹、足迹、工具痕迹、履痕、轮胎痕和轨迹。

10. 检查火灾和爆炸现场，确立事件起源和原因。

11. 提高录音清晰度并进行分析。

12. 以易被法庭理解的方式制作报告，出庭并准确地呈现科学的或意见性的证言。

13. 将法庭科学家的工作介绍给广大受众。

14. 与警局探员、科学家及病理学家保持联系，并在广泛的学科范围内为其提供咨询。

有兴趣吗?

与人一样，职业也有其特征或特性。这些特性提供有关工作性质和工作环境的重要线索，并给你一个机会将个人兴趣与某特定职业相匹配。当你选择了符合自己兴趣的工作时，你已迈出了成功和有价值的职业生涯规划的重要一步。

法庭科学家职业具有下述特征：

调查性——调查性的职业经常需要带着想法去工作，涉及需要思考的工作，并要求有广泛的思维。这些职业可能涉及动脑查找事实和解决问题。

现实性——现实性的职业经常会从事一些包含有实际的、接触问题和动手解决问题的工作活动。他们经常要处理植物、动物以及如木材、工具和机械等现实生活中的材料。

执照、注册或认证要求

一般来讲，对弗吉尼亚州的法庭科学家不作此要求。

可能需要一个有效的驾驶执照。

尽管没有强制性的执照要求，大多数法庭科学家都从一个或多个法庭科学专业委员会获得认证，如美国刑事侦查委员会、美国法医昆虫学委员会或美国法庭文件检验委员会等。美国法医毒理学委员会和临床化学国家注册都能认证法医毒理学家。美国法医学死亡调查委员会（ABMDI）可授予注册法医学死亡调查员称号。

整个法庭科学实验室可通过被美国犯罪实验室主任协会/实验室认证委员会等组织认可的方式来证明自己的实力。

认证是被鼓励的，以便提高专业资格、成长和职业发展。

教育、培训和学习的机会

法庭调查需要广泛的专业知识。法庭科学家可能专长于化学、物理、生物化学、分子生物学、植物学、地质学、冶金学、药理学、毒理学、犯罪现场勘查、枪械检验、指纹和文件检验等。

美国法庭科学学会（AAFS）提供了以下信息（http://www. aafs. org/? section_ id = resources&page_ id = choosing_ a_ career）：最低要求为化学、生物学、物理学、分子生物学或相关学科的理学学士学位。未来有可能会要求拥有硕士学位。许多学院和大学提供法庭科学学位和课程。学习所提供的课程的同时，可以决定是否取得化学或生物学学位或法庭科学的某个学位。要求化学或生物至少有24个学期学时，数学是必修的。学位称谓没有所学的课程本身重要。

美国犯罪实验室主任协会（ASCLD）提供了以下信息（http://www. ascld. org/forensicstudents. html）：犯罪实验室内的大多数职位都要求有自然科学学士学位。有些大学提供法庭科学学位。然而，如果你要上的学校不提供这样的学位计划，你可以考虑其他专业。你所选择的专业应当能体现你想要工作的法庭科学学科。例如，药物分析员应该具备程度较深的化学知识，而DNA分析员则应强调分子生物学。如果你想在法医DNA分析领域工作，你必须要修分子生物学、遗传学和生物化学的课程。统计分析课程也很有帮助。

虽然大多数学科中研究生学位不是必要的，但它们对职业发展很有用。例如，DNA的技术领导者（通常是主管）都要求有相关领域的硕士学位，如分子生物学。如果您选择取得法庭科学研究生学位，该学习计划提供实验课程是很重要的。有些学习计划旨在为那些刑事司法和法律的工作人员提供职业概述。它们对于找药物或DNA分析的工作没有帮助，除非你的本科学位属于自然科学。

大多数实验室要求申请人在受雇前先接受某种背景评估。这可能包括测谎仪、药物筛选或背景调查。吸毒、酗酒、盗窃，甚至过多的交通违法行为往往是在申请程序中被排除的原因。

为了跟上科学的发展进步，法庭科学家需在其整个职业生涯中参加继续教育课程。弗吉尼亚法庭科学和医学研究所提供继续教育课程。他们的网站是：http://www. vifsm. org/education/faculty. html。

共同体职业能力素质

共同体职业能力素质是指一套识别行为、知识、技能和直接并积极影响雇员和机构成功的能力。共同体职业能力素质是可观察和可测量的。当共同体职业能力素质得到一贯表现时，它会使得雇员的工作尤其高效。共同体职业能力素质有助于勾画出通往事业成功的路线图。你可以利用共同体职业能力素质通过采取使高绩效雇员在工作中取得成功的行为来帮助提升你的个人表现。通过这种方式，可将共同体职业能力素质用于未来职业发展。

共同体职业能力素质包括：

1. 技术和功能性专门知识
2. 了解业务
3. 取得成果
4. 服务于客户
5. 团队合作
6. 人际关系与沟通技巧
7. 领导与个人效能

上述共同体职业能力素质可适用于整个弗吉尼亚州的雇员。它们可以由机构和招聘经理按等级排序以表明特定的工作需要。排名顺序将依职业不同、机构的重点、实际工作需求和主管的喜好而发生改变。

事业的成功既包括做的是什么（应用你的技术知识，技能和能力），又包括同他人进行互动和沟通时你怎么做（你所表现并选择采取的一贯行为）。我们希望，通过研究共同体职业能力素质，确定发展机会并努力提升能力，你可以主宰自己的职业生涯！

更多关于职业能力素质的信息请访问：http://jobs. state. va. us/cc_ planningctr. htm。对于共同体职业能力素质，我们首先列出的这些能力，然后逐个定义。最后，我们将列出能力指标，来描述成功是如何表现的。

职业发展道路

就业机会不限于上升至更高级别的角色和薪金级别、调换职位或成为主管。这是因为大多数角色描述了广泛的职业相关职位，从事一系列需要增长知识和技能的工作。出于这个原因，弗吉尼亚州描述了在相同或不同职业团体中同等或更高级别的职业道路。宽泛的薪金范围和薪酬实践为承认职业发展和晋升提供了灵活性（工资结构）。

例如：法庭科学家

薪金级别	参与角色	管理角色
4	法庭科学家Ⅰ	
5	法庭科学家Ⅱ	
6	法庭科学家Ⅲ	

续表

薪金级别	参与角色	管理角色
7		法庭科学管理者Ⅰ
8		法庭科学管理者Ⅱ

职业道路举例

法庭科学家Ⅰ：法庭科学家Ⅰ角色为法庭科学家学员提供职业发展路线，他们遵循着通往独立完成某个特定的法庭科学领域的法庭科学分析的既定认证程序。职责包括审查和分析法律证据，准备检验结果报告，维护保管链和保护证据完整性。

法庭科学家Ⅱ：法庭科学家Ⅱ角色为这类法庭科学家提供职业发展路线：独立审查物证并对各类样本进行相应分析，编制分析结果公文，在刑事法庭上提供有关评估和解释证据材料的专家证言，以及对其他检验人员的工作进行同行评审。

法庭科学家Ⅲ：法庭科学家Ⅲ角色为技术专家或主管人员提供职业发展路线。第一项职业发展路线适合于进行定量和定性的分析工作的技术专家，其工作包括：分析人体体液和组织，确定化学物质的存在、浓度和影响；对新的 DNA 方法技术进行研究和方法开发；评估适用于具体个案和定罪的罪犯样本的备选 DNA 方法和技术。第二项职业生涯轨迹是为主管人员制定的：监督、指导员工进行方法开发和新法医 DNA 技术的研究；或者，通过分配工作、绩效评估、培训和监督检查、能力测试和专项研究、监理单位的安全和质量保证活动等手段，监督学科范围内的法庭科学工作单元。

法庭科学管理者Ⅰ：法庭科学管理者Ⅰ 的角色为在全州范围内承担责任的某个法庭科学学科技术类管理者、地区实验室内所有法庭科学学科的管理者，或全州法庭科学项目的代理主管提供职业发展路线。技术类管理者建立协议；制定、实施和解释目标、政策和程序；安全管理，质量保证和培训方案，并为中央和地方实验室提供法庭科学学科的咨询。地区实验室管理者负责法庭科学地区实验室的运作，包括制定和实施政策和程序；指导鉴定业务的操作；提议员工和资源的配置；管理财政及行政工作。代表们管理和经营法庭科学项目活动的全州运作问题，包括保持 ASCLD/LAB 认可，预算制定和实施，资本支出项目规划和实施，开发和实施统一的数据自动化系统和管理实验室信息管理系统，跨实验室的协调程序和培训，质量保证或质量控制。

法庭科学管理者Ⅱ：法庭科学管理者Ⅱ角色为全州法庭科学项目主任提供职业发展路线。管理人员负责长远范围内法庭科学目标、宗旨、立法以及有关大会或弗吉尼亚州犯罪委员会的资金/政策问题，代表地区和国家法庭科学工作组和协会，还要应对信息、数据和/或人员的产出的法律秩序。

Ⅱ. 法庭科学技术专家

法庭科学技术专家就业指导

职业标准代码：19－4092

薪金级别：3 和 4（薪资结构）

标准职业说明：收集、识别、分类和分析有关刑事调查的实物证据。检验武器或物质，如纤维、毛发和组织等，以判断对调查的意义。可作为证据或犯罪实验室技术方面的专家证人作证，也可担任专业领域的专家，如弹道、指纹、笔迹或生物化学等。

法庭科学技术职位被分配为法庭科学职业群体中的以下角色：法庭科学技术专家Ⅰ；法庭科学技术专家 Ⅱ；尽管英联邦法庭科学技术人员都位于法庭科学职业群体中，个人可能还希望根据其培训、教育、知识、技能、能力及兴趣在全州范围内寻求其他机会。

可能感兴趣的其他职业团体：生命与自然科学；实验室和研究服务；环境服务；公众安全标准；技能，知识，能力和任务（技术性与功能性专门知识）。

技能

注意：下面列出的技术和功能性知识都基于为大多数用人单位普遍认可的法庭科学技术专家一般职业资格要求。基本上，你不会被要求具有全部所列技能来获得成功表现。个别的工作招聘和选择标准必须基于员工工作概况中所指出的职业公告与描述中有关该工作的特定知识、技能和能力。

1. 理解工作相关文件中书写的句子和段落。
2. 利用科学的规则和方法来解决问题。
3. 利用逻辑和推理来判断解决问题的替代解决方案、结论或方法的优势和弱势。

4. 充分关注他人在说什么，花时间去理解其提出的论点，适当地提出问题且不在非适当时间打断他人。

5. 调整自己的行动与他人行动相适应。

6. 确定工作需要的工具和设备种类。

7. 考虑潜在行动的相对成本和收益以选择最佳方案。

8. 为适应受众需求，以书面形式进行有效的沟通。

9. 用数学来解决问题。

10. 识别复杂的问题，并审查相关的信息，以开发评估选项及实施解决方案。

知识

注意：下面列出的技术和功能性知识都基于为大多数用人单位普遍认可的法庭科学技术专家一般职业资格要求。基本上，你不会被要求具有全部所列知识来获得成功表现。个别的工作招聘和选择标准必须基于员工工作概况中所指出的职业公告与描述中有关该工作的特定知识、技能和能力。

以下知识：

1. 物质的化学成分、结构和性质以及它们所经历的化学过程与转换。这包括化学品的使用及它们之间的相互作用、危险标志、生产技术与处理方法。

2. 为促进当地、州或国家对人民、数据、财产和机构有效保护的相关设备、政策、程序和策略。

3. 英语语言的结构和内容，包括单词的词义和拼写、构词规则及语法内容。

4. 法律、法典、法庭程序、先例、政府规章、行政命令、行政机关规则和民主政治进程。

5. 电路板、处理器、芯片、电子设备以及计算机硬件和软件，包括应用程序和编程。

6. 算术、代数、几何、微积分、统计及应用程序。

能力

注意：下面列出的技术和功能性知识都基于为大多数用人单位普遍认可的法庭科学技术专家一般职业资格要求。基本上，你不会被要求具有全部所列能力来获得成功表现。个别的工作招聘和选择标准必须基于员工工作概况中所指出的职业公告与描述中有关该工作的特定知识、技能和能力。

以下能力：

1. 整合不同的信息片段，形成一般规则或结论（包括在看似不相关的事件中寻找关联）。

2. 以说话的方式传递信息和想法，以便他人能够理解。

3. 根据某一特定规则或一套规则按照确定的顺序或模式来安排事物行为（如数字、字母、文字、图画、数学运算模式）。

4. 倾听和理解以口语单词和句子形式呈现的信息和想法。

5. 识别或检测隐藏于其他分散材料中的已知模式（一个图形、对象、文字或声音）。

6. 近距离观察细节（在距观察者几米的范围内）。

7. 以书面形式表达信息和想法，以便他人能够理解。

8. 阅读和理解以书面形式展现的信息和想法。

9. 生成或使用不同的规则，以不同的方式组合或分组的事情。

10. 提出许多有关主题的想法（重要的是想法的数量，而非质量、正确度或创造性）。

任务

注意：以下是法庭科学技术专家执行的典型任务样本清单。从事该职业的人员不必会执行所列出的全部任务。

1. 利用DNA分型或血清学方法分析并分类生物体液。

2. 分析枪击残留物和子弹的路径以确定枪击是如何发生的。

3. 分析手写和机器制作文本证据来破译篡改或涂抹的文本，或者确定作者、年龄和来源。

4. 收集犯罪现场证据，在保持其完整性的条件下保管。

5. 收集表面的尘埃印迹，以获取和识别指纹。

6. 对比如带有印迹的工具等物体，以确定是否有某个特定的标记为某个特定的物体造成。

7. 与弹道、指纹、笔迹、文件、电子、医疗、化工或冶金专家协作，关注证据及其解释。

8. 判断射击时使用的子弹类型以及是否发射于某个特定的武器。

9. 检查DNA样本，以判断是否与样本匹配。

10. 检查如毛发、纤维、木材或土壤残留物等物理证据，以获取有关其来源和构成的信息。

有兴趣吗?

与人一样，职业也有其特征或特性，这些特性提供有关工作性质和工作环境的重要线索，并给你一个机会将个人兴趣与某特定职业相匹配。当你选择了符合自己兴趣的工作时，你已迈出了成功和有价值的职业生涯规划的重要一步。

法庭科学职业被视为具有调查性，因为经常涉及需要思考的工作，并要求有广泛的思维。这些职业可能涉及用脑查找事实和解决问题。

由于经常牵扯到以下程序和惯例，这些职业也是具有惯例性的。其包含要比想法更多的数据和细节工作。通常需遵循一个明确的范例标准。

法庭科学职业也具有现实性，因为他们经常会从事一些包含有实际的、动手的问题和解决方法的工作活动。经常要处理植物、动物和如木材、工具及机械等现实生活中的材料。许多职业都需要在外工作，不涉及大量的文书工作或与他人密切合作。

执照、注册或认证要求

一般来讲，对州政府法庭科学技术专家不作此要求。

教育、培训和学习机会

法庭科学技术专家通过收集和分析物证在刑事调查中提供了一系列技术援助。技术专家专注于如下领域:

DNA 分析，指纹识别、比对和分类，或火器检查，检测武器或物质，如纤维、毛发、组织或体液，以确定其调查意义。技术专家必须书面记录他们的发现结果和所用的实验室技术。他们有可能需要为通过识别、对物质进行分类、材料及其他在犯罪现场收集的证据的具体化验结果提供证词。

大多数法庭科学技术专家职位要求高中或同等学力。然而，在数学、生物、化学的大学层次的课程，或其他密切相关领域的学习，或科学学位学士学位通常是拥有首选资格。雇主更喜欢申请人具有一定的科学实验室经验，其中包括接触基础实验设备技术和实验室安全程序。利用 PCR 扩增程序及实验室环境中计算机处理犯罪现场证据的经验可优选。某些情况下还要求具有有效的驾驶执照。申请者应预料到会经过广泛的背景调查，并可能会被要求提供 DNA 样本。

如果您打算从事法庭科学职业，接受大学教育是必要的。弗吉尼亚州法庭科学部（DFS）参与了弗吉尼亚联邦大学（VCU）的法庭科学项目。VCU 同时提供法庭科学学士学位和硕士学位。法庭科学理学硕士是美国仅有的 15 个同类学位之一，讲座/实验课程在 DFS 中心实验室授课。更多关于这两个项目的信息可在 http://www. has. vcu. edu/forensics 找到。

关于教育机会的其他信息和职业手册请访问 American Academy of Forensic Sciences 网站。

更多关于弗吉尼亚州的法庭科学项目和相关就业机会的信息，请访问网站 http://www. dcjs. org/forensic/index. cfm。

共同体职业能力素质

共同体职业能力素质是指一套识别行为、知识、技能和直接并积极影响雇员和机构成功的能力。共同体职业能力素质是可观察和可测量的。当一贯表现时，共同体职业能力素质使得雇员工作尤其高效。共同体职业能力素质有助于勾画出通往事业成功的路线图。你可以利用共同体职业能力素质通过采取使高绩效雇员在工作中取得成功的行为来帮助提升你的个人表现。通过这种方式，可将联邦共同体职业能力素质用于未来职业发展。

共同体职业能力素质指：

1. 技术和功能性专门知识
2. 了解业务
3. 取得成果
4. 服务于客户
5. 团队合作
6. 人际关系与沟通技巧
7. 领导与个人效能

上述共同体职业能力素质可适用于整个弗吉尼亚州的雇员。它们可以由机构和招聘经理按等级排序以表明特定的工作需要。排名顺序将依职业不同、机构的重点、实际工作需求和主管的喜好而发生改变。

事业的成功既包括做的是什么（应用你的技术知识，技能和能力），又包括与他人进行互动和沟通时怎么做（你所表现并选择采取的一贯行为）。同时，我们希望通过研究共同体职业能力素质，确定发展机会并努力提升能力，你可以主宰自己的职业生涯！

更多关共同体职业能力素质的信息请访问：http://jobs. state. va. us/cc_ planningctr. htm。对于共同体职业能力素质，我们首先列出这些能力，然后逐个定义。

最后，我们将列出能力指标，来描述什么是成功的表现。

职业发展道路

就业机会不限于上升至更高的角色和薪金级别、调换职位或成为主管。这是因为大多数角色描述了广泛的职业相关职位，从事一系列需要增长知识和技能的工作。出于这个原因，弗吉尼亚描述了在相同或不同职业团体中同等或更高级别的职业道路。宽泛的薪金范围和薪酬实践为承认职业发展和晋升提供了灵活性。(工资结构)

例如：法庭科学家

薪金级别	专业角色	管理角色
3	法庭科学技术专家Ⅰ	
4	法庭科学技术专家Ⅱ 法庭科学家Ⅰ	
5	法庭科学技术专家Ⅲ 法庭科学家Ⅱ	
6	法庭科学家Ⅲ	
7		法庭科学管理者Ⅰ
8		法庭科学管理者Ⅱ

Ⅲ. 法庭科学

法庭科学，#69130
职业类组：公共安全
薪金级别范围：3 ~ 8

工作理念

该职业团体为执行、监督、管理或支持对刑事案件中证据的科学评价的法庭科学专家和鉴定人员提供职业发展路线。案件包括下列案件法庭科学科目：法医毒物学（包括 DUI 和 DUID）；受控物质；微量物证；枪械及工具痕迹；质疑文件；潜在指纹和印迹（包括图像增强）；法医生物学（DNA）；呼气酒精；血型分析。雇员履行从初级技术人员到管理者的不同职责。

群组角色构成

这些角色描绘了法庭科学职业团体的雇员们从事工作的集体特征。角色为技术员、专家和科学家定义了典型的职业发展路线，他们追求法庭科学事业，包括司法摄影师、指纹技术人员、化学家和法庭科学家。

虽然所有这些职业都代表着法庭科学，每一个都认证着各自的职业发展路线。每种职业路径需要不同的知识、技能和能力，不会自然地导致其他的职业发展。每种职业角色代表工作或职业发展的不同层次。职业路径可以存在于单一的角色中，也可扩展到该职业团体中其他角色或其他职业性相关职业团体的角色。

薪金级别	参与角色	角色代码	管理角色	角色代码
3	法庭科学技术专家Ⅰ	69131		
4	法庭科学技术专家Ⅱ 法庭科学家Ⅰ	69132		
5	法庭科学技术专家Ⅲ 法庭科学家Ⅱ	69133		
6	法庭科学家Ⅲ	69134		
7			法庭科学管理者Ⅰ	69135
8			法庭科学管理者Ⅱ	69136

角色描述

这些角色基于复杂性、结果和责任的补偿因素是有区别的，并用于职位分类。这些因素应用于分类和补偿分析。招聘与选拔标准必须以员工工作概况中表明的知识、技能和能力为基础。

法庭科学技术专家Ⅰ	编号：69131	薪金级别：3	SOC：19－4092 *

法庭科学技术专家Ⅰ角色为指纹技术人员和其他从事支持犯罪现场证据的科学分析和保管链过程的工作的人提供职业发展路线。职责范围包括从初级到高级指纹识别技术。员工按照明确的协议记录密封证据在检验人员和证据保管人员之间的转移并对其进行检验和分析。准备证据和作为专家证人作证。

法庭科学技术专家Ⅰ

复杂性	·可运用法庭科学/公共安全程序和过程的基础知识。 ·可运用日常的实验室技术和设备的知识，基本分析方法，以及法庭科学专业领域支持相关的主题。 ·可协助科学数据的输入，维护实验室的质量控制程序。 ·可接收并验证各种来源的印刷和电子形式提交指纹图谱信息的复杂标识，使用电子和手动亨利分类系统，确定犯罪嫌疑人。 ·与法庭科学实验室的工作人员、执法人员和/或法医学病理学家经常性接触，以接收或分发并记录证据和实验室结果的保管链。
结果	·程序的正确适用影响证据链和法庭科学案例分析结果的可信度。
责任	·适用影响法庭科学证据的程序时要遵循既定协议。

法庭科学专家Ⅱ	编号：69132	薪金级别：4	SOC：19－4092＊
法庭科学家Ⅰ	编号：69132	薪金级别：4	SOC：19－4092＊

法庭科学专家Ⅱ/法庭科学家Ⅰ角色为监督技术人员或为专业法庭科学工作人员提供技术支持的法庭科学专家，或者为鉴定专员培训计划中的科学家，提供职业发展路线。第一个职业发展路线是为法庭科学技术专家制定的，他们从事对证据材料和设备与案件相关的分析工作；维护、处理和分发证据和文件记录保管链。可以监督其他技术人员和提供鉴定技术的专家指导和培训。第二个职业生涯发展路线是关于法庭科学家学员的，他们遵循着通往独立完成某个特定的法庭科学领域的法庭科学分析的既定认证程序。职责包括审查和分析法律证据，准备检验结果报告，维护保管链和保护证据完整性。

法庭科学技术专家Ⅱ/法庭科学家Ⅰ

复杂性	·可运用司法摄影规程和技术知识。 ·可运用日常的实验室技术和设备的知识，基本分析方法，以及法庭科学专业领域相关主题。 ·可提供关于工作成果和结论的法庭证词，使用各种科学方法对各类样本进行常规分析，以此来检测、分离和确认化合物的存在。 ·可使用司法摄影或电子识别程序和技术来记录、开发和/或增强篡改、涂抹、模糊文件或文件项、痕迹证据、指纹及其他相关证据，保存和再现证据足够的细节和清晰度以进行法庭科学检查；冲印相片，放大摄影照片至严格尺寸，并准备展示证据供法庭使用。 ·与法庭科学实验室工作人员、执法人员、律师、联邦检察官、法官、陪审团和/或法医病理学家密切接触，接收和解释证据或检验结果，并准备法庭证词。

续表

结果	程序的正确适用影响着法庭科学案例分析结果和公众的安全、健康及幸福。
责任	·行使自由裁量权和运用技术与程序考察法律证据。 ·学员作为广泛培训和认证计划的一部分遵照规定的程序和协议。 ·可训练其他技术人员和监督技术工作人员。

法庭科学技术专家Ⅲ	编号：69133	薪金级别：5	SOC：19－4092＊
法庭科学家Ⅱ	编号：69133	薪金级别：5	SOC：19－0000＊

法庭科学技术专家Ⅲ/法庭科学家Ⅱ角色给那些为专业法庭科学工作人员提供专家技术支持的法庭科学技术专家和从事初级到高级科学工作的法庭科学家提供了职业发展路线。第一个职业发展路线是给法庭科学技术专家：他们对证据材料和设备进行与案件相关的分析工作，可提供相关工作成果和结论作为法庭证词，使用各种科学方法对各类样本进行常规分析，以此来检测、分离和确认化合物的存在。法庭科学家Ⅱ职业发展路线提供给为这类法庭科学家：独立审查物证并对各类样本进行相应分析，编制分析结果公文，在刑事法庭上提供有关评估和解释证据材料的专家证言，以及对其他检验人员的工作进行同行评审。

法庭科学技术专家Ⅲ/法庭科学家Ⅱ

复杂性	·运用特定法庭科学学科的原则、规范、规程和技术的丰富知识。 ·可运用二级学科或仪器专业的专门知识，如扫描电子显微镜或质谱仪。 ·实施各种法庭科学检查，提出法庭科学法律案例分析的解决方案，在刑事审判中作为专家证人。 ·可提供技术指导，或作为技术专家。 ·可给其他工作人员提供技术支持，作为全州的主题资源，在法庭科学专业中拥有二级专业知识或仪器专业（扫描电子显微镜/X射线仪，质谱仪，X射线衍射），担任培训师；和/或一个地区实验室担任法庭科学专业独立科学家。 ·与执法人员、律师、联邦检察官、法官和陪审团、法医病理学家密切接触，以接收或解释证据的收集方法，讨论检验的结果和影响，并提供有关刑事调查和起诉的专家证言。
结果	·精确的科学检测、适当的测试和方法设计、法庭证词影响着案情分析以及分析证明书与刑事司法程序的准确性。

续表

责任	·从事法庭/法律科学分析，并制定指定案件的分析证明书。 ·对于更复杂或不寻常的案件，可征求意见。 ·可作为领头人或技术专家，检讨工作成果和测试结果与案情分析的准确性。 ·负责提供刑事司法程序中的专家证言。

法庭科学家Ⅲ	编号：69134	薪金级别：6	SOC：19-0000 *

法庭科学家Ⅲ角色为作为技术专家或主管的法庭科学家提供职业发展路线。第一项职业发展路线适合于进行定量和定性的分析工作的技术专家，其工作包括：分析人体体液和组织，确定化学物质的存在、浓度和影响；对新的DNA方法技术进行研究和方法开发；评估适用于具体个案和定罪的罪犯样本的备选DNA方法和技术。第二项职业生涯轨迹是为主管人员制定：监督、指导员工进行方法开发和新法医DNA技术的研究；或者，通过分配工作、绩效评估、培训和监督检查、能力测试和专项研究、监理单位的安全和质量保证活动等手段，监督学科范围内的法庭科学工作单元。

法庭科学家Ⅲ（技术专长）

复杂性	·可运用各种实验室化学和仪器方法、药理学、生理学、药代动力学的知识。 ·可运用法庭科学研究的规则和实践及方法开发方面的知识。 ·可运用一个或多个法庭科学学科的广泛专业知识和/或实验室仪器的先进知识。 ·在多种方案和项目中运用技术专长。 ·提供技术指导，担任低水平法庭科学家的技术专家。 ·在法庭上关于群体频率问题提供专家证言，如父权指数计算法；或者，被分配到某法庭科学学科实验室，处理或建议最复杂的案件，拥有实验室仪器的先进知识，带头研究项目，调查、研究和评估新设备技术，验证新技术，和/或担任导师。 ·与执法人员、刑事调查员、律师、联邦检察官、法官、陪审团及公众密切接触；与州和地方政府官员共享信息，提供咨询服务、研究成果或法庭证言。
结果	·精确和适当的科学检测和测试与方法设计，确保案件分析、分析证明书和刑事诉讼程序的准确性。 ·评估和实施新的科学方法和程序，影响着案件分析的质量，对公民的公共安全产生重大影响。

续表

责任	·负责可能影响实验室的工作效率、刑事案件的法律决议和实验室服务或研究项目的及时供给技术的决策和判断。 ·可分配人员、资金和设备资源。 ·给其他法庭科学家提供指导和培训，作为可以负责工作成果的评审和结果准确性的领头人员和专家。

法庭科学家Ⅲ（管理特长）

复杂性	·运用监督与管理的原则和实践知识。 ·运用法庭科学专业和技术专长的丰富知识。 ·提供技术指导，担任低水平法庭科学职业人员的专家。 ·法庭科学学科的主管，还要处理多元化的法庭科学案件，进行更复杂的法律证据检查和分析，编制分析证明书，并提供法庭上有关评估及解释证据材料的专家证言。 ·与执法人员、刑事调查员、律师、联邦检察官、法官、陪审团及公众密切接触；与州和地方政府官员共享信息，提供咨询服务、研究成果或法庭证言。
结果	·精确和适当监督科学检测与测试和方法设计，确保案件分析、分析证明书和刑事司法程序的质量和准确性。 ·评估和实施新的科学方法和程序，影响着案件分析的质量。 ·在日常与长期的基础上，对公民的公共安全产生重大影响。
责任	·为法庭科学学科实验室或技术及研究领域提供监督和技术指导工作人员。 ·可分配人员、资金和设备资源。 ·技术决策和判断，可能会影响实验室的工作效率，刑事案件的法律决议，和实验室服务或研究项目的及时供给。 ·为其他法庭科学家提供指导和培训。

法庭科学管理者Ⅰ	编号：69135	薪金级别：7	SOC：11－9121＊

法庭科学管理者Ⅰ的角色为在全州范围内承担责任的某个法庭科学学科技术类管理者、地区实验室内所有法庭科学学科的管理者，或全州法庭科学项目的代理主管提供职业发展路线。技术类管理者建立协议；制定、实施和解释目标、政策和程序；安全管理，质量保证和培训方案，并为中央和地方实验室提供法庭科学学科的咨询。地区实验室管理者负责法庭科学地区实验室的运作，包括制定和实施政策和程序；指导鉴定业务的操作；提议员工和资源的配置；管理财政及行

政工作。代表们管理和经营法庭科学项目活动的全州运作问题，包括保持 ASCLD/LAB 认可，预算制定和实施，资本支出项目规划和实施，开发和实施统一的数据自动化系统和管理实验室信息管理系统，跨实验室的协调程序和培训，质量保证/质量控制。

法庭科学管理者Ⅰ

复杂性	·运用特定学科的科学研究或分析的原则与方法的知识。 ·管理多个不同学科。 ·运用国家 ASCLB 标准以及联邦和州刑法法规的知识。 ·运用人员和项目管理方面的知识。 ·与州和地方政府官员；国家或国际法庭和/或科研机构；刑事法庭法官和公众密切接触，提供技术援助和咨询，制定研究方案，并提出新的/创新性的研究成果，提供培训，进行演讲，和/或作为专家证人提供法庭证词。
结果	·决定和行动对公共安全有着主要和直接的影响。 ·行动影响着实验室的效率和效益；遵守联邦和州法律，并符合认证标准。 ·正确的项目管理、实验室操作和工作人员，确保科学准确性、及时性和服务质量，影响着公众健康和安全。
责任	·决策和判断作出刑事案件法律决议。 ·负责专业工作人员的管理。 ·负责实验室和项目运作的优质适时的供给，确保质量和安全。

法庭科学管理者Ⅱ	编号：69136	薪金级别：8	SOC：11－9121 *

法庭科学管理者Ⅱ角色为全州法庭科学项目主任提供职业发展路线。管理人员负责长远范围内法庭科学目标、宗旨、立法以及有关大会或弗吉尼亚州犯罪委员会的资金或政策问题，代表地区和国家法庭科学工作队和协会，还要应对信息、数据和/或人员的产出的法律秩序。

法庭科学管理者Ⅱ

复杂性	·运用法庭科学学科的丰富知识。 ·运用联邦和州法规及国家 ASCLB 标准的知识。 ·运用行政和管理的原则和方法，以及人员和项目管理方面的知识。 ·管理复杂多样的包含有多个项目的法庭科学工作。 ·与联邦政府和州政府官员及公众密切接触；国家或国际法庭和/或科研机构；为刑事法院人员提供技术援助和咨询，制定研究方案，并提出了新的、创新性的研究成果，提供培训和进行演示，并提供法庭上作证的专家证言。

续表

结果	· 行动影响全州法庭科学服务的可靠性和准确性。 · 决定和行动对公共安全有着主要和直接的影响。
责任	· 决策和判断影响刑事案件正确/迅速的法律决议。 · 独立设计和管理分配方案。 · 负责资金、人员和设备的配置。 · 锻炼对指定研究项目的独立判断和决策能力。

附：弗吉尼亚州薪金结构

全州薪金级别（2007 年 11 月 25 日生效）		
级别	范围	
	最少	最多
1	15，371	$31，548
2	$20，082	$41，214
3	$23，999	$49，255
4	$31，352	$64，347
5	$40，959	$84，062
6	$53，510	$109，818
7	$69，907	$143，470
8	$91，324	$187，430
9	$119，308	市场价格

北弗吉尼亚州薪金级别（2007 年 11 月 25 日生效）		
级别	范围	
	最少	最多
1	$15，371	$41，012
2	$20，082	$53，579
3	$23，999	$64，032
4	$31，352	$83，651
5	$40，959	$109，280
6	$53，510	$142，764
7	$69，907	$172，165
8	$91，324	$224，916
9	$119，308	市场价格

美国法医牙科学委员会

会员参考手册

(2013 年 8 月版)

目 录

第一部分

前　言

一项编制与美国法医牙科委员会过去及现在的活动和业务所有相关材料的项目于 1988 年启动。四年后所得到的资格证书持有医师参考手册得以完成，并以印刷形式提供给所有经审查合格的专科医生。自参考手册首次发表后，每年都添加附加信息并手动进行更新，以反映 ABFO 的变化及新业务，这一直是 ABFO 秘书要处理的烦琐任务。近年来出现利用通信技术优势的转变，它允许通过 ABFO 网站在 www. abfo. org 更新和传播资格证书持有医师信息。

尽管仍须形成并格式化信息，复印和邮寄资料给 80 多名资格证书持有医师这种费力而昂贵的任务被利用互联网为会员获取必要信息所淘汰。我们的一些会员未连接网络，引发了难题。虽然更新可在互联网上方便地查看，但由于信息的添加和删除是通过手动操作完成，只能分发那些被修改的手动操作部分的硬盘拷贝件，这成为一场格式化的噩梦。对于那些未连接到互联网的会员，可其他手段访问此技术，即通过朋友或当地图书馆。通过这种方式，所有资格证书持有医师都可接收到信息，成为 ABFO 的活动参与者。由于该手册包含的很多信息，不仅对我们实际案件鉴定工作而言，而且对科学的发展及 ABFO 的持续有效性来讲都很重要，因而我们建议您熟悉该手册的全部内容。

第一部分：前言，致谢，背景、职责和 ABFO 的目标。

第二部分：包括法规、职业道德规范、公司章程和ABFO以往人员的历史列表。

第三部分：包括确立多年的政策、程序、准则和标准。某些信息须与那些你为保有资格证书而必须遵循的程序以及从事ABFO业务所坚持的政策相关。本部分包括关于换发新证的程序和形式的信息，这是每五年对每个参与的资格证书持有医师的强制要求。熟悉本部分，坚持记录您的活动，当为换发新证提交文档时，会为您节省大量时间。这里打印的准则体现了很多人的大量心思和工作量，并得到ABFO资格证书持有医师的认可。

这些是受版权保护的资料。ABFO资格证书持有医师可以免费使用。但将这些准则发表在其他刊物上，则应当经请求执行委员会和/或ABFO的董事会获得许可。作为资格证书持有医师，我们应该经常重新审视这些准则和标准，努力尽可能多地遵循，并鼓励他人也这样做。随着研究和技术的不断进步，有必要对现有准则进行修改和/或增添。变更公认准则的协议也包含在第三部分中。

致　谢

本部分向那些贡献了手册所包含信息的人们致以谢意。要做到没有落下某人名字而列出人名清单是很困难的。由于这是所有提供了手册中信息的在世及已故的资格证书持有医师的信息资源，因而对所有资格证书持有医师的贡献予以致谢似乎合适一些。更为重要的是，有必要鸣谢这些资格证书持有医师的家人和朋友们，他们同样为我们牺牲了自己的时间并对我们继续行业的发展给以鼓励。正是我们以及他们的奉献精神促进了我们科学的发展。

背景、职责及目标

大家早就公认，政府的司法和行政部门需要由具备资格的鉴定人为其提供必要的专业服务。回应本专业要求，为了公众利益和科学发展，1976年成立组织了美国法医牙科委员会，以提供法医牙科学认证项目。

在目标、职责及组织机构方面，美国法医牙科委员会公司（AMERICAN BOARD OF FORENSIC ODONTOLOGY，Inc.，以下简称为ABFO），类似于各医疗专业和科学领域的认证委员会。该委员会的目标是，必要时制定、提高和修改从事法医牙科学实践的人员的资格标准，以及对符合委员会要求的具备资格的专家予以认证。

认证，基于待认证人的教育、培训、经验和成果的个人和职业记录，以及正式的考试成绩。ABFO 是一个非营利性的法人组织，它受到美国法庭科学学会和法庭科学专业认可委员会（Forensic Specialities Accreditation Board，简称 FSAB，www. thefsab. org）的认可。

第二部分

章　程

导　言

第一款：名称

该组织的名称为美国法医牙科委员会，在此简称为“委员会”或“ABFO”。它是内华达州的一个非营利性法人组织。该组织的董事会不简称为“委员会”，因为该简称是代指 ABFO 的。

第二款：办公地点

内华达州公司的法定总公司办公地位于内华达州里诺市 Kietzke 路 5441 号，邮编 89511。注册代理人为理查德 · 贝内特。

董事会或许会随时指派划定，委员会有可能在包括或不包括内华达州在内的地方还有其他办公地点。

第三款：目标

为了符合公众利益，委员会的目标应为：

a. 鼓励学习、促进实践、制定和提高指导原则与标准，以及推进法医牙科学的发展。

b. 鼓励和促进遵守法医牙科学职业道德、行为准则及专业实践的高标准。

c. 为符合委员会制定的标准的志愿参加者们以及那些因此确立了自身的适应度和能力的人员，授予并颁发认证证书和/或其他法医牙科学特殊资格的认可、不认定。

d. 继续与联邦和州政府的分支机构以及合适的政府性质及私人性质的机构和组织合作，以保持美国法医牙科委员会（公司）的认可和承认，作为法医牙科学实践公认的特殊资格。

e. 由董事会决定，维护并提供已被委员会授予认证证书的人员列表清单，以下简称为资格证书持有医师。

f. 从事任何不为法律或公司章程董事会条款禁止的活动。这些活动可能有助于实现上述目的或促进条款中列举的内容和目的。

第四款：赞助商

a. 赞助商。董事会可借2/3 的赞成票，邀请符合法医牙科学合法权益的组织机构成为委员会的赞助商。

b. 赞助终止。赞助机构可以自行决定，基于对董事会应有的通知来终止赞助。赞助还可以通过董事会2/3 的赞成票而终止。

c. 赞助商的责任。赞助机构不得对委员会的资金资助负有任何债务，不得凭借对委员会的赞助而对委员会的运转、活动及决策进行控制或承担责任。赞助机构的本质作用是赞同和支持委员会的目标并对委员会的活动和计划予以认可。

第一条：会员和认证

第一款：会员资格的适任

在随后规定的各种分类中，ABFO 会员资格应当只赋予那些具有专业能力、正直诚实和具有良好道德品质的人。

a. 积极从事法医牙科学领域的工作，和对科学文献做出显著贡献，或者

b. 以其他有效方式拥有法医牙科学的先进事业，或者

c. 追求以实现上述目标 a 或 b 为其宗旨的事业，以及

d. 已经从受认可的大学取得牙医学博士。

第二款：会员职位要求

依照规章制度，会员资格应当由董事会确立并每年进行一次审查。

第三款：会员分类

积极资格证书持有医师想要退出，可以通过填写退休资格证书持有医师申请向 ABFO 董事会提出申请重新归类为退休资格证书持有医师。申请书可向 ABFO 部长请求索要。填好的申请必须在申请人当前资格认证期限届满之日至少 90 天前由部长收到。2008 年和 2013 年间辞职的资格证书持有医师会被给予自该修正案颁布实施后一年的时间来申请退休状态。

要被考虑赋予退休状态，申请人必须是一个具有良好声誉的资格证书持有医师，不能欠会费或是待定或活动的道德控诉对象，并且必须确认他们退休的意图，不管是法医牙科学或 DVI 团队成员。退休资格证书持有医师可参与提供包括继续教育讲座在内的法医牙科学教育和参加 DVI 专案。申请需得到 ABFO 董事会以简单多数票的批准。

授予“退休”状态的退休资格证书持有医师可以在印刷或出版媒体中自己名字的后面使用该后跟名称“D－ABFO，退休”。

退休资格证书持有医师不被视为是由 ABFO 的“认证”或“委员会认证”。

退休资格证书持有医师可以参加 ABFO 会议，会收到 ABFO 的邮件，将被授予 ABFO 网站会员访问权限。

退休资格证书持有医师若想要复职为活动的资格证书持有医师，则必须向 ABFO 重新提出申请，完成当前对新申请人的全部要求。

荣誉资格证书持有医师。为 ABFO 提供很多服务或者取得法医牙科学特殊资格的退休或已故资格证书持有医师，可被邀请成为荣誉资格证书持有医师。10% 在 ABFO 信誉良好的资格证书持有医师或者至少 10 个资格证书持有医师，以较高者为准，可针对该荣誉书面提交退休或已故资格证书持有医师的名字。董事会每学年只可批准一个被提名人。该荣誉资格证书持有医师地位必须董事会全部一致通过邀请来确认。

荣誉资格证书持有医师应被赋予和其他任何资格证书持有医师同样的权利和机会来参与 ABFO 的所有活动，对 ABFO 事项进行投票除外。荣誉资格证书持有医师不需支付年度会费。荣誉资格证书持有医师将获得除了年费账单发票外的与积极资格证书持有医师相同的函电，并且会在活动的 ABFO 资格证书持有医师电子邮件花名册上予以保留。

第四款：认证

a. 标准。董事必要时应当制定、维护和修改标准和授予的资格要求，发行或更新证书和/或认定法医牙科学特殊资格的其他形式承认形式。为评价 ABFO 资格证书持有医师身份的候选人而确立的政策和程序，是公正、客观和非歧视性的，符合所有有关这些政策和程序的联邦、州以及地方法律。

b. 申请人评价。董事会应安排合适的方法来评估请求 ABFO 认证的申请人的体能、能力以及资格。这些功能应部分地进行，由认证与审核委员会对候选人法医牙科学资格认证书进行相应的检查。

c. 认证。董事会有权向满足委员会的标准或已经完全依照所有的适用要求的人签发或使被签发法医牙科学资格资质证书。资质证书须符合规定或由董事会批准的格式。每个证书将是并依然是 ABFO 的财产，但资质证书已被正确发给的每个人都有对其继续拥有权利，直到该证书被吊销。一个人持有有效的、由 ABFO 颁发的资质证书有权使用名称“委员会认证”、“美国法医牙科委员会的荣誉资格证书”和/或 D – ABFO。

d. 费用。董事会应当确立手续费和其他费用的事件，以申请批准，签发和续期资格证书和/或其他形式的认可。

e. 否定、停职和证书撤销。否定认证或暂时吊销或撤销资质证书的权利由董事会享有。董事会2/3投票通过下列一个或多个原因，董事会颁发的证书就会被撤销：

（1）申请表或任何其他与委员会或其代表人的沟通中，有一个或更多材料的错误陈述或失实陈述，隐瞒或其他遗漏。

（2）宣誓证词中具有误导性或发假誓的声明。

（3）本委员会的认证申请人或证书持有人被有管辖权法院定以重罪或涉及任何犯罪的，在董事会看来，属于道德败坏。

（4）证书的签发违背或违反任何管理董事会及签发认证计划的法律标准、规则或法规，或确定该获得认证的人是不是真正有资格在签发时收到这样的证书。

（5）该委员会证书持有人的部分行为倾向于或采取行动，妨碍、阻止或违背该委员会的目标，如本文前言所述。

（6）自发货单日期6个月未缴纳费用，将导致在下届年会上撤销董事会签发的证书。暂停或撤销认证，只有在至少90天提前将费用的性质及采取行动的原因通知了相关当事人之后才会实施。董事会还给这些人提供了一次被听取意见的机会。关于暂停和/或撤销的听证会在没有任何一方的法律代表的情况下召开。（见第2条第6款）。

f. 参加考察的资格被否定申诉。根据委员会决定，申请人不符合参加考察资格的，可以书面形式向ABFO主席提起申诉。申请人应在通知后20日内说明他/她认为自己合格的理由（通过认证的邮件，要求回执）。

（1）主席须随即将申诉书副本发送给每个董事会成员，每个董事会成员在自收到该申诉书副本之日起20日内作出书面回复。

（2）每个董事会成员应表明其是否同意申诉书中提到的理由。

（3）董事会作出有利于申请人的简单多数表决，将撤销申请人先前被认证与审核委员会的否认决定。

（4）董事会成员简单多数通过支持认证与考核委员会的决议并否决申诉，申请人可以要求在下一届董事会电话年会召开正式的听证会。此会议中的董事简单多数决议为最终决议。

g. 考察未合格申诉。申请人未能成功通过由认证与考核委员会组织的为取得资格证书持有医师资格的考察的，可在自收到未通过通知后20日内以书面形式向ABFO主席提起申诉（通过认证的邮件，要求回执）。申请人应当在申诉书中说明上诉理由。

（1）主席应随即将申诉书副本发送给每个董事会成员，每个董事会成员在自收到该申诉书副本之日起 20 日内作出书面回复。

（2）每个董事会成员应表明其是否同意申诉书中提到的理由。

（3）董事会作出有利于申请人的简单多数表决，将撤销申请人先前被认证与审核委员会的否认决定。

（4）董事会成员简单多数通过支持认证与考核委员会的决议并否决申诉，申请人可以要求在下一届董事会电话年会召开正式的听证会。此会议中的董事简单多数决议为最终决议。

h. 换发新证。ABFO 要求每五年换发新证一次。这是认证与考核委员会的职责。为评审和管理强制换发新证考试，该委员会应制定必要的格式与领域。所有这一切都必须由董事会批准。该委员会将对资格证书持有医师提交的用来换发新证的材料进行评估，并通告董事会关于每个资格证书持有医师换发新证的建议。

i. 对“退休”或“辞职”资格证书持有医师复职。

希望重返积极状态的资格证书持有医师必须重新向 ABFO 申请并完成对新申请人的全部要求。

第五款：担任公职的适格

只有声誉良好的资格证书持有医师才有资格担任公职。如果资格证书持有医师的年费不是当前的，那么他可能不会被提名为公职、投票或以其他方式参与董事会的业务。特殊情况下，通过董事会 2/3 表决，可不作此要求。

第六款：缴费义务

每年的年费期限是 1 月 1 号至 12 月 31 号。自开出费用发票的 90 日内，未缴年费或换发新证费用的将被处罚 25 美元（MYM25）。积极资格证书持有医师申请退休状态要在其已缴年费当年 10 月 1 日之前，已经缴付下一个日历年或其后的年费的除外。由董事会对他们的请求进行确认。

第七款：约束仲裁

所有资格证书持有医师和认证申请人应同意由以下约束：

a. 当事人同意任何争议、由法医牙科委员（ABFO）会提出或与之相关的主张，章程，或者其作为一个私人的、专业资格认证机构的活动，或协议，或违约行为，是否涉及侵权赔偿，合同或其他方式，应由美国仲裁协会根据规则作出具有约束力的最终裁决。

b. “当事人”指 ABFO 的全部成员或其申请人。该仲裁协议对 ABFO 的全部成员，包括积极、退休、停职及荣誉的等等，均具有强制性。认可这一协议无须个人签名。

c. 仲裁应在依照美国仲裁协会的商业规则选择中立仲裁员前进行。仲裁应当遵循规则的迅速执行程序。

d. 仲裁程序由控诉方启动，为发起对另一方当事人的仲裁提供书面诉求。书面诉求应包括支持诉求的问题与事实的详细说明，以及所有相关文件的副本。

e. 仲裁前至少30天，当事人须交换证人名单，包括专家和仲裁所用的所有展示物的副本。仲裁须在指控争议或要求以提交书面要求给另一方当事人的形式出现以后2年内启动。

f. 仲裁应在发生所谓的争议或权利主张后启动。仲裁应在法医牙科委员会年会中进行，双方同意其他安排的除外。

g. 双方同意仲裁员应首先裁定主张是善意的，而不是无理取闹或无聊的。那么责任问题将在接受损害赔偿的证据或证词之前优先得到解决。在查明责任的情况下，仲裁程序应在同一仲裁员解决所有赔偿问题之前继续进行。仲裁员的裁决是最终且具有约束力的。仲裁员无权作出含有法律事实错误的协议，或判决惩罚性赔偿，或增补、修改、拒绝执行当事人之间的协议。仲裁员应当作出事实认定和法律结论，并无权作出任何已不能由法庭作出的裁决。胜诉方的仲裁费用，都是由非败诉方承担，包括合理的律师费用。

h. 作出裁决时，仲裁员应当按照内华达州的实质性程序法来确定各方当事人的权利和义务。

第二条：道德与行为准则

第一款：准则

作为促进资格证书持有医师的个人和职业操守最高质量的方法，下面构成了道德准则，这是由美国法医牙科学委员会所有资格证书持有医师认可并遵守的：

a. ABFO的每个资格证书持有医师应避免有教育、培训或专家领域的任何实质性的虚假陈述。

b. ABFO的每个资格证书持有医师应避免对专家观点或结论所依据的数据有任何实质性虚假陈述。

c. ABFO的每个资格证书持有医师须提供一个签名且经过公证的道德声明，ABFO执行委员会2007年2月、不迟于2007年9月1日通过且此后由其管理。

第二款：指导原则

以下是被视为指导原则，独立且区别于ABFO的强制性道德准则，但对于实现最高的专业品质必不可少，为ABFO所有资格证书持有医师自愿认可：

a. ABFO资格证书持有医师应通过现有继续教育方案保持其专业能力。

b. ABFO 资格证书持有医师可以将关于同事资格证书持有医师的正式书面指控提交给 ABFO 秘书（见下文司法程序）或伦理委员会主席。正式的书面控诉书应当不包含或暗示党派或利益，事实证据及正确解释的情形下除外。

c. ABFO 资格证书持有医师应在所有书面及口头报告、证言证词、公共地址或出版社提出技术上的正确陈述。应当避免任何误导或不准确的声言。

第三款：惩戒理由

任一个职业操守变得不利于 ABFO 的最大利益和目标的资格证书持有医师应当承担谴责、暂停、驱除或撤销认证的责任。该资格证书持有医师应 ABFO 依董事会根据事实采取的行动和伦理委员会的建议，受到谴责、暂停或除名。涉嫌违反下列任一规章制度可发起调查活动：

a. 一个或一个以上 ABFO 成员条件的失实陈述（第一条）。

b. 违反道德准则的任一规定（第二条第一款）。

c. 在现有 ABFO 政策外或还未由董事会措辞、批准及授权的事项上，以 ABFO 外观或表征为 ABFO 代表出版或发行公开声明。

第四款：调查机构

a. 长期的伦理委员会应作为调查机构，伦理委员会主席应对所有情况加以考虑。

b. 伦理委员会的委员由资格证书持有医师选举产生。除无投票权的律师委员外的每一个委员，任期三年。伦理委员会每年应从其委员中选举主席。

c. 如果伦理委员会主席正在被调查，特定情况下有利益冲突，或因其他合理原因不能有效参与，主席缺位时，由 ABFO 会长主持伦理委员会。

d. 伦理委员会可下令调查，并就 ABFO 个别成员的过去或现在的可能违反道德准则的行为作为旁听机构。

第五款：调查主动行动

下面是伦理委员会可启动调查程序的途径：

a. ABFO 资格证书持有医师可以将正式的书面违规指控提交给 ABFO 秘书（见下文司法程序）或伦理委员会主席。

b. 伦理委员会可基于任何引起其注意的表明了根据规章制度规定需要进行进一步查询或强制作用的证据，而发起调查。ABFO 人员，收到有关资格证书持有医师职业或个人操守的申诉，关于进一步调查的需要，可能会参考控诉至伦理委员会的随附着建议的书面控诉书。此建议，对伦理委员会不具有约束力。

第六款：司法程序

a. 对资格证书持有医师的书面控诉书，交付给 ABFO 秘书长时，应立即传送至伦理委员会。

b. 伦理委员会应立即将控诉申请通知给被告，并按照规则和法规，集聚被告和原告的书面资料，这些书面材料可使伦理委员会得以初步判定该控诉是否有根据以及是否需要进一步调查。

c. 如果伦理委员会初步判定，认定控诉无根据，应驳回控诉。应向董事会提交一个关于该决定的报告，阐述基本事实和不予理会的理由。

d. 如果伦理委员会判定控诉是有根据的，伦理委员会将会调查这些指控。然后伦理委员会正式听取指控，并应给予被告和原告（们）合理陈词和面对彼此的机会。

（1）为召开正式听证会，应以挂号信向被告和原告（们）发出通知，要求回执。

（2）收到返回通知（以挂号信，要求回执）后，正式的听证会日期将得到双方以及伦理委员会的相互同意。该日期要自所述收到正式通知后至少 90 天后，以给双方充足的时间准备开庭。若双方同意，听证会应在或大约在 ABFO 的年会上举行，以保持成本最低。若一方或双方当事人要求听证的日期不同于年会时间，费用应由申请听证的一方或双方当事人承担，而非由 ABFO 担负。

（3）该听证会，可能各方都无律师在场。ABFO 的无投票权律师委员，作为伦理委员会的无表决权委员，将出席以确保听证会期间保持正当、礼仪和遵守适当程序。律师委员会成员的角色只是委员会和听证会顾问，不参与任何一方的陈述。

（4）被告应收到书面控诉的副本。他/她有权看到完整形式的文档。

（5）伦理委员会应做一份报告，其中将包括就结论向 ABFO 董事会的建议。

e. 经 3/4 的董事会成员出席并参加表决，受不道德或不法行为控诉之人可被谴责、停职或开除，但被告应有向 ABFO 资格证书持有医师申诉的权利。根据 ABFO 道德准则规定，属于尚未决定的指控对象的董事会成员或伦理委员会，应当不能参加审议任何关于道德的问题。

f. 被告有权就董事会行为向 ABFO 资格证书持有医师提起申诉。为达到申诉目的，申诉人须在不少于下届 ABFO 年会 90 天前提交简要的打印版申诉书，连同他/她代表其自己可能希望提交的打印版陈述给 ABFO 秘书。秘书应立即将申诉通知给每一个董事会成员，并转发申诉人提交的支持文件副本。

g. 执行委员会应准备董事会行动理由的书面声明，并在距下届年会不少于45天前向ABFO秘书存档。

h. 此后十天内，ABFO秘书须将申诉人的申诉书及其支持陈述副本邮寄至每个ABFO投票的资格证书持有医师。如果有的话，连同董事会的声明书副本一起邮寄。秘书须安排和计划一个有关申诉人的申诉的资格证书持有医师封闭听证会。被指控人员收费可能无法参与该封闭会议。无表决权的律师委员将出席以确保封闭听证会期间保持正当、礼仪和遵守适当程序。董事会成员律师不能代表任何一方介入听证会。

i. 否决董事会关于谴责、停职或开除资格证书持有医师的行为，须经3/4出席封闭听证会并参与投票的资格证书持有医师的书面投票表决通过。

第七款：保密，规则和AAFS道德

a. 伦理委员会或董事会的任一成员泄露除董事会书面声明外的任何过去或现在伦理调查信息的，可能会受到违反道德准则的指控。

b. 伦理委员会应制定内部规则与程序并时不时提出修改这些规则与程序，以便迅速、公证、谨慎地解决摆在伦理委员会面前的控诉或问题。规则与程序，以及任何后来的删除、添加或修正案，均须经董事会批准。

c. 为了防止ABFO和美国法庭科学学会（AAFS）之间的利益冲突，ABFO董事会关于谴责、停职或开除资格证书持有医师的书面报告将被转发给AAFS的伦理委员会主席。AAFS伦理委员会将被告知申诉书是否被提交及申诉的最终结果。如果道德问题出于AAFS伦理委员会，同时是AAFS成员的ABFO资格证书持有医师，任何关于审议或行动的报告将提交给ABFO伦理委员会的主席或秘书。

第三条：会议

第一款：董事会年会

每年由主席召集召开至少一次董事会年会。地点由主席指定，在内华达州内或外。会议通知应在会议日期前至少30天提供给各董事。经2/3在任董事的书面同意，会议可以邮件或电子会议的方式进行。纵然，只要情况许可，董事会每年举行两次会议是上述规定的意图。

a. 第一次会议。董事会第一次会议的举行时间紧随资格证书持有医师年度会议是可行的。伴随着其他业务，年度预算的采纳和批准应当完成。

b. 第二次会议。董事会第二次会议的举行时间在资格证书持有医师年度会议之前是可行的。

第二款：董事会特别会议

特别会议可由主席召集，或依大多数在任董事的书面请求召开。日期、时间与地点由主席指定，在内华达州内或外。特殊会议通知及要考虑的主题信息应当在会议日期前至少 15 天提供给各董事。

第三款：董事会业务行为

a. 当特定业务认为有必要由董事会主席处理时，董事会业务可通过邮寄、电子会议、电话会议或电子邮件进行。

b. 通过邮寄、电子会议、电话会议或电子邮件进行的董事会业务应依照法律的基本精神及 ABFO 章程条款的要求进行。

c. 当业务是通过邮寄、电子会议、电话会议或电子邮件进行时，要求董事会表决，须包括大多数董事会成员（法定人数）的投票。构成了法定人数在任董事们的简单多数表决投票，应当要求其携带议案。

d. 当主席接收到议案而议案已被借调时，他或她将指导秘书将议案提交给董事会审议。

e. 允许有 10 天的时间利用选择的通信方法来讨论议案。使用电子邮件（E-Mail）时，回执请求将被用于秘书表示收到议案。

f. 10 天的讨论期结束后，由主席召开投票表决。投票将在 5 天内进行。选票将被发送到秘书处制表。5 天的投票期结束后，由秘书负责通知董事会成员投票结果。

g. 投票方法可对除废除或修正以前章程和其他需要 2/3 多数表决的情况，除非董事会遵循 ABFO 章程的第三条第一款和第二款。

第四款：资格证书持有医师年会

年度会议将由主席召集，在其指定的在内华达州内或外的地点举行。在主席缺席的情况下，主席当选人应当承担主席职责。会议通知应当在会议日期至少 30 天前发送给每个资格证书持有医师。一旦出现异常情况，并经 2/3 董事会的批准，该资格证书持有医师年会可能会延迟。

第五款：领域

委员会的运作在美国及其领土、属地以及其他董事会的地方可能时不时地授权或指导。

第六款：法定人数

a. 董事会、执行委员会及所有其他委员会。为了此处所有目的，除非另有规定，法定人数应由过半数的董事、执行委员会或其他委员会的成员组成。如果出席会议人数少于半数，会长或主席召集的该次会议延迟不得超过 30 天。任何董事无权通过书面代理的形式进行投票或被计入法定人数内。

b. 资格证书持有医师。1/4 的 ABFO 成员，在 ABFO 召集的会议中，应当构成办理业务的法定人数。

第四条：干事及主管人员

第一款：董事会

a. 职权。根据章程第四条，公司的管理机构是董事会。被授权依照条款规定拥有、控制、管理和执行所有的财产、资金、营业事务及 ABFO 的运行，有权做出任何对于处理 ABFO 事务或业务有必要和可取的事情，遵循章程。董事会（BOD）的管理组织职能权限，包括更改政策和程序。这些更改，须经董事会过半数投票赞成。提出政策和程序的更改，不得与条款、章程、标准或指导原则相冲突。如果没有经过 ABFO 资格证书持有医师依既定程序投票通过，董事会无权修改、修正或变更 ABFO 章程、标准或指导原则。

b. 组成。董事会应由该公司 6 位主管（会长、选举会长、副会长、秘书长，财务主管和前任会长）组成及不超过 15 名其他董事组成，全部由资格证书持有医师从提名委员会提交的名单及与会者提名的人员中选举产生。

c. 董事资格。

（1）董事应为在 ABFO 具有良好信誉的资格证书持有医师。选董事时应适当考虑他们的大体成就及其在法医牙科学和/或密切相关的领域的专业资格和经验。

（2）基于董事会的自由裁量，董事会中有一个附加的位置留给具有正式资格的律师，不要求是 ABFO 资格证书持有医师。律师无表决权且没有资格拥有董事职位或主持委员会。

d. 董事期限。所有董事的任期为 3 年。董事应限制为最多连续两个任期 3 年。这一限制不适用于上述条款中的律师。

e. 职责和职能。董事会的职责和职能如下：

（1）董事会应全面控制 ABFO 的事务与运行。

（2）董事会应依据公司条例与章程的有关规定，负责向一般成员提出制定、修改、更新和维持章程、法医牙科学特殊性的标准和指导原则的建议。不得有差别对待，而应对所有人平等适用。

（3）正常情况下，董事会每年至少举行两次会议：第一次会议在资格证书持有医师年度会议后；第二次会议正好在资格证书持有医师年度会议前。董事会可能会通过正当合理通知和对大多数董事发送书面要求加开会议。

（4）董事会应在资格证书持有医师年度会议后的第一次会议上，通过和批准ABFO运行的年度预算。

（5）董事会可随时制定具有资格的不需成为董事或组织的人员，代表其自身履行职责及职能，董事会可以管理指导。

（6）经董事会2/3的投票通过以下任一事项，董事会可以罢免任何主管人员、董事或当选委员。

（a）无正当理由连续两次不参加会议。

（b）失职、渎职或不作为。董事或主管人员被管辖权法院以重罪或其他任何牵涉到ABFO运行的罪名定罪的，将自动立即从主管人员中除名。

f. 董事会会议投票。除非另有明确声明或隐含在章程中的其他地方，董事会的所有行动应以出席会议的董事简单多数决投票或按既定法人人数电子投票来决定。

g. 缺位。董事出现缺位，如果执行委员会认为接替者是必要的，可由2/3其余董事投票表决以填补缺位。

第二款：主管人员

a. 公司主管人员。公司主管人员应是：会长、选举会长、副会长、秘书长，财务主管和前任会长。主管人员应由资格证书持有医师在资格证书持有医师年度会议上从提名委员会提交的名单中选举产生。被选举出的会长，前一年已被选举作为选举会长，自动担任会长［DRM第57页政务信息——为选举位置选择候选人协议“会长（1年期）”］，刚卸任的会长在其会长任职结束后立即承担官职。

b. 公司主管，在相同的各自能力范围内，担任董事会主管。

c. 资格：

（1）会长/选举会长和副会长。这些职位的候选人须在该组织作为秘书长或财务主至少一整年，且是现任董事会成员，或董事或主管之一。

（2）秘书和财务主管。这些职位的候选人应是现任董事会成员。

d. 主管任期。主管官员在资格证书持有医师年度会议当选后上任。会长、选举会长和副会长的任期应为一年，或直到或直至其继任者已正式当选合格。秘书长和财务主管的任期应为两年，他们在更迭年当选（局长在偶数年，财务主管在奇数年）。这些主管应在资格证书持有医师年度会议上选举产生，除会长自动由前一年当选的选举会长担任。

e. 继任顺序。这些章程的愿望和意图在于，通过继任顺序来建立主管人员的合理发展，以确保会长候选人足够熟悉ABFO的运作与职责，能用尽可能短的过渡时间迅速进入状态。然而，出于某种原因，资格证书持有医师、董事会或主管人员可能想要通过提名和选举有资格的资格证书持有医师等方式绕过这个“继任顺序”。

f. 职能和职责。主管人员的职能和职责应是通常和习惯上从属于各自的部门，时不时也会有董事会委托或指定的或者本文规定的其他职责和职能。

g. 缺位。如果在会长当前任期内出现缺位，应由选举会长担任会长职位。其他缺位，由经董事会 2/3 投票表决选举有资格的董事予以填补。选举在任何常规会议或特别会议上进行，如果在缺位的 30 天内无常规会议安排，董事会主席认为特殊业务必要时，可通过邮件、电子会议、电话会议或电子邮件等方式进行。

h. 董事被选为主管人员的，如果选举时他/她担任董事尚未期满，则必须立即辞去董事职位。

第三款：执行委员会

a. 组成。董事会执行委员会由担任主席的会长以及选举会长、副会长、秘书、财务主管和前任会长组成。执行委员会的法定人数为大多数会员组成，其正式行动要求整个委员会过半数投票通过，除非另有规定。

b. 职权。董事会授予和/或分配给执行委员会其认为必要时，采取行动及代表董事会开会的职权，除非本章程另有禁止规定。执行委员会代表董事会所采取的行动应在下次会议上报告给董事会。

c. 限制。执行委员会无权或不能被授予更改章程的权利。

第四款：提名委员会

a. 提名委员会应提交合格的资格证书持有医师选举名单，如本章程前面所规定：

（1）提名委员会应为每个期满或空缺的董事职位提交两个名字，再加上另外的名字。

（2）提名委员会应为每个期满的开放式选举的委员会位置提交两个名字。

（3）提名委员会为每个开放式选举的行政办公室至少提交一个名字。

（4）上述提名须在资格证书持有医师年度会议至少 30 日前制作出来并提交给董事会。信息须在资格证书持有医师年度会议至少 15 日前传达给资格证书持有医师。

b. 如果提名委员会未能符合本条款规定，董事会可依照章程规定自行决定提名任何合格人员。

c. 在与会人员提名候选人获得事先批准的情况下，可由任何资格证书持有医师在资格证书持有医师年度会议上提名合格的资格证书持有医师担任主管人员、董事和选举委员会委员。

第五款：选举

a. 年度选举。年度选举在资格证书持有医师年度会议上进行，提供了已确立的法定人数。如果会议法定人数不能确立，董事会应召开一次特别会议并履行选举职责。

b. 职权。董事会可授予和/或分配给执行委员其认为必要时，采取行动及代表董事会开会的权力和职权，除非本章程另有禁止规定。执行委员会代表董事会所采取的行动应在下次会议上报告给董事会。

c. 选举顺序。选举顺序如下：选举会长，副会长，秘书或财务主管，认证与考核委员会，伦理委员会和董事。

d. 在每种情况下，票数更多的候选人当选。

第五条：委员会

第一款：专门委员会

如认为有必要，参照大多数董事会成员建议与同意，会长可任命一个专门委员会。任命有效期为一年，除非由董事会延长。

第二款：基于管理目的的常设委员会

条例与章程，提名，规划，研究及公共关系委员会。

a. 组成：

(1) 条例与章程。该委员会应至少由6名成员组成，每人任期3年，经大多数董事会的意见和同意，由会长任命。每年主席应指派两名成员替代调出的两个成员。董事长指定的主席，应为任职第三年的两名成员之一。资格仅限于一个连续3年任期。

(2) 提名。该委员会由5个委员组成。其中两个应为最近活跃的前会长。其他人应有一年的任期，经大多数董事会的意见和同意，由会长任命。其中，两个应为普通资格证书持有医师会员，一个为董事会成员，但没有执行委员会委员。这个委员会的主席应为在委员会中任职时间最长的前会长。

(3) 研究。该委员会由5名成员组成，每人任期5年，由大多数董事会成员任命。每年董事会指派一名成员替代调出的一名成员。主席由大多数委员会成员约在董事会年度会议时选举产生。无连任期数的限制。委员会成员应该展现其在科研领域的能力。委员会成员应具备：

(a) 在期刊杂志上发表至少一篇文章，和/或

（b）显示出研究方法训练和研究方案开发，和/或

（c）提交拨款申请（资助的研究）的经验。

b. 职责：

（1）条例与章程。该委员会应复审及建议对委员会认为有必要或由董事会推荐的公司条例和/或章程的任何更改。

（2）提名。该委员会须在年会前至少30日，提交有资格的被推荐为会长、副会长、秘书长或财务主管职位的董事名单。提名委员会还应当提交有资格的被推荐为认证与考核委员会、伦理委员会和董事会成员的资格证书持有医师的名单。

（3）规划。该委员会将审查并建议规划以维持标准和ABFO的目标。

（4）研究。在ABFO资格证书持有医师接受新技术之前，该委员会应审查研究项目和新技术，推荐未来研究。出于考虑保护项目完整性的目的，项目应以保密的方式提交给委员会。委员会被鼓励在法医牙科学科学方法、技术及设备方面进行研究并推荐适当的指导原则。

第三款：常设委员会的标准、方法和程序

民事诉讼，咬痕和印痕伤，人类虐待和忽视，牙齿鉴定年龄估计和计量委员会。

a. 组成。委员会主席任期为2年，经大多数董事会的意见和同意，由会长任命。委员会委员由会长考虑主席的建议予以任命。

b. 职责。这些委员会都有鼓励学习、改进实践、提高标准和推进法医牙科学专业领域发展的目的。

第四款：认证与审核委员会

a. 组成。该委员由来自于普通资格证书持有医师的五个成员组成。他们由资格证书持有医师从提名委员会选出的候选人中选举产生。各成员应任期交错五年。每年从候选人中选出新成员来替代任职期满的调出成员。委员会缺位由2/3董事会投票通过会长提名的候选人来填补。空缺出现后该职位任期尚未期满的，应尽快务实地完成补位。选举可通过邮寄投票的方式进行。委员会主席应为任期共五年而现任职第四年的资格证书持有医师。前一任的主席仍留在委员会任职第五年，给予委员会连续性和再次担任主席应该出现空缺。成员身份被限制在一个连续五年任期中。

b. 职责。该委员会应实施和管理ABFO制定授予和更新资格证书持有医师身份的法规、标准以及要求的目的。该委员会将严格保密所有应试者的信息。所有有关要求、政策、程序、费用、换发新证、申诉及其他有意义事项的决定，实施

之前应当经董事会批准。委员会将建立 ABFO 应试者口头表达和口语考试成绩的数据库存储库。该分数将被匿名存储，认证与审核委员会未来根据需要可以访问到。

第五款：伦理委员会

a. 组成。该委员会由三名有表决权成员和一个无表决权成员组成。无表决权成员为董事会律师。有表决权成员应来自于普通资格证书持有医师，由资格证书持有医师在提名委员会选出候选人中选举产生，任期为交错的三年，最长连续三年任期。为保持连续性，牵扯到特定伦理问题的委员将保留在该委员会，直至问题得到解决。委员会缺位的，在委员会缺位出现后的合理时间内且该职位尚未期限届满的，由董事会 2/3 投票表决予以填补。选举可通过邮寄或电子邮件投票方式进行。

b. 职责。伦理委员会应实施和管理 ABFO 鼓励和促进高标准的职业道德、操守及专业实践。该委员会审查 ABFO 的道德规范，并就改进、添加或修正向董事会提出建议。委员会还审查可能违背标准的事项，向董事会提出适当的建议，如前面道德规范中的详细程序规定。

c. 利益冲突。任何人以任何方式卷入正在考虑的案件中，都不被允许供职于伦理委员会，或者列席董事会封闭会议或随后的资格证书持有医师封闭会议。如果某人被要求的话，考虑那件案子。

第六款：战略规划委员会

a. 组成：该委员会由五名成员组成，其中之一将会是 ABFO 会长，代表执行委员会。会长不能成为战略规划委员会（SPC）主席的同时还保留 ABFO 会长的职位。会长任命 SPC 主席，主席任命其他三名委员。

b. 职责：战略规划委员会负责评估现状、活动性及所有委员会的目标。对各委员会的当前状态评估后，将为每个委员制定活动和目标清单并于每年 4 月 1 日前发送至所有 ABFO 委员会主席。然后，考虑到 SPC 行动计划和各委员会视其为目标的活动，委员会主席制定该委员会的工作计划。每年 8 月 1 日前，各委员会主席筹备本年度工作计划并发送至 SPC。执行委员会年中会议召开前，SPC 要准备一份年中报告并发送给执行委员会。SPC 应考虑所有关于修改章程、标准和指导原则的建议，汇报 EC 调查结果（变更的后续程序概述）。

c. 目标：SPC 的目标是确立前瞻性思维，追踪 ABFO 现状并提供未来方向的动态渐进性计划。每个 ABFO 委员会利用 ABFO 战略计划的年度工作成果，确保 ABFO 随着法医牙科学的发展而向前进步。

第七款

会长应为所有委员会的当然（有投票权）成员，不需如上提及辞去他/她在董事会的职位。会长可以任命执行委员会的一个成员，作为与 ABFO 任何委员会联系的联络员。被任命为联络员的成员不能作为该委员会的投票权成员。

第八款

董事会应保留调整各委员会主席和成员的任期以符合章程规定的权利。

第六条：资金与开支

第一款：收入与开支

满足 ABFO 开支的资金的筹集来源于，年费、自愿捐献、认证与审查费用以及这些通过成员们的集体努力的 ABFO 所得收入。所有的支出均由财务主管经手。

第二款：一年两次的审计

在财务主管的指导下，由会长任命的两名董事所组成的专责委员会对 ABFO 财务记录进行一年两次的审计。该审计应在获得审计年的资格证书持有医师年度会议上发表。董事可经 2/3 投票表决，请求具有相应资质的会计师进行认证审核。审计将与新财务主管的选举同时进行。

第三款：财政年度

ABFO 财政年度应从每年三月的第一天起到下一年二月的最后一天止。

第四款：补偿、担保和忠诚

a. 补偿。每一个现在和未来的董事会成员及当选的主管人员，不论是否在任，ABFO 均应对涉及诉讼辩护、诉讼或由于作为 ABFO 的董事或高级人员而成为一方当事人，发生或强加于他/她的实际和必要开支予以补偿（包括但不限于判断、成本和咨询费用）。他 /她在履行 ABFO 职责时因疏忽或行为不当承担责任的诉讼或程序中应当被宣判的事项除外。该补偿不得被视为排除董事或主管人员享有或由法律决定等的其他权利。

b. 担保。董事会可自行决定由董事会支付费用来为 ABFO 在任或离任的主管人员、董事、资格证书持有医师、代理人和员工，购买或促使购买适当的责任保险。

c. 忠诚保证保险。财务主管和/或其他获正式授权的人员可能会要求签署忠诚保证保险。这些保险的费用由 ABFO 批准并支付。

第五款：薪酬与报销

董事会成员作为董事或主管人员，不被支付任何薪金或费用。受制于资金的可使用性，董事或主管人员在其出席董事会会议或代表董事会行使职权的过程中产生的实际、合理必要及由文件记录的费用，可以报销。董事会应当限定薪酬和报销支付给董事和主管人员以外的提供服务或代表董事会从事活动的当事人。

第七条：其他规定

第一款：定义

这里所有术语和词语的定义，除非适用的法律另外要求，应当由公司条款、章程或董事会以优先顺序来明确给出。

第二款：印章和徽章

委员会须有公司印章，可能有其他设备和徽章。其设计被董事会所采用。

第三款：议会权力

董事会、执行委员会、资格证书持有医师及其他会议中所有的议会程序，应取决于最新版本的Sturgis议会程序标准守则，公司条款及/或章程另有规定的除外。议会议员可由委员会资助下的任何会议中主持会议的官员任命。

第八条：修正案

第一款：废除或修订先前章程

考虑过战略规划委员会、条例与章程委员会以及董事会的建议，ABFO资格证书持有医师应按照公司条款和本章程的有关规定，制定、修改、更新和维护法医牙科学专业的章程、标准和指导原则。章程、标准和指导原则不得差别对待，而应在平等的基础上适用。

章程、标准和指导原则的修改在闭会后有效，会议上ABFO积极资格证书持有医师按照程序规定以简单多数决通过了本次修改。更换或废除的章程、标准和指导原则，以及与新章程冲突的先前决议、规则和规定，一同被废止了。

第二款：修订程序

章程的任何部分都可能通过以下方式全部或部分地修订、修改或废除：

a. 提议的变更应以书面形式，在下一届年度会议前那年7月1日或之前提交给ABFO的会长和战略规划委员会（SPC）主席及条例与章程委员会（ABC）主席，会上将考虑通过该变更提议。

b. SPC和ABC委员研究提议的修订方案，并于下一届年度会议前那年9月1日或之前报告给执行委员会，会上将考虑通过该建议。执行委员会考虑这些建议后，会向董事会（BOD）提交建议进行投票表决。在SPC或ABC没有报告建议的情况下，执行委员会可能会经多数BOD成员协商和批准，选择延续采用程序。

c. 如果获得批准，执行委员会会通过邮件或电子邮件，将变更提议、SPC建议和年度会议的日期，通知给各资格证书持有医师，该会议上提案将被予以考虑并由委员投票。该书面通告必须在下一届考虑该问题的年度议会前的那年 11 月 1 日前进行。

d. 提议的变更应在董事会和资格证书持有医师的会议议程中。

e. 提议的变更应被视为在资格证书持有医师的年会上提供的上述引用的要求已得到满足。变更可在会议期间 SPC 进行报告时或者作为主持会议人员处理的新事务提出审议。

f. 变更提议的批准，须经所有认证的资格证书持有医师过半数或出席的资格证书持有医师 2/3 多数投票通过，以较低者为准。如果是后者，要求法定人数。

g. 资格证书持有医师投票的结果，应当在同意变更当年的 4 月 1 日通告给全部资格证书持有医师。

简　史

美国法庭科学学会（AAFS）成立于 1948 年，是美国法医牙科学委员会（ABFO）的上级组织。学院的早期构成包括法学、病理与生物学、精神病学、可疑文件和毒理学部门。1970 年以前，几个 AAFS 牙医成员首先被分配到病理与生物学部门，后来被分到常规部门。根据学会主管人员的建议及从常规部门招聘的所需牙医人数，1970 年增添了牙科部。

1962 年，病理学研究所（AFIP）开始包括法医牙科学在内的课程设置，由几个口腔病理学家和一个 ABFO 的创始成员大卫 · 斯科特博士提供牙科讲座和实验课研讨。这些学科各方面的专家还会介绍法医病理学、毒理学以及法律的背景。当美国联邦航空管理局（FAA）对灾难发生地识别程序予以评估时，课程内容和重点开始有了变化。因此迫切需要建立这些情况下可接受的协议，并将这些协议教授给有兴趣并参与进来的个人。许多参加了 AFIP 早期努力的人是 ABFO 的创始成员。法医牙科的当代课程继续每年由 AFIP 提供给民用和军事人员。

上校罗伯特 · 博耶尔，AFIP 口腔病理学首席专家，对于 1970 年美国法医牙科社会（ASFO）的创作非常有影响力。他关注的是，很多人对该领域感兴趣，但没有通过正式加入一些法庭科学机构积极从事法医牙科学实践，不能成为学会牙科部的成员。ASFO 成立，让对法医牙科学感兴趣的任何人接触和促进他们这方面的知识。今天，它是提供法医牙科学服务的重要机构，所有人均可获得其教育项目和出版物。

在 70 年代中期，牙科证据在个体识别和刑事侦查中的潜在作用被警察机构和法院所认可。1973 年，法律实施与刑事司法国家研究所、援助执法厅、美国司法部资助了法医科学基金会，以建立各项法医学科包括法医牙科在内的认证委员会。这些委员会是为了鉴别和认证各自领域的专家而建立的。结果，在AAFS最初赞助和国家医学检查协会（NAME）的鼓励与帮助下，美国法医牙科委员会（ABFO）于1976年成立了。

ABFO的创始人是医生爱德华·伍德里奇，理查德·索恩，柯蒂斯·默茨，亚瑟·高盛，杰拉德·韦尔，斯坦利·施瓦茨，洛厄尔·莱文，罗伯特·多里昂，保罗·史汀森，大卫·斯科特，曼努埃尔·马兰斯基和乔治·沃德。这些创始成员们决定享受机构特权。同时，他们花时间和精力，以满足教育、经验和法医案件所需要个人条件，并参加已建立的认证考试。因此，这些创始成员成为ABFO的第一批资格证书持有医师。

凭借他们的领导能力，创始成员们非常积极于在诸多牙科领域建立重要的职业性和公共性事务：私人执业，有组织的牙科教育和研究，专业实践、军事牙科等等。他们的贡献是无价的，为法医牙科学建立了良好基础。

1976年到1978年，柯蒂斯·默茨博士担任ABFO的第一任会长。他对最初几年确立董事会的方向有很大影响。

ABFO作为认证（和换发新证）部分的主要职能依然最为重要。董事会早就认识到需要不断的继续教育和研究，促进公众和专业的关系，并加强对法律和公众的承诺。为此，制定牙咬痕证据的科学分析准则的第一项重要成果，开展于1984年的研讨会。

在随后的几年里，人们逐渐清楚，由于法医牙科的范围很广，该学科其他方面也应引起注意。90年代初，董事会更积极地为学科的不同领域制定准则、设定标准。董事会进行了重组，包括（除行政委员会）五个常设委员会的标准、方法和程序：①民事诉讼；②牙咬痕和方式伤害；③人类虐待和忽视；④质量灾难；⑤失踪和不明身份的人。

总体说来，这些委员会的职责是"……鼓励学习、改进实践、提高标准和推进法医牙科学专业领域发展"（第5条第3款ABFO章程与道德准则）。具体来说，这些委员会是针对建立指导原则和各自领域的一套标准，以准则和标准的具体内容教育会员和全部法医共同体。将这些目标谨记于心，自那时起，牙咬痕附加研讨会、身体识别、人类虐待和忽视，成立一个灾难牙齿鉴定小组等都发生了。此外，1986年和1996年，ABFO和美国牙医学会牙科董事会在芝加哥主办了首届和第二届关于牙科学在众多灾害中的作用和职责的全国研讨会。

ABFO的管理机构由主管人员和共同组成董事会的董事构成。主管人员和董事在年度会议上由普通会员选举而出。每年的会议和研讨会，通常在 AAFS 指定的网站上与举办于2 月份的 AAFS 和 ASFO 会议同时举行。

公司条例

（内华达州非营利性法人）

NRS Chapter 82 Et. Seq.

签署人，作为根据内华达州修订法案 NRS 第 82 章创办的公司的发起人，为该公司通过了如下公司条例：

第一，公司名称为：美国法医牙科委员会，以下简称为“公司”。

第二，公司持续时间为永久。

第三，该公司的初始注册代理人为罗伯特·安德森。公司在内华达州注册的办公地点为内华达州里诺市东自由街 245 号，三楼，邮编 89501。

第四，该公司是非营利性法人。

第五，本公司专门为了慈善、宗教、教育和科学的目的而成立，其目的和宗旨应当符合公众利益：鼓励学习、改进实践、提高标准和推进法医牙科学专业领域发展。鼓励和促进遵守高标准的道德、操守，及法医牙科学的专业化实践。在法医牙科学特殊资格认定中，对那些符合董事会制定的标准的自愿申请人和依照章程、规则及董事会条例建立体能和能力的人，授予、颁发证书或其他认可。建立、维护、更换、修改、废止法规、标准、资格，以及授予、颁发、更新认证或其他认可的要求。行使和享有一切权力、权利和授予特权，类似于内华达州现在或即将生效的法律的公司。作为主要负责人、代理人或其他，单独或与他人一起，执行本条例提出的任何或所有事项的。此处指定的目标和目的，应被视为独立目标和目的，除另有说明外，绝不应参照或依本公司条例的任何其他条款进行推论。上述条款不得解释为目标和权力，其中的枚举概不以任何方式限制或约束内华达州法律赋予公司的一般权力。

第六，该公司不是以营利为目的，无权发行股本。该公司的净收益的任何部分，不能以其受托人、董事、高级职员、代表、委员或其他私人作为受益人或者分发给他们。公司被授权对所提供服务支付合理补偿和为实现第五条的目的而进行支付和分配除外。尽管条例有任何其他规定，但公司不得从事 1986 年国内税收法典第 501 款（C）（3）及任何未来美国国内税收法的相应条款规定的禁止免除联邦所得税的公司所从事的活动。

第七，该公司管理委员会委员应为“董事”风格，而公司第一届董事会应包括至少7人不超过15人，应被赋予对财产、业务和事务的管理权和控制权。首届董事会，共14人，任期直至紧随第一届董事会年度会议公司的财政年度结束，或至其接班人已经正式当选并有资格。此后，董事会的成员由资格证书持有医师依照章程，从一个或多个提名机构提供的被提名人名单或者其他符合条件的人中选举产生。为了调控管理公司事务，董事会有权采取、变更、修改和废除不与公司条例相冲突的章程。除法律和公司条例明确赋予董事会的职权之外，公司还可在其章程中授予董事其他职权。

第八，首届董事会共14人，包括以下按名字、地址列出的人员，他们任期至董事会第一次年度会议后的董事会年度会议，或至其接班人已经正式当选并有资格：

名字地址：

（1）戴维·C. 阿弗里尔医生，佛蒙特州伯林顿市珍珠街239号，邮编05401。

（2）詹姆斯·B. 麦吉夫尼医生，密苏里州圣路易斯市格拉索广场66号，邮编63123。

（3）罗伯特·E. Barsley医生，洛杉矶新奥尔良140佛罗里达大道1100号，邮编70119。

（4）哈里·H. 明瑟医生，田纳西州孟菲斯麦迪逊大道800号健康科学UT中心，邮编38163。

（5）马克·L. 伯恩斯坦医生，肯塔基州路易斯维尔市牙科学院U of L，邮编40292。

（6）安·l. Norrlander医生，明尼苏达州明尼阿波里斯市Nicollet Mall825号套房1553，邮编55402。

（7）格雷戈里·S. 金医生，加利福尼亚州东7街77号，阿普兰酒店套房B，邮编91786。

（8）菲利普·E. 奥’肖内西医生，印第安纳州韦恩堡市西杰弗逊大道4626号，邮编46804。

（9）彼得·F. Hampl医生，华盛顿州塔科马港市南雪松1901号套房106，邮编98405。

（10）尼尔·黎斯纳医生，纽约斯卡斯代尔波帕姆路50号，邮编10583。

（11）乔治·M. 艾萨克医生，德克萨斯州埃尔帕索市9B舒斯特大厦615 E，邮编79902。

（12）杰拉尔德·L. 韦尔，加利福尼亚州洛杉矶市州街1200 N门诊1P55，邮编90033

（13）约翰·P. 肯尼医生，伊利诺伊州帕克里奇市南华盛顿街101，邮编60068。

（14）艾伦·J. Warnick医生，密歇根州利沃尼亚市斯库克拉夫特路31632，邮编48150。

第九，公司成员应有别于董事会成员，被称为“资格证书持有医师”，其地位和资格在公司章程中有所阐明。

第十，公司董事或主管人员不对公司或其成员的违背诚信义务承担损害赔偿责任，下列情形除外：（a）作为或不作为涉及故意违规、欺诈或故意违反法律的行为，（b）违反NRS82.136的分配支付，或（c）根据NRS82.136或NRS第35章提起的诉讼或法律程序。除NRS82.536，82.136和NRS第35章另有规定之外，不会根据其未尽到对公司管理与运作职务应有的谨慎而引发的作为或不作为，对公司主管人员或董事采取措施，除非该作为或不行为涉及故意违规、欺诈或故意违反法律或未以公共利益审查资料、意见、报告、账簿或报表，包括由他来审查的公司财务报表或其他财务信息。对于修订或废除之前董事或主管人员的作为或不作为所产生的责任或被指控的责任，本条例的修订或废除不得适用或不具任何效力，法律另有规定的除外。

第十一，公司运作领域是美国及其领属地，还有董事会可时不时地授权和指导的其他地方。董事会及委员会议可在内华达州内或外举行。受制于适用法规的条款，公司可以在这样随时可被董事或公司章程指定的地方，在内华达州内或外设立办事处或办事处且保留登记名册。

第十二，公司解散时，董事会在偿还公司的所有债务后，应决定处理公司所有资产，专门以这种方式用于实现公司目的，或当时应当符合1986年国内税收法规第501（C）（3）关于免税组织的规定，机构的组织和运作专门用于慈善、教育、宗教或科学目的。

第十三，公司应具有并可行使NRS第82章及以下修正案列举的所有公司权力。任何资产、资金或公司的收入，不能用于任何私人利益，公司活动的实质性部分不包括进行宣传或以其他方式试图影响立法，公司不得以官署候选人的名义参加或干预（包括发表或散布声明）任何政治活动。还进一步规定，公司可做任何和所有必要或可取或易发的实现上述公司目的事情。但不得以其他方式参与活动，本身不是推动一或更多免税目的，除了相同的不代表其活动的实质性部分。

为了保护公司的免税地位时，应适用下列规定：

（1）1986年国内税收法典第4942节或任何后续联邦税收法律的相应条款规定，本公司有权在不成为征收的未分配收入税费的对象的时间和方式，分配每一纳税年度的收入。

（2）1986国内税收法典第4941节（d）的切入口或任何后续联邦税法的相应条款规定，公司不得从事假公济私的行为。

（3）1986年国内税收法典第4943节（c）或任何后续联邦税法的相应条款规定，本公司不得保留任何多余的业务控股。

（4）1986年国内税收法典第4944节或任何后续联邦税法的相应条款规定，本公司不得以使其有纳税义务的方式进行任何投资。

（5）1986年国内税收法典第4945节（d）或任何后续联邦税法的相应条款规定，本公司不作任何纳税支出。

第十四，当事人或受威胁成为当事人或涉及任何诉讼或起诉的，不论是民事、刑事、行政或调查，由于他作为法定代表人是或曾是公司主管人员或董事，或现时或曾经依本公司请求担任另一公司的主管人员或董事，或作为其代表的合伙关系、合资企业、信托或其他企业的代表人，根据内华达州的法律，应当在最大限度上时常对他合理受到的所有与此相关的费用、责任和损失（包括律师费，判决，罚款和支付或结算支付款项）予以赔偿或无害化。该赔偿权利应当成为一项可依人们所希望的方式执行的合同权利。该赔偿权利，不得排除董事、主管人员或代表有可能拥有或以后获得且不限制此类声明一般性的其他权利。他们有权享有章程、协议、股东投票、法律条款赋予各自的赔偿权利或本条例声明的权利。无前述适用限制，不论该公司有没有赔偿能力，董事会可采用章程，时常提供内华达州法律在任何时候都允许的最大赔偿；并可能导致该公司为了现任或曾任公司主管人员或董事的人员或现时或曾经依本公司请求担任另一公司的主管人员或董事，或作为其代表的合伙关系、合资企业、信托或其他企业的代表人的利益，针对向其主张的责任和该地位或身份所引发的责任，购买并保有保险。

第十五，公司章程由董事会制定并通过，可经过半数董事投票修改或撤销。

第十六，经过半数董事投票通过公司条例采用条例修正案，可对该公司条例予以修订。

第十七，发起人名字和地址：

大卫·赛普斯；

弗吉尼亚州南维也纳中心街135号，维也纳医疗中心；邮编22180

兹证明，我已经执行这些公司条例。

大卫 · 赛普斯
（1991 年 10 月 7 日公证）
（1991 年 11 月 21 日提交于内华达州）

第三部分

政务信息

提名委员会

选拔职位候选人草案

会长（1 年期）——无须提名，当选会长在现任会长任期结束时自动接任。

当选会长（1 年期）——一名被提名人，由 ABFO 现任副会长担任。

副会长（1 年期）——一名被提名人，由当前完成其任期的现任秘书长或财务主管担任。

秘书长（2 年期）——两名被提名人，应在偶数年（如 2006，2008，2010 等）进行选拔，须为董事会现任成员。

财务主管（2 年期）——两名被提名人，应在奇数年（如 2005，2007，2009 等）进行选拔，须为董事会现任成员。

董事会（3 年期）——就五个职务空缺中的每一个选拔两名被提名人，及另外两个每年在董事会出现的被提名人。被提名人不能是结束第二次连续三年任期的董事。被提名人从全体资格证书持有医师中选拔。

认证与考核委员会（5 年期）——提名委员会需针对每个职位空缺提交两个被提名人名单，该提名为开放式提名，以确保董事会从全体资格证书持有医师中产生。为避免利益冲突，该委员会委员不得同时担任董事。

伦理委员会（3 年期）——提名委员会需针对每个职位空缺提交两个被提名人名单，该提名将为开放式提名，以确保董事会从全体资格证书持有医师中产生。被提名人不得是在该委员会第二次连任的委员。为避免利益冲突，该委员会委员不得同时担任董事。

董事职责

简介：职责和责任说明，就是指一个动态列表。每年由即将离任的主管人员审查一次，修订版应提交于该列表中。

董事会成员

1. 管理和监督章程概述的 ABFO 的所有会议业务。
2. 出席所有董事会和资格证书持有医师会议。
3. 熟悉 ABFO 章程、道德守则、公司条例、标准和指导原则。
4. 及时和周到地回复函件。
5. 任期三年。

会长

1. 主持执行委员会、董事会和资格证书持有医师所有会议。会长作为执行委员会主席，将每年审查及/或审计 ABFO 的所有档案。ABFO 档案应以该方式加以管理和处理，以确保档案保存过程的完整性和信息的保密性。该档案应无限期保留，但由董事会来决定档案是应被清除还是应为每位当前积极资格证书持有医师至少保留一个完整的认证周期。清除档案要以确保安全和保密的方式进行销毁。

2. 紧随资格证书持有医师年会，转寄美国法庭科学学会（AAFS）新任主管人员和认证与审核委员会主席的联系信息。

3. 熟悉章程、道德准则、公司条例、标准和指导原则。

4. 回复律师、学会和其他机构发送至的董事会的所有函件。

5. 帮助秘书长解决问题。

6. 指导所有委员会主席，并监督其进展。

7. 根据章程任命主管人员和主席。

8. 年会之后尽快通知主席及委员会成员的费用情况。

9. 任期一年。

选举会长

1. 充分熟悉章程、道德守则、公司条例、标准和指导原则。
2. 监督 ABFO 委员会的进展，并根据需要给予协助，以保证按时完成任务。
3. 根据需要协助会长。
4. 协助下一年的被任命委员会成员和主席的选拔。
5. 逐渐熟悉会长职责。
6. 任期一年。

副会长

1. 参加所有 ABFO 执行委员会/董事会和资格证书持有医师会议。
2. 充分熟悉章程、道德守则、公司条例、标准和指导原则。
3. 必要时协助秘书长和财务部长履行职责。

4. 熟悉选举会长和会长的职责并愿意担任其职位。

5. 为所有 ABFO 商务会议制定必要的会议安排，并通知与会者和/或秘书会议细节。

6. 任期一年。

秘书长

1. 准备致力于任职七年：两年秘书长、一年副会长、一年选举会长、一年会长及一年前任会长/提名委员会委员，一年提名委员会主席。

2. 熟悉副会长、选举会长、会长职责并愿意担任这些职务。

3. 作为秘书长任期两年。

4. 熟悉 ABFO 资格证书持有医师参考手册的所有部分，包括 ABFO 章程、道德守则及公司条例、标准和指导原则等。

5. 出席执行委员会、董事会的所有会议，整合董事会及资格证书持有医师会议，并基于此制作会议记录。

6. 熟悉 ABFO 使用的电脑的功能及应用。

7. 将全部会议记录和议程发送至执行委员会审批。

8. 5 月、6 月和 1 月，邮寄年度会议记录和 ABFO 网站管理员关于更新资格证书持有医师参考手册的手动更改。

9. 5 月，将年度会议记录邮寄至美国法庭科学学会（AAFS）办公室和公司律师。

10. 将 ABFO 主管人员和董事的最新名册发送至 AAFS 和公司律师。

11. 制定会议议程。

12. 制作选票。

13. 利用 Excel 扩展表格保持委员会成员的更新列表。

14. 告知执行委员会人员本年可能产生的相关问题。

15. 联系 AAFS 办公室以在二月份的年度会议前完成认证和换发新证。颁发前在这些认证书上加盖公司印章并由有关人员签字。

16. 根据法律要求，向公司律师寄送所有必要文件。

17. 保留公司印章/压纹机。

18. 确保所有的重要文件和/或信件的复制件以数字格式保存于安全位置。

19. 将 ABFO 秘书材料和设备转交给即将就任的秘书长。

20. 承担 ABFO 发行的所有设备方面的责任。根据有关当局的指示或 ABFO 的章程发送函件。

21. 根据章程规定，记录并抄写所有会议记录并分发。

22. 在每年年会结束时，告知法医专业认可委员会（FSAB）积极资格证书持有医师的人数。

财务部长

1. 熟悉账目快速手册。

2. 与当前 ABFO 银行建立转账业务。

3. 维护和平衡账目。

4. 根据需要评估计划预算变更。

5. 对资格证书持有医师制作并邮寄年费报表及换证通知。第一次发送日期为 7 月 1 日年费声明。如果需要，第二次发送日期为 9 月 1 日费用声明。如果需要，第三次发送日期为 11 月 1 日拖欠债务费用声明和罚款挂号信回执要求。第三次声明应当说明现已在进行撤销认证程序，并将在董事会下届二月份年会中取消个人 ABFO 证书，除非在下一届年会前接受费用和适当惩罚。

6. 通知审查委员会适用、检测和重新检测费用支付。

7. 监控 AAFS 活动和行政费用。

8. 为执行委员会会议和董事会会议编制财务报告。

9. 监控债券和根据需要所提议的变更。

10. 出席执行委员会会议和年度会议。

11. 根据 ABFO 差旅政策，偿付资格证书持有医师为 ABFO 所支出的费用。

12. 支付 ABFO 业务产生的适当费用。

13. 熟悉副会长、会长的职责并愿意担任这些职务。

14. 向秘书长通知地址或电话变更。

15. 充分熟悉 ABFO 章程、道德守则、公司条例、标准和指导原则。

16. 主管任期结束时将刻录在磁盘上的所有记录转交给新任的财务主管。看即将上任的财务主管可用的新“企业解决方案”签名文件。

17. 任期两年。

18. 告知公司律师、AAFS 和 FSF 办公新地址。

19. 保留 ABFO 别针，在年度会议上分配和销售。

20. ABFO 资格证书持有医师晚餐募集资金。与会者和宾客保持联系。

21. 担任财务部长的两年中，主持临时预算委员会。

22. 向 ABFO 公司会计发送财务信息，以提交年度纳税申报表。

注意：作为非营利性公司，只要我们的年度收入通常为 24，000.00 美元或以下，美国国税局则不要求报税。财务主管应每年监测收入总额水平，并寻求熟悉非营利性企业纳税申报的会计师关于应否开始超过此水平的建议。

ABFO 费用

申请及笔试考务费 = 400.00 美元

完成申请后，此费用必须退还至：美国法医牙科学委员会；行政办公室；科罗拉多州科罗拉多泉市北 21 街 410 号，套房#203，邮编 80904 - 2798。USA 资金抬头为 ABFO。

首次实践操作考试费 = 500.00 美元

此费用必须在考生被告知他们的"考生"身份后 30 日内支付。此费用不可退款，基于医疗或其他灾难性原因的情况除外。在这种情况下，退还除 1/3 考试费用外的全部费用。费用寄至 ABFO 财务主管，USA 资金抬头为 ABFO。

实践操作重审费 = 300.00 美元

此费用必须由每个考生在再次参加认证考试实践部分之前支付。考生可重新参加认证考试的实践部分两次。或者在他/她必须重新申请前，共允许三次尝试。费用寄至 ABFO 财务主管，USA 资金抬头为 ABFO。

换发新证费 = 150.00 美元

为使 ABFO 资格证书持有医师保持在 ABFO 的法医牙科学认证，此费用必须每五年支付一次。这些换发新证的资格证书持有医师正在将收到日期为 7 月 1 日或之前的费用单据。此单据必须在开具之日起 90 天内支付。换发新证的资格证书持有医师不要求缴纳当年年费。费用寄至 ABFO 财务主管，USA 资金抬头为 ABFO。

年费 = 200.00 美元

此费用必须由 ABFO 积极资格证书持有医师每年支付，以维持 ABFO 资格证书持有医师身份。资格证书持有医师将收到或 7 月 1 日或之前的会费单据。此单据必须在开具之日起 90 天内支付。费用寄至 ABFO 财务主管，USA 资金抬头为 ABFO。

ABFO 数据影像系列：每五年制作一个新的 DVD 影像系列并在滑动成本范围内销售。价格要被确定下来，且每年在 ABFO 网站上公布。第一年可能是 450 元。费用寄至 ABFO 财务主管，USA 资金抬头为 ABFO。

差旅政策（2008 年 12 月 12 日修订）

不遵循下列报销准则的所有费用，应由执行委员会审查并作出最终决定。此外，对来自财务主管的开支有任何疑问，必要时也应予以审查。最具成本效益的会议举行方式，优先于位置、具体日期和其他问题。

该政策将适用于执行委员会、ABFO 考试和此前批准的特别委员会会议。

可报销费用应仅限于：酒店、会议期间用餐、出租车和/或接送、机场停车、会议前天晚上的宴会，以及会议结束后第二天的早饭。

秋季执委会会议于周六举行，报销以星期五到达后和周日离开的费用。

所有报销费用都要求有收据，以便从 ABFO 财务主管处收到付款。

只有经济舱可以报销。任何行程改变或滞纳金由与会者支付。鼓励但不要求合住房间。

由于会议地点的改变，每日津贴不会在此时制定。

酒精不是可报销费用。

ABFO 资格证书持有医师承担配偶或伴侣的费用。

出差和住宿安排的任何费用由参加者承担并应以适合差旅政策和指导原则。

任何未收到会议邀请而参加的 ABFO 成员，承担所有相关费用。执行委员会必须预先批准支付非委员出席非与 AAFS 联合举办的委员会会议的费用。

特邀嘉宾、演讲者或非 ABFO 成员的费用，应当在会议开始之前逐个办理并由执行委员会予以确定。

该政策应当定期审核，并且做一些必要的修改。

执行委员会批准 ABFO 会长当选人每年参加一门法医学会的差旅、住宿和会议支出资金。资金数额由董事会每年批准。当选会长将被要求向会员展示报告，并鼓励积极参与在会议上做演讲报告。

ABFO 研究资金申请协议

目标：ABFO 研究委员会的目标是鼓励和刺激法医牙科学及相关领域的调查研究。例如，合适的调查专题包括：牙齿鉴定；牙咬痕调查；摄影，射线和其他成像技术；虐待儿童口腔和牙齿外观；牙科医疗事故和专业过失；法医牙科学人口统计特征；法医牙科学实践的业务环节；法医牙科学经营理念等。方法可以包括：有关应用于法医牙科学主题的文献综述；搜集和研究牙齿、口腔或咬伤组织以量化兴趣参数；从调查中搜集信息以回答法医牙科学中的问题；和/或从研究室的实验中收集涉及法医牙科学的数据。寻找预算要求 500 美元或以下的项目可供使用。

指导原则和要求：申请人提出的项目应当较好得到，并有能在大约一年内完成的可能性。该项目可在 ABFO 资格证书持有医师的监督下，由牙科本科生、研究生、住院医师或技术员进行。任何发表物应当致谢 ABFO 研究委员会的支持。

在预算款所要求的资金总额应为500美元或以下，奖励支票将直接支付给主要研究者。到出资年底时，要求有一个摘要，记录了工作的进展的书面报告。预计研究结果将在美国法庭科学学会年会上进行报告或在法医学杂志发表文章。应当对ABFO资助予以鸣谢。

格式：请遵守下面列出的格式。提案最好是两三页长。提交原件及复制件。相关参考文献（不超过五个）副本也应连同申请书一并呈交，以加快审查过程。

1. 标题。包括项目名称，您目前的通信信息。还要列出项目中其他参与者的名称和当前地址。

2. 学会和专业简历总结。一个关于每个主要参与者的短评，包含教育、就业、法庭科学和研究经历在内。

3. 目标和意义。为什么研究很重要以及这些新信息如何推进法医牙科学领域的发展？生成何种信息以及如何利用？

4. 背景信息。表明由申请人及与此论题相关的其他人员完成的先前工作。请提供相关的参考文献（不超过五个）副本，以加快审查过程。

5. 材料和方法。简要介绍你将如何解决此问题。表明方法和实验设计，预期结果和如何进行分析。提供足够多的细节，让评审员对该项目完成其特定目标的可能性进行评估。

6. 时间表（1段）。安排工作计划和预期完成日期。

7. 设备（1段）。表明实施所提议工作可利用的资源。包括所需实验室空间、将执行所需测试的诊断实验室名称、对实验动物的现有设施等信息。

8. 预算。详细列举每个研究有近似的成本和总额要求（500美元以下）的相关支出。根据项目类型，预算可包括诸如设备、图书检索和复印费、问卷调查的邮费、实验室检测和实验室耗材等费用。

注意：ABFO科研经费购买的设备属于董事会财产，接受资助方为保管人。意味着资助期过后，想要使用该设备的其他资格证书持有医师可通过向研究委员会申请合理访问。

提案由研究委员会进行审查予以接收。由于审查过程将通过邮件进行，收到提案和委员会有关批准和资助决议之间可能有数周的时间间隔。向研究委员会主席提出建议和问题。

复审标准：提案由ABFO研究委员会委员按照下面列出的一般标准来评价。

如果在审查过程中提出具体问题，委员会将联系申请人。

（1）该问题对法医牙科学而言是否重要？

（2）研究会产生新数据和观点或证实现有假设吗？

（3）实验设计是否充分？

（4）数据收集的方法和程序是否可行？

（5）是否显示合适的控制？

（6）方法能否回答提出的问题？

（7）该研究是否可能在预期时间内利用对申请人可用的设施和资源完成？

（8）预算中的所有条款是否基于所提议的设计方法、程序和条款分析证明是正当合理的？

法医牙科学校课程纲要

Ⅰ. 前言

这些牙科学校博士前课程教学的法医牙科学课程纲要，是美国法医牙科学委员会（ABFO）的工作。ABFO是由美国法庭科学学会认可的为其成员提供委员会认证的专业组织。委员会的其中一个目的是鼓励学习、促进实践、制定和提高指导原则与标准，以及推进法医牙科学的发展。尽管指导原则属于推荐规范，官方ABFO政策还是建议将其作为课程开发辅助工具使用。

指导原则由ABFO特设牙科学生课程委员会制定，并于2006年2月由ABFO董事会及成员批准。该委员会成员组成如下：

理查德·A. 威姆斯，DMD，MS，DABFO（主持）

维罗妮卡·F. 德拉特，DDS，DABFO

大卫· R. 塞恩，DDS，DABFO

大卫·斯威特，DMD，博士，DABFO

Ⅱ. 引言

该指导原则的制定目的是划定相关主题和基础教学内容，将提供法医牙科学领域最佳的教育经验。大家都认可，个人牙科学校的政策、经营理念和课程结构将发生变化。因而将会赋予该主题时间和分量。

此外，法医牙科学与大多数牙科研究领域相互联系，包括解剖学、影像学、胚胎学、口腔病理学、生物材料和各种康复性科学。因此我们建议，本部分的教学在牙科学生的教育计划的后半部分进行。

Ⅲ. 推荐的核心内容

法医牙科学课程学习的核心内容应包括：

A. 法医牙科学的概念

1. 单词“forensic”的定义和来源

2. 从事法医牙科学的通常任务及其与司法系统的关系

B. 法医牙科学历史

1. 验尸官/法医系统的起始与改革

2. 法医牙科学先驱

3. 该学科的早期教科书

4. 历史上著名的凭借牙齿记录的鉴定

5. 当前法庭科学组织和机构的创立

C. 司法系统

1. 刑事诉讼原则

2. 民事诉讼原则

a. 合同法

b. 侵权法

3. 渎职与玩忽职守要求因素

4. 对抗制

5. 通用法律术语和定义

6. 专家证人的活动与指导原则

7. 大陪审团或预审程序

8. 硬性证据与软性证据

9. 证据保管链

10. 业务过失同行评审过程

11. 科学证据的可采性及具有里程碑意义的案件

a. 科学的方法的要求

b. 凯里 · 弗赖伊规则

c. 联邦证据规则（FRE – 702）

d. 多伯特与梅里尔道制药有限公司案

e. 巨型轮胎与卡迈克尔案

D. 医学调查

1. 临床死亡时间的确定

2. 死亡类别需要进行死亡尸检
3. 法医尸检的目标
a. 确定死亡原因
b. 死亡机制
c. 死亡方式
ⅰ. 自然死亡
ⅱ. 意外死亡
ⅲ. 谋杀
ⅳ. 自杀
ⅴ. 不确定
d. 促成死亡的因素
e. 受害人鉴定的科学基础
f. 收集和在法庭上出示证据
4. 完整的法医学尸检步骤和过程
a. 组织检查
b. 组织与体液检查
5. 死亡后尸体变化特征/死亡后时间
a. 尸斑
ⅰ. 塔雕氏斑
ⅱ. 樱桃红铅色
ⅲ. 眶周瘀斑
ⅳ. 尸体玫瑰齿
b. 死后僵直
c. 尸冷
d. 玻璃钾
e. 分解过程
ⅰ. 自身溶解
ⅱ. 腐败
ⅲ. 皂化反应/尸蜡
ⅳ. 僵化
ⅴ. 骨架化
E. 年龄、性别和种族判断

1. 方法的可靠性和变化性
2. 年龄估计
a. 牙科技巧
ⅰ. 自身溶解
ⅱ. 腐败
ⅲ. 皂化反应/尸蜡
ⅳ. 僵化
ⅴ. Bang and Ramm
ⅵ. Moorees, Fanning and Hunt
ⅶ. Burns and Maples
ⅷ. Demirjian
ⅸ. 说话吞吐、Berryman and Harris
ⅹ. 牙釉质和牙本质组织学扰动
xi. Lamendin
xii. 牙釉质和牙本质天冬氨酸外消旋化
b. 人类学上的
ⅰ. 骨化中心
ⅱ. 耻骨联合
ⅲ. 骨关节炎的唇形变
ⅳ. 颅缝闭包
3. 性别判定
a. 牙齿
ⅰ. 牙颌面结构的形态
ⅱ. 巴尔氏小体
ⅲ. 牙釉蛋白
b. 人类学上的
ⅰ. 骨盆形态
ⅱ. 头骨形态
4. 种族判定
a. 牙齿
ⅰ. 齿槽大小和凸颌
ⅱ. 拱形大小和形状

ⅲ. 牙的种族特点
b. 人类学上的
ⅰ. 眼窝形态
ⅱ. 鼻形态
ⅲ. 颧弓
ⅳ. 眼眶上形态
ⅴ. 下颌角点角度和凸颌
5. 其他判定年龄的方法
a. 氨基酸外消旋法（非牙科）
b. 血清学
c. 金属比率
F. 人类识别
1. 识别的科学方法
a. 指纹
b. 牙齿
c. 体格检查
d. 人类学上的
e. DNA
2. 残迹类型
a. 看得见
b. 看不见
3. 牙齿证据类型
a. 死前
b. 死后
4. 关于法医样本的放射学
a. 射影几何
b. 光线能量减少
c. 数字化 X 线摄影
d. 手持式 X 射线装置
5. 口腔解剖技术
a. 切除
b. 带蒂筋膜瓣

c. 下颌下

6. 组织保全

a. 硬组织

b. 软组织

7. 牙齿相关比对

a. 丢失、提取并恢复牙齿

b. 牙齿形态学

c. 与牙齿无关的调查结果

ⅰ. 窦形态

ⅱ. Rugoscopy

ⅲ. Chieloscopy

ⅳ. 可拆卸的牙科设备

8. DNA 比对

1. DNA 理论和术语

2. 聚合酶链反应（PCR）和 STR

3. 线粒体 DNA 测序（DNA）

a. 系谱

4. 自动比对工具

5. 牙齿 DNA 采集和存储

a. 牙切片

b. 低温研磨

9. ABFO 牙齿鉴定的确定性

a. 肯定识别

b. 可能识别

ⅰ. 一致，无不可解释的差异

ⅱ. 质量差或为死前证据

c. 不充分

ⅰ. 无足够的证据得出意见

d. 排除

ⅰ. 明显不一致

10. 失踪人员网络

a. 美国联邦调查局

b. 国家犯罪信息中心（NCIC 2000）和加拿大警方信息中心（集团）
c. 自动指纹识别系统（AFIS）
d. 联合 DNA 检索系统（CODIS）
e. 美国陆军中央鉴定实验室（CILHI）
f. 国际刑事警察组织
G. 大规模死亡事件中受害者辨识
1. 联邦援助
a. 国际公法 93－288
b. 1996 年家庭援助法案
2. 灾难援助
a. 联邦调查局
b. 联邦应急管理署
c. 美国国家运输安全委员会
d. 国家的灾难医疗体系
e. 尸体辨识
3. 牙科团队部门
a. 死前团队协议
b. 尸检队协议
c. 比较团队协议
d. 信息管理
4. 受害者文档
a. 登录/指派护送
b. 个人财物
c. 拍照
d. 射线照相
e. 病理学/医疗检验
f. 人类学
g. 指纹
h. DNA
i. 牙齿
j. 殓房服务

5. 常见的牙齿编号系统
a. 通用
b. Palmer
c. FDI—国际牙科联合会
6. 计算机辅助的牙齿鉴定
a. CAPMI
b. WinID
c. DIP－2
d. Toothpics
e. D. A. V. ID
f. 初级和中级牙科排序代码
g. 整合与数字化放射成像
7. 团队人员管理。
a. 组队工作法
b. 累积压力的预防和迹象
H. 牙咬痕分析
1. 法律引用牙咬痕的历史
2. 切口和割伤（闭合性损伤）之间的区别
3. 牙咬痕瘀伤和老化因素的方法与变化
4. 牙咬痕描述术语
a. 类别特性
ⅰ. 形状
ⅱ. 尺寸
ⅲ. 图案
b. 个体特征
ⅰ. 拱状特征
ⅱ. 牙齿特征
c. 中央瘀斑
d. 线性擦伤
e. “双咬”或多处咬伤
f. 撕裂

5. 证据收集和原型
a. 具有里程碑意义的法律引用
b. 擦伤和割伤的特征
c. 牙咬痕证据议定书
i. 双棍唾液 DNA
ii. DNA 保存
iii. 受伤的照片
iv. 软组织的印记
v. 组织切除和保存
d. 摄影
i. ABFO 规则
ii. 几何失真和视差
iii. 可见光技术
iv. 替代光源技术或光源，薄膜和过滤器
e. 犯罪嫌疑人证据议定书
i. 法律许可
ii. 印痕要求
iii. 研究铸型需求
iv. 采集 DNA
v. 口腔外和口腔内检查
vi. 咬合记录
vii. 偏移测量
6. 牙咬痕分析与比对
a. 计量分析
i. 牙齿
ii. 拱形
iii. 咬开距离
b. 模式关联
i. 空心卷胶片
ii. 整卷胶片
iii. 数字增强和叠加
iv. 测试咬

ⅴ. 透照
ⅵ. 扫描电子显微镜
c. ABFO 指导原则——咬痕存在的信心
ⅰ. 牙咬痕
ⅱ. 暗示性牙咬痕
ⅲ. 不是牙咬痕
d. ABFO 指导原则——联系到犯罪嫌疑人的信心
ⅰ. 合理的医疗确定（排除合理怀疑）
ⅱ. 可能（比不是更有可能）
ⅲ. 排除（排除）
ⅳ. 无结论（证据不足）
I. 家庭暴力和忽视
1. 家庭暴力和死亡的统计
a. 虐待儿童
b. 虐待配偶
c. 虐待老人
2. 由医生授权报告
3. 保护记者免受谩骂
4. 虐待和忽视的迹象
a. “受虐儿童综合征” – Kempe，1962 年
b. 眼睛周围瘀血
c. 虐待老人
d. 视网膜出血和位移
e. 唇系带撕裂
f. 断裂和未修复的牙
g. 角磨损
h. 缺乏应对环境的能力
i. 各种神经症和精神病
j. 无合理理由的创伤迹象
5. 组织支持
a. 通过牙齿意识预防虐待和忽视（PANDA – Delta Dental）
b. 民政部

c. 儿童保护服务

6. 模仿儿童虐待和疏忽的情况

a. 各种形式的疾病，营养不良和病理

b. 胎斑

c. 刮痧

d. 中医针灸

指导原则、标准和政策的定义

指导原则

建议但不强制

推荐但不要求

标准

应遵循的典范；建立协议；基准

严格定义并基于其正确性被所有人遵循

实践的强制性最低水平

比指导原则有更多的限制；更多强制性

评论：如果有证据证明该标准无价值或者离开是等效的，那么不遵循标准可能是可辩护的。

政策：

已决的、选择的和计划的行为惯例

政策阐明信念和理念

一个原则、计划或行动路线作为机构追求的目标

指导原则与标准修正案草案

为了提供一个有序而普遍地认同对由美国法医牙科学委员会建立并通过的任何法医牙科学指导原则或标准的修改，下列草案是对该机构已发行的公认的指导原则或标准进行变更、修改、添加和/或删除的方法。

草案

1. 提议的修改，要在审议通过提案的下一届年会前一年的 7 月 1 日或以前，以书面形式提交给 ABFO 会长及战略规划委员会（SPC）主席。

2. SPC 成员将研究提议修订并在审议通过提案的下一届年会前一年的 9 月 1

日或以前将其建议报告至执行委员会（EC）。EC 考虑这些建议后，会提交建议至董事会（BOD）进行表决。在 SPC 未报告其建议的情况下，执行委员会可进行选举继续采用经咨询及获得过半数董事会成员审批通过的程序。

3. 如果获得批准，执行委员会将通过邮件或电邮的方式，告知资格证书持有医师提议修改、SPC 的建议及提案被考虑和由成员投票的年会日期。会上提议将考虑及表决的成员之日起或电子邮件通知资格证书持有医师。书面公告须在考虑该问题的下一届年会前一年的 11 月 1 日进行。

4. 提议修改应被列入董事会和资格证书持有医师的会议议程。

5. 提议修改应被视为在资格证书持有医师的年会上提供的上述引用的要求已得到满足。

6. 修改的采纳，要求有全体获得认证的资格证书持有医师过半数或出席的资格证书持有医师 2/3 多数投票通过。以较低者为准。如果是后者，要求有法定人数。

7. 资格证书持有医师行为结果应在通过修改当年的 4 月 1 日，向全体资格证书持有医师报告。

政策和程序修订协议

政策和程序可以以下列方式修改：

1. 提议的政策和程序修改应提交给会长和 SPC 主席。

2. 经 SPC 考虑和评论之后，提案将被转交给 EC。

3. EC 将提案转交给董事会成员，供其审查。

4. 经过 30 天的最少审查程序，BOD 常规或特别会议上简单多数，或通过邮寄或电子邮件的赞成票，对所提出的修改确认生效。

认证与审核信息

认证与审核委员会

委员会职能：认证与审核委员会的成立是为对美国法医牙科学委员会提供以下职能：

1. 审查和批准愿意确定合格（董事会的资格）以挑战 ABFO 为法医牙科学能力证书举行的考试的人员。

2. 审查和批准由 ABFO 资格证书持有医师所需要的文件，每五年须提交一次以换发新证。创建、安排和管理强制性的换发新证考试，这是换证时必须要进行的。

3. 创建、安排和管理考试并对其评分。要获得美国法医牙科学委员会颁发的法医牙科学能力证书，必须成功挑战此次考试。用于任何部分的 ABFO 考试的案件，在作为考试材料之前，必须有个结论呈现在法庭审判中。

4. 建立和维护申请和换证表格，连同说明，以让其反映出当前信息及要求。C&E 委员会将进行认证考试的定期审计。

5. 制定继续法医牙科教育政策，并证明一个特定的课程被批准为继续法医牙科学教育学分。该委员会由五个资格证书持有医师组成，由该 ABFO 提名委员会选出的候选人名单中选举产生，任期为五年。选举举行于资格证书持有医师每年二月份的年会。新成员，每年在院士和临床医生之间交替，每年选举一次，替代已完成五年任期而即将离任的委员。该委员会是由任期为五年的现任职第四个年头的资格证书持有医师主持。刚刚卸任的主席留在委员会履行第五年任职以给予小组行动的连续性并作为顾问。

6. 经要求，为残障人士提供合理的住宿。

审查：该委员会负责由美国法医牙科学委员会组织的法医牙科学认证能力考试的发展、安排、管理及评分。公司还负责对涉及内容、当前理论和考生表现的考试进行定期分析。

安排考试地点、具体日期及对合格考生的通知，是该委员会主席以及审核协调员的责任。他们也将为考生、委员们安排住宿，以及他们从住处到考点的交通。紧跟着考试的结束和评分，作为宪法章程规定，由主席负责将挑战考试的考生名单发送至 ABFO 执行官和董事会。

作为审查结果，应当将委员会授予或否定认证的建议通知给每个考生。返回和来自执行委员会和董事会的答复的返回和制表，主席写信给考生告知其结果，告知考试失败者如果他们想要，有机会参加重考；祝贺考试成功者通过考试，并邀请他们参加下一届资格证书持有医师年度会议，会同法医美国法庭科学学会二月中旬会议举行。经董事会通过的认证考生姓名被立即传送给位于科罗拉多州科罗拉多泉市的法医科学基金会的 ABFO 行政助理，以准备熟练度证书。

考试结果的通知应当在考试结束后三个月内到达考生。除了通知他们已通过或未通过考试，主席的信必须包括导致失败的任何方面不足的识别和补救教育。未通过考试者应被告知，如果他们希望的话，有机会参加重考及重考的程序。

颁发认证证书；在下届资格证书持有医师年会上，为那些已经成功通过考试的人颁发法医牙科学的能力证书。认证与审核委员会的主席乐于代表法医牙科学委员会颁发证书。

认证资格与要求

Ⅰ. 一般资格

A. 申请人必须具有良好的道德品质、诚信度高、声誉良好且具备高水平道德与专业标准。

B. 申请人必须拥有 DDS、DMD 或认证机构的同等牙科学历。

Ⅱ. 职业性教育与经验

A. 申请人必须具备：

1. 至少参加四次国家法庭科学/法医牙科组织年会。每年不得申请超过一个年度会议。可以申请参加另外的会议获得额外的积分累积，如下所述。

2. 至少参加经批准 ABFO 认证与审查（C&E）委员会批准的两次国家法庭科学/法医牙科组织的年度项目。参与包括论文介绍，担任主持人、项目专题讨论小组成员，身为牙科部委员会主席或成员的活动。这些成就的证据必须以认证与审核委员会批准的格式备有文件证明。

3. 申请人必须当前为积极状态，并正式挂靠于医疗/法律机构，如法医或验尸官办公室、执法机构、保险代理机构、联邦政府牙科服务或大规模死亡团队至少两年时间。

4. 申请人必须已经观察至少五个完整的法医尸检，由主管的病理学家予以证实。

5. 直到 2012 年 6 月 1 日，申请人必须完成至少 25 个合法的法医牙科病例。由于新的牙咬痕要求，到那时这一数字将增加至 30。根据新的时代要求，2014 年 6 月 1 日的最小个案数目将增加至 35。

a. 最少 20 个身份识别案件，其中 15 个都取得了积极的牙齿鉴定结果。申请人必须至少在 5 个案件中亲自切除或手术地暴露下颌，并至少在 10 个案件中亲自拍摄事后射线照片。ABFO 鉴定。该 ABFO 牙齿鉴定研讨会可计数高达 5 个鉴定。（进一步详情载于该 ABFO 研讨会部分）。

b. 结合多个死亡事件进行下颌暴露/切除或面部解剖（即 DMORT，州或军人身份证队部署）可能对该要求有资格，只要要求的程序在 ABFO 资格证书持有医师及/或主管法医/验尸官（ME）的监督下，并且其予以书面确认。多事故死亡率（MFI）案件可能不包括在内以满足上面列出的人身识别或死后影像学案要求。

注意：法医/验尸官设备阻碍下颌切除术或使用非牙科人员完成下颌切除的申请人，要么亲自寻求批准以完成适当的情况下要求的切除术数量，或向可能会满足这一要求的其他司法管辖区/设施寻求帮助。

c. 牙龄估计（DAE）案件

注意：新牙齿估计要求于2014年6月1日生效。

（1）考生应当已在五个DAE案件中担任主要调查员。

五个案件中至少有一例应涉及下列情况：

（a）儿童（未满12岁）；

（b）青少年或亚成人（12~19岁）；

（c）成人（>19岁）。其余两个案件可从来自任何年龄组。

（2）五个案件中至少有一个须为自考生自己的个案工作。

（3）来自ABFO年龄估计研讨会（或其他经批准的研讨会）的DAE案件可依要求提交。

（a）来自ABFO研讨会的DAE案件，满足所有五个DAE案件要求的，不得超过三个。

（b）（1）中列出的每个年龄组中只有一个研讨会数量会被考虑。

（c）考生必须出示证明，从研讨会提交的案件已达到研讨会全体教员的满意。

（4）年龄估计委员会应建立和发展DAE案件资源库。该案件资源库中的案件可提供给提出请求的合格考生。

（a）直到考生完成一个考生自己个人工作中的DAE案件后，才能提出对资源库案件的请求。

（b）必须按时完成资源库案件且达到年龄估计委员会的满意，才能被考虑申请认证。

（c）最多两个资源库案件可被用来满足DAE最少的案件经验要求。

（d）资源库案件不能被视为来自考生自己个案工作的案件（进一步详情载于该ABFO研讨会部分）

d. 必须包含至少两个，与咬人动物咬痕相比确定是人类咬痕的牙咬痕案例。申请人必须在至少一例这些牙咬痕例中，担任牙咬痕的主要调查员，并编制牙科证据文档。ABFO牙咬痕研讨会可计入一项所要求的牙咬痕案件量，但不能声称作为该考生担任主要调查员的案件（进一步详情载于该ABFO研讨会部分）。

还须提交五个额外的牙咬痕案例，至少包括一个由ABFO牙咬痕和图案化损伤委员处理的有多种可能的咬人动物的案件。这五个额外案例中的其余四个可以是 ABFO 提供给考生的个案，也可以是涉及考生的其他案件。五个额外牙咬痕案件必须提交其全部完整的文档（个案讨论与报告、所有比对材料的复印件，如照片、牙齿模型、叠加或适用于此案的其他材料）。这些案件应该体现申请人的知识、方法及牙咬痕分析能力。提交的所有材料将成为 ABFO 的财产，不予退还。由 ABFO 提供给潜在申请人的案件仍是 ABFO 的财产。不得将这些材料与任何其他人共享。除了就 ABFO 这些材料编制报告外，不得复制或以任何形式发表。提供给潜在申请人的材料必须随案件报告归还。倘若申请人决定放弃向 ABFO 的申请，材料必须立即退回至 ABFO。

e. 其余 3 个案例可是人身识别、牙咬痕分析、医疗事故/人身伤害、人为虐待、同行评议或年龄估计案件。

f. 申请人必须已提供法庭上的宣誓证词或通过在两例识别、牙咬痕或民事诉讼案件中的宣誓证词。申请人必须提供转录副本。ABFO 民事诉讼研讨会可以算作一个宣誓证词案件（进一步详情载于该 ABFO 研讨会部分）。

注意：所有声称的法医案件必须以 ABFO 法医病例总结格式提交，完成所有适当的专栏。ABFO 认证与审核委员会决定每个案例的可接受性。鼓励考生提交超过最少数量 25 个案件，以免某些案例被认证与审核委员会否决。

B. 申请人是主要调查者的一例识别、一例牙龄估计和一例牙咬痕案件，必须以电子方式提交完整的文档，包括法医牙科报告、所有比对材料的复印件（如照片、牙齿模型、叠加或适用于此案的其他材料）。牙咬痕案件中使用的石膏研究模型也必须提交。这些应当是最能证明申请人的知识、方法和能力的，重大的且具挑战性的案件。作为 ABFO 研讨会或 ABFO 测试案例中的一部分而处理的案件是不被这两项投稿接受的。提交的所有材料将成为 ABFO 的财产，不予退还。只有在特殊情况下，如诉讼正在进行或军事限制，此项规定才可由 ABFO 豁免。

C. 申请人必须出示从事法医牙科活动的其他证据。该活动基于分值系统计算。要求至少 350 分。实现 A 和 B 部分的活动和成果不能被回收利用到该部分学分。这是每一个为获得分数提交全部成果证明文件的申请人的责任。分数的接受程度和最终分配将由认证与审核委员会自由裁量。建议考生至少提交累积 350 分的足够材料，如下：

1. 多于强制性案件的真实法医牙科病例每个 20 分。此类案件数最多为 5 个，最多计 100 分。

2. 附加的法庭证词证言每个20分。抄本必须附随申请提交。被视为额外分值点的此类抄本数量最多为5个，最多计100分。

3. 参加正式、机构、选修或继续教育法医牙科学课程；或出席国家认可的法医学组织年会的正式科学会议，每小时1分。这些分值另计于强制性的四次会议。必须提交证书或课程出勤等考查文件。此方面最多可计100分。

4. 在受认可的法庭科学组织正式会议、牙科协会会议上，或者在法医牙科学机构课程上，展示原创演讲或实验室演示文摘，25分。摘要、课程手册或提供给认证与审核委员会以积分的其他验证文件。此方面最多计100分。

5. 法医牙科文章被科学杂志、电子杂志或教科书上接收或发表，申请人系主要作者的，将重印版或复制件发送给认证与审核委员会，可获得分数高达50分。认证与审核委员会将根据文章或所发表期刊的性质和内容进行计分判定。第二篇文章或考生作为合作作者的文章最多计20分，这两者必须被期刊或教科书接受或发表的。

6. 在强制性的两年之外，正式挂靠于公认的医疗/法律部门的，每年计20分。授权代理的宣誓书面陈述必须包括在内。此类活动最多可计60分。

7. 组织或参与小额信贷机构培训活动或事件、大规模灾害的团队成员或研讨会，最多计40分。分数进行如下划分：组织和指导训练，25分；参加训练，每小时1分（最多不超过15分）。

8. 担任牙科委员会主席，25分；或服务于受认可的司法鉴定机构或类似的被认证与审核委员会接受的地方、州或联邦牙科组织，10分。最多可计100分。

申请书、证明文件和相应费用必须在或6月1日之前到达ABFO注册主管，在随后的审查周期予以考虑。

ABFO注册主管：

美国法医牙科委员会，公司

C/O的法庭科学基金公司

美国科罗拉多州科罗拉多泉市北21街410号，203套房

邮编80904－2798

电话（719）636－1100

Ⅲ. 获取符合考试条件状态

A. 申请人符合第Ⅰ和Ⅱ部分规定的条件和资格并支付了所需的不可退还的费用的，基于认证与考核委员会可接受审查，应当被赋予符合考试条件的状态。这

将允许申请人参加综合笔试。

B. 认证与审核委员会决定了考生的申请完整、有序后，考生自收到考试合格状态通知起有15个月的时间来备战笔试。

C. 考生符合考试条件并不表明在ABFO任何级别的资格认证。

Ⅳ. 申请流程

A. 申请表格和提交的指令可以从ABFO登记处获取。位于美国法医牙科学委员会，C/O的法医科学基金公司，美国科罗拉多州科罗拉多泉市北21街410号，203套房，邮编80904－2798，电话：（719）636－1100

B. 申请书须以ABFO提供的格式提交，并应当完全遵照说明送回至上述地址，还须附随着不可退还的申请表格及抬头为美国法医牙科学委员会的400.00美元US资金支票。

C. 笔试费申请人必须安排提交他/她所接受的各个高等教育机构的学习成绩正式成绩单。该成绩单必须由每个机构的注册主管直接提交至上述地址。

D. 每个申请人必须由三个具有评判申请人的品质及法医牙科专业能力的人推荐支持。该信件由赞助商直接发送至上述地址。

E. 已完成申请书，包括成绩单、推荐信、申请费及其他所有材料，必须于6月1日被接受，以供在年审查周期予以考虑。实际操作考试和口试的日期及地点由认证与审核委员会选定。这些测试将于2月份执行，供足够数量成功考生来参加考试。通过笔试后，考生无须等待超过24个月参加实际操作考试。

F. 如果申请书被视为不完整，说明确实的信件将会被发送给申请人。如果该问题在同年7月1日前的合理时间内得以解决，则根据认证与审核委员会的自由裁量，申请人可以有机会参加考试。认证与审核委员会审查申请，并于8月1日通知申请人其具有考试资格身份。这些考生将会收到有关笔试性质的一般信息，接着是检测机构的具体细节信息。

G. 在不寻常的情况下，认证与审核委员会可依自由裁量权，延长提交期限和安排考试。

Ⅴ. 考试过程

认证与审核委员会保留和存档每个考生的考试记录。

A. 整体认证考试：根据以下政策包括管理的三个部分：

1. 笔试部分：

a. 在指定的测试中心举行。

b. 包括10个话题范围，考生必须通过每一个主题领域（70%）。

c. 只有考生不及格的主题领域才必须重考，最多不超过两次。如果三次尝试（首次考试和两次重考）都未通过笔试的所有主题领域，考生必须重新参加整个笔试部分的考试。

2. 实际操作考试部分：

a. 第一部分：最低合格分数65%。

b. 第二部分：最低合格分数65%。

c. 实际操作考试的第一部分和第二部分权重相同，两个分数的平均决定实际操作考试的最后得分，累积分必须达70%。

注意：70（70%）的累积及格分数对实际操作考试是必需的。如果考生达到了70（70%）的整体分数，但未通过第一或第二其中一部分，只需重考该未通过的部分，直到该部分达到及格分数。

3. 口试部分：通过/未通过

B. 笔试部分——详细说明：

1. 笔试部分将在由认证与审核委员会考虑到考生的地理分布而决定的地方举行。可以使用多个测试日期和地点。600个问题。笔试部分包括10个主题领域。

3. 笔试部分，由认证与审核委员会选择的一个外部检测机构进行监考和评分。考务人员将不了解考生的身份。

4. 将用美国专函通知考生的笔试部分结果。

5. 没有通过笔试部分的考生可申请在随后安排考试时间重考。重考不应安排在考试失败后的60日内。考生需要支付重新参加笔试考试部分的附加测试费用，费用可能根据重考的主题领域不同而有所差异。

6. 笔试部分必须在总共三次挑战（首次考试和两次重考）内通过，以参加实际操作考试与口试。为了参加来年二月的实际操作考试与口试，整个笔试部分必须在11月1日前完成。通过笔试考试的结果是，申请人被视为实际操作考试与口试部分的“考生”。

7. 一旦考生顺利完成了笔试部分，为了参加来年二月的实际操作考试与口试，他们必须于12月1日前提交500元实际操作与口试考试费。

8. 成功通过笔试部分后，考生有24个月的时间来准备实际操作考试与口试，该时间段过去后，整个申请过程必须重新开始。

C. 实际操作考试科（部分1和2）——详细说明：

1. 实际操作考试的地点和日期由认证与审核委员会决定。

2. 每年有一次实际操作考试部分，有两个或以上合格的考生申请考试。

3. 实际操作考试科将测试考生法医牙科学各个方面的知识和技能。重点放在法医牙齿鉴定和牙咬痕分析。

4. 实际操作考试科将由认证与审核委员会举办、监督、管理和评分。

5. 每次考试后由认证与审核委员会对实际操作考试的结果进行审查，以确保考试的有效性、可靠性和准确性。

6. 考生未通过实际操作考试的，必须在收到未通过的通知后 24 个月内参加重考。

7. 考生可以参加三次实际操作考试（首次考试和两次重考）。实际操作考试重考费为 300. 00 美元。ABFO 注册主管必须在 12 月 1 日前收到重考的正式申请及提交的费用。

D. 口试部分——详细说明：

1. 口试部分的地点与日期由认证与审核委员会决定，与实际操作考试部分同时进行。

2. 口试之前，考生根据 ABFO 指导原则，就对认证与审核委员会选定并发给考生的法庭科学案例所做的分析与结论，制作一份正式的书面法庭科学报告。该报告必须在口试前至少 30 日内提交至认证与审核委员会。

3. 口试时，每名考生像法庭展示一样来演示案件分析和结论。演示后，考生回答认证与审核委员会关于考生与演示相关的分析、结论与报告提出的口头审查。

4. 口试部分由认证与审核委员会监管与评分。每次展示后，口试部分测验的职位展示评估由认证与审核委员会进行审查，以确保有效性、可靠性和准确性。

5. 口试失败的考生可以重考。考生可以参加三次口试（首次考试和两次重考）。口试重考费为 300. 00 美元。ABFO 注册主管必须在 12 月 1 日前收到重考的正式申请及提交的费用，接受地址如前面第Ⅳ节 A 条款所示。

6. 考生成功通过口试，但未通过整个实际操作考试（第一部分和第二部分）的，将获得口试部分的学分认证，但必须重新参加全部实际操作考试。

7. 考生成功通过口试部分，但未通过某个部分实际操作考试的，将获得口试部分的学分认证，但必须重新参加未通过的实际操作部分考试。

8. 考生重考实际操作与口试考试，须在 12 月 1 日前申请重考，并提交 500. 00 美元全费并按前面第Ⅳ节 A 条款所示的地址提交给 ABFO 注册主管。

重要日期和费用：

6月1日：申请表、笔试部分400.00美元的不可退还费用以及支持的证明文件，必须由ABFO注册主管接收，地址如前面第Ⅳ节A条款所示。

7月1日：修正申请文件缺失的最后期限。

8月1日：ABFO通知考生有考试资格状态。

11月1日：顺利通过笔试部分以参加二月份的实际操作及口试考试的最后期限。

12月1日：支付500.00美元实际操作考试费的最后期限（不予退还。用于医疗或灾难等原因除外，此种情况下将退还400美元）。

12月1日：缴纳实际操作或口语考试的重考费300.00美元。

12月1日：缴纳实际操作及口语考试的重考费500.00美元。

关于认证的一般规定

1. 委员会有权拒绝授予认证。

2. 委员会授予和颁发的认证，可能因下面任一原因被暂停或撤销。

a. 错报、虚报、隐瞒或遗漏申请程序或其他任何与委员会或其代表进行通讯过程中的重大事实。

b. 由管辖法庭判定重罪，或涉及任何依董事会的判断为道德低劣的罪行。

c. 证书的颁发违背或违反其颁发时管理董事会及/或其认证程序的任何法律、标准、规则或法规，或者判定获得认证的人事实上在颁发证书时不具备获得该证书的资格。

d. 不道德的行为或其他依董事会的判断会给法医牙科专业带来不良声誉的行为。

e. 不缴纳年费、费用或委员会强制性的其他评定。

3. 只有在向相对人发送缴费通知或原因30日并且依照法律、标准、规则或委员会条例提供给相对人一次听证机会后，方可采取暂停或撤销证书的行动。

4. 被拒绝认证的申请人，可在拒绝通知发送日的20天内以书面形式就此决定向公司董事会提出申诉。

5. 持有由董事会颁发的合格有效的、未被撤销的证书的人，有权使用下列名称："美国法医牙科委员会的资格证书持有医师"、"DABFO"或"资格证书持有医师ABFO"。

6. 法医牙科资格证书的有效期为五个连续年，并可依照委员会制定的换证计划、程序、标准、规则及条例，进行更新。

7. 委员会颁发的认证证书不得转让。它们仍为委员会的财产。每名获得证书的人应对其享有持续持有的权利，除非或直至该证书被撤销。

8. 为了确保准确的记录，申请人来往的所有信件应由有认证/回执要求的邮箱发送。

美国法医牙科学委员会资格申请表 1～3 页

1. 考试日期
2. 地点（县/辖区）
3. 代理案件
4. 案件类型（身份证，牙咬痕，其他）
5. 仅用于标识情况（切除下颌 & 申请人拍摄射线照片）是或否?
6. 仅用于标识情况（作出积极的 ID?）（是或否）
7. 授权机构署名

	1 日期	2 地点	3 案件#	4 案件类型	5 切除/X 光	6 积极 ID	7 授权机构署名
1							
2							
3							
4							
5							
6							
7							
8							
9							
10							
11							
12							
13							
14							
15							
16							
17							
18							
19							
20							
21							

续表

	1 日期	2 地点	3 案件#	4 案件类型	5 切除/X 光	6 积极 ID	7 授权机构署名
22							
23							
24							
25							

下面我的签名授权 ABFO 或其任何人员来核实申请过程中提供信息准确性。我的签名确认我同意遵守法医牙科学委员会的道德准则。

你有没有被起诉、逮捕或做辩护准备（包括但不限于无罪辩护、Alford 辩护或任何其他辩护类型），和/或曾被裁定犯有重罪或轻罪（不包括轻微交通违法行为）？

是______________ 否______________

Initial　　　　　Initial

ABFO 道德准则：

作为推动资格证书持有医师最高质量的个人和职业操守的方法，下面构成了道德准则，它被美国法医牙科委员会的所有资格证书持有医师认可和遵守：

a. ABFO 的每个资格证书持有医师不得就教育、培训或经历方面做任何重大虚假陈述。

b. ABFO 的每个资格证书持有医师不得就作为专家意见或结论基础的数据做任何重大虚假陈述。

姓名____________________________________

地址____________________________________

市/州/邮编______________________________

签名____________________________________

我保证上述资料是真实的。我知道虚报、隐瞒或遗漏重要事实将赋予美国法医牙科学委员会否认参加该委员会认证考试资格的权利。我也认可将信息发布给美国法医牙科学委员会的积极资格证书持有医师。

公证书

______________________________州

______________________________县

个人出现于______________________________日，20 ________

上面所提姓名__________________________________对来我说被称是执行上述仪器并确认相同的人。

（公证封口）

公证______________________________

我的委托终止______________________________

ABFO 研讨会

ABFO 已举办了一系列的研讨会，以提供教育和可能获得 ABFO 认证资格学分的可能。隔年交替举办四次研讨会。牙齿鉴定和民事诉讼研讨会在偶数年举办，牙龄估计和牙咬痕研讨会在奇数年举办。每个研讨会为其主题提供不同分数，有其自己的协议、费用结构和要求。研讨会在 ABFO 网站上予以公布，奖励研讨会会员学分。

民事诉讼研讨会提供 ABFO 资格需要的 2 个宣誓作证要求中的 1 个学分。

牙齿鉴定研讨会提供 ABFO 资格需要的 20 个 ID 要求中高达 5 个 ID 学分。

牙龄估计研讨会可提供 ABFO 资格需要的 5 个 DAE 要求中高达 3 个 DAE 学分。

牙咬痕研讨会提供 ABFO 资格需要的 7 个牙咬痕学分要求中的 1 个学分。

ABFO 研讨会政策（制定于 2009 年 2 月 16 日，修订于 2011 年 2 月 24 日）

1. 对于任何提供 ABFO 考试申请学分的 ABFO 自发研讨会，ABFO 适当委员会主席须为牵头人。

2. 委员会主席从委员会中任命某人，以协助研讨会的发展与举行。

3. 无论是委员会主席还是其指定的人员，必须对研讨会负责。主席或指定人员可以委托其他人协助研讨会并组成一个“研讨会工作小组”。

4. 认证与审核委员会成员必须是“研讨会工作小组”的一部分。

5. 支付给研讨会的所有费用，必须以美国银行为付款行通过汇票或支票提交至 ABFO 财务主管。

6. 如果研讨会费用系“研讨会工作小组”成员提交，则只能由财务主管报销。费用报销要求有实际费用收据，并且这些收据必须在研讨会结束后 30 日内提交至财务主管。

7. 与会者的学分评估必须包括可衡量的既定书面标准。这些标准应适用于所有评价与会者的人。评价标准不包括纯粹的主观题（即该人是否应该获得研讨会的学分）。该委员会主席或其指定人员必须对研讨会的所有评分表进行评价，作出获得或不获得研讨会学分的最终决定。

8. 作出与会者得到研讨会学分的决定后，委员会主席或其指定的人员必须与所有与会者联系并审查其在研讨会期间的表现。应当通过电子邮件、邮寄或电话进行联系。如果是通过邮寄或电子邮件联系，还应依与会者决定而额外提供通过电话讨论他们表现的机会。

9. 报名截止日期——ABFO 研讨会的登记截止日期为举办研讨会当年的 9 月 1 日。如果研讨会在截止日期前已满员，将提早结束报名。不过，该期限可以由研讨会主席或其指定人员自行决定延长截止日期。

10. 取消/退款——一旦已在研讨会登记注册（提交付款），任何取消及/或要求退还已缴费用，都会自动产生 100 美元管理费。这笔款项将在支付的任何费用中减去。此外，如果报名截止日期已经过去 2 个月（包括早期注册清仓），退款金额将是减去 100 美元管理费后的一半。例如 400 美元报名费 - 100 美元管理费 = 300 美元，300 美元/2 = 150 美元。在研讨会当年（1 月 1 日或之后）取消的，不能退款。

11. 研讨会机密——有关研讨会的所有材料（提供给或产生于与会者或研讨会成员的材料）成为 ABFO 财产，根据 ABFO 资格证书持有者参考手册第二章第四条第 1 款 a 的规定，未经 ABFO 董事会同意不得使用。

12. 对研讨会学分决定的申诉——研讨会委员会成员关于任何研讨会学分的所有决定是最终决定，不得申诉。

13. ABFO 研讨会政策的接受度——所有报名参加 ABFO 研讨会的个人必须签署并交回对在这些政策的书面同意书。

14. 用于 ABFO 的任何案例，在作为研讨会案例之前必须曾在原审法院作出过判决。

ABFO 存储库

ABFO 应当建立牙咬痕和牙龄估计案例资源库，可被需要这类案件的人们所使用，以帮助其达到 ABFO 资格学分。该资源库将由牙咬痕和年龄估计委员会进行维护并向可能的 ABFO 考生分配费用。

年龄估计委员会应建立和发展 DAE 案件资源库。该资源库可以以有待确定的费用提供给需要它们的合格考生。

A. 不得请求资源库案例，直到考生已完成一件来自考生自己个案工作的

DAE 案件。

B. 资源库案件必须按时完成，并达到年龄估计委员会的满意度以被考虑认证申请。

C. 最多有两个资源库案件可被用来满足 DAE 经验要求的最少案件量。

D. 资源库案件可能不被视为来自考生自己个案工作的案件。

牙咬痕委员会已经建立了数字化牙咬痕病例资源库，包括牙齿 3D 扫描模型，其他蜡范本和图像的二维扫描。该资源库中的案例可被提供给来自认证与考核委员会的需要它们的合格考生，每件案例 100 美元。

1. 已满足 ABFO 认证考试除了牙咬痕数量外所有要求的考生，可以向认证与审核委员会提出被发送牙咬痕案例的申请。

2. 认证与考核委员会将对考生的申请进行评估。如果获得批准，该考生则将提交 100.00 美元（美元基金）至 ABFO 的财务主管。资源库监管人将案例发送给考生。

3. 考生将有 60 天的时间完成评估并将发送给他们的所有材料及遵循 ABFO 指导原则有关牙咬痕分析、术语及报告撰写要求的书面报告，提交回牙咬痕资源库。指导原则定期更新，当前信息发布在资格证书持有医师参考手册，并可在 ABFO 网站 www. abfo. org 中获取。

4. 在牙咬痕资源库的监管人将该报告转发给认证与考核委员会。他们将对报告予以评估。为获得学分，考生必须至少：

a. 遵循 ABFO 关于报告写作的指导原则。

b. 为每一个图案损伤检验是否有足够的证据价值来提供意见。如果有，则针对每一个图案损伤是否是人类咬痕用 ABFO 术语提供意见。

c. 有关图案损伤的犯罪嫌疑人，使用合适的 ABFO 已发表术语。

d. 用 ABFO 术语关联或排除所有具有犯罪翻译的咬人动物（在可能的情况下）。

E. 认证与考核委员会完成评审后，将书面通知考生：①他们不会获得评估分数或②他们被颁发完成计分的证书，其中一个牙咬痕案件满足认证考试的要求。由考生负责持有认证书。

换发新证

目标

ABFO 换发新证的目的主要在于促进和鼓励资格证书持有医师在法医牙科及相关法庭科学领域的技能与知识的维护和改进。此外，由 ABFO 颁发的资格认证，保留有效期为五年且/或直至申请换发新证。要求有作为该领域持续活动证据的周期性证明文件。

通过参加换发新证过程，考生同意遵守如下所示的现有和任何新政策与程序变化。

ABFO 认证与考核委员会必须在当前资格证书满五年之前的 6 个月以前收到换发新证的申请。考生将于 6 月 1 日开始换发新证流程，申请表格和换发新证考核须在 8 月 15 日前完成。该申请应提供这里所要求的适当证明文件。

ABFO 认证与审核委员会通知申请人后，未按指导原则所述提交换发新证申请书的，将导致证书自动失效。基于例外情况下申请人及时的通知，认证与考核委员会可自行决定同意延期。

换发新证程序

注册 ABFO 资格证书持有医师的换发新证资格，由认证与考核委员会决定。必须考虑委员会换发新证的建议，并由董事会予以批准或否决。换发新证资格以考生有意义的参与法医学活动为基础。这种确立资格的政策给考生带来一份充分说明其法业务的主要责任。

法医牙科业务分类

由于法医牙科实践涵盖了广泛的知识，不仅在牙科领域而且还涉及法庭科学的其他领域，因而换发新证的要求是为了体现法庭科学实践的不同方面。所有换发新证的考生在当前认证的五年前期间，必须参加至少 50 个小时的法医牙科继续教育。法医牙科教育课程学分须由 ABFO 认证与审核委员会批准。此外，考生有望显示当前参与一个或几个以下法庭科学业务类别：

1. 识别案件
2. 人身伤害案件
3. 法庭证词证言
4. 法医检验程序
5. 法医病理学与验尸
6. 咨询预约
7. 咨询法庭科学继续教育（至少 50 个小时）
8. 法庭科学及相关领域的研究
9. 法庭科学及相关领域的论文发表
10. 教学、讲座、演示
11. 牙咬痕案件
12. 玩忽职守、过失案件
13. 法庭科学相关任务、活动、官方举办会议等。

上面给出的实践类别，在经过一般资历、专业教育及委员会对适格考生所做要求后，在很大程度上是不言自明的和模式化的。尽管根据其法庭科学活动的具体情况，人们期望几乎所有申请人活跃在多个而非某一类别中，但换发新证没有“资格分数”最低数量要求。

换发新证文件格式

前五年的法庭科学活动的证明文件必须用 ABFO 网站上的格式以电子方式提交。

如不符合上文提及的格式与说明，将会导致申请表被退回校正，并且可能延迟换发新证进程。

如果随着完成活动而保存当前信息，换发新证过程将包括复制页面并提交至认证与考核委员会以供审查。如果特定类别没有活动，则简单地显示于页面，随其他类别一并提交。请记住，如果你当前保存了信息，重新认证时将为你节约很多时间。

换发新证考试

换发新证，除了要求资格证书持有医师有意义的参与法医活动以鼓励和维护法医牙科学的广泛领域知识的最佳水平，资格证书持有医师还需要参加 ABFO 换发新证考试。该考试是为了帮助资格证书持有医师亲自评估其法医牙科知识的广度范围。

该考试由 ORAinc 在网站 www. orainc. com 在线进行。在此之前，认证与考核委员会将于所需认证的当年 3 月 15 日前向 ORAinc 提供有资格换发新证考生列表。ORAinc 将通过 ABFO 资格证书持有医师联系信息记录列出的专属电子邮件地址，为每名考生提供用户名和密码。该考试由涵盖法医牙科学时间的所有主要领域的问题库中随机挑选的问题/项目组成。回答完每一项后，参加者会被告知正确答案。出于安全原因，参加者将签署一项不能向任何人透露换发新证考试内容的协议。

换发新证时间表

A. 每年 ABFO 年会前，认证与审核委员会将从 ABFO 秘书长处征求本年换发新证考生名单。

B. 认证与审核委员会将于每年的 3 月 1 日前，通知资格证书持有医师换发新证的考生重新认证的需要及流程。

C. ORA 通知请求换发新证的资格证书持有医师，4 月 1 日前可在线参加换发新证考试。而且，ORA 将为每位考生提供在线参加考试的用户名和密码。

D. ABFO 换发新证完成申请、费用和在线考试的截止日期是 8 月 1 日。

ABFO 资格证书持有医师证明文件

用文件证明法庭科学相关活动时必须使用以下格式。证明文件必须用打字机打出或以清晰的印刷形式打印。如不符合上述格式与说明，将会导致申请被退回更正，并可能延迟换发新证进程。如果特定类别没有活动，则简单地显示于页面，随其他类别一并提交。

Ⅰ. 有关法医牙科学的正式归属

机构	所在地（州 - 市）	职位（头衔）	任职期限（自 - ）

Ⅱ. 法庭科学继续教育课程：（换发新证要求每 5 年最少 50 个小时的相关继续教育）

主办单位	所在地（州 - 市）	课程名称/主讲	日期	学时

Ⅲ. 法医牙科学经历

日期	机构案件	法庭科学活动	机构或雇主	权限

Ⅳ. 出庭与作证

案件	日期	案件名称	权限	案件类型	你的作用

Ⅴ. 法医组织事务

标题	组织	日期（自－至）

Ⅵ. 会议安排

法医牙科学	会议作用	日期（自－至）

Ⅶ. 教学任务

机构	教师等级	教授研究领域	日期（自－至）

Ⅷ. 研究

法庭科学领域	地点	发表

Ⅸ. 荣誉及获奖情况

荣誉或获奖名称	授予机构	授予日期	州－市

科学方法论的检讨

美国法医牙科学委员会的一个目标是提高其科学素质。

用科学的方法解决问题的要求

A. 要解决的问题必须涉及自然领域包括自然条件和事件。

B. 问题必须得到明确界定，并充分限制在一定范围，这样可以产生一个假设和预测。

实验设计要求

A. 定义问题

B. 产生假设

C. 做出预测

D. 数据收集

E. 在假设和预测的指引下评估数据

重要定义

A. 假说：一个初步的解释来解释观察到的情况或事件。

假说必须是定义问题的解释。

这个假设必须是可检验的。要求的证据（数据）可以收集到以用来支持或反驳假设。

B. 预测：如果假设是正确的，将导致的结果或后果。基于将发生事件的可能性也可以进行概率分析。根据可获得的数据，可以进行统计分析以确定预测强度的置信区间。

C. 变量：通常被描述为任何对于实验目的有可能改变（或可被研究者主动改变）的因素。当所有变量已被确定，研究者可建立程序进行试验。在生物系统中，当多个变量的知识不可获得时，研究人员有时必须分析从观测自然现象而收集的数据。

D. 偏见：所有事实都知道之前的预先判断或形成的意见。在医学文献中常见的定义是："在任何阶段所推断的结果倾向于产生系统性偏离真实值一个过程。"（Murphy：《医学的逻辑》，约翰霍普金斯大学出版社 1976 年版）。

没有事实资料，很少有"专家"可能发表正确意见。一个例子是"期待性偏差"或"诊断怀疑偏见"，调查人员希望找到某种结果，那么他/她有意或无意地去发现预期的结果。

即使有最好的意图，研究者可以引入预先决定调查的结果因素。例如，一个顾问他/她的意见会自觉或不自觉地被影响，因为他/她认为参照机构是"永远正确"。

最糟糕的情况是，某些顾问的观点受到薪酬的影响。这些人常常被称为"帮凶"。顾问必须是中立、公正、客观的。

经常出现在文献中的另一个词是"原来的诊断偏见"。这种类型的偏见是将给出"第二意见"的第二顾问的意见受到给出以前的诊断（意见）的第一顾问的影响。当你知道并尊重其他顾问的工作并让该变量影响你的意见时，这种类型的偏见就可能发生。它也可能以另外的方式发生——如果你不尊重过去的那个"专家"或有过分歧，这些过去的经验可能会有意或无意地影响你的意见。

尽管自信是很重要的，顾问们可以"偏见"地相信自己的见解是唯一可以接受的意见，而拒绝承认他人的不同意见可能有价值。过度自我膨胀可以对合理的判断产生干扰。如果没有证据来支持这一假设，"经验等于专长"的理念没有科学的有效性。

牙科学家必须严格避免一切形式的偏见。

E. 盲测：在原始数据或信息的评估是没有对可能的结果的先验知识的过程。

F. 有效性：测试（假设）的能力，对所进行的测试可以确定或检测。例如，抛硬币可能会给你一半正确答案的机会，如果你所做的测试只有两种可能的结果。例如，我们可以通过强制分配上牙齿咬痕的情况作出决定：头 = 是，印记是犯罪嫌疑人的牙齿留下的；尾 = 无，犯罪嫌疑人的牙齿没有离开该印记。即使他/她将会有一半的可能性得出正确判断，但牙科学家使用这种手段来形成意见是不称职和不道德的。

G. 灵敏度：检测真阳性的测试能力。

H. 特异性：检测真阴性的测试能力。

I. 有用性：测试或程序的相对风险和收益。具有较高的概率出现错误结果的一个测试具有较低的有用性，特别是如果风险高，效益低。例如，牙齿咬痕分析的有用性取决于有或无此工具，法律制度是否更好。

J. 再现性：如果研究是可再现的，另一个研究者使用相同的参数来测试原始假设将得到相同（或非常相似）的结论。

K. 可靠性：在一系列的测试中测量结果的一致性。请记住，使用的仪器精确度必须在所有测试中保持一致。

L. 黄金标准：一个测试，通常被认为是最准确的可用的测试。也称为“基准测试”，可以用来作为任何新的测试比较。

有效审查牙齿咬痕文献，评估专业演讲和评估摘要的建议。

怀疑：

阅读文章时，查看杂志，标题，作者，数据和结论。认真审核材料和方法。仔细观察实验设计。

审查文章时，查看引用的参考文献是否被正确引用？引用的文章是否是最近的（如果技术在50年内还没有经过测试和使用，有可能有个充分的理由），相关的和可靠的？有些作者只进行一个“关键字搜索”，并创建了一个长长的引用清单，仔细检查会发现引用并不支持他们的主张。

数据应认真检查。问题描述和统计推断的有效性。如果没有出现统计分析，可信赖程度将会降低。必须清楚，统计分析只适用于研究的特定人群；提出的结论可能并不适用于另一人群。仔细检查研究的样本量。研究采用的案例数量或人口规模（由字母“N”）应仔细检查。如果给出的数据是一个案例或人数 N = 1，是非常值得怀疑的。从这个样本量能够得出任何结论都是极为罕见的。经过审查大量文章，Sacket 和 Yancey 等已经表明，大部分发表的文章有很少或没有价值。即使是最备受推崇的专业刊物也可能发布无效的信息。很有可能，你正在阅读的这篇文章的作者已得出至少部分无效的结论。

如果你参加一个口头报告，请让演讲者显示原始数据。同样重要的是，如果你没有在摄影幻灯片、X 光片中看到演示者正在尝试展示的内容，请让作者再次显示它——最好是在一个公开论坛的演讲时间。如果你不能看到演讲者要展示的内容，很可能其他人也没看到。如果表述/澄清不方便，可要求私下查看数据。如果你不能仔细审查证据，则不要轻信。

直到你全面审查了所有可能的结果再去对某个测试、技术或设备进行判断。如果出现“好得不能置信”，它极有可能就是不可信的。

当心论断没有证据：

在阅读案例报告时，请记住，大多数的病例报告只与特例相关。读者应该永远记住有效性和 N = 1 的统计显著性。从特定的案例向其他独立的情况外推的数据在大多数情况下可能无效，除非有证据证明有理由水平符合该数据。没有说明文件支持的论断（“我的观点是正确的，因为我是权威!”）在牙齿咬痕文章和口头表达中十分常见的。没有科学依据的论断证明作者的能力不足。当心“专家”说：“证据有，因为我说的它在那儿。”

请记住，虽然得出的结论可能是正确的，但得出结论的过程可能不是科学有效的（还记得扔硬币的例子）。或者像得克萨斯州的谚语，“即便是一只失明的猪，偶尔也可以找到一颗玉米”。有些牙科学家相信，因为他们过去是“正确的”，他们在未来总会是“正确”的。“我曾经是对的，因此我是一个权威”。应该理智地认识到和一个“权威”进行的磋商也并不一定就是科学的咨询。一长串证书并不一定等同于公信力和准确性。

没有作者应该相信他们的主张是必然正确的，因为所呈现的材料没有经过任何公开地提问或争论。因为各种不同的原因，并不罕见的发现一些口头报告没有被提出质疑，演讲者通常会只显示支持演示假设的数据，不支持该假说的数据可以选择性地消除或保留。若数据或案例不在公共领域进行审查，则该数据丧失所有的科学可信性。

谨防由委员会制定的共识意见：

委员会可能聚集了有可能支持他们所认为的传统智慧的人。该委员会的意见可能没有基于科学，而是对各委员会成员的相对自信。认真审核凭证、出版物和每个委员会成员的贡献，然后再决定是否接受该委员会的陈述。如果有个别委员的反对意见，检讨分歧原因。

科学推理原则的总结：

收集所有你所需要的相关信息。

使用收集到的信息。不要选择性忽略不健全或不相关的信息，或对证据发生不必要的信任。

不要让你的意见被“非盲”所污染，不要有偏见。保持你的公正性。

有效地运用知识做出解释，得出推论或颁布一项主张。

有关文献评价的参考文献

1. Bailar JC, “Science, Statistics, and Deception”, *Annals of lnternal Medicine*,

104 (1986), pp. 259 ~ 260.

2. Sacket DL, Haynes BR and Tugwell P., *Clinical Epidemiology: A Basic Science-For Clinical Medicine*, Little, Brown and Company, 1989.

3. Schor S, Karten I., "Statistical Evaluation of Medical Journal Manuscripts", *JAMA*, 140 (1986), pp. 472 ~ 474.

4. Riegelman RK and Hirsch RP., *Studying a Study and Testing a Test: How to Read the Medical Literature*, Little, Brown and Company, 1989.

5. Yancey JM., "Ten Rules for Clinical Research Reports", *The American Journal of Surgery*, 159 (1990), pp. 534 ~ 538.

ABFO 牙齿咬痕方法学标准

人牙齿咬痕分析方法标准

1. 美国法医牙科委员会的所有资格医师均有责任熟悉和运用适当的分析方法。

2. 接收或收集的所有证据必须经过审查。所进行的分析和这些分析的结果必须被包括在最终的报告中。

3. 新的分析方法应该是科学合理的和可核查的。除了本指南中列出的现时可接受技术，新的分析方法应该被使用。

ABFO 标准"牙齿咬痕术语"

1. 保证无条件识别罪犯，或标识"毫无疑问"的术语，不认可作为一个开放的人口情况的最终结论。

2. 以该指南中不同的方式使用的术语应在报告中或证词中进行解释。

3. 经美国法医牙科学委员会认证的所有法医牙科学家有责任熟悉本文件中所载的标准。

人牙齿咬痕证据的证明方法

牙齿咬痕的含义是明确的，ABFO 没有必要认可特定的写法。

1. 咬伤部位证据

一般注意事项——法医牙科学家往往不参与牙齿咬痕证据的初步审查和收集。这并不排除法医牙科学家来呈现一个有效的观点的能力。下面列出的方法无意成为计数方法的全面列表。

A. 任何牙齿咬痕的证据收集之前，应进行原始拍照。

B. 棉签采取咬伤部位的唾液。

方法——双棉签技术将可能最大限度地从牙齿咬痕部位回收有用的生物学证据。用无菌蒸馏水浸湿第一个无菌棉签。采用中等程度压力用蘸湿的无菌棉签表面洗咬伤部位 7 ~ 10 秒。立即用另一个干的无菌棉签以轻微的压力收集由第一个棉签留在表面上的水分。两个棉签必须在提交到实验室之前室温风干，或插入到无菌容器中，贮存过程中保证空气循环。

存储——棉签应尽可能快地提交进行分析。如果 4 ~ 6 小时内提交，它们应被保持在室温下，如果存储时间超过 6 小时则应冷藏（非冷冻）。

C. 应采用摄影记录咬伤部位。

（1）咬伤部位应该进行数字拍照，照相程序应经法医牙科学家或根据牙科学家的指导进行，以获得咬伤部位准确全面的记录。

（2）定位照及特写照片均应被拍摄。

（3）影像应该具有高品质。

（4）具有特定形态的损伤，可以分别拍摄采用和不采用 ABFO#2 光度标尺的图片。

（5）当采用光度标尺情况下，它应该是和特定形态的损伤在同一平面上或与之相邻的。相机应当与标尺的平面成 90 度角垂直。

（6）在涉及生活的人或最近去世的人的情况下，随着时间的推移获得牙齿咬痕的系列照片可能是有益的。

（7）除了传统的可见光照片，红外线、紫外线及交变光照片也需拍摄。

（8）除了数码摄影视频影像也可能被使用。

D. 印模。

（1）当咬痕存在三维属性时应该采取的牙齿咬痕的表面印模。该印模材料应符合美国牙医协会规范的口腔内使用，材料名字应在报告中注明。

（2）应为印模材料提供合适的支撑，以准确地重现身体上轮廓。

E. 组织样本。

死者的咬伤部位可被切取，并在切取之前使用适当的稳定技术保存下来。适当的授权应在切除任何组织之前获得。

2. 嫌疑人牙列的证据收集

在收集可疑咬人者证据之前，牙科学家应确保有适当的搜查令、法庭命令或法律同意书。这些文件的副本应当作为记录的一部分被保存。法庭文件或同意应允许收集下列证据：

A. 牙科治疗记录：只要有可能，应获得怀疑咬人者的牙科记录。

B. 摄影图片：

获得的影像应包括：口外影像；全面部。

借助拉钩和镜子拍摄的口内照片：正中咬合的正面照；切缘微微张开的正面照；下颌骨前突的正面照；最大张口的正面照，并附标尺；左右侧照片；上下牙列的咬合面；可能会提供其他有用的信息附加照片；如果测试咬伤无生命的材料，其结果应被拍照保存；除了数码摄影，视频录像可用于记录齿列。

C. 口外检查：记录显著的可能会影响齿咬动态的软、硬组织的特征；记录颞下颌关节功能，并指出在开启或关闭时的任何偏差；测量嘴巴最大张开程度；记录面部疤痕、手术存在的证据，以及面部发毛的存在和性质；记录面部不对称，肌肉张力和平衡。

D. 口腔检查：牙周状况应该被注意，特别是牙齿的松动；应记录牙齿的破碎、缺失；任何口腔异常都应记录在案，包括口腔溃疡、舌裂以及舌头和嘴唇穿孔。

E. 印模：只要可行，至少两个印模应该采取分别对应上下牙裂，使用能够满足美国牙科协会规格的，并根据制造商的建议制备的材料，用公认的牙齿印模技术。

咬合面关系应该被记录下来。

如果有义齿存在，应该分别采取义齿存在和不存在的两种印模。

G. 齿咬试样：齿咬试样应使用适当的美国牙医协会的推荐材料并作记录，如 Aluwax 或 Coprwax。

H. 铸件研究：

主铸件应做好标记，并使用美国牙医协会认可的Ⅲ类石料，根据制造商的规格制成，采用公认的牙科技术。其他高度准确树脂可用于模型制作。

如果所使用的印模材料是聚乙烯基硅氧烷和/或聚醚等美国牙科协会批准的材料，主铸件以外的其他铸件可以从原来的印模中制作，但应标记是第几次制作的铸件。如果原来的印模使用藻酸盐或其他类似的材料，重复铸件可从主铸件的印模中制作。重复铸件应适当标记，同时记录是用哪个主铸件来复制的。

主铸件不应改变。

I. 唾液样本：所有咬痕嫌疑人的 DNA 样本均应该被收集。

人牙齿咬痕分析指南

牙齿咬痕案例的数据应记录在案。这些数据应包括：

1. 标识性数据（案件编号，机构名称，检查者的姓名等）。
2. 牙齿咬痕的位置：解剖位置或咬伤对象；表面轮廓如平面，曲面或不规则；组织特性。

3. 损伤特征（大小，形状，擦伤，挫伤，撕脱存在）。

4. 其他提示信息（例如，三维特征，异常情况）。

5. 牙齿咬痕说明：识别和定位上、下颌牙齿咬痕；识别上、下颌牙痕的中间线；识别特定牙产生的咬痕；在形成咬痕的牙列中确定有无咬痕缺失的领域；确定牙齿咬痕中可能表明旋转、平移或其他特定的牙齿异常现象；总结所有包括损伤的特征和牙齿的特征，并确定两者间的关联性。

6. 咬痕分析的完成应该早于从咬痕嫌疑人那里获得任何可供比较的信息。

比较牙模与人咬痕的模式

1. 重叠

重叠的类型：计算机生成；打印在透明胶片上的铸件图形；铸件与牙齿咬痕的计算机叠加。

2. 齿咬测试（蜡、保丽龙、黏土、皮肤等）。

3. 比较技术：牙列的模型与相应大小的照片的咬痕形态进行比较；牙齿铸件，与实物大小的照片、咬痕铸件、在无生命的物体或切除组织上复制的咬痕进行对比；所有的比较均应结合切割高度；在只有一个嫌疑人的情况下，推荐进行全牙齿比较；ABFO 支持一个专家的鉴定意见得到另外专家的审查。

4. 其他用于分析的方法：透照组织；电脑增强和/或数字化的牙齿和/或咬痕；立体显微镜和/或宏观镜像；扫描电子显微镜；视频的重叠；历史资料；维度。

ABFO 牙齿咬痕术语指南

见于咬痕的损伤内容

擦伤（刮伤），挫伤（撞伤），裂伤（撕裂），瘀斑，瘀点，撕脱伤，压痕（压陷），红斑（发红）和穿刺。

特征

特征对于牙齿咬痕来说是一个咬痕中显著的特点、特质或形态。特征有两种类型：类特性和个别特征。

类特征：一个特点、特质或形态区别于其他形态的损伤。例如，发现有四个近似线性的或矩形的挫伤是人类门牙的一类特征。根据是什么造成的伤害，它们的尺寸各不相同：上颌或下颌的牙齿；乳牙或恒牙。此外，受伤的总体规模将取决于咬人者的牙弓尺寸大小。因此，牙齿咬痕类别特征可识别一组牙齿来源：人类，动物，鱼类，或其他物种。

个别特征：一个特点，特质或形态，代表一个个体的变化，而不是一个特定组群的预期结果。有两种类型：

牙弓特征：它表示一个牙齿咬痕的牙齿排列的格局。例如，旋转的牙齿，颊-舌面特征，近中或远漂流，和水平对齐方式的组合有助于个体之间的区分。这些特点的数量、特异性和准确的再现有助于整体评估置信度，以确定一个特定的犯罪嫌疑人制造了该牙齿咬痕（如旋转，颊或舌面特征，近中或远漂流，水平对齐方式）。

牙科特征：代表一个人的个体牙齿变化的牙齿咬痕的特点或特质。这些特点的数量、特异性和准确的再现，并结合牙弓特征有助于整体评估置信度，以确定一个特定的犯罪嫌疑人制造了该牙齿咬痕（例如，异常磨损花纹，开槽，成角，骨折）。

独特——这个术语也可以定义为罕见或不寻常的改变

1. 非正常，异常，非常见
2. 不是独一无二的，但可以区分绝大部分
3. 高特异性，个体化
4. 特异性比独一无二稍弱

牙齿咬痕定义

牙齿咬痕：牙齿接触引起的介质的物理变化；通过动物或人类的牙齿结构留在一个物体或组织上的代表性形态。

人牙齿咬痕的描述

由两个对立的（面对）对称U形的拱形组成的圆形或椭圆形图案的损伤，拱形的基底部由开放的空间分隔。拱形的周边被一系列单个擦伤、挫伤和/或撕裂伤所围绕，反映出人类的牙列的接触面的类特征和个别特征的大小、形状、排列和分布。

变形：

1. 附加特点：中央瘀血（中央挫伤）；线性擦伤、挫伤或光条纹；双咬痕（咬痕中的咬痕）；插入的服装编织图案；外周瘀血。
2. 部分咬痕
3. 似有似无/消退的损伤形态（例如，融合或闭合的拱形，固定的环形）
4. 多处咬伤
5. 撕脱咬伤

指示伤害是人牙齿咬痕的信心等级的术语：

人牙齿咬痕——人类牙齿制造的损伤形态；其他的可能性已被考虑但被排除。

标准：损伤形态反映了人类牙齿的类特征和个体特征。

提示人牙齿咬痕——损伤形态暗示为人牙齿咬痕，但没有足够的证据，以达到在这个时候得出确定的结论。

标准：总体的形状和大小都存在，但鲜明的特点，如个别牙痕缺失，不完整或失真或几个标志类似牙痕的存在，但拱形结构缺失。

非人牙齿咬痕——伤害不是人的牙齿所产生的。

描述和用于关联可疑的咬人者与牙齿咬痕的术语

1. 表示牙齿学确定性的合理程度
2. 咬人者
3. 可能咬人者
4. 不排除是咬人者
5. 排除为咬人者
6. 尚无定论

ABFO 不支持“咬人者”的案例结论是针对一个开放的人口状况。

ABFO 牙齿咬痕案件的审查指南

个案审查应当由第二 ABFO 有资质的医师进行。审查人不会被要求提供第二意见（但如果他/她希望，也可以这样做），但会提供已完成的分析的管理性评价。审查者应确定分析和报告所遵守的牙齿咬痕调查标准、指南、方法符合 ABFO 的要求。

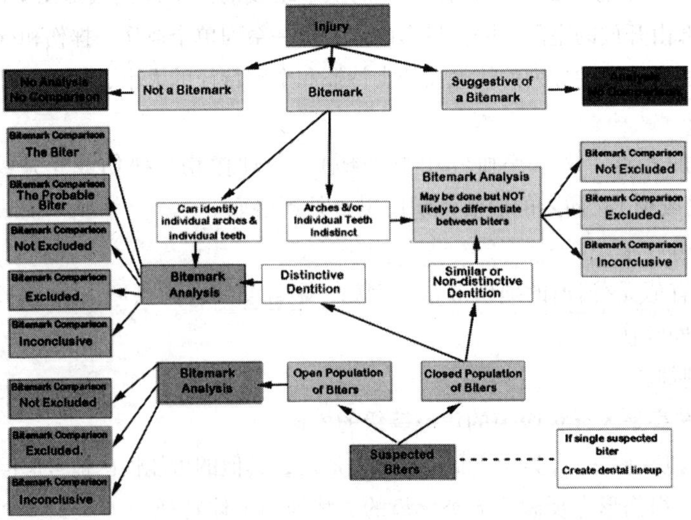

ABFO 牙齿咬痕调查性和最终报告指南

以下 ABFO 牙齿咬痕报告写作指南，是提出书面牙齿咬痕案例报告的格式。这些准则针对报告的内容和形式提出建议。牙科医师可能会被要求提供初步或调查性报告。这些初步报告可以按照相同的一般准则，只是不要形成结论。报告的结构可分为以下几个部分：

引言

本节提供背景资料，“谁，什么，何时，何地，为什么”等与案件有关的数据清单。

接收的证据目录

本节列出了法医牙科学家收到的所有证据和证据来源的详细介绍。

收集的证据目录

这部分的目录列出了证据的性质、来源以及由法医牙科学家收集证据的授权。

对于单个或多个损伤的形态和本质的意见

本节阐述了作者的观点，即具有特征形态的可疑损伤的实质是否为咬痕，使用 ABFO 术语。只有一个比较性术语被用于在这部分报告的每个意见。

分析方法

本节描述用于确定特定形态的损伤为牙齿咬痕的所使用的分析方法。

分析结果

这部分描述了分析比较的结果。

观点

这部分就一个或多个牙齿咬痕是否与咬痕嫌疑人有关发表作者的看法，使用 ABFO 牙齿咬痕术语，只有一个比较性术语被用于在这部分报告的每个意见。

免责声明

陈述可能包括传达的意见或观点是基于报告日期为止所审查的证据。如果将来出现新的证据，作者可以保留对报告做出修正的权利。

个体识别指南

概述

收集和保存死后牙科证据：

A. 遗骸－审查程序

B. 摄影

C. 下颌切除术

D. 分割/切除技术

E. 死后牙科记录

1. 牙科检查

2. 叙事性描述和命名

3. 牙科印模

4. 牙科放射学

生前资料的来源：

A. 地方机构

B. 州属机构

C. 联邦机构

D. 国际资源

E. 保险运营商

F. 其他来源

生前和死后证据比较：

对于识别有用的牙齿特征

个体识别的分类和术语

A. 肯定认证

B. 可能认证

C. 证据不足

D. 排除

历史

法庭科学对准则和标准的需要是明显的。美国法医牙科学委员会（ABFO）于 1984 年 2 月 21 日提出了对牙齿咬痕分析指南。人体识别指南委员会准则准备了类似的人体识别文件。

法医牙科学在过去几年提供了大规模灾害和常规情况下准确的鉴定，但某些地方错误鉴定也时有发生。这些指南的目的是提供指导，使法医牙科学家致力于更高准确性的法医牙科学鉴定。

继该委员会的初步草案发布，人体识别指南已获得 ABFO 的同行的普遍接受。然而，应当理解，某些牙科医师可以遵循同样有效的替代技术。去评价其他方法的不适用，并不是本指南的宗旨，而是来描述大多数研究者采用的方法。

收集和保存死后牙科证据

死后的牙科检查根据验尸官/法医的授权及指定，通常由法医病理学家进行。因此，对死后牙齿的证据，特别是决定切开面部组织或切除颌骨的操作，是须经地方验尸官/法医同意的。牙齿鉴定案例的实际过程在很大程度上取决于遗体的情况（以及案件的其他情况）。

A. 检查程序

1. 视觉可辨认尸体

拍摄

X 光片

牙科图表

牙科印模，如果可能

内部颌骨切除术

2. 分解或焚化尸体

拍摄

X 光片

牙科图表

如果有必要，颌骨标本的切除和保存

3. 白骨化残骸

拍摄

X 光片

牙科图表

如果有必要，颌骨标本的保存

B. 摄影

摄影记录可以提供客观的数据，往往比书面图表更加形象。照片（加上一个刻度）的拍摄应分别在适当清洗的前后。建议使用 ABFO 直角尺。该照片应标明案件编号/名称和日期。所有相关的摄影信息应记录在案。

1. 推荐设备

单反 35 毫米相机

电子闪光灯（最好是点闪或环形灯系统）

脸颊牵开器

口腔内前表面反射镜

2. 胶片

彩色胶片（幻灯片或打印格式）

黑白胶片，按要求

3. 视图

完整面部，嘴唇被牵拉

前面牙齿的特写视图

微微张开以及咬合的位置，牙齿侧面视图

咬合状态下的上下牙齿

按照要求采用的特别视图

C. 颌骨切除

必须取得验尸官/法医的同意，进行面部切开和/或颌骨切除手术，这可能是全面观测牙齿结构所必要的。通常，适用颌骨切除术的情况如下：

1. 视觉可辨认尸体：

由于尸体僵直限制张口，所以需要采取：

咀嚼肌口内切开，破坏或者不破坏相关骨质

打破严谨与磨牙后区域的颌骨上利用双边杠杆的作用破坏僵直

等待尸僵变弱

颌骨下切开，伴或不伴颌骨切除

尸检时去除喉部和舌可以有利于牙齿的检查以及/或口内放置胶片。再次重申，进行去除这些组织的操作应该只在尸检后，并取得病理学家的许可。这些组织要么由病理学家保留，要么放回尸体。

2. 分解、焚化或碎块尸体

在这种情况下进行颌骨切除，有利于牙齿的制图和影像学检查。小心分离焚烧头骨，特别是在原位需要保护脆弱的牙齿结构和颌骨的情况下。手动处理严重焚烧的颅骨碎片之前要先进行 X 线检查。必要时对这样的组织进行物理（或化学）消毒。

3. 白骨化残骸

头骨和下颌骨都容易从骨架的其余部分分离，不需要切除上颌骨。

4. 保全证据

以下情况提示需要颌骨切除：

有适当的授权，使身体部位被转移，以在其他机构进行追加的检查和测试。

凶杀案的受害者将被焚烧。

还有其他有效理由支持保存颌骨标本。

D. 用于分割或切除的技术

选定的技术如下所述。其他的方法必要时也可采用。

1. 面部分割：

脸部两侧的切口，开始于口裂并向后延伸于下颌骨前支，使软组织易于被翻开更好暴露颌骨。

下颌下方法——双边切口横跨上颈前并延伸到耳朵的后下方。皮肤和下面的组织然后被向上反转到面部下端，从而暴露下颌骨。

2. 颌骨切除术：

Stryker 尸检锯法：下颌骨外侧面的软组织和肌肉附着由穿过颊黏膜皱襞向下颌骨下缘延伸的切口剔除。舌侧附着组织也同样被切除，包括下颌骨支的内侧面和咬肌附件的外侧面。上颌骨、面部附着组织被切割至颧突和鼻前棘上部。Stryker 尸检锯切断下颌骨支，以避免可能影响第三磨牙。另一种方式，下颌骨切除，也可以通过离断颞关节。上颌骨切口颧突和鼻前棘上方，以避免上颌牙齿的顶点被破坏。一种外科手术木槌和凿子在 Stryker 尸检锯切割的颧突和鼻前棘上方的切口中以便于完成上颌骨的分离。剩下的软组织中的软腭和咽喉随后被剔除干净。

木槌和凿子方法：木槌和凿子可以用来诱发上颌骨的"Le Fort" I 型骨折。凿的打击是在颧弓下面，上颌窦壁两侧上。因为木槌和凿子几乎是不可能断裂下颌支的，在这种情况下下颌骨可以从颞下颌关节处进行分离。

修枝剪方法：切除颌骨的另一种技术涉及使用大修枝剪。软组织/肌肉的分割如其他页内容所述。修枝剪的刃锋放在鼻孔内，剪向上颌窦。经切割，然后沿着上颌牙齿两侧的顶点制作平面。下颌骨利用插入的剪刀刃口在双侧下颌支的冠状切口处双侧切开。

E. 死后牙科记录：

虽然大多数停尸间会有标准尸检设备，法医牙科学家不妨来组装自己的法医工具包，包括口镜、探子、摄影器材、牙科解剖图表、印模材料等。尸体牙科检查可以利用牙齿解剖图表、照片、X 光片、模型、录音带或叙述性描述。收集的数据应该是关联领域内全面的信息，因为生前的记录通常直到数天、数周甚至数年后才会被发现。相应地，死后牙科记录将包括下面列出的所有项目或大部分。

1. 基本数据：

案件编号

日期或时间

辖区或管辖权

位置

推定的标识，如果有

2. 尸体说明，一般性

大致年龄

种族

性别

条件

3. 颌骨部分说明

F. 牙科检查：

应使用通用牙齿编号系统。该记录应该反映任何缺失牙齿结构或颌骨片段，以及那些存在的并可用于评估的部分。图表应该尽可能图形化以说明以下事项：

1. 所有的牙科修复体的配置（包括假牙），龋齿，骨折，畸形，擦伤，种植体，糜烂或所有牙齿的其他特点。

2. 在已知的情况下记录牙齿修复材料和修复装备。

3. 牙周状况，结石，色斑。

4. 咬合关系，错位的牙齿，异常，先天缺失和多生牙。

5. 内口摄影应被采用以显示牙齿的结构细节，修复，牙周组织，咬合，病变等。

G. 叙述说明和命名法：

解剖学牙科图表可以通过尸检发现的叙述性描述加以补充，特别强调不寻常的或独特的状况。标准化的牙齿命名法应按照下列要求使用：

1. 通用编号系统：在美国使用的牙齿编号系统。牙齿的编号从 1 到 32，右上智齿是#1，上中切牙是#8 和#9，左上第三磨牙#16，左下第三磨牙是#17，右下第三磨牙是#32。通用牙齿编号系统以及牙齿的实际名称应合并使用（如牙#3，右上第一恒磨牙）。

2. 牙列型和齿面：乳牙、恒牙和混合牙列；近中，咬合，远侧，颊面及舌面。

3. 义齿和其他装备：冠：全，四分之三或八分之七包裹修复。

义齿：部分，全，或固定。牙齿矫正带，支架，空间维护和保持架。牙套和夜间防护牙套。

4. 国际牙科联盟 FDI 编号系统：牙科学家应该知道的 FDI 牙齿编号系统。该系统在所有发达国家均被采用。象限的编号从 1 到 4，右上象限为 1，左上 2，左下 3，右下 4。齿数是从中线到后编号。中切牙是#1，尖牙是# 3，第三磨牙#8。牙齿是由两位代码的第一象限号与第二个牙号表示。因此，左上第一磨牙是 26。

H. 牙科印模：当咬痕、皱褶形态或其他证据表明需要，则应该考虑制作印模。

1. 耗材和装备：适当的塑料或金属制成的托盘，其可以被改变以适应口腔。藻酸盐或其他美国牙科协会认可的牙齿印模材料。Ⅲ型牙科石料是首选浇注模型的材料。熟石膏不宜使用。

2. 印模和模型的制备：上颌骨和下颌骨的两组印模，通过常规方式获得。模型应修剪并适当标记案件号码和日期。

I. 口腔放射学

尸检 X 光片很形象地补充了口腔和口腔周围组织的视觉检查和牙科制图，可以提供个体识别必不可少的重要数据（见第Ⅲ部分）。在一般情况下，X 线片在如下情况中是必需的，没有假定的个人识别标识，生前的记录还没有被定位和/或颌骨不能保留。死后 X 光片必须作为个体识别的首选方法来考虑应用。一个全面的尸检 X 光检查可能包括以下全部视图或其中一些，这取决于案件的具体情况：

1. 口内 X 光片：咬翼片和前，后牙的根尖片均可与生前拍摄的胶片相比较（“咬翼”的视图不必采取齿在咬合的常规方式，而且，用卧式咬翼角，根尖片可用于上下牙齿的各个视图中）。

2. 牙科片段，解离齿：所有牙齿片段，解离的牙齿，骨和修复的适当 X 光片应被获得。咬合或横板胶片可以用于物体比根尖片大的场合。

3. 缺齿区：根尖片缺牙牙弓或领域，特别是第三磨牙，可能因为受到撞击或以前被拔出。死后缺齿牙窝的根尖片应该被采取，因为这些相同的牙齿的生前 X 光片，可能是可用的唯一证据。

4. 口腔外 X 光片：口腔外 X 光片（如侧颌窦，上颌窦或额窦的全景 X 光片）通常是有用的。

5. 处置 X 光片：推荐使用 2 组包装的口内胶片。一组胶片应该由法医牙科学家保留在他的案件档案中。第二组可以添附至书面报告中，并转发给法医或验尸官用于制作主文件。

注意： 所有复制的胶片应该载有左、右标记符号。

Ⅱ. 生前的数据的来源

生前数据可能包括牙科 X 光片、文字记录、模型；生前记录的收集通常是调查机构的责任，其可以获得地方、州或国家一级的失踪者报告。然而，法医牙科学家可识别其他的特征（例如，从前的牙齿矫正处理），这可能对于建立一个假定的个人标志有帮助。本节列出了各种资源机构和/或个人可能对定位记录提供援助。

A. 地方机构

医院，其他医疗保健设施

牙科学校

卫生保健提供者

雇主牙科保险运营商

公共援助保险管理者

B. 州属机构

以下国家资源可用，如果未知死者的牙齿记录无法在本地获得，调查提供的线索对受害人以前可能居住的州有帮助。ABFO 网站保有国家机构的名单：

1. 美国军事记录：系退伍军人事务部的服务记录/牙科记录

P. O. Box 150950

St. Louis, MO 63115

国家人事档案中心

9700 Page Ave.

St. Louis, MO 63132 – 5100

联系人：Barbara Bauman，(314) 801 – 0589

2. 牙科保险公司：美国加州三角洲牙科保健服务

Sacramento, CA

(916) 464 – 0379

(916) 464 – 5703

3. 联邦机构：美国联邦调查局全国犯罪信息中心（NCIC）NCIC/ FBI 大楼

10th and Pennsylvania

N. W. Washington, D. C. 20535

(202) 324 – 5049

国际刑警美国司法部部华盛顿特区的军事记录登记

900 Page Blvd.

St. Louis, MO

4. 国际资源：英国德里克·克拉克，英国伦敦医院，医学院

加拿大，Robert Dorion, D. M. D. , Montreal

德国 Dr. Klaus Raucher

澳大利亚 Dr. Kenneth Brown University of Adelaide, SA。

5. 保险运营商：

Mr. Lou Saporito
Director of Field Operations
Dental Relations Committee
The Health Insurance Association of America
1025 Connecticut Avenue, N. W.
Washington, D. C. 20036

Betty Hainsfurther
Council on Dental Care Programs
American Dental Association
211 E. Chicago Avenue
Chicago, IL 60611

Dr. John Thorpe
Illinois Blue Cross
233 N. Michigan
Chicago, IL 60601

Mr. Jim Bonk
Delta Dental Plan
Suite 1010
211 E. Chicago Avenue
Chicago, IL 60611

6. 其他资源：

家人或朋友或同事

公共援助保险管理者

雇主牙科保险运营商

此前兵役

前司法羁押在县

州或联邦机构

此前住院（如胸片、颅骨片）

口腔外科医生，或牙齿矫正的地区

退伍军人管理局医院

以往任何地区居留

整脊 X 射线

7. 网站：

美国协会的失踪与受虐儿童组织（AMECO）http://www. amecoinc. org/clear-inghouse. htm

疾病预防控制中心和预防。国家暴力死亡报告系统 http://www. cdc. gov/ncipc/profiles/nvdrs/default. htm

全国失踪成人（NCMA）http://www. theyaremissed. org/ncmaNational

犯罪信息中心（NCIC）http://www. fbi. gov/hq/cjisd/ncic. htm（不向公众开放）

全国失踪和不明身份的人系统（NamUs）http://www. NamUs. gov（失踪人员全国网上资源库，身份不明的死亡病例的）

NamUs 倡议汇集了两项创新的方案和自己在网上搜索的数据库：http://www. identifyus. org 和 http：//www. find – the – missing. org

Doe 网络（国际中心的身份不明，失踪人）http://www. doenetwork. orgNational

失踪和被剥削儿童（NCMEC）http://www. missingkids. com（输入从公众接受的 800 – THE LOST）

北美失踪人员网络（NAMPN）HTTP：//www. nampn. orgNational

牙科图像库（NDIR）仅适用于执法上线电子邮件图像 NDIR@ leo. gov

州和地方

加州失踪人口（1 – 800 – 222 – FIND）http://www. ag. ca. gov/missing

克拉克县验尸官办公室（内华达州拉斯维加斯）http://www. acessclarkcounty. net/coroner/unid. htm

科罗拉多州死因裁判官协会 http://www. coloradocoroners. org

佛罗里达不明死者数据库 http://www. fluiddb. com

佛罗里达不明死者倡议 http://www. fdle，state. fl. us/cjst/mec/identifyingguni-dentifieddeceased/identifying deceased. html

富尔顿县验尸官办公室 http://www. fcmeo. org/uidtrifold. htm（身份不明的受

害者“S 人数）

格鲁吉亚不明遗骸（从调查的佐治亚州局案件）http://www. ganet. org/gbi/uidlist. cgi/

伊利诺伊州警方－未解决的案件 http://www. isp. state. il. us/crime/unsolved. cfm

爱荷华不明人士及团体 http://www. . dps. state. ia. us/dci/unidentified_ bodies/index. shtml

John 和 Jane Doe 的案件档案（橙县警长，验尸官验尸处，加州 Santa Ana）http://www. ocsd. org

洛杉矶县验尸官 http://coroner. co. la. ca. us/htm/uipsearc. cfm

国家法医身份不明的遗体数据库肯塔基州办事处 http://www. unidentifiedremains. net

路易斯安那州立大学 FACES 实验室（路易斯安那州立大学－法医人类学）http://www. lsu. edu/faceslab

马里科帕县警长办公室（马里科帕县，亚利桑那州）http://www. mcso. org/index. php？ a = getmodule&mn = unsolved&page + getall

马里兰失踪人口网 http://wwww. marylandmissing. com/home. html

纽约州的不明 http://www. troopers. state. ny. us/wanted_ and_ missing/unidentified/

纽约州警察 http://www. ci. nyc. ny. us/html/nypd/html/missing/missing－unid. html

宾夕法尼亚州警察档案 http://www. psp. state. pa. us/psp/cwp/browse. asp？ a = 3&bc = o&c = 20795

河滨县警长/验尸官办公室（河滨县，加利福尼亚）http://www. riversidesheriff. org/coroner. org/unidentified_ bodies. htm

南卡罗来纳州不明身份的人（南卡罗来纳州验尸官协会）http://www. sc－coroners. org/unidentified_ bodies. htm

德州不明身份的人（德克萨斯州失踪人口信息中心）HTTP://www, txdps. state. tx. us/mpch/

查塔努加，哈密尔顿县医疗检验员 http://www. hamiltontn. gov/medicalexaminer/intro. htm

无名尸体（办公室警长，卡姆登县，新泽西州）http://www. co. camden. nj. us/sheriff/unidentified%20bodies. htm

身份不明的人类遗骸（密歇根州警方犯罪实验室）http://members. aol. com/stevenkl/remains. htm

不明身份的人（拉里默县法医办公室，科罗拉多州）http://www. co. larimer. co. us/coroner/coronerudp. htm

身份不明的 Remains. net（肯塔基州法医办公室）http://www. unidentifiedremains. net/

安省省警（加拿大安大略省）http://www. opp. ca/investigative/unidentifiedremains/index. htm

萨斯喀彻温省的失踪和不明身份的人（警察，加拿大酋长萨斯喀彻温省协会）http://www. sacp. ca/missing/index. php

Ⅲ. 生前和死后证据的比较

本节讨论生前和死后均可存在的牙科证据的因素，可以用于比较的目的。大多数牙科标识是可以被容易地记载在记录中的修复体，龋齿，牙齿缺失或义齿装置。但是应当指出的是，在近年来龋齿的发病率降低的情况下，将决定未来更大程度地依赖于其他牙科学结果。需要强调的是，给予足够的记录，几乎无限多的客观因素具有标识价值（见第 IV 部分）。因此，客观的发现，特别是那些独一无二的个体特征，提供确定一致性或排除的基础。与此同时，在生前和死后的证据之间的明显差异（如记录错误，可用随后的生前牙科治疗记录）必须得到解决。以下小节提供了客观的牙齿、牙周或颌骨的调查结果，这可能是生前和死后的记录均存在的描述。同时所列出的因素并不全面，他们可以作为一个清单，表明可能适用于难以鉴定案件的客观调查结果的范围。

对鉴定有用的牙科特点：

1. 牙齿：

牙齿存在

萌出

未萌出/牙齿损伤

2. 缺牙：

先天性缺失

生前丢失

死亡时/死后丢失

3. 牙齿类型：

恒牙

混合牙列
乳牙保留
多生牙
4. 牙齿位置:
错置:面/舌型,旋转,上/下位置,间隙,其他咬合不符
5. 牙冠形态:
大小和冠形
6. 釉层厚度:
接触点位置,牙釉质-骨结合
种族差异:如铲形门齿,卡氏尖,
7. 牙冠病理:
龋齿
磨耗/磨损/腐蚀
非典型的变化:如侧切牙小,融合/并生,牙釉珠,多尖等
牙内陷
含牙囊肿
8. 牙根形态:
大小,形状,数量,弯曲牙,根分歧
9. 牙根病理:
牙根骨折
牙骨质增生
外部牙根吸收
牙根半切除
髓室和根管形态
大小,形状,数目
继发性牙本质
髓腔和根管病理
髓石,营养不良性钙化
根管治疗:如杜仲胶,银点,内贴和复古填充等程序
内吸收
牙根尖切除术
根尖周病理

根尖周脓肿/肉芽肿/囊肿

牙骨质瘤

骨质增生性骨炎

10. 牙齿修复：

金属修复体：汞合金，金或非贵重金属冠/嵌体，内切职位，销，固定义齿，植入

非金属修复体：丙烯酸树脂，硅酸盐，复合材料，陶瓷等

部分和全部去除义齿

11. 牙周：

牙龈：形态/病理

轮廓：牙龈萎缩，局灶性/弥漫性扩大，邻面坑

颜色：炎症性改变，生理性或病理性色素沉着

斑和结石，口腔卫生状况，牙齿着色，牙石

牙周膜：形态/病理学，

厚度

增宽（如硬皮病）

互根性

牙槽骨外生性骨疣

椎板硬脑膜托里模式牙槽骨厚度横向牙周囊牙槽突和椎板杜拉

身高/轮廓/密度（损失，增加密度）：牙周骨质流失骨小梁模式骨质疏松症，放射线密度

残根碎片，金属碎片

12. 上颌骨和下颌骨：

解剖标志/病理学

上颌窦：大小，形状，潴留性囊肿，钙化，异物，口窦瘘，

与邻牙的关系，前鼻棘，切牙管，正中腭中缝，切牙管的大小，形状，囊肿

翼钩：大小，形状，骨折

下颌管/颏孔：直径，异常（叉）管，与邻牙的关系

冠突和髁突：大小和形状

颞下颌关节：大小，形状，肥大/萎缩，关节强直，骨折，关节炎改变

13. 其他病理过程/颌骨：

发展期/裂开性囊肿

出血性（外伤性）骨囊肿

唾液腺凹陷

反应性/肿瘤性病变

代谢性骨骼疾病

其他引起局灶性或弥漫性辐射可透性或不透性的疾病

正颌外科手术或外伤之前的证据（如丝缝合线，外科手术钉等）

Ⅳ. 尸体鉴定的类别及术语

A. 确定鉴定

足够详细的生前和死后的匹配数据以证明是来自同一个人。此外，不存在不可调和的差异。

B. 可能鉴定

生前和死后数据具有一致的特性，但由于死后遗体或死前证据的质量因素，不能够可靠地建立牙齿鉴定。

C. 证据不足

现有的信息不足以构成相关结论的基础。

D. 排除鉴定

生前和死后的数据显然是不一致的。应当理解的是，在某些情况下排除鉴定是一项有效的鉴定技术。

注意： 法医牙医一般不能验证某些生前记录是正确的，诸如姓名、日期等；因此，报告中应该说明，该结论的得出是基于被称为可以代表某特定个人的记录。

失踪和不明身份者的牙科信息案例

目的

这些准则是为某些机构、享有管辖权的单位和个人而制定，他们与失踪者和/或不明身份者的案例有关系或责任。牙科验证长期以来被公认为是人类识别的可靠手段，但很多时候负责的官员并不完全理解法医齿科学（牙科学）的技术要求。希望在这里提供的信息可以帮助法医齿科学家和执法人员处理那些需要或涉及此类证据的案件。

背景

基于齿科鉴定的重要性和新技术的可行性，美国法医齿科学委员会（ABFO）在1993年于波士顿召开的年会上成立了特别委员会。其中一项初始任务就是制定了对法医齿科学家和执法人员有意义的指南，使之在采集和使用遗失/不明身份者的齿科信息时有所参考。该委员会现在是 ABFO 的一个常务委员会，并将继续评估和确定有效的技术和方案，以协助针对失踪和不明身份者的案件处理。

识别过程

及时识别的重要性：及时识别未知的人体残骸有怎样的重要性？在涉及死亡案例时，如果不首先确定死者的真实身份，会很难取得进展。这在法律实施上是一个很好理解的公理，“如果你不能确定死者的身份，你就不能破案”。但对于准确快速的鉴定还有更强烈的人道主义的原因。幸存的家人和所爱的人为了自己的健康而需要知道真相。每个人失去了心爱的人时，都会经历一个悲伤的过程。当该过程被中断或者不允许自然地进行时，他/她的身体和情感就会面临健康的危险。正是出于这个原因，家人和朋友对于失踪人员所需要的，其实往往渴望被尽快地告知他们所爱的人事实上已经死亡。有句老话说“没有消息就是好消息”在这些情况下并不适用。家人需要尽快知道；他们也需要知道，所有能做的事情已经做到从而找出究竟发生了什么事情，结局是这种情况还是其反面。

科学鉴定

当前辨认尸体残骸一般有四种方法。它们是视觉识别、指纹比对、DNA 分析和医疗/齿科比较。显然，视觉识别不是一个科学的方法。但是，其他方法具备怎样的共同点，从而使它们具备科学性呢？

它们都包括对实质性的证据材料进行直接比较。生前的指纹记录或者留下的潜在指纹可以与尸体指纹相对比；生前得到的 DNA 证据，可以与死后组织相对比；对于牙科和医疗特性，通过视觉和/或借助 X 光片（X 射线），可以对比生前的记录和胶片。必须有生前和死后的证据，才能建立正确的鉴定。每种方法都有其优点和缺点，但无一例外，都依赖于生前材料的存在。法医专家们得出的结论仅仅是他们工作中所用到的证据，不止一次我们看到了采用或试图采用欺诈性证据的情况。谨慎的调查员会质疑生前证据的真实性，并尽一切可能确保其正确性。同样重要的是，记录死后证据并保护死后材料的监管体系。指纹，在可获得的情况下，通常被认为是最好的鉴定形式。如果死者有可用的指纹，并且记录在某个地方，那么单是对指纹进行比较就能够建立明确的鉴定。然而遗憾的是，现今留取指纹记录的人比以前少，而且女人从历史上来讲也少有采取指纹的记录。此外，指纹虽然在一个人的一生中不会变，但在死后尸体分解时立即开始退化。

DNA 分析已经迅速证明其在识别过程中是一种有价值的工具。除了其在刑事案件中的价值，它彻底改变了包括亲子鉴定等民事诉讼程序。然而，使用这种技术的确定鉴定，和其他方法一样，需要得到一些能证明该个体的生前遗传物质。

与其父母、兄弟姐妹等进行对比不能够得出定论。这些只能证明相互关系，而不能得出明确的鉴定。只有当孩子在医院中在不为人知的情况下被调换，以及秘密地对婚姻不忠的情况下遇到一些障碍时，才可以考虑 DNA 分析技术的应用。

齿科鉴定

失踪者的牙齿记录，模型和影像学（X 光）与不明身份遗骸的牙齿证据相比较，一直被认为是确定性科学鉴定的最可靠手段之一。虽然一个人的牙齿特征在生活中会经常改变（蛀牙、补牙、拔牙等），但死亡后的变化是非常缓慢的。事实上，已经证明死亡时其牙齿状况可以在某些情况下保持数个世纪。

当某个个体的牙齿状况发生变化时，该变化是单方向的。正如 Lorton and Langley 所描述的“牙齿状况的变化是固定的；就是说，一颗牙齿如果表面上有填充，那么它不能进展到表面没有填充的状态。它只能从表面上没有填充的状态进入到有填充的状态。”

同样，一旦牙齿被拔除或丢失，那么它无法再现。此单向变化在验证过程中意义显著，并且必须在任何比较/搜索过程中被考虑（见以下描述）。法医牙科学家将评估和比较尸检与生前的两种牙科记录。他/她的任务是确定这两个记录是否来自同一个人。虽然大多数会采用类似的技术和程序，但在执行这种比较时，其方式会有一些变化。但是，归根结底，在那里是一个积极的匹配文字记录中的所有矛盾必须加以解释和特色必须是显而易见的，在硬质材料的证据，如 X 射线、石头模型、照片等，上述细节和牙科鉴定等技术方面的内容可以参阅 1994 年 9 月发行的美国牙科协会杂志。

搜索或比较程序

只有将死后证据与某个记录进行比较才能准确并科学地鉴定一个不明的人体。为了能够发现生前的记录，必须有一些表明个体的可能身份的材料。这些证据一般是在所述主体的附近发现的一些个人物品或线索。然而，当没有这样的线索时，法律的执行就必须使用受害人的实际物理特征，并与已有的失踪者的记录相对比。出于实际目的，这些普通的物理描述（身高，体重，眼睛和头发的颜色等）可以帮助缩小可能的身份范围；然而，他们可能改变，并且往往是一种主观评价。考虑到这个国家的失踪者数量之多，这种类型的证据虽然很重要，在实际鉴定中的价值有限。此外，随着时间的推移，许多此类特征随着分解、白骨化和消散而丢失。

然而，历来如果没有一些线索来提示可能的身份，直接比较就不能实现。而这些线索通常不是牙科的，例如个人物品、证人的账户、环境、自动车注册等。

另外在很多情况下是因为当时没有发现可能用于识别的证据，从而没有做未识别尸体的牙科信息记录来用于后期比较。其结果是，这些信息经常永远地消失了，使得未来比较不可能。像指纹，可用的牙科用信息可以提供在缩小过程中要使用的足够的个体特征。

在这些情况下，非牙科线索都没有用，“为了成功地使用牙科数据识别，三个过程必须遵循：数据采集，数据比较/选择和最终核实”。

随着计算机软件程序设计来搜索和比较牙齿记录，在某种程度上有些类似于自动指纹识别系统（AFIS）检索指纹的记录方式的发展，仅依赖于此工具已经可能运用这些类型的案件的牙科证据来缩窄需要核查的证据的范围。这个过程被称为比较/检索处理。不幸的是，太少机构正在利用现有的新技术优势。他们开始通过不收集数据的牙齿，尤其是在失踪人口案件，牙科信息经常不被列入失踪者的报告。这反映在美国联邦调查局的全国犯罪信息中心（NCIC）系统，该系统始终与包括牙科信息的缺失项小于2%。此外，它们还过于频繁失败记录和保存无名尸体牙科证据。牙科信息不明条目仅略高于50%。

失踪人口案件

失踪人口报告

失踪人口报告首先从第一个接触的家庭成员或朋友开始，这是整个过程中最关键的时候，经常被警察机构忽视。很多时候，“失踪者”的任务分配或是被忽视，或交给在工作量很大的部门的最初级官员来处理。这使其成为一个看似不重要的任务，一个没有人愿意做的工作。它可能不是非法的失踪，但这些案件对家庭成员来说非常重要，没有这些信息有时会无法解决。重要的是，这项任务的人员分配的重要性应当在部门内得到承认。这种初次接触过程中可以完成如下三件事情：有关失踪的完整信息需要被记录；相关家庭得到确认，他们的案件是很重要的；社区内对机构有利的公共关系得到认知。这是收集尽可能多的信息的时间。案件报告人已经处于焦虑不安的状态，所以，在这个时候记录员的言行很少会造成他/她额外的悲痛。现在要问询所有的问题；事后再问只会造成更多不必要的痛苦。大多数执法机构有标准格式记录失踪者的报告。重要的是，这些格式包括用于医疗和牙科信息足够的空间。询问报告人有关失踪人员的医疗和牙科病史：

1. 牙医的姓名和地址。

2. 他或她是否定期看牙医？

3. 他或她有没有常规的牙医？现住所？以前的家的所在地？以前的兵役？哪

个部队？

4. 其他牙科源（专家）：牙科学家（矫正），口腔外科医生，牙周病专家（牙龈疾病），牙髓病专家（根管），镶牙专家（假牙，局部，牙冠和牙桥和植入体）。

5. 病史，包括医师姓名、住院情况、意外、疾病等。尤其注意头部和胸部受伤情况，这往往导致医疗X光片显示一些牙齿的特点。现在就询问有关此信息。正如前面提到的，家庭成员已经是焦躁不安，否则就不会报告失踪。因此，很少有记录员的行为会进一步增加其悲痛，除非他/她是完全麻木不仁。要在事后再去询问牙科信息，会不必要地使家庭不安，有什么可以更糟糕，如果有一个官员在30、60、90天后给家属打电话，并且说："我们发现一具尸体，我们认为可能是你所爱的失踪者。视觉识别是不可能的。你能告诉我们他/她的牙医的名字吗？"这听起来是否残酷和麻木不仁？如果这个尸体最终证实不是被怀疑的失踪者又会怎样呢？这一切太频繁地发生！读到这里，有的官员会说："等一下。我不打算对每一个被报失踪的离家出走的孩子、妓女收集这些信息，他们通常会在几天后出现"。他/她可能是正确的。但在初步报告中获取这些信息并不意味着必须立即从这些来源处收集这些实际的记录。当合理的时间已经过去（具体案例具体分析），数据就可以被定位并收集。一些机构实际对于失踪人员案件使用回呼电话。这让他们可以确认，该人仍下落不明，它也可以让家属知道，他们仍在就该案进行工作从而产生积极的公关效果。报告和跟进之间的时间滞后将随案件特定情况而变化，但一到两周对于大多数情况下可能是合适的。如果出现了在此期间没有联系的情况，那么是时候来研究和收集牙科的数据，并与其他机构分享。

牙科信息的收集

如果超出三十日，就不存在延迟收集牙科信息的真正需要。这应该被看作是收集和报告之前需要等待的一个最长时间范围。在大多数情况下，两至三个星期是比较合适的。在联络牙科或医疗办公室，有关人员应正确描述他/她的自身情况，并解释了调查的性质和他/她所请求的信息。大多数办公室将自愿充分合作；有些州立法允许警察介入；如果没有，传票或传票的威吓，通常会使对方提供便利。请记住，这间办公室可能有指向其他信息源的信息，如以前的牙医、专科转诊、病历等。

所有信息均应被提取。这将包括：

1. 完整的书面记录或质量好、可读的复印件，原件是首选。

2. 原始的X光片或质量好的副本。同样是原件首选。如果提供副本，他们需

要准确的标签，以左右方向，并包含所有日期等信息

3. 石膏或石制模型（研究模型），如果有的话。

4. 照片，如果有的话。一些办公室有患者在治疗的不同阶段的图像印刷品或视频。

5. 可用的关于该患者的任何其他信息。军事记录可以通过联系失踪者服务的对应部队的最近军事基进行研究。军事情报处的资源是关于前成员的信息。如果可能的话，尝试从多个办公室获得记录，即使是一个很旧的记录。这将有助于鉴定死前证据。如果从失踪者的报告没有获得线索，联系当地的牙科诊所和医疗设施可能会产生一些积极的结果。保险公司和州的卫生与福利部门也可能提供有用的信息。发挥想象力；可能有一些信息就在某个地方。请参阅 ABFO 个体识别指引发现进一步的信息来源。

使用牙科信息

收集这些信息后需要做的第一件事就是把它列入失踪者的报告。它不应该只是被束之高阁，被遗忘。它对案件具有价值，因此它需要被利用。失踪者的身份是否已被确定，在这个时候法医牙科学家的服务应该被雇佣。解密并把牙齿信息转换为可用的失踪者的牙齿形态极少是一件容易的事。书面牙科记录常常不完整或字迹模糊。出于这个原因，该任务应征询一个训练有素的法医牙医，并让其填写各种表格，这些表格来源自地方、州、全国的牙科数据库程序。同样，通常这些表格需要有一定的熟悉和经验，正确地完成和准确性在这个节点上比速度更重要。

逻辑上的第一步是让被咨询的法医学专家比较这个新获取的牙齿数据和任何可用的死后证据。如果没有找到本地的匹配，该信息应与那些有能力处理这类数据的其他地方、区域和国家机构共享。这些计划的更详细的解释如下文所述，标题为“搜索/比较程序”。

身份不明案件

身份不明尸体报告：任何一个被发现的死者，尤其是无法预期一个及时的身份确认的情况下，需要收集和保存所有可用的识别性物证。这应在尸体离开负责调查的机关的保管前完成。在涉及死亡的案件中，但凡有可能会出现一些现在或将来需要验证一定程度的个人身份的科学确定性的所有案件，除了指纹，照片和 DNA 样本，牙科资料均应被记录。请再次参考 ABFO 个体识别指南。虽然通常烧灼、分解或严重创伤的尸体，最终需要牙科识别，但总是存在这种可能性，即牙齿验证可能是在其他证据不明显的情况下，唯一可用的科学方法。如果有可能采

取指纹的话，认真的调查者不应该让一个身份不明的尸体在没有采取指纹的情况下被处理掉。这也适用于任何可用的牙科证据。此外，随着越来越多地使用基于计算机的牙齿比较程序，最终认定真实身份的线索可能来自牙齿的证据。快速识别可能对解决案件至关重要。应该让一个训练有素的法医牙科学家进行检查和必要的记录，使所有记录的信息是准确的、完整的和正确保存的。立即做，并且做正确，永远都是最值得推崇的。这样做的好处是将大大降低日后挖掘尸体，从而产生额外的费用以及尴尬的必要性。要完整，要准确，而最重要的是：在第一次就做正确！这里要注意的是，执法部门应该期望从他们聘请的任何牙科顾问获得如下结果：

1. 调查结果，建议和结论的书面法医的牙齿报告。
2. 所有的文件，包括图表，照片，模型和X光片。
3. 迅速完成所有考试和报告，或者为什么需要更多的时间解释了。
4. 填妥申请表格，在NCIC或其他搜索/比较程序。

牙科信息的收集

牙科检查是在验尸官/法医的领导和指导下进行的，通常是在太平间、殡仪馆或私人顾问机构，由各个辖区所设置。首先关注的是身体或包含牙科证据的身体某部分的搜集和原封不动地转运至那/那些设施。

严重分割的尸体

那些涉及严重碎尸的受害者的情况下，对该地区应仔细检查是否有残留的，但不一定是显而易见的硬或软组织的碎片。这可能需要针对碎尸搜索和证据采集接受过专门训练的专家的协助。当然，大多数情况下推荐网格化系统搜索。任何找回的身体部分或证据，应被放置在尸体袋或其他适当的证据保管箱中运输。重要的是要注意，在此之前应完成已取得的片段的现场位置的标记。

腐烂的尸体

腐烂尸体通常保有完好的口腔结构，但是在许多情况下，在分解过程将能够破坏齿弓中固定牙齿至骨骼的纤维。随着牙周纤维的破坏，牙齿，尤其是那些具有直根系（如前牙）的牙齿，可以很容易脱落，并可能在检查前丢失。移动身体前，轻轻分开嘴唇，注意到没有任何门牙的缺失。如果有牙齿从开放的牙槽窝处缺失，看看在尸体旁是否有任何牙齿。如果没有，这些牙齿可能会在以后的检查中发现。它们通常位于嘴的后部。如果没有找到，应如上所述，重新审视发现尸体的现场并寻找丢失的证据。移动身体时，必须采取行动防止让任何松动的牙齿不小心被碰到而脱落。

严重烧灼的尸体

对于所有严重烧灼的案例，运送尸体必须格外小心，不是因为整个牙齿会脱落，而是因为热量可能会使牙冠严重脱水碳化，轻微触碰便可以使它们碎裂。如果牙齿出现易碎的状况，小心运输之前拍摄牙列的特写照片将有助于重建，以防尸体的运送过程中损坏牙齿。首先，应当小心运输过程中不要造成尸体剧烈摇晃。周围所有可能包含牙科证据的碎片均应被找回，以便可以检查是否有牙齿碎片。一旦到达检查机构，通过在牙齿上喷涂黏接剂有时能够增强牙齿结构，使它们不再那么易碎。试图保持尽可能完好的牙齿结构及其支撑骨结构在核实受害人的身份方面可能至关重要。

白骨化尸体

在白骨化尸体案件中，牙齿是容易见到的，但与腐烂尸体相似，在牙齿和骨之间附着的软组织不再能够将牙齿保持在骨架上。因此，直根牙齿很容易并经常丢失。如果身体已被掩埋或动物的活动已造成骨架移动，可取的操作是筛查周围地面的小骨骼、牙齿或其他证据。这些片段可以被标记，并提请机构进行检查。

保持口腔信息

应由法医牙科学家执行检查和必要的记录，使所有记录的信息是准确的，并正确地保存在报告中，以方便可能的对比。如前所述，美国牙科协会杂志提供由美国法医牙科学委员会编写的更加完整的个体识别技术纲要。

视觉检验以及牙科制图。这个过程是相当直白的。一个完整的可视化牙齿状况和剩余的牙齿证据笔录是任何法医牙科检查的基础。负责调查的牙科医生应注意，并在为此目的设计的表格上记录任何和所有的口腔及牙齿的特征。这将形成今后验证和搜索活动时进行比较的基础。

实际上使用哪一种牙科图表并不重要。但是，无论采用哪种图表，都应留出足够的空间，以在所有现有的条件下充分使用文字和/或图表做注释。此外，还建议，对于个别牙齿的所有图表名称均采用“通用编号系统”。

视觉检查及后续的牙齿制图可以是一个相对容易的过程，也可以是很烦琐艰巨的任务，这取决于可获取的牙齿和残余物的条件。当所有的牙齿均保持在骨弓，迫使颌骨打开，在某些情况下，破坏尸僵和清洁牙齿就是所有必要的工作。在严重烧灼的情况下，有时是需要仔细移除上下颌骨，以便清洗和执行完整的检查。

牙科 X 光片

每个死后牙科检查均应进行牙科放射线片（X 光片）检查。这种情况的原因是双重的。首先，如果没有X光片，完全准确地记录牙科图表是不可能的，因为有很多条件是只能用这种方法检测，如根管，保留根，阻生牙等；其次，牙片是确凿的证据，在证明任何结论的情况下都需要用到。任何人都可能在图表上记录错误；但X光片是实际牙齿特征的确切客观记录。一个彻底的尸体牙科X光检查应包括一个完整的系列可用牙齿结构的根尖片。咬翼型胶片也应被采用，因为它是在牙科记录中发现的最常见的类型。不管是什么类型的拍摄，选择合适的角度是非常重要的，另外还有曝光，处理（显影和定影）。除了牙根片和咬翼型胶片，有其他几种不同类型的可用胶片。这些包括全景，咬合和医疗型的胶片，如侧向头部和前部/后部颅骨的视图。

咬翼X光片

这是X光片在牙科中发现的最常见的类型，因此，有可能成为生前牙科记录的一部分。事实上，往往是唯一可用的牙片类型。因为它们是在同一时间（闭口）拍摄上下颌骨，这些胶片通常表现出上下牙齿在非常接近的状态，因此，描绘所有的被曝光的牙齿的全牙冠。这些胶片没有显示出围绕根部的根端区域，因此可能无法披露了一些非常有用的信息。如果颌骨和牙齿严重碎裂，牙齿易碎状态，可能难以确保应用这种类型的X光片进行死后的牙科记录。尽管如此，应该尽一切努力，在检测中应用咬翼X光片。

根尖X光片

这种根尖牙片每次只拍摄一侧颌骨，它显示了根尖部以及周围股结构和整个牙齿本身。根据位置和个体条件，一般两到四个牙齿会在每个这种胶片中相当完全地显示。这些胶片应该拍摄牙弓的各个领域，甚至包括那些不含有可见的牙齿，因为牙齿或其他特性可能会受到影响，或隐藏在骨性结构内。全套这些胶片应该与咬翼X光片一同拍摄。全套根尖片，标准牙齿大小通常会包括约14张片。

全景X光片

这种类型的胶片提供了一个大单张X光片，显示大部分的下面部，包括双颌骨、鼻窦、鼻腔、眼窝下部和下颌角。采取支架固定头部，而X射线源和胶片盒都在头部周围同时移动从而拍摄得到。这种胶片没有在大多数牙科诊所常规采用；但是它们的常见程度还是足以需要引起法庭科学注意。它们应被小心用于比较生前其他不同类型的牙片。这是因为：①这种胶片是如此之大，个别牙及其支持组织往往重叠和/或扭曲，使得与其他类型牙片的比较变得困难；②在机器上定位死者的头部、颌骨或颌骨碎片的困难操作，则可能妨碍产生高质量的图像。

医用 X 光片

这些胶片通常是为了牙科目的，或诊断头部损伤、鼻窦问题等的诊断 X 光片。这些胶片通常从一个特定的视图显示整个颅骨。而解剖特征，例如鼻窦，尤其额窦中的前/后视图或 Waters 视图，可漂亮显示。由于牙齿的叠加，左右牙弓重叠和其他类型的失真，使得牙齿的可视化变得困难。所有这些因素可以使特定的牙齿特征的比较出现困难。

照片

虽然通常不像牙科 X 光片那样关键，牙科照片在保存证据反方面非常有益，特别是当有一些独特的牙齿特征，并且用其他方法难以描述的情况下。摄影也能提供双重检查防止出现记录错误。另外，尤其是前牙的照片，可能与生前牙齿不寻常特征的照片进行比较而有用。这些照片应该包括所有法医牙科学家认为是非常重要的视图。

研究模型

研究模型很少用来保存鉴定案件的证据。由于牙齿在某些情况下可能变得脆弱，而且某些情况下软组织会遭到破坏，在某些情况下，提取印模，会改变现有的证据。然而，对于任何给定的特殊情况，当法医牙科学家觉得必要的时候，它也可以是一个可行的程序。

颌骨和牙齿碎片的保存

在这些情况下，当牙科证据在某种程度上是微小的或有问题的，和/或该尸体将由火葬进行处置，所述牙科证据应该从身体的其余部分分离提取，标记和妥善保存以备将来检查和研究。有关移除及保存等信息请参阅 ABFO 个体识别指南。

骨残余物

这些标本应彻底清洗并妥善保存，以确保保留所有牙科的证据，同时要注意牙齿很容易从各自的牙槽窝中脱落丢失。

伴有软组织残留的颌骨

必要时切除或从支持性骨骼和肌肉附着上去除颌骨。标本必须清洗，然后存储在标准的停尸房福尔马林溶液中。

去除死者遗体的牙齿结构的授权

进行去除死者遗体残骸的操作之前需要法律的授权。这种授权的形式将根据该检查发生的管辖区而有所不同。最起码是要获得管辖该案件的验尸官/法医的许可。切除的方法会有不同的情况，将包括使用尸检锯，锤子和凿子，或修枝剪。法医牙科学家将熟悉最适用于每个具体案件的技术。

牙科信息的使用

一旦所有的尸检记录完整，这些都应该成为验尸官/法医办公室的身份不明尸体的文件的一部分。完成报告后，

合乎逻辑的下一步是让被咨询的法医学专家比较这个新获取的牙齿数据和任何可用的死后证据。如果没有找到本地的匹配，该信息应与那些有能力处理这类数据的其他地方、区域和国家机构共享。这些计划的更详细的解释如下文所述，标题为“搜索/比较程序”。

搜索和比较计划

目的

在大多数情况下，牙齿鉴定未知的人类遗骸是直接比较死后牙科记录与可疑个人的生前牙科记录。另一个较困难的情况是可能会涉及所发现的尸体个体识别情况不明显，在这种情况下，在现场或在尸体上发现的某些类型的证据可被使用。

其中最困难的，但更重要的任务，是一个法医牙科学家可以被要求完成身份不明的遗体鉴定，而此时办案人员不知道死者可能的身份。没有可跟踪的线索或可能的熟人来询问，在发展计算机技术之前，这个任务是几乎不可能完成的。

随着计算机比较程序的使用，生前和死后的信息可以被输入到一个数据库，数以千计的比较可在几秒钟内完成，并生成可能的候选人名单，然后可以视觉比较适当的牙科 X 光片和/或其他牙科证据，从而证实或拒绝候选人。要想使这个成为真正有效的执法工具，适当的牙科搜索/比较设施必须存在。如果没有可用的、最新的数据库，无法完成各种搜索程序。

最低要求

牙科信息的计算机数据库的概念并不新鲜；在联邦调查局国家犯罪信息中心（NCIC）具有接受牙科信息的能力。

然而，评估或建立一个“搜索/比较”程序时有一些需要考虑的问题。

1. 计算机软件程序必须易于使用，并且必须具有可执行一般和具体的搜索以及牙齿特征的比较的能力。

2. 进入代码，形式和程序，必须明确和简单，以减少数据错误。

3. 获得提交数据授权的执法办公室必须接受有关程序的使用及评价的教育。

4. 应要求所有执法办公室强制报告。许多与 NCIC 打交道的人有清楚的体会，感觉这一计划的牙科方面的工作效率不高。这主要是因为以上列出的这些问题，可能没有被考虑和/或实施。Haglund 在题为“国家犯罪信息中心（NCIC）失踪

和不明身份的人系统再探”的文章中阐述了收集和输入牙科数据相关的困难和问题。NCIC 系统的搜索算法的进一步的问题在 Bell 的一篇文章“国家犯罪信息中心的测试失踪或不明身份的人的电脑比较常规”中被阐述。关于 NCIC 的失败的问题不是这个指南所涉范围的目的。当然，NCIC 系统为执法提供宝贵的信息储备。但非常可能的是，NCIC 计划的牙科方面的范围过大，从而不能形成可操作性的数据库。

最好的“搜索/比较”项目的定位是在国家或地区的水平。这可以更容易解决上述列出的关注问题，并仍可保持数据库的可管理规模。“理想”的项目将具有以下特点：

1. 建立在州的执法部门或国家警察/巡警部门之下。
2. 由经过培训的法医牙科学家运作。
3. 要求强制性报告①失踪者；②身份不明的尸体；③获释重刑犯；和④假释或缓刑违法者。
4. 针对地方和国家的执法部门和验尸官/法医的教育计划。
5. 与邻近的项目合作和共享数据。

WinID

历史与发展

最初的计算机辅助解剖鉴定（CAPMI）程序是在 20 世纪 80 年代由美国陆军牙科研究所的上校卢洛顿开发出来的。这个程序在帮助识别 1985 飞机失事上证明了它的实用性。CMPI 是基于 DOS 的个人电程序。

在 20 世纪 90 年代个人电脑被广泛使用，价钱也变得更便宜。在这一年里，微软发布 Windows 3。很显然，可以写出一个用户友好的牙科计算机识别程序。WinID 用 Visual Basic（VB）语言编写程序。Winid 的前两个版本用平面文件存储数据。

WinID 利用图形用户界面，允许使用鼠标。WinID 可以存储和显示 BMP、GIF 和 JPG 格式的图形。WinID 的其他窗口的功能包括文本框，列表框，组合框，菜单，滚动条，按钮，复选框和单选按钮。

WinID 在 1996 伊利诺斯昆西涉及两架飞机的事件中被首次使用。对受害者进行了恢复和检查；接收生前记录并审查；在 72 小时内生成最终的识别报告。这一事件建立了 WinID 处理大规模灾难的有效性。这个事件是发展中的 DMORT 对一个航空事故的第一响应；便携式停尸房由国家殡葬协会提供。

WinID3 和它的鉴定功能于 2001 年在纽约市世界贸易大厦发布。WinID3 包含一个微软 Access 数据库的功能。WinID 能够同时处理对多明尼加开往美国的航班遇难者的身份识别及纽约医疗检验办公室继 9 月 11 日后的善后工作。

在 2000 年以后，WinID3 能够连接数字 X 线设备。这导致了无纸牙识别系统概念的产生，所有尸体的牙齿信息，如牙科图表、WinID 代码和数字 X 光片和照片都可以直接输入到计算机。无纸化系统已成功应用在卡特里娜飓风灾难中。

WinID3 使用 Microsoft Access 数据库。每个事件都会使用一个新的数据库。WinID3 带有称为 sample. mdb 的训练数据库。该数据库包含一个小肿块灾难的记录和图形，用作新手调查与电脑识别。

每个 WinID3 数据库由两个表组成：生前表和死后表。每个表包含事件的所有的生前记录或者全部尸检记录。每个记录由字段组成。字段的示例包括：种族、性别、身高和齿#4 初级码。用于生成报告或研究目的汇编和数据的操作可以通过 WinID3 或通过使用 Microsoft Office 的组件 Microsoft Access 来处理。

WinID Coding

WinID 使用主要和次要代码对牙列的各个牙齿进行分类。当使用 WinID 时要记住，它是编码的牙齿的修复表面。恢复本身不进行编码。举个例子，同时进行 MO 和 DO 修复的牙齿编码为 MOD，而不是 MODO。

WinID 的主要编码

M - 牙近中面修复

O - 后牙咬合面修复

D - 牙远中面修复

F - 牙合面修复

L - 牙舌面修复

I - 前牙切缘的修复

U - 牙未萌出

V - 非修复牙齿——原始的

X - 牙缺失——提取

J - 牙齿存在但没有其他信息是已知的

失踪的尸体、冠折、脱位牙

/ - 没有可用的相关牙齿信息

WinID 二次编码

A - 注释——牙的一个不寻常的发现

评论部分详细阐述了这一发现的具体情况

B－牙齿脱落

C－牙安装了一个牙冠。modfl－c 速记

E－树脂充填材料

G－金恢复

H－瓷

N－非珍贵的填充或冠材料，包括不锈钢

P－桥体：用于当牙齿已被代码“X”标记为丢失的

R－根管充填

S－银汞合金

T－义齿牙：当牙齿被“X”标记为缺失

Z－临时填充材料，也表示总龋（谨慎使用）

只有主码是用来对 WinID 的“最佳匹配”功能记录排序。第二码是用来帮助找到 WinID 的排序和过滤功能的记录。

在最好的匹配模式 WinID 使用主码排名记录。基于牙齿的具体尸检记录会与所有的生前记录做比较。一个生前的记录，也可以与所有的尸检记录作比较。当一个记录的牙齿与另一个记录的牙齿进行比较，结果为：命中，缺失，可能或无资料。A *Hit* 是那里有一个匹配，如 O 码匹配一个 O 代码。A *Miss* 是其中一个比较是不可能的，例如相 X 代码与尸检 V 代码比较。当事后记录比生前的记录显示更多的牙科工作时产生 A *Possible*。当一个代码没有可比较的代码时产生 A *No－Information*。

Hits, Misses, Possibles and No－Informations 的运行次数将被保留。但是应当注意的是，对于一个记录到另一个记录的具体的比较，Hits，Misses，Possibles and No－Informations 的总和总是等于 32。

当所有的记录进行比较后，对运行次数进行排序，返回排列表。WinID 可以返回按 Most Hits, Least Miss Matches, Most Restoration Hits and Most Identifier Hits 排序的表。从非牙科信息如年龄、种族性别和血型产生最命中标识符。

WinID 将会对任何输入的牙科编码进行校正。主要的代码将按 MODFL 的顺序放置，所有输入的信息将变成大写，主要的代码将被从二级代码用破折号分开，多余的条目，如数字和标点符号将被删除。举个例子，当 q77mo@ s 输入进 WinID 将返回 *MO－S*。

当为进入 WinID 进行编码时要记住，记录可以以多种方式来解释。最好的编

码将保证记录将实现最佳匹配函数的最高位置。尸检记录的编码是“你所看到的就是你的代码的方式”。

生前记录被保守编码；X 光片是最好的生前记录。生前撰写的记录应该被用来确认和放大 X 光片上看到的信息。最好使用代码表示 no - information，而不是猜测和是错误的，从而将正确的记录进一步移动到最好的匹配列表。始终力求以最小的不匹配。

编码团队需要了解一些常见的错误，如将不正确的数据放人最精心保存的记录中。*Flips* 是其中恢复被放置在牙齿但该过程被记录显示好像它已经被放置在相应的齿口上的另一侧。一个例子是对#19 牙齿进行了修复，但记录显示为#30 - MO。*Flops* 是对牙齿进行了一种修复但该过程被记录为另外一种不同的修复。一个例子是对#19 牙齿进行了 MO 修复，但记录为#19 - DO。*Slides* 是一颗牙齿被认定为附近的牙齿。这通常是由于提取和随后的近中漂移。一个例子是，当#19 牙齿几年前被拔掉，由近中漂关闭所产生的空间，那么 MO 恢复被放置在#18 牙齿，但记录为#19 - MO。

当使用 A 二级码的时候，在评论部分必须放置一个条目。该条目是用来记录没有相应的代码存在的信息。评论部分是牙齿鉴定工作的机构记忆。为了便于检索，牙号应与每个进人评论的条目有关。

WinID 可以使用标准码。标准码可以被认为是关键字。如果“pedo”条目与“primary tooth”条目比较，可能搜索不到可以匹配的信息。可通过按评论页面上的标准代码按钮，可以消除歧义。

安装和使用 WinID3

WinID 目前可从 www. winid. com 下载。WinID3 是免费的。这是詹姆斯 McGivney 的受版权保护的产品，DMD 保留所有权利。WinID 不属于公共领域。

WinID3 将在 PC 电脑上 Windows 操作系统的 XP 和 Vista 版本上运行。有报道显示企图在模拟 Windows 环境的 MAC 类型的计算机上使用 WinID3 很少获得成功。WinID3 没有 MAC 版本。

为了获得 WinID，浏览 www. winid. com。从左侧的菜单中选择下载 WinID3。在显示屏幕上填写您的信息，然后按点击提交。然后点击下载。在 www. winid. com 链接上下载阅读说明页。现在选择点击此处下载 WinID3 与 PowerPoint 文件助手 - 16 兆的链接。从弹出的屏幕上选择运行。下载的文件较大，在网速慢的电脑上可能需要相当长的时间。一定要注意放置下载文件的文件夹。

当下载完成后，点击运行。下载的文件是 winid - setup. exe 文件。这是一个自解压的压缩程序。通过运行 winid - setup. exe，压缩文件被分为三个独立的文件。一定要注意文件将被解压到的文件夹的位置。将文件解压到 Windows 桌面可能是最简单的。此时三个解压文件可以复制到磁盘，这样 WinID3 可以在其他电脑上进行安装。

其中一个解压文件是 setup. exe。双击 setup. exe 安装 WinID3。按照屏幕上的说明进行操作。最好是使用由 WinID 安装程序建议的默认文件夹位置。使用默认位置将缓解 WinID3 网络，当使用其他程序，如数字 X 射线照相软件时将产生较少的问题。

当 WinID3 用于网络环境：将数据库（ *. mdb）放置在服务器上。在每个工作站上安装 WinID3。把服务器上数据库的位置制图发给每个工作站。

安装 WinID3 后，程序和其他文件都放在 C：\ program files \ winid3 \ 的文件夹中。这些文件对 WinID3 正常运行很重要，不能被修改或移动。

其他有用的文件也可以在 C：\ program files \ winid3 \ 找到。包括四个关于使用 WinID 的 PowerPoint 演示文稿、生前和死后的编码形式、英语形式和英语和西班牙语版本的用户手册。

一旦 WinID3 已成功安装，导航到 C：\ program files \ winid3 \，找到该文件 winid3. exe，右键单击该文件，选择创建快捷方式。将快捷方式拖到桌面上。

双击桌面上的快捷方式图标运行 WinID3。选择要使用的数据库。数据库 sample. mdb 是第一次安装 WinID3 时唯一可用的数据库。

每个事件应该使用一个新的数据库。要创建一个新的数据库，打开文件菜单，选择新数据库，输入一个独特的名称，点击打开。新的数据库将有一个生前记录和一个死后的记录。两个记录被命名为假程序。不要删除假程序记录，直到实际的生前和死后的记录已被添加到数据库中。

第一次打开时，WinID3 显示两个画面：在生前和死后的屏幕。一个或另一个屏幕可以放在前面，因此成为当前屏幕。为了使屏幕向前，点击前置或点击左侧菜单的后置按钮。

每个屏幕由几个选项卡页组成。要更改选项卡页面，点击屏幕上所需的选项卡。不同的选项卡页包括名称、标识、牙科意见和图形。当选项卡页面被更改时，访问记录保持不变。

使用屏幕底部的滚动条导航到不同的记录，或使用左侧菜单中 GoTo helper screen。

信息可被添加到记录的每个选项卡页的文本框和组合框中。这个信息被存储在数据库中的特定记录的特定字段。您可以使用鼠标或键盘上的 tab 键导航到不同的字段。

一个图形图像可以关联一个特定的记录。点击名字选项卡页右下方的添加图形按钮，添加一个图形。从显示的图形列表中选择一个图形。默认情况下，WinID3 把所有图形放置在 C：\ program files \ winid3 文件夹中。一旦图形已被链接到一个记录，点击图像选项卡确认。

使用菜单左侧的添加和删除记录按钮添加或删除记录。

点击菜单左侧的 NCIC 2000 按钮为当前记录设置 NCIC 码。

WinID3 可以通过从顶部的显示菜单中选择语言显示各种不同语言。

鉴定

WinID3 有一个最佳匹配功能。导航到您想要鉴定的记录。设置为前面或当前记录。点击菜单左侧上的最佳匹配按钮。出现一个带序号排列表的画面。该排名表显示，通过各种算法计算的与当前记录最好的匹配，如点击率最高和最低的不匹配。双击任何排名列表的记录。出现有三个选项卡页的画面。通过选项卡页导航显示标识特征、牙齿的功能或图形的比较。

请注意比较屏幕底部的下一个记录和上一个记录按钮。使用这些按钮移动到排名列表中记录的下一个或上一个记录。滚动记录，直到找到较好的比较。

生前和死后的记录可以被过滤，这样只有符合特定条件的记录显示。选择生前或死后屏幕。点击屏幕左下角的过滤按钮。出现带两个选项卡页的屏幕。输入所需的过滤参数，然后点击确定。只有那些通过过滤的记录显示。过滤器可以应用到最佳三角函数，这样只有满足特定条件的记录被排名算法考虑。不需要时请务必关掉过滤器，让所有的记录都可以使用和显示。在实践中，最好是使用松散过滤器，允许选择多个记录，而较紧的过滤器，可能排除关键的记录。

找到一个匹配到特定记录的另一种方法是保持记录的齿纹和图形。通过点击菜单左侧的坚持 O + G 按钮来实现。将维持齿纹和图形拖动到你的电脑屏幕上一个方便的位置。如果记录的详情被保留是生前记录过滤了死后记录，反之是死后记录。使用当前记录的一个突出特征作为筛选条件。显示被过滤记录的牙科或图形选项卡页。现在通过使用位于屏幕底部的滚动条滚动记录。继续滚动，直到显示的齿纹或图像间有一个合适的比较显示。

关于 WinID3 的其他功能信息可从用户手册获得。目前在 www. winid. com 上有可供使用的 WinID 的测试版。希望在未来应对大规模灾害的许多功能，特别是解释和对生前牙科记录编码，可以在电脑上完成。这将抵消为了应对大规模灾害向远方输送人力的必要性。

大规模死亡事件指南：牙科鉴定团队的发展

天然或人为灾害在某种情况下往往造成多人伤亡，很难鉴定他们的身份。人们早已认识到，在这种情况下，由一队训练有素的法医牙科学家通过牙齿记录和X-射线将非常有助于迅速鉴定伤亡。这种鉴定上的帮助和对受害者家人的解脱，不仅提供了人道主义服务以减轻痛苦和无奈的感情，也满足了一些医学与法律上的要求。何时何地会发生大规模死亡事件只是时间上的问题。根据法医牙科学在最近大规模死亡事件中所发挥的显著作用，美国法医牙科委员会的目标是提供给所有可能有此需求的人一套简单而完整的指南，以利于牙齿鉴定团队的发展。死亡的正式文件要求明确的鉴定。任何大规模死亡事件调查成功的程度与准备的程度成正比。本指南于1995年2月13日在华盛顿州西雅图市被具有官方证明的ABFO成员一致投票通过，被采纳为ABFO官方指南。修订版于2010年6月由MFI小组委员会完成。

目的

这些指南的目的是为某些机构或者司法管辖区提供信息来源，这些机构希望发展鉴定团队，将其作为独立单位或是作为大规模死亡事故预案的特定区域的一部分。没有两个大规模死亡事件是相同的，也不是所有司法管辖区的需要是相同的，有计划地修改方案是必要的。基于许多官方专家的第一手关于多人伤亡的鉴定经验，这些原则是灵活的。指南提供了一个完整的而又简单的轮廓，使相关组织可以依据各自的目的组建相应的鉴定团队。

团队发展

任何大规模死亡的事件鉴定团队的发展计划的基本是运营。你的团队将怎样运作？许多州已经组建牙科鉴定团队，其中一些是在州牙科社团的支持下进行的。美国牙科协会实践委员会参与协助并协调该任务。你的团队将整合进全州紧急政府计划，还是会服务于一个县或地区？你的团队是美国国家灾害医疗系统下DMORT中的一部分吗？可以理解的是，所有这些目标不适用于美国和加拿大以外的前瞻性国际团队。

如果不能以受过培训的牙科学家组成团队的核心，那么该如何来实现培训呢？团队将依赖于其他地区牙科学家的援助，还是会独立具有执行所有的自身职能的能力？一旦其中一些问题得以解答，那些团队的组织者就可以开始考虑发展计划，通常基于以下五个方面：

1. 团队成员

2. 团队组织
3. 设备和供给
4. 安全和健康方面的考虑
5. 设施

在附录中列出的参考书目，尽可能准确地提供了很多单个的大规模死亡事件牙科鉴定小组的计划，包括目前在印刷中和已有的，以及所有在大规模死亡事件中可能需要的设备和用品的主要列表。对于设备和用品的需求，牙科学家、病理学家和葬礼负责人之间会有一些重叠。一些设备可以从这些来源中得到并共同使用。互助协议，如灾难牙科鉴定团队在伊利诺伊州、印第安纳州、密歇根州、明尼苏达州和威斯康星州之间达成的协议将对大范围的灾难事件有利。

团队组织概况

I. 首次组织规划

A. 对牙齿鉴定团队需要性的评估

1. 对公众的责任
2. 事件发生概率
3. 地区或国家相关团队的存在

B. 资源评估

1. 训练有素的牙科人员
2. 设备和用品
3. 财务援助

a. 国家和地方牙科协会
b. 国家和地方应急管理机构

C. 组织实施

1. 团队领导力
2. 书面形式的组织计划

a. 书面形式的参与协议
b. 书面协议与职位描述
c. 职责分工的流程图
d. 参与培训的书面记录
e. 州和县的牙医协会
f. 州应急政府管理
g. 州立或地方医学检验/法医办公室

3. 赞助商

Ⅱ. 团队人员

A. 来源

1. 具有美国法医牙科协会证书的人员

2. 合格的牙科学家

a. 高度训练有素的牙科学家的核心是监督和指导能力

b. 该团队的其余人员可以由具备牙科技能的牙科人员和接受过一定训练的法医牙科人员组成

3. 足够数量

a. 考虑一下潜在的灾难和它的大小，如：

（1）大都市圈与中小城市或农村地区

（2）国际喷气机机场对比当地机场

（3）地质断层、火山的存在

（4）洪水、飓风、龙卷风等现实情况

（5）危险和易爆化学工业

4. 人才募集的来源

a. 法医机构

（1）美国法医科学院

（2）美国法医牙科协会

b. 牙科学会

c. 牙科学校教师

注释：不推荐牙科学生加入鉴定团队。

5. 其他资源

a. 武装部队病理学研究所，口腔病理学系

b. 国家灾害医疗服务，灾难殓房团队

c. 根据公法 932. 88 联邦金融援助

B. 培训资源

1. 初始培训

a. 课程设置

（1）武装部队病理学研究所

（2）美国法医委员会，齿科专业的文凭课程

（3）牙科部，AAFS
（4）美国法医牙科协会
（5）大学牙科学院，继续教育学院课程
（6）国家和州的牙科会议
b. 其他资源
（1）本地消防及拯救服务
（2）DMORT 年度培训
（3）危险材料团队（危险品）
（4）联邦调查局救灾队
c. 培训费用
（1）个人承担
（2）主办机构承担
（3）紧急政府资金
2. 安排周期性继续教育或演习
每半年或一年的培训可能是最现实的
3. 成员交叉培训是非常可取的
4. 目标训练
a. 熟悉主题
b. 了解牙齿鉴定
（1）生前的问题和程序
（a）获取航班舱单与姓名
（b）查找和确保牙齿记录
（c）质量差的记录之相关问题
（2）死后的问题和程序
（a）接触牙齿结构
（b）获得死后 X 光片
（c）破碎与混合
（3）比较部分的相关问题
（a）拷贝大量记录
（b）计算机与手工检索
（c）分散和混合的残骸鉴定

C. 学习与其他鉴定专家合作

（1）指纹鉴定人员

（2）人类学家

（3）实验室分析人员

在线或通过讲座了解事件指挥系统的概念

D. 确定团队成员的数量要求

1. 基于大规模死亡事件的程度

2. 人体残骸的条件

3. 轮班数量的需要（这是经历了群体死亡事件团队的共识，轮班工作，特别是第三班，应该尽量避免。正常的工作时间被证明是压力最小的）

E. 特殊技能的需求

1. 牙医的法医培训

2. 口腔外科，口腔病理学家

3. 辅助人员，卫生员，记录编辑助理

4. 计算机辅助识别程序的专家

5. 对危机事件应激障碍（CISD）训练有素的心理学家

6. 联系调查小组其他部分的一名有经验的成员

7. 业余无线电业务运营商以备应急通信

8. 神职人员

9. 外语技能

F. 临时区域（可以是紧急政府的责任；但是牙科鉴定团队应该熟悉这个概念）

1. 位置

2. 运送团队人员至殓房

a. 私家车

b. 公共汽车、货车或四轮驱动车

3. 牙科人员得以进入灾区以获得破碎牙齿的证据

G. 法律方面的考虑

1. 团队成员作为志愿者或员工的状态

a. 工作人员的赔偿或责任保险，以赔付任何伤害或暴露

b. 健康和安全责任

2. 团队成员的补偿

a. 比率

b. 根据经验、培训和技能来建立合适的比率
c. 时间和保存记录的责任
d. 相应机构或保险公司负责支付
e. 团队成员在加入前应告知其可能的补偿
3. 团队成员的书面同意
a. 加入团队的规则与规章
(1) 授权拍摄
(2) 新闻采访只限于授权的官方发言人
(3) 激活和参与程序
b. 责任
(1) 参加继续教育
(2) 有义务报告电话或地址的变化
c. 道德准则
(1) 不得披露特权信息
(2) 只有在被激活状态下可以向驻留区做报告
(3) 不可与媒体有未经授权的接触
4. 获得法医或者医学检验人员的书面授权后进行有限的尸检
a. 获得牙齿的方法
(1) 可视与非可视情况
(2) 移除颚部的特殊授权
b. 保留任何人体组织的书面授权
H. 管辖事宜
1. 任何鉴定团队指南与现有的紧急政府灾难计划相冲突的方针
2. 团队运作范围的限制
3. 州或政府在执照发行上的考虑
4. 在其他牙科鉴定团队中已经起效的互助协议
I. 动员程序(激活)
1. 演练和实际通知的方法
a. 电话树(一人打电话联系多人的方法)
b. 传真
c. 计算机通报系统
d. 建议一人全权负责所有呼叫的激活系统

（1）确定团队成员可用性的能力

（2）查明分配给团队成员的可以接受的持续时间

（3）分配指定一个特定的报告时间或需要执行的任务

2. 定期更新电话号码和电话演习

a. 应至少保持每年更新纪录

b. 更经常的更新是可取的

3. 确定哪些团队成员将被激活

J. 确保并确定授权的团队成员

1. 带照片的身份证明卡

2. 色彩鲜明的棒球帽

3. 颜色鲜明的防护设备

K. 团队组织或结构

1. 可分为具体培训与职责部分

a. 生前记录部分

b. 死后照片和 X 射线部分

c. 比较部分

2. 各部分的规模由灾难大小来决定

3. 团队负责人、团队负责人候补以及各部分负责人应 24 小时待命，保证能有效地激活团队

4. 团队可以按区域组织

L. 设备和用品（附录中有完整列表）

1. 设备

a. 牙科 X 射线机

b. 牙科器械

c. 验尸设备（可从医学检验或法医办公室获得）

（1）Bard parker 刀柄或刀片

（2）Stryker 锯或骨刀

（3）轮床和桌子

d. 数字 X 线摄影和计算机软件，传感器

e. 照明（可从紧急政府获得）

f. 照相器材，数码相机和平板扫描仪

g. 针对大规模死亡事件的计算机硬件和软件

h. 复制机和纸

i. 所有设备的备份（冗余是出色的防灾计划的标志 – Murphy 定律）。

2. 物资和设备的即时可用性

a. 必须事先安排好物资来源

（1）夜晚、周末和节假日的联络号码

（2）备用来源以防万一

（3）提前安排好财务以备现金需求

b. 每年都要对设备的需求和授权人员的联系号码进行回顾，以便在紧急情况下提供设备和物品

3. 物品（实际所需要的项目和数量将由各个团队资源和需求决定。请记住，某些用品的保质期有限，必须定期更换）

a. 相机电池，相纸和数码 X 光片打印机

b. 口腔图表（标准格式），马尼拉信封，魔术记号笔和彩色铅笔

c. 橡胶手套（重型）；橡胶围裙和面罩，面部护具，护目用具

d. 防护鞋（橡胶靴）

e. 银行文件箱

f. 用品的数量由伤亡人数决定

g. 小型设备用的脚柜或存储盒

h. 有责任清洗，消毒，并归还仪器设备

i. 有责任补充消耗的库存物资

4. 所涉及的设备和用品来自其他机构。

a. 医学检验官和法医

b. DMORT 利用三个 LRAT 之一（后勤响应援助队）——可以部署 DPMU（灾难便携式太平间），在激活时提供设备和用品

c. 消防及救援服务

d. 紧急政府协调员

4. 清理、储存和补充设备与用品

a. 清洁并灭菌设备可以通过：

（1）当地医院的公共服务

（2）医疗检验装置

b. 大规模死亡事件用的存储场所（必须在任何时候都可以使用）

（1）机场仓储设施

（2）紧急政府机构

（3）医疗检验办公室

a. 补充库存的责任

（1）法医或医学检验人员

（2）政府应急办公室

（a）县

（b）州

（c）国家 - 联邦紧急事务管理 署（FEMA）

（3）鉴定小组

M. 必须考虑团队成员的安全和健康

1. 美国的 OSHA 规定与加拿大 WHILMS 规则

其他法规可以国际适用

a. 团队领导者必须意识到自己的责任

b. 团队领导者和团队的人员必须进行适当的培训并意识到：

（1）辐射危害

（2）血源性病原体

（3）有毒化学品

（4）危险碎片

c. 团队成员每年必须接受生物危害和血液传播相关的训练，并记录在案

d. 必须保持定期培训的书面计划和记录

e. 避免长时间工作或轮班

（1）重大事件的压力增加

（2）失误和事故的增加

（3）不允许清洗太平间

（a）安全和卫生

（b）专业形象变差

2. 免疫接种

a. 要求下述疾患的预防接种：

（1）破伤风

（2）乙肝

（3）外地的特殊免疫接种

（4）结核病

b. 费用由主办单位承担

c. 按照 OSHA 规定的健康和接种记录的保持与更新

3. 人员防护装备的必要性

a. 团队成员必须对使用该设备进行培训（F. I. T. 测试）

b. 保护设备必须当即可用

（1）相关机构有责任提供保护设备

（2）存储位置

（3）有责任发放和维护设备

4. 应该接受心理汇报和心理咨询服务。由于这是通用于所有的灾难工作人员的情况，因此通常安排这项服务不是牙齿鉴定团队的责任。然而，牙科团队成员应该清楚，他们的工作可能是一种心理上的负担。

a. 对创伤后的心理压力，可以获得相关专家的咨询

b. 可与神职人员交流

N. 设施（虽然这是法医或医疗检验人员的责任，但是许多规模较小的司法管辖区从来没有经历过涉及大规模死亡的灾难事件。因此，可以由有经验的牙科鉴定小组提供有价值的意见。）

1. 必须提前选择适当的临时停尸地点

a. 所有法医/医学检验人员可能没有适当的书面计划，因此可能没有合适的潜在的地点。

b. 经验丰富的牙科学家由于既往的经验，或许能帮助他们制定该计划。

c. 通常比较有利的方法是，在设立临时太平间之前，将现有的设施利用到最大化。

2. 候补地点也应该被视作备份

3. 所有地点都应提供卫生用品

a. 热水，自来水和肥皂

b. 卫生间和卫生纸

4. 为团队成员安排饮食和休息区

a. 食品和饮品来源

（1）救世军志愿者

（2）红十字志愿者

（3）志愿者（例如，服务会所，教堂）

b. 考虑团队成员可能工作的最长时间

（1）这项工作是有压力的

（2）注意创伤后的应激障碍

（3）规定强制性定期休息

（4）在离开太平间区域的休息是至关重要的

c. 团队成员之间经常轮班

d. 在团队成员工作室提供椅子或凳子

e. 标准工作时间是最没有压力的，避免轮班。

5. 通过紧急政府或者其他授权机构立即预订周围数公里以内的酒店或汽车旅馆，提供给救灾人员使用，以防止媒体占用所有可用房间。

6. 区域边界安全是执法官员的责任。然而，牙科团队必须知道周边的安全性并能够进行识别。

a. 保护受害者的个人物品

b. 排除可疑的和未经授权的人员

c. 防止媒体在未经授权时进行拍摄

d. 可以通过政府或私营机构提供

一旦这些概念成立，这些团队的组织者就可以开始考虑扩大团队来进行鉴定处理，以应对灾害幅度的增加。该团队可以扩大处理伤亡的范围，包括 1 至 50，50 至 150，150 至 300 和 300 +。轮班工作，全天候工作，都可通过每个轮班中经过交叉训练的监督人员来完成。

其他资源

下面的参考文献包含了大规模死亡事件牙科鉴定小组的计划信息，虽然并不全面，但是对于那些希望做相关研究的人员提供了更多的信息来源。

1. American Dental Association, Proceedings, First National Symposium on Dentistry's-Role and Responsibility in Mass Disaster Identification, Chicago, Illinois.

2. Bell, G. L. , *Manual of Forensic Odontology*, Chapter 7, Mass Disaster Dental I-dentification, published by the American Society of Forensic Odontology.

3. Besant – Matthews, P. E. , Report of the Delta 19 Aircraft Crash, Dallas, Texas, 1985, Disaster, Planning Checklist.

4. Braggeman, W. , Durigon, M. , and Keiser – Nielson, 5. , Manual on Disaster Victim Identification, International Criminal Police Organization – Interpol, 4. 4. 2. 5,

Dental ID Section.

5. FEMA, Multiple Fatalities Disaster Response, Student Manual, Emergency ManagementInstitute, National Emergency Training Center, Emmitsburg, Maryland.

6. Glazer, H. S., Editor, Forensic Dental Team Identification Manual, The Dental Society of New York, 1989.

7. Hazen, R. I. and Phillips, C. E., Field Disaster Identification. Preparation – Organizational Procedures, U. S. Department of Justice, Federal Bureau of Investigation.

8. Johnson, L. T. and Simley, D. 0., Wisconsin Dental association Disaster Identification Team, Milwaukee, Wisconsin, 1984 Morlang, W. M., Mass Disaster Identification, U. S. Air Force Medical Service, Brooks.

9. Air Force Base, San Antonio, Texas, 1993.

10. Standish, M. and Cottone J., Outline of Forensic Dentistry.

11. Warnick, A., Forensic Dental Identification Team Manual, The Michigan Dental Association, Lansing. Michigan, 1989.

12. Wisconsin, State of, State Statutes, Chapter 166, Emergency Government.

13. Wright, F. D., Mass Disaster Dental Identification Team, Ohio State Dental Association.

参考书目：

1. Field Disaster Identification, Preparation – Organization – Procedures, U. S. Department of Justice, Federal Bureau of Investigation, Hazen, R. J. and Phillips, C. E.

2. Mass Disaster Management, Morlang, W. M., *U. S. Air Force Medical Service*, Brooks Air Force Base, San Antonio, TX, 1993.

3. The State of Washington was the first with a written plan developed by Dr. Gary Bell, Mass Disaster Dental Identification Team, 9730 Third Ave., NE, Suite 204, Seattle, WA 98115, 1983.

4. Ohio State Disaster Dental Identification Team, Franklin Wright, DMD.

5. Idaho State Dental Association Disaster Dental Identification Team Protocol, Gerald F. Jones, DDS.

6. Ohio State Disaster Dental Identification Team, Franklin Wright, DMD.

7. Personal communication, Greathouse, Danny W., FBI Disaster Squad.

8. Personal communication, Greathouse, Danny W., FBI Disaster Squad.

9. Compiled from "Mass Disaster Management", U. S. Air Force Medical Service, Brooks Air Force Base, San Antonio, TX, Morlang, W. M., 1993, and from suggestions from the committee members and those Diplomates of the American Board of Forensic Odontology who attended the workshop on mass disaster team guidelines held at Seattle, Washington, February 13, 1995.

10. Cook County Medical Examiner Disaster Identification Team Protocol, John Kenney, DDS, MS.

供给与设备需求清单

其他机构或团队应对大规模死亡事件的调查也可能需要同样的供给和设备。由于存在共同使用的可能性，非常有必要确保备份来应对损坏的发生。必须保持一份经常更新的紧急联系人和电话号码的列表，包括牙科供给部门以及其他设备和供应品的来源处。这项任务的具体责任必须分配给一个单独的团队成员。

尸检部门设备与供给

修枝剪（长柄）

折叠桌或椅

木槌和凿子

塑料围裙

外科手术口罩

PM 牙科图表

照片，身份标识，徽章

轮床

牙科口腔镜

铅围裙

铅手套

脸颊拉钩

雕塑黏土

大拉链锁袋

蜕皮张口器

鞋套

泛光灯

延长线

手术帽
风扇
外科洗手用肥皂和刷子
Bard parker 刀柄/刀片
塑料加仑壶
过氧化氢
卫生纸
大号止血钳
尸检麻线
手术服的裤子（S－XL）
牙垫
闪光灯/电池
压舌板
塑料挤压瓶
圆珠笔
Sharpie 记号笔
隔离衣橡胶手套
4×4 纱布
蓝纸巾
鹅颈灯
活动隔板
牙科探针
手持式或便携式牙科 X 射线机
橙油
牙刷
氰基丙烯酸酯水泥
5 加仑塑料桶
塑料（保鲜）膜
数码相机
配备数字化 X 射线和 WinID3 软件的笔记本电脑与液晶显示屏
数字 X 射线传感器
传感器支架（Rinn 和 XCP）

比较部分的设备及用品

折叠桌椅，牙齿发育（图表）

毫米规格 X 线阅片盒

大号马尼拉信封

胶带，遮盖和手术

回形针

标准的牙齿图

银行文件箱，相机电池

板夹

牙科学文本，文件夹

ASFO 工作手册

传真机

电话

计算机（S）/ ID 软件，打印机，平板透明扫描仪等

便签本

板夹

橡皮筋

标签，自粘胶

电话簿

工具箱和工具

延长线

放大镜

订书机和订书钉

ADA 会员名录

牙龄的估计指南和标准

这些准则和标准来自美国法医牙科协会、年龄估计委员会的集体努力。使用这些指南与标准旨在提高法医牙龄估计报告的质量。

牙龄估计分析指南：

牙科学家应记录：

1. 标识数据：

a. 案件编号

b. 送交机构

c. 检验者姓名

d. 检验日期

e. （如果已知）个人姓名，并表示出生日期。

f. 其他相关信息数据

2. 证据收集与检测：

a. 在评价中所使用的特定牙齿

b. （如果已知）性别，血统和种群特征

c. 年龄估计准则，包括但不限于：

i. 形态发展阶段

ii. 根半透明，继发性牙本质沉积，摩擦或任何其他检测到的发育期或者后形成的特点。

3. 其他信息：

a. 照片

b. X 光片

c. 牙科检查信息

d. 口腔卫生

e. 营养保健

f. 病理学

g. 全身性疾病

牙龄估计分析的标准：

1. 所有获得美国法医牙科委员会官方证明的人员有责任熟悉并使用当前有效的年龄估计方法。

2. 所有可用的信息，包括性别、血统、人群特征和环境因素，都应被考虑在内。

3. 在实际工作中，应使用多个独立的分析方法。

4. 牙列列表，解剖结构分析，具体技术以及发表的使用了统计学数据的研究报告均应包含在最终报告的正文中。

5. 结论语句，如果已知，应该包括估计的年龄和错误率（年龄段）。只要相关信息可以得到，错误率应该包括统计学 95% 认定的特殊人群，或两个标准偏差。移民与大多数案例的年龄还可以包括概率表，以表明有关个人已经达到了某个特定年龄。

ABFO 官员（2013～2014）

会长与主席

Dr. Gregory S. Golden（13－14）
8577 Haven Avenue－Suite 105
Rancho Cucamonga, CA 91730
(909) 987－5212
medich@ aol. com

下届会长

Dr. Peter W. Loomis（13－14）
700 Ranchitos Rd NW
Los Ranchos, NM 87114
(505) 271－2381
peterdds@ msn. com

副会长

Dr. Gary Berman
9840 Haggerty Road
Bellville, MI 48111
(734) 697－4400
gberman@ mich. com

秘书

Dr. Adam Freeman（12－14）
22 Imperial Avenue
Westport, CT 06880－4301
(203) 227－3709
Drafreeman@ westportdental. com

财务主管

Dr. Paula Brumit（13－15）
P. O. Box 608
Nocona, TX 76255
(214) 244－7008
lovtx@ aol. com

前任会长

Dr. Thomas J. David（12 - 13）
1000 Johnson Ferry Road
Bldg H
Marietta, GA 30068
(770) 977 - 0364
tjd214@ comcast. net

ABFO 委员会成员（2013 ~ 2014）

（1）Dr. Bill Blair（13）第二期
12 Baycrest Place, SW
Calgary, AB, Canada
T2V 0K6
403 - 281 - 0828
Jock. doc@ shaw. ca
（2）Dr. Paula Brumit（15）第二期
P. O. Box 608
Nocona, TX 76255
(214) 244 - 7008
lovtx@ aol. com
（3）Dr. Cynthia Brzozowski（13）
179 Dayton Street
Seacliff, NY 11579
516 - 775 - 7344
theclyde@ aol. com
（4）Dr. Anthony Cardoza（15）
266 - B Avocado Avenue
El Cajon, CA 92020
619 - 444 - 6196
rickandkimm@ cox. net
（5）Dr. Ken Cohrn（15）
422 Teague Trail

Lady Lake, FL 32159
352 750 - 4111
kfc@ cohrn. com
(6) Dr. Curt Dailey (14)
152 East Broadway
Bangor, ME04401
207 992 - 2152
iama4n6doc@ hotmail. com
(7) Dr. John Filippi (14)
1325 North 127th Avenue
Omaha, NE 68154 - 1289
(402) 498 - 9094
forendds@ aol. com
(8) Dr. Stephanie Kavanaugh (14)
2731 Fairview Ave. #E4
Seattle, WA 98102
(H) 206 323 - 6002
stephanie. kavanaugh@ gmail. com
(9) Dr. Janice Klim - Lemann (15)
1802 Canyon Road
Redlands, CA 92373
909 226 - 0250
Jklimm55@ aol. com
(10) Dr. Stephen Lojeski (13)
600 North Santa Anita Ave.
Arcadia, CA91006
626 - 574 - 7020
steve1512@ roadrunner. com
(11) Dr. Lillian Nawrocki (14)
2 Laura Court
Mount Sinai, NY 11766
(W) (631) 331 - 8676

anubislanddds@ aol. com
(12) Dr. John Piakis (15) 第二期
4646 East Greenway Road
Suite 102
Phoenix, AZ 85032
(602) 482 - 2785
Jp4n6@ aol. com
(13) Dr. Bruce Schrader (15)
5301 Chicago #7102
Lubbock, TX 79414
512 996 - 8413
forensic@ ident. com
(14) Dr. Richard Souviron (15) 第二期
336 Alhambra Circle
Coral Gables, FL 33134
(305) 442 - 1177
Souviron4ensic@ aol. com
(15) Dr. Duane Spencer (13)
1855 San Miguel Drive, Suite 9
Walnut Creek , CA 94596
(925) 937 - 7000
snoopydds@ aol. com

委员会法律顾问:(委员会中无表决权成员)

Haskell M. Pitluck, JD
573 Lake Ave.
Crystal Lake, IL 60014
815 - 459 - 7192
pitluck@ mc. net

ABFO 委员会（2013～2014）

执行委员会

Greg Golden（P）（15）

Peter Loomis（PE）（16）

Gary Berman（VP）（17）

Adam Freeman（Sec）（18）

Paula Brumit（T）（19）

Tom David（IM. PP）（14）

认证与考试

Roger Metcalf－主席（15）

1. Jim Lewis（16 ）

2. Steve Logeski（17）

3. Ed Herschaft－前任主席（14 ）

4. EC 联络－Adam Freeman

伦理

Bill Silver －主席（14）

1. David Senn（15）

2. Frank Wright（16）

3. Haskell Pitluck－无表决权

4. EC 联络－Greg Golden

提名候选人

Robert Barsley－主席（14）

Tom David－ （15）

John Fillipi－ （14）

Mike Tabor（14）

Cathy Law－ （14）

文章和章程

John Berk －主席（14）

1. Ken Cohrn（14）

2. Lillian Nawrocki（15）

3. Jan Westbury（15）

4. Jackie Reid（16）

5. Scott Hahn（16）
6. Haskell Pitluck（无表决权）
7. EC 联络 – Tom David

研究

Robert Wood – 主席（15）
1. Ed Herschaft（13）
2. Mark Bernstein（14）
3. Weems（15）
4. Senn（15）
5. EC 联络 – Peter Loomis

战略规划

Curt Dailey – 主席（14）
1. Bob Dorion
2. EC 联络 – Tom David

牙咬痕证据和图案化的损伤

Adam Freeman – 主席（14）
1. Robert Barsley
2. Paula Brumit
3. Curt Dailey
4. Tom David
5. Richard Dial
6. Robert Dorion
7. Jim Lewis
8. David Senn
9. David Sweet
10. Frank Wright
11. EC 联络 – Greg Golden

牙齿鉴定

Gary Berman – 主席（15）
1. MUP 小组委员会主席 – Peter Loomis

ID 工作组 – 主席 – Rick Cardoza

Kathleen Kasper

Peter Marsh

Scott Hahn
2. MFI 小组委员会主席 – Lillian Nawrocki（15）
3. Bryan Chrz
4. Robert Dorion
5. Richard Fixott
6. B. K. Friedman
7. Laura Kaiser
8. John Kenney
9. Roger Metcalf
10. Cynthia Brzozowski
11. James McGivney
12. Warren Tewes
13. Allan Warnick
14. Richard Weems
15. Robert Williams
16. EC 联络 – Peter Loomis

民事诉讼

Paula Brumit – 主席（14）
1. Chuck Berner
2. Adam Freeman
3. Roger Metcalf
4. Bruce Schrader
5. Richard Souviron
6. EC 联络 – Tom David

人类虐待与疏忽

Charles Berner – 主席（14）
1. Joseph Gentile
2. John McDowell
3. Harry Mincer
4. Bruce Schrader
5. Harvey Silverstein
6. EC 联络 – Gary Berman

齿龄估计

1. Jim Lewis – 主席（14）
2. Stephen Lojeski
3. Paula Brumit
4. Laura Kaiser
5. Kathleen Kasper
6. Denise Murmann
7. David Senn
8. Holland Maness
9. Janice Klim – Lemann
10. EC 联络 – Gary Berman

计量

1. Adam Freeman – 主席（14）
2. Tom David
3. EC 联络 – Paula Brumit

公共关系

1. Rick Cardoza – 主席（14）
2. Bill Silver
3. Cynthia Brzozowski
4. Kathy Kasper
5. EC 联络 – Greg Golden

网络管理 – Dane Johnson

Ad Hoc 委员会

Ad Hoc 图像序列 Ⅳ

Paula Brumit – 主席（14）

Jackie Reid

Ad Hoc 档案

WarrennTewes – 主席（14）

Ad Hoc 牙科学校课程

Ed Herschaft – 主席（14）

David Senn

Ad Hoc 局部协调

Seattle WA – Stephanie Kavanaugh（14）

Ad Hoc ADA 联络

John Kenney（14）
Ad Hoc FSAB 联络
David Senn（14）
Ad Hoc 整体工作
Tom David - 主席（15）
Ad Hoc 水平测试开发
Frank Wright - 主席（15）
Curt Dailey
Bob Dorion
David Senn
Ad Hoc FSAB 换发新证
David Averill - 主席（13）
David Senn - 顾问
Ad Hoc 学习指南工作组
Janice Klim - Lemann - 主席（15）
Rick Cardoza
Ad Hoc DRM 修订
Adam Freeman（主席）
Tom David
Peter Loomis
David Senn
议员 - Bob Barsley（14）

ABFO 奖项

Haskell Pitluck 奖

该奖项颁发给以示范的方式服务于 ABFO 协会的牙科医师以外的人员。该奖项的首位获奖者是与此奖同名的人，法官 Haskell Pitluck，他以极大的热情对 ABFO 无私奉献多年。该奖项于 2012 年 2 月 20 日授予 Pitluck 法官。

将来，该奖项将遵照 ABFO 董事会的意见酌情授予接受者。

2012 年 2 月 20 日　　　　法官 Haskell Pitluck

John M. Williams 人道主义服务奖

John M. Williams 人道主义奖授予适合的法医齿科学家。他受 John M. Williams

医生的精神鼓舞，是人道主义服务的典型。该奖项的第一次颁发是在 John Williams 医生死后。

将来，该奖项将遵照 ABFO 董事会的意见酌情授予接受者。

John M. Williams，DDS

2013 年 2 月 17 日

图书在版编目（CIP）数据

外国法庭科学规范文件汇编. 第3辑，职业教育/王晶，赵东，杨天潼编. —北京：中国政法大学出版社，2015. 5

ISBN 978-7-5620-5966-0

Ⅰ. ①外…　Ⅱ. ①王…②赵…③杨…　Ⅲ. ①法庭－工作－规范－文件－汇编－国外　Ⅳ. ①D916. 2-65

中国版本图书馆CIP数据核字(2015)第073420号

出 版 者　中国政法大学出版社

地　　址　北京市海淀区西土城路25号

邮寄地址　北京100088信箱8034分箱　邮编100088

网　　址　http://www.cuplpress.com（网络实名：中国政法大学出版社）

电　　话　010-58908437(编辑室)　58908334(邮购部)

承　　印　固安华明印业有限公司

开　　本　720mm×960mm　1/16

印　　张　25

字　　数　400千字

版　　次　2015年7月第1版

印　　次　2015年7月第1次印刷

定　　价　69.00元